大韓興學報

(上) 自第一號 至第五號

圖書出版 韓國學資料院

대한흥학보 【大韓興學報】

1909년 3월 창간된 재일 한인 유학생의 애국 계몽 통합 단체인 대한흥학회의 월간 기관지.

『대한흥학보』는 유학생 상호 간의 친목 도모 및 학식 교환을 목적으로 하였으나 크게는 조국 문화의 창달과 국내 동포의 민지를 개도하기 위해 지덕 계발, 즉 국민의 실력을 양성하려는 목적으로 활동하였다. 하지만 일제의 조선 강점 직전인 1910년 5월 폐간되었다.

『대한흥학보』는 일본으로 유학을 가 있던 한국 학생들이 조직한 태극학회·대한학회·공수학회·연학회 등을 통합한 대한흥학회가 발행하였다. 『대한흥학보』는 각 유학생 단체가 발행하던 기관지를 계승한 것으로 "대한흥학회의 최대 기관", 즉 중심 사업이었다. 『대한흥학보』의 발행인은 고원훈, 편집인은 조용은이었으며, 도쿄 유학생 감독부 안에 위치하였다. 1909년 1월 17일 대한흥학회 임시 평의회에서 『대한흥학보』를 2월 초순 출간하기로 결정하였으나 1개월 후인 3월 20일 발행되었다.

『대한흥학보』 제1호부터 제6호까지는 연단(演壇), 학해(學海), 사전(史傳), 문원(文苑), 사조(詞藻), 잡찬(雜纂), 휘보(彙報), 회록(會錄) 등으로 구성되었으나 제7호부터는 논자(論者), 학예(學藝), 전기(傳記), 문원, 시보(時報), 부록(附錄)으로 구성을 변경하였다. 가장 비중이 높은 것은 연단, 학예, 잡찬이었다. 『대한흥학보』에 게재된 주된 내용은 사회 계몽에 관계되는 것과 자연 과학을 중심으로 한 학문과 관련된 내용, 유학생들의 소식 등이다. 특히 구호를 나열하기보다는 구체적인 방법론을 제시한 것이 『대한흥학보』의 가장 큰 특징이라 할 수 있다.

『대한흥학보』는 창간호 발행 이래 1910년 5월 폐간될 때까지 방학을 제외하고 매월 발행되었다. 창간호의 발행 부수가 2,000부였으나 증간 요구가 있었으므로 2,000~2,500부 정도 발간되었던 것으로 추정된다. 1909년 9월 말 『대한흥학보』의 구독자 수는 경기도 59명, 전라도 39명, 강원도 88명, 함경도 120명, 충청도 15명, 경상도 28명, 황해도 60명, 평안도 178명으로 모두 508명으로서 평안도와 함경도의 구독자 수가 과반을 차지하였다. 구독자의 과반이 평안도와 함경도에 있는 것은 대한흥학회의 지부가 해당 지역에 설치되었기 때문일 것으로 추측할 수 있다. 그리고 국내의 각 학교와 지식인에게 무료로 발송하는 것이 1,500부 이상이었다. 『대한흥학보』 발간의 자금은 회원들의 회비와 의연금, 국내 인사의 찬성금으로 충당하였으나 제8호와 제10호, 제11호에 부족한 발간 경비를 후원해 달라는 긴급 광고를 게재한 것으로 보아 발간 경비가 크게 부족하였던 것으로 보인다.

『대한흥학보』의 발행은 애국 계몽 운동의 일환으로 전개되어 조선 민족과 민중의 독립 의식과 민족 의식을 고취하였다.

출처:한국학중앙연구원

「大韓興學報」上 目次

(每月一回)

隆熙三年三月二十日發行

大韓興學報

在日本東京 大韓興學會發行

第壹號

投書의注意

本報는帝國同胞의學術과知德을發展ᄒᆞ는機關이온즉惟我 僉位會員은本報를編纂ᄒᆞ는ᄃᆡ十分方便의 另念을特加ᄒᆞ오셔每月初五日以內作文原稿를編纂部로送交ᄒᆞ심을敬要홈

一、原稿料 論說、學術、文藝、詞藻、雜著

二、用紙式樣 印刷十文紙、縱行三十四字、橫行十七字

三、精寫免誤 楷書

四、通信便利 姓名、居住

五、編輯權限 筆削、添補、批評、停載

六、送呈規例 會員外에는該投書揭載ᄒᆞᆫ當號一部式送呈홈

本報의進呈

本報ᄂᆞᆫ本會員 各社會 各學校에ᄂᆞᆫ勿論하고 帝國同胞의內外國에在한有志諸氏로 三圓以上贊成金（三圓以下ᄂᆞᆫ相當한號數까지）이有한時ᄂᆞᆫ無價送呈ᄒᆞᆷ

廣告

本會ᄂᆞᆫ前大韓、太極、共修、硏學、諸學會가合同ᄒᆞ야成立ᄒᆞᆫ事實은已爲公佈ᄒᆞ얏거니와右各會에關ᄒᆞᆫ債權債務及諸般事務를本會에서一切履行ᄒᆞ오니

僉君子ᄂᆞᆫ照諒ᄒᆞ심을要ᄒᆞᆷ

大韓興學會 告白

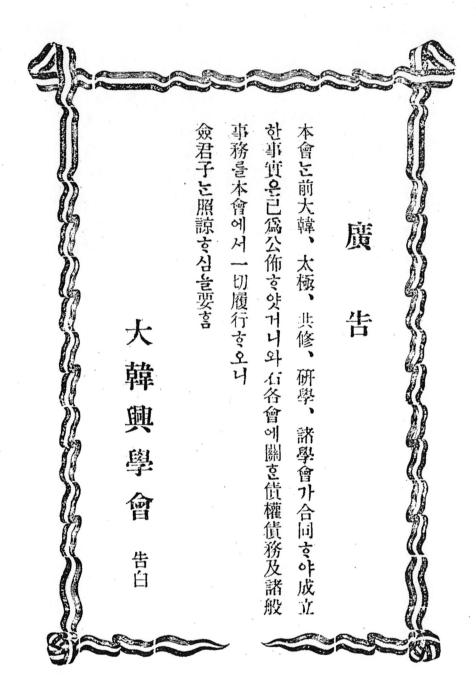

特別注意

本會에對ᄒᆞᆫ義捐金、 學報代金을送致ᄒᆞ신諸氏의게는學報現金收入欄內에掲載도ᄒᆞᆯ뿐더러본다시大韓興學會會計部章이라는實印을捺ᄒᆞ야領受証一枚式進呈ᄒᆞ깃사오니萬一此領證의交付가無ᄒᆞ거나掲載의漏闕이有ᄒᆞ거든本會事務所에通知ᄒᆞ시와中間에遺失ᄒᆞ는廢가無케ᄒᆞ심을敬要

大韓興學會會計部 告白

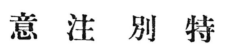

廣告

精選日文法

本書ᄂᆞᆫ日本에多年留學ᄒᆞᄂᆞᆫ尹台鎭君의所著이요日本文學士杉山氏의校閱인ᄃᆡ國漢文을並用ᄒᆞ야編次가簡易ᄒᆞ고註釋이昭詳홈으로日語及日文을初學ᄒᆞᄂᆞᆫ 僉君子에게開卷瞭然에事半功倍의効益을必收ᄒᆞ겟기玆에紹介홈

定價金拾參錢

發賣所

日本東京市麴町區中六番町四十九番地
留學生監督部內

本國京城中部寺洞 英林書院

大韓興學報第壹號目次

大韓興學會趣旨書

大凡宇宙間萬有의物이類를合ᄒᆞ면其体積이大ᄒᆞ며其勢力이强ᄒᆞ고類를分ᄒᆞ면其體積이少ᄒᆞ며其勢力이孤ᄒᆞᆫ지라略言ᄒᆞ면彼山岳의大가當初一拳의石과一撮의土를合ᄒᆞ야成ᄒᆞᆫ者이며彼海洋의大가當初一勺의水와一條의派를合ᄒᆞ야成ᄒᆞᆫ者이요其磅礴浩瀚의勢가特地에突出ᄒᆞᆫ者ㅣ아니로다然ᄒᆞᆫ즉吾人々類ᄂᆞᆫ萬物上最靈ᄒᆞᆫ地位를占領ᄒᆞᆫ者ㅣ라合群團軆의原理ᄂᆞᆫ再言을不待ᄒᆞ려니와其知識이優長ᄒᆞᆫ然後에야地位의價値가有ᄒᆞᆯ지로다所以로學問의必要가生ᄒᆞᆫ지라蓋古今東西에何國을勿論ᄒᆞ고其學問이興ᄒᆞ면其國이文明ᄒᆞ고學問이不興ᄒᆞ면其國이鄙野ᄒᆞᆷ은細瑣ᄒᆞᆫ理論을不要ᄒᆞ고智愚一致로共覩共聞ᄒᆞᆫ바이나我大韓은閉關主義를固守ᄒᆞ든餘에今日所謂二十世紀新風潮의如何히發現ᄒᆞᆷ을覺察ᄒᆞᆫ者ㅣ至少ᄒᆞᆫ지라大抵學問이란者ᄂᆞᆫ時勢를隨ᄒᆞ야時務의學이有ᄒᆞ거ᄂᆞᆯ現時에風潮를不覺ᄒᆞ고읏지時務에適合ᄒᆞᆫ學問을知得ᄒᆞ리요是를由ᄒᆞ야靑年吾輩가奮然히海外에飛渡ᄒᆞ야遊學의年所가已有ᄒᆞ나但實地의硏究가未有ᄒᆞᆷ은竊自愧歎ᄒᆞᆫ바이로ᄃᆡ區々微衷이內地同胞로더부러文明에共進코자ᄒᆞ야學會를組織ᄒᆞ고學報를發刊ᄒᆞ야諸位同胞의愛讀을已被ᄒᆞ야스니幼穉ᄒᆞᆫ知識과薄弱ᄒᆞᆫ筆力으로一分皷吹의效能은若有若無ᄒᆞ나學生時代의身分에在ᄒᆞ야ᄂᆞᆫ其聲을揚ᄒᆞ며其力을轉ᄒᆞᆷ이不無ᄒᆞ다ᄒᆞᆯ지라然ᄒᆞ나各地方學生이互相히聯合치못ᄒᆞ고各自히分立ᄒᆞ야旗幟의色

이殊異ᄒᆞ니精神의向上은一方으로共進ᄒᆞᆯ지나形式의區分이自有ᄒᆞᆫ지라此에對ᄒᆞ야遺憾이豈無ᄒᆞ리요所以로昨年春에聯合의論이始起ᄒᆞ야多少部分을合ᄒᆞ야大韓學會라名稱ᄒᆞ고大團體를組成코자ᄒᆞ얏더니中間에如何ᄒᆞᆫ關係를因ᄒᆞ야太極學會、共修學會、硏學會가各相對峙分立ᄒᆞᆫ지라一般留學生界의大和氣를導迎치못ᄒᆞᆷ은實노吾輩의慨歎뿐不啻라內地先進社會도此에對ᄒᆞ야悵失이亦不無ᄒᆞ얏슬지로다何幸知識의發展과學術의開悟가時日을隨ᄒᆞ야進步ᄒᆞᆷ으로合群團体의力이不謀ᄒᆞᆫ中에셔自生ᄒᆞ야今者에學生의總團体를組織ᄒᆞ고大韓興學會라命名ᄒᆞ야스니此ᄂᆞᆫ日本에留學生歷史가有ᄒᆞᆫ以來로初有ᄒᆞᆫ盛擧라ᄒᆞᆯ지라此를推測ᄒᆞ면全國同胞의將來團體도可期ᄒᆞᆯ者이로다然ᄒᆞ나社會의性質이種々各殊ᄒᆞ야或實業에目的ᄒᆞ며或政治敎育에目的ᄒᆞ나吾輩난但히自己의學術을增長ᄒᆞ며同胞의智德을啓發코자ᄒᆞ야本會를成立ᄒᆞᆫ바라或者의議論이本會의趣旨가單純히右와如ᄒᆞ면興學二字의名義가過度ᄒᆞᆯ듯ᄒᆞ다ᄒᆞᆯ지나此ᄂᆞᆫ全鼎의味를知ᄒᆞ난者의言이아니라若或今日時代에一般同胞의智德을啓發치못ᄒᆞ면維新ᄒᆞᆫ學問을興旺케ᄒᆞᆯ能力이不及ᄒᆞ리니本會의趣旨ᄂᆞᆫ即興學의基因이라抑我一般會員이心力을合同ᄒᆞ며聲氣를連絡ᄒᆞ야本會의目的을期達ᄒᆞ면祖國의文明富强ᄒᆞᆷ을指日可待ᄒᆞᄒᆞ라니勉旃勉旃ᄒᆞ심을千萬切盼

隆熙三年一月二十七日

發起人一同

報說

蓋人類는社會的性質이有ᄒᆞ야團合狀態는天賦의氣象을現露ᄒᆞ엿고學問은時代的損益이有ᄒᆞ야教育方法은權宜의制定을叅互ᄒᆞ나니此는古今에亘ᄒᆞ고東西에貫ᄒᆞᆫ바自然的原理에基因ᄒᆞᆷ이요强合的手段에施用ᄒᆞᆷ이아니라

今에吾儕로ᄒᆞ여금木捿穴居ᄒᆞ야跼　散逸ᄒᆞ던人類를溯念ᄒᆞ건ᄃᆡ社會의變遷을足히驚歎ᄒᆞ겟고蝌文蚪字의黯昧朦朧ᄒᆞ던學問을追究ᄒᆞ건ᄃᆡ教育의便利를賀ᄒᆞ感覺ᄒᆞ깃도다

更히一轉ᄒᆞ야我韓十年前의社會秩序와學問程度를詳細觀察ᄒᆞ야新舊進退의比較를暫玆論述ᄒᆞ건ᄃᆡ

峩冠博帶는緇衣短幅의習俗으로化ᄒᆞ엿고苛刻驕傲는平等自由의風氣로移ᄒᆞ며蠹蝕虫雕의舊章句를尋摘ᄒᆞ던痼弊는風馳電掣의新事業을經營ᄒᆞ는動機로變ᄒᆞ엿도다

大抵尊華攘夷의運會는遠去ᄒᆞ고開港通商의風潮가壓迫ᄒᆞᆷ으로距今三十年以來로世界의形勢를周察ᄒᆞ고時局의艱險을預料ᄒᆞ야志士는種々의髮을垂ᄒᆞ고義士는烈々의血을灑ᄒᆞ야杞憂殷歎이非不痛極이로ᄃᆡ畢竟一籌의策과半縷의功을當時에建樹치못ᄒᆞ고覆轍이相隨ᄒᆞ엿스니其咎가何에在ᄒᆞᆫ고一則曰時代教育의先

一

務를不知홈이요二則曰社會團合의能力을不知ᄒᆞᆷ이로다

是故로獨逸聯邦의精神敎育의制度는覇權을掌握ᄒᆞ기에至ᄒᆞ엿고米洲合衆國의平和團結의社會는富强을誘導ᄒᆞ기에致ᄒᆞ엿스니況吾儕는惟我大韓三千里山河의保守를擔負ᄒᆞ고二千萬民族의文明을指導홀者이라엇지彼獨人의覇權과米人의富强을致ᄒᆞᆫ良法美規를效則키是務치안으리요

由來로我韓同胞의日本國에留學ᄒᆞᆫ者ㅣ其經歷을推ᄒᆞ면三十年의日月을跨ᄒᆞ고多少를論ᄒᆞ면數千人의員額을添ᄒᆞ얏스나其此邦에渡來홈을際ᄒᆞ야반다시志願과目的이有ᄒᆞ려니와果然能히學術을成就ᄒᆞᆫ者ㅣ幾人이며또歸國ᄒᆞ며學習ᄒᆞᆫ바를展布ᄒᆞ야事業上에施措ᄒᆞᆫ者ㅣ幾人이되는지皆不知ᄒᆞ거니와然ᄒᆞ나我韓同胞의此土에旅食ᄒᆞᆫ者ㅣ伊昔으로從ᄒᆞ야于今에至ᄒᆞ기ᄭᆞ지學生의會를設立ᄒᆞᆫ事가자못虛日이無ᄒᆞ니要컨ᄃᆡ其主意는出疆ᄒᆞᆫ同胞를爲ᄒᆞ야學業을相勸ᄒᆞ고患難을相救ᄒᆞ기로標準홈이로ᄃᆡ但其會名은隨時變更ᄒᆞ야確正ᄒᆞᆫ歸着이元無ᄒᆞ더니挽近四五年以來로內國의同胞가此邦에負笈遠遊ᄒᆞᆫ者ㅣ厥數倍加ᄒᆞ야七八百人의多에及ᄒᆞ미或內國地方의生長居住가相與懸隔홈을因ᄒᆞ야聲氣가交通치못ᄒᆞ고趣味가齟齬ᄒᆞᆫ바를免치못ᄒᆞ야分門竪幟에各守主義ᄒᆞ야容忍相利ᄒᆞ야混成團結치못ᄒᆞᆫ바ㅣ三數年의星霜을已閱ᄒᆞ엿스나其各會의成立ᄒᆞᆫ者를擧數ᄒᆞ건ᄃᆡ曰太極會曰大韓學會曰共修會曰硏學會等이是이라

二

彼支離決裂ᄒᆞ고紛紜複雜ᄒᆞᆫ留學生界에對ᄒᆞ야內國의有志君子ᄂᆞᆫ留學生의事情을談話ᄒᆞ미輒曰我韓今日의一線陽脈은오즉外國에留學ᄒᆞᄂᆞᆫ青年을是俟ᄒᆞᆫ다거ᄂᆞᆯ彼等이祖國의觀念을顚後에掩置ᄒᆞ고個人의感情을目前에發現ᄒᆞ야맛침ᄂᆡ萬里異域에轉輾漂泊ᄒᆞᄂᆞᆫ韓人의心과韓人의血과韓人의骨노禀賦生成ᄒᆞᆫ同一韓國의人種으로何等曲折과何樣意見이互相衝突ᄒᆞ엿던지不知ᄒᆞ거니와彼等이必是成年의男兒라桑弧蓬矢에四方의大志도有ᄒᆞ고鷹揚虎躍에一世의雄略도振ᄒᆞᆯ거시요또不幸히生存競爭의熱이極度에達ᄒᆞ고弱肉强食의患이觸處에在ᄒᆞᆫ此時代와此境遇를當ᄒᆞ야能히其新學을精修ᄒᆞ고大衆을糾合ᄒᆞ야完全無缺ᄒᆞᆫ平和團體를組織ᄒᆞ야同胞의誼를敦厚케ᄒᆞ며祖國의懷를慰藉홈이可ᄒᆞ거ᄂᆞᆯ彼等의情形이如此ᄒᆞ니吾國은其已矣乎인져ᄒᆞ야大呼絶叫에悲淚가滂沱ᄒᆞ다ᄂᆞᆫ報道가往々히吾儕의耳廓을來侵ᄒᆞ엿도다

噫라人類ᄂᆞᆫ離群獨立치안코知識은逐日增長ᄒᆞᄂᆞᆫ故로曩日에內國의有志君子로ᄒᆞ여금言辭가咨嗟ᄒᆞ고唇舌이焦勞ᄒᆞ도록批評이喧騰케ᄒᆞ던我留學生界의曰太極曰大韓、曰共修、曰研學等各會々員이亦自昨年冬으로부터一口同聲에虛心忠告ᄒᆞ야合會의議論이到處에唱道ᄒᆞ야맛침ᄂᆡ隆熙三年一月에各會가摠合ᄒᆞᆫ結果로大韓興學會를成立ᄒᆞ엿스니此ᄂᆞᆫ我韓同胞가日本國에留學ᄒᆞᆫ歷史가有ᄒᆞᆫ以後로今日과如히圓滿ᄒᆞᆫ大團体가集會ᄒᆞᆷ은實노未曾有ᄒᆞᆫ盛擧로稱ᄒᆞᆯ지로다

然ᄒᆞᆫ즉內國의有志君子ᄂᆞᆫ吾儕團合에對ᄒᆞ야응당回嗔作喜ᄒᆞ야往日의幼穉ᄒᆞᆫ程度ᄅᆞᆯ寬恕ᄒᆞ시고同情의顧護ᄅᆞᆯ益加ᄒᆞ실줄노信念ᄒᆞ거니와本會도또ᄒᆞᆫ內國有志君子의晝宵로吾儕團合의喜報가抵到ᄒᆞᆷ을佇待ᄒᆞ시던懇篤ᄒᆞᆫ眷愛ᄅᆞᆯ萬分의一이라도漸次로黽勉奉答ᄒᆞᆯ줄노思量ᄒᆞ노라

本會ᄂᆞᆫ各會ᄅᆞᆯ摠合ᄒᆞᆫ者이니日本留學生界의最大團體이요本報ᄂᆞᆫ各報ᄅᆞᆯ繼續ᄒᆞᆫ者이니大韓興學會의最大機關이라故로德業相勸과患難相救ᄒᆞᄂᆞᆫ目的은前會後會의分岐가少無ᄒᆞ나但愼重ᄒᆞᆫ態度와恢廓ᄒᆞᆫ範圍와正大ᄒᆞᆫ意義와宏壯ᄒᆞᆫ辯論의趣旨ᄂᆞᆫ古報今報의異樣이自有ᄒᆞᆷ으로本會ᄂᆞᆫ大韓興學의主旨即知德啓發의名實을相副ᄒᆞ기爲ᄒᆞ야各般研究에苦心焦慮ᄒᆞ야惟我大韓同胞의資格修養과精神淬勵의條件을敢히陳述ᄒᆞ오니此ᄂᆞᆫ本報의最히希望ᄒᆞᄂᆞᆫ者로認ᄒᆞᆷ이라

浮燥輕揚ᄒᆞᄂᆞᆫ俗輩ᄅᆞᆯ要치안코반다시沉着雄厚ᄒᆞᆫ英豪ᄅᆞᆯ求ᄒᆞ며

瞻前顧後ᄒᆞᄂᆞᆫ凡類ᄅᆞᆯ思치안코반다시忠勇義烈의快男을望ᄒᆞ며

固滯迂拙ᄒᆞᆫ鄕愿을悅치안코반다시鍊達通敏ᄒᆞᆫ材局을歡ᄒᆞ며

株守舊學의儒ᄅᆞᆯ崇치안코반다시博極時務의士ᄅᆞᆯ敬ᄒᆞ며

依賴苟且의風을許치안코반다시自立自强의操ᄅᆞᆯ持ᄒᆞ며

暗劣柔弱의習을行치안코반다시活潑剛毅의節을培ᄒᆞ며

直情妄動의事ᄅᆞᆯ試치안코반다시有倫有則의儀ᄅᆞᆯ尊ᄒᆞ며

遠方奇異의貌를眩치안코반다시自國質素의美를保ᄒᆞ며
侈奢淫靡의態를樂치안코반다시勤儉節約의規를立ᄒᆞ며
邪回詭譎의術을演치안코반다시井々方々의擧를施ᄒᆞ며
矜誇修飾의弊를蹈치안코반다시眞摯淳樸의意를致ᄒᆞ며
苛刻狹隘의志를抱치안코반다시平和慈諒의心을養ᄒᆞ며
掩護偏黨의計를存치안코반다시汎愛大衆의量을擴ᄒᆞ며
銳進急退의勢를贊치안코반다시恒久忍耐의策을講ᄒᆞ며
文明富强의要點을誤解치안코반다시公正誠實의大本을克務홈이니

此等의希望ᄒᆞᄂᆞᆫ바資格의修養과精神의淬勵ᄒᆞᄂᆞᆫ方法은一則에惟我學界僉位에向ᄒᆞ야同進ᄒᆞ기를望ᄒᆞ고二則惟我內國同胞에顧ᄒᆞ야　俯諒ᄒᆞ기를祝ᄒᆞ노라

人類ᄂᆞᆫ社會의氣象을具ᄒᆞ고學問은時代의權宜를隨ᄒᆞ나니今日에學ᄒᆞᄂᆞᆫ바ᄂᆞᆫ章句의習을脫ᄒᆞ고實際利用에歸ᄒᆞ며此地에會ᄒᆞᄂᆞᆫ바ᄂᆞᆫ散逸의勢를排ᄒᆞ고平和團合에就ᄒᆞ엿스니是로由ᄒᆞ야惟我大韓의社會狀態가一致ᄒᆞ고學問程度가改良되여雄飛活躍의英傑도做出ᄒᆞ고偉大特殊의勳業도耀揚ᄒᆞ야祖國으로富强의域에臻케ᄒᆞ고同胞로幸福의地에占케ᄒᆞ기를加額ᄒᆞ야望ᄒᆞ고跂足ᄒᆞ야待ᄒᆞ노라

祝辭

愛我大韓興學會

留學生監督 申海永

日極東維持曰東洋平和라ᄒᆞ니當實踐斯言ᄒᆞ야共扶大陸이어놀徒事唇舌ᄒᆞ고不肯擧其實績ᄒᆞ니是曷故焉고韓日相厄ᄒᆞ고日淸相疑ᄒᆞ고淸韓相侮ᄒᆞ야假裝以相對ᄒᆞ고權謀以相交ᄒᆞ야其言이不出於眞ᄒᆞ고其心이不出於相愛之故也니라曰劈破門閥曰打破黨論이라ᄒᆞ니當黽勉相慰ᄒᆞ야共幇殘局이어놀歸之空言ᄒᆞ고誓死不肯相容ᄒᆞ니是曷故焉고階級以相讎ᄒᆞ고四色以相猜ᄒᆞ고地方以相仇ᄒᆞ야禍心以相對ᄒᆞ고笑刀以相隨ᄒᆞ야其言이不出於眞ᄒᆞ고其心이不出於相愛之故也니라諸君은韓天下一家之人也라吾는不言吾一家之人의所長處ᄒᆞ고善言其短處者也로라勿事唇舌ᄒᆞ고勿事手段ᄒᆞ고勿事形式ᄒᆞ라亡身之本이요亡國之本이니라曩年에成一會ᄒᆞ고去年에成一會ᄒᆞ야曰學生團結曰學界統一이라호대曾不見擧其實績ᄒᆞ니是曷故焉고吾必曰手段以相對ᄒᆞ고形式以相會ᄒᆞ고唇舌以相合ᄒᆞ야其言이不出於眞ᄒᆞ고其心이不出於相愛之故也라ᄒᆞ노라今日에復見有一會成立일새余試聞諸君之言ᄒᆞ니爛熳有似乎出於眞意ᄒᆞ고試見諸君之心ᄒᆞ니懇懃有似乎出

於相愛ᄒᆞ야咸曰我會定于一ᄒᆞ니將自此로一齊其步武ᄒᆞ면智德을可以一致오操行을可以一致오學問을可以一致오忠愛之心을可以一致라ᄒᆞ야莫不有滿足之喜色ᄒᆞ니誠如是ㅣㄴ딘始可曰學生團結이오學界統一也라吾亦以滿足之心으로歡迎此學會ᄒᆞ고復以滿足之心으로公證我韓天下ᄒᆞ리라然吾所謂滿足云者ᄂᆞᆫ非謂會々合一也라謂心々相合者也니苟欲使心々相愛로止於至善인딘余復有終始一念이니將余十分滿足之心爲二分ᄒᆞ야五分은贊同於今日ᄒᆞ고五分은更俟明日ᄒᆞ노니諸君은以爲何如耶오今夫同洲黃種이不相愛好ᄒᆞ야庶見淪胥以亡ᄒᆞ고同堂骨肉이不相友愛ᄒᆞ야庶見自取滅族ᄒᆞ니諸君은盍念哉오旣言其愛ᄒᆞ니直行其愛ᄒᆞ야必使言行一致也어다

祝大韓興學會

柳苾根

嗚呼諸公有志之士也　朝家倚毗焉同胞顒望焉其擔任之重如此願善養其忠勇之氣則是氣也如迅雷長虹五彩照耀遍亘於三千里之內壹聲轟殷警醒於二千萬之衆以至於國泰而民安矣諸公之不負所學者在此

祝大韓興學會

綏堂生　權　潤

僕與學會　諸公追隨提携於東瀛者已垂四載之光陰矣而其所謂會事之愈出

愈變沿革頗多躬臨此地目擊實狀每逢學界諸公語及乎各會聯合之難未嘗不同聲發嘆慷慨久之迨茲隆熙三年一月自學生界更起合會之問題竟使太極會、共修會、大韓學會、研學會、詢謀僉同意氣相投遂乃總合爲一此卽大韓興學會之組織者也將與學界　諸公德業相勉於此患難相救於此和氣靄々樂意融々團圓一致情洽骨肉存此心而行事何事不成合此力而得勢何勢不振竊爲同胞而祝之又爲祖國而賀之謹綴短詞以表衷情

水流萬波東注成海、山聚土壤致彼嵩嵬、胥求惠好若旱望雲、今茲盛擧孰不欣々、
興學爲本衆心如城、春回和氣雷震歡聲、金石精神何事不就、願將芳名貽此世壽、

祝辭

韓光鎬

二十世紀此時代는世界文明風潮가我半島江山으로大作ᄒᆞ는今日이아닌가于斯時也에海外萬里에帝國將來無形的一大翁이誕生ᄒᆞ다

嵬々하다斯翁이여皇々하다斯翁이여赫々하다斯翁이어世界에無雙ᄒᆞᆫ斯翁이여爾가自然人이아니어든어지此와如히風雲이凛烈ᄒᆞᆫ氣象을包有하며엇지此와如히魁傑이盖世ᄒᆞᆫ狀態를含蓄하얏는가於戱라天이生하신斯人이라엇지其偶然하리오盖人이經過하기最難ᄒᆞᆫ者는生의後와死의前이니一身의微ㅣ滄海一粟에不過하고一生의速이過隙六驥에不過하건마는立地坐地에許多의困難과極度의凶

險과怪惡흔魔鬼와毒猾흔獸類이無非障我碍我며殺我害我라然이나苦海難關에險阻를冒하며淒風烈雨에前進을思하야文明으로暗黑을戰하며獨立으로依賴를戰하며自由로壓制를戰하야長驅大進하면百難千險과億魔萬獸가爾焉能我哉리오嗚呼라神且純흔斯翁아暴風殊域에今日之誕生이抑有意歟아果有意哉로다將來做去의事業이山河가其大를較치못하며金石이其重을比키難한니惟士戰隊와農戰隊와工戰隊와商戰隊로活潑的大步하야文化가維新되야邦命이維新키를旣定흔原理라하노라此를賴하야三千里山河가新闢하며四千載歷史가新光하리니於是에鉅筆을擧하야萬歲〱千萬歲로祝흠

祝辭

海見生 姜 邁

惟我 大韓興學會克成摠團体大目的之日、以滿腔膨脹之熱血、敢拜手獻言曰、

夫天下有一種、至大、至廣、至剛、之力愛力是也、愛之爲力也、起於方寸之中、充塞天地之間、自宇宙剖判以來四千有餘載、風敎之盛衰消長、政界之治亂得失、無不出於此力之下、順之者昌、逆之者亡、故堯舜得之、天下安樂、桀紂失之、兆民離散、華盛頓得之、以成獨立、拿破崙失之、終於孤島、然則世之所謂至善與至不善、只是此力之左右之、權衡之也、大哉力乎

凡今二十世紀所謂力者固衆矣、有富力焉、有兵力焉、有機器之力焉、皆足以雄長五洲、横絶四海、然若遇此力則皆匍匐狠狽不敢逞其技能、 如行潦之於大海培塿之於泰山、霜露所降、舟車所通、洋乎溢乎莫之能禦、大哉力乎

顧我今日 大韓之状態有地八萬方里之軟沃、 一則非富厚之力之不足與列强抗衡也、有人二千萬口之義士、二則非兵力之不足與列强齊驅也、 然而駸々然漸于危迫之境者、豈有他哉只是愛力之不固也已矣今者興學會之大放瑞光、活躍東瀛也、 豈非得此愛力之所致乎、 若能推而不窮則、 其進可以包括兩球而雖以桀紂之暴拿破崙之勇使之復爲分張亦不可得矣、 何但止於保我 大韓之光輝爲世界上頭等帝國已也豈不盛哉復再拜獻祝曰

愛之爲力至大至壯、 人道標準國家禎祥、 逆之者敗順之者昌、 富强之力豈得相將、 我會之興此力有光。 光之所照沛然莫當。 學問日進實力月長、 萬歲盤石並之無疆

演壇

本會의過去及將來

高元勳

有留學生以來十數年에如何ᄒᆞᆫ美事業을做ᄒᆞ엿시며如何ᄒᆞᆫ好題目을得ᄒᆞ엿나뇨自己를評論ᄒᆞ며自己를觀察ᄒᆞᄂᆞᆫ點이항상想像에近ᄒᆞᆷ은人의常情이라今에外論을標準ᄒᆞ야本會의過去를觀察ᄒᆞᆯ진ᄃᆡ

我留學生을指導ᄒᆞ며我留學生을贊成ᄒᆞ며我留學生을希望ᄒᆞ며顧護ᄒᆞ며勸勉ᄒᆞᄃᆞᆫ內地各先進社會에志士諸氏의白髮이已星々이로다如干囊橐은留學生團合의義捐金으로이믜罄竭에至ᄒᆞ엿시며多大ᄒᆞᆫ希望은留學生分離ᄒᆞᆫ惡結果로거의灰消를成ᄒᆞ엿슬지라

我留學生界의過去歷史를沿考ᄒᆞ야批評을自下ᄒᆞᆯ지라도美事業을做ᄒᆞ엿다ᄒᆞ며好題目을得ᄒᆞ얏다謂ᄒᆞᆷ을不能ᄒᆞ거든況我를觀察ᄒᆞ며我를評論ᄒᆞᄂᆞᆫ者ㅣ엇지我의如何ᄒᆞᆫ事情과多少ᄒᆞᆫ原因이有ᄒᆞᆷ을知ᄒᆞ리오蔽一言ᄒᆞ고必指稱曰彼學生은幽體力이缺乏ᄒᆞᆫ者이며地方熱이頑迷ᄒᆞᆫ者이며形式이事實에副合지아니ᄒᆞᆫ者이라

我韓前途의希望을論ᄒᆞᄂᆞᆫ者ㅣ每云留學生留學生이러니其分離渙散ᄒᆞᆷ이時日를隨ᄒᆞ야數爻가增加ᄒᆞ니吾國은其休矣로다自今以後ᄂᆞᆫ雖千萬人이留學生의團合을報告ᄒᆞ드라도余ᄂᆞᆫ決코取信치아니ᄒᆞ깃다ᄒᆞ엿실지로다

昨年春에大韓學會를組織ᄒᆞᆫ后內地社會에何如ᄒᆞᆫ名義로公佈ᄒᆞ엿나뇨在日本留學生全體가無漏團合ᄒᆞ엿다ᄒᆞᆷ을因ᄒᆞ야多大ᄒᆞᆫ贊成과圓滿ᄒᆞᆫ同情을得ᄒᆞ엿거늘演士의舌端이未乾ᄒᆞ고報館의筆痕이未泯ᄒᆞ야서太極、共修兩會가依舊히餘在ᄒᆞ고追後에硏學會가發起되야三四門戶에勢力을分張ᄒᆞ엿스니然則大韓學會의行動ᄒᆞᆫ事實과內地社會에公佈ᄒᆞᆫ名義가相反ᄒᆞ엿시며非但昨春에行ᄒᆞᆫ事일분아니라幾年前大韓留學生會、大韓俱樂部、帝國靑年會等由來歷史가다ㅣ先進諸氏를瞞過ᄒᆞ고又ᄂᆞᆫ先進諸氏로ᄒᆞ야금失望ᄒᆞᄂᆞᆫ境遇에至케ᄒᆞ엿ᄂᆞᆫ지라今에如何ᄒᆞᆫ事業과如何ᄒᆞᆫ行動으로써先進의已失ᄒᆞᆫ希望을回復ᄒᆞ며吾輩의過去ᄒᆞᆫ妄動을賠償ᄒᆞ깃나뇨此에對ᄒᆞ야多少ᄒᆞᆫ言論이有ᄒᆞ나余ᄂᆞᆫ如彼히難問題로思惟치아니ᄒᆞ노라

夫極히親愛ᄒᆞᄂᆞᆫ者ᄂᆞᆫ一時의錯誤를因ᄒᆞ야踈遠ᄒᆞᆫ境에至ᄒᆞ엿드라도其愛情을回復ᄒᆞᆷ에瞬息을不留ᄒᆞ고大希望이有ᄒᆞᆫ者ᄂᆞᆫ一事의過失에由ᄒᆞ야暫時의失望ᄒᆞᆫ事實이有ᄒᆞ엿드라도其最初希望ᄒᆞ든目的이成就될時에ᄂᆞᆫ同情을表ᄒᆞ며同聲을應ᄒᆞ야前日의過失를조금도掛念치아니ᄒᆞᄂᆞ니今先進諸氏ᄂᆞᆫ吾輩의게對ᄒᆞ야相互間

에親愛가至極ᄒᆫ者이오希望이至大ᄒᆫ者이라然則吾輩의一時의過失을因ᄒ야永遠이踈遠치아니ᄒᆯ거시오永遠이失望치아니ᄒᆯ거시라今日事實을因ᄒ야今日에踈遠ᄒ며失望ᄒ엿드라도明日事實을因ᄒ야明日에親愛ᄒ며希望ᄒᆯ거시니諸氏의欣感은吾輩의行動如何에在ᄒ다謂ᄒ노라

過去事ᄂᆞᆫ以上과如ᄒᆫ狀態에在ᄒ엿스니아무리追悔ᄒ드라도回復키不能ᄒᆫ지라置之勿論ᄒ고來者ᄂᆞᆫ可히盡善盡美ᄒ야前日의過失을贖ᄒᆯ수가잇슬듯ᄒ도다幾年來行動은不滿足ᄒᆫ事實을擧ᄒ야오히려諸氏의同情을得ᄒ엿거든況今日에眞實ᄒᆫ團體가成立되야圓滿ᄒᆫ行動이有ᄒ면諸氏의게信用을得ᄒᆷ이前日보다易々ᄒᆯ줄思惟ᄒ노라

十數年來로다만形式으로發表ᄒ고事實에逮及되얏든我留學生團合說이是歲春正月에비로소良好ᄒᆫ結果를得ᄒ엿도다所謂大韓、太極、共修、硏學等四會와又ᄂᆞᆫ如何ᄒᆫ會에도參入치아니ᄒ엿든個人ᄭᅡ지라도些少不滿足ᄒᆫ缺點이無ᄒ고共同一致ᄒ야本會의平和氣像이春風으로더부러歸來ᄒ엿시니진실노慶賀ᄒᆯ處이며此에止ᄒᆯᄲᅮᆫ아니라前日失望에至ᄒ엿든先進諸氏로ᄒ야금本會의成立이右와如히圓滿無缺ᄒᆷ을知ᄒ면엇지意思와聲氣의許ᄒ기를不肯ᄒ리오然이나ᄒᆫ갓相互間慶賀ᄒ고多少間同情을得ᄒᆷ으로最初目的을達ᄒ엿다謂키不能ᄒᆫ지라本會의成立된精神을硏究ᄒ면名稱과如히大韓興學으로本會의責任이라ᄒᆯ지니

故로其目的은帝國同胞의智德啓發이라ᄒᆞ엿도다然則本會ᄂᆞᆫ組織ᄒᆞᆷ이難事가아니라永遠이維持ᄒᆞᆷ이可ᄒᆞᆯ지며다만維持ᄒᆞᆷ이第一問題가아니라最初目的을貫徹ᄒᆞᆷ이即本會의發起ᄒᆞᆫ最大精神이라ᄒᆞ노라維持方針과目的貫徹에對ᄒᆞ야本會를愛ᄒᆞᄂᆞᆫ者ㅣ誰가研究치아니ᄒᆞ리오마ᄂᆞᆫ가장責任이重ᄒᆞ고義務를負ᄒᆞᆫ者ᄂᆞᆫ即本會々員諸君이라本記者ㅣ亦本會의將來에對ᄒᆞ야一分의責任이有ᄒᆞᆫ故로玆에一言으로諸君의게紹介코저ᄒᆞ노라

今에本會成立에對ᄒᆞ야多少間贊成者도有ᄒᆞ고誹謗者도有ᄒᆞᆫ듯ᄒᆞ나本會에서彼贊成者의게만欣接歡迎ᄒᆞᆯ뿐아니라誹謗者의게도어듸ᄭᆞ지調和를求ᄒᆞᆷ이可ᄒᆞᆫ줄노認ᄒᆞ노라

試觀ᄒᆞ라內地社會의現狀이一定ᄒᆞᆫ主義가無ᄒᆞᆷ으로國家에觀念이一致치아니ᄒᆞ고日留學生에對ᄒᆞᆫ觀察이全然히疑惑中에在ᄒᆞᆫ지라故로開會에對ᄒᆞ야서도眞心과實情으로贊成ᄒᆞᄂᆞᆫ志士諸氏도有ᄒᆞ지마ᄂᆞᆫ或은自己와目的이相左됨으로隱然히誹謗ᄒᆞ고或은他日에利用ᄒᆞ기爲ᄒᆞ야形式으로歡迎ᄒᆞᄂᆞᆫ者가無키不能ᄒᆞ도다本會를維持ᄒᆞᄂᆞᆫ諸君은먼저客觀的으로對我者의主義를審察ᄒᆞ야雖如何ᄒᆞᆫ贊成과何如ᄒᆞᆫ誹謗이在ᄒᆞᆯ지라도本會의行動이最初目的에違反이無케進行ᄒᆞ면最後에ᄂᆞᆫ眞心으로我留學生을贊成ᄒᆞ며指導ᄒᆞᄂᆞᆫ先進志士諸氏의誠實ᄒᆞᆫ同情을得ᄒᆞ야本會의發起ᄒᆞᆫ最大精神을達ᄒᆞ깃다ᄒᆞ노라

個人獨立四字로大告我韓同胞

李承瑾

十

我의最敬ᄒᆞ고最愛ᄒᆞ며崇拜ᄒᆞ고服從ᄒᆞᄂᆞᆫ바二千萬同胞兄弟姊妹아

國運이隆々ᄒᆞ고民生이熙々ᄒᆞ야春酒一盃로弟勸兄酬ᄒᆞ니雖曰樂矣나一辭로써告ᄒᆞ노니過去戊申三百六十日에何如ᄒᆞᆫ思想과何如ᄒᆞᆫ事業으로써經過ᄒᆞ엿스며從玆己酉三百六十有餘日에ᄂᆞᆫ如何ᄒᆞᆫ精神과如何ᄒᆞᆫ方針으로써行動코저乎아風雲이翻覆ᄒᆞ고年光이蹉跎ᄒᆞ니今世何世며此時何時오今是昨非를覺ᄒᆞ야我國民의一大痼疾된依賴의惡夢을幻醒ᄒᆞ고自棄의惡習을破碎ᄒᆞ야一新ᄒᆞᆫ自由思想을國民腦頭에注入ᄒᆞ야써劇然大打擊場에宛然自立ᄒᆞᆯ目的을認定ᄒᆞᆯ지어다

古代스파루타王族리코루코스의敎育法이古今東西幾千載幾百國에流傳ᄒᆞ야至今ᄭᆞ지有名ᄒᆞ니

政府ᄂᆞᆫ國民의結婚을爲先干涉ᄒᆞ야男女의健全을認定ᄒᆞᆫ然後에許婚ᄒᆞ고小兒를生ᄒᆞ면其體格을先爲檢査ᄒᆞ야軟弱ᄒᆞᆫ者ᄂᆞᆫ곳山河에棄ᄒᆞ고强健ᄒᆞᆫ者만擇ᄒᆞ야七歲에至ᄒᆞ기ᄭᆞ지ᄂᆞᆫ其父母에게養育케ᄒᆞ고七歲以後로ᄂᆞᆫ官立學校에入ᄒᆞ게ᄒᆞ야軍事的敎育을施ᄒᆞ되專혀忍耐剛氣等當時軍人에必要ᄒᆞᆫ敎育을務ᄒᆞ야十五歲에至ᄒᆞ면地方에派遣ᄒᆞ야奴隸를使役케ᄒᆞ고二十歲에至ᄒᆞ면國務에從케ᄒᆞ니此法則은專혀스파루타人을다國家의人을삼은것이라故로子ᄂᆞᆫ父母의子ㅣ아니라國

家의子ㅣ되고人은家族의人이아니라國家의人이되여國家의所重함을示홈이極端에達ᄒᆞᆫ지라故로一婦人은愛獨子를戰場에送ᄒᆞᆯᄉᆡ楯을授ᄒᆞ야曰此楯을持ᄒᆞ고歸치못ᄒᆞᆯ지경이면屍를此楯에載ᄒᆞ야歸함이可ᄒᆞ다ᄒᆞ엿고又一婦人은愛子五人이다戰死ᄒᆞᆫ지라此를報告ᄒᆞᄂᆞᆫ者ㅣ有ᄒᆞ거늘其婦人曰我의先聞코저ᄒᆞᄂᆞᆫ바ᄂᆞᆫ兒等의運命이아니오今番戰爭의勝利가我國스파루타에在與否라云々ᄒᆞ엿스니大抵스파루타에ᄂᆞᆫ女子도國家의一要素ㅣ되여强壯ᄒᆞᆫ小兒를育成함으로義務를삼고幼少로부터輕快ᄒᆞᆫ服章을着ᄒᆞ고競爭體操拳鬪等을練習ᄒᆞ야二十歲가된然後에始爲婚嫁ᄒᆞᄂᆞᆫ故로良妻賢母가되여後世의可히模範될言行이多ᄒᆞ니一夫一婦라도愛國心이如是ᄒᆞᆫ後에야其國이興旺ᄒᆞᄂᆞ니故로스파루타의文明이世界의源始되엿스며앙구로삭구손(今의英人)人種은獨立心이富ᄒᆞᆫ지라當時에羅馬法王의權勢가歐洲大陸에振ᄒᆞ야政敎兩權의最上位에處홈을爭論ᄒᆞ야各國의帝王이皆是服從ᄒᆞ엿스되惟獨삭구손人種은敎權의束縛을受함이小ᄒᆞ엿고近代蓋世英雄拿破崙의勢力이極點에達ᄒᆞ야歐羅巴大陸을蹂躪ᄒᆞ야諸國의王位를變更ᄒᆞ고領土를與奪함을我의臣下와殆同히ᄒᆞ야權勢號令이全世界를震動ᄒᆞ엿스되惟獨삭구손人種은此에反對ᄒᆞ야其世界第一의海上勢力을賴ᄒᆞ야 펏토(英人)의反抗政策으로一時世界ᄂᆞᆫ拿破崙과펏토의競爭場을作ᄒᆞ야맛참ᄂᆡ拿破崙威權失墜의一原因을作ᄒᆞ엿스니國民의獨立心이如是히强ᄒᆞᆫ然後에야可히世界獨立의覇權을握

ᄒᆞ리로다

惟我檀君民族은獨立心보다依賴心이富ᄒᆞ고實行力보다放棄力이强ᄒᆞ야國家的獨立競爭心은姑捨ᄒᆞ고個人的生活獨立心도全無ᄒᆞ니兄弟姊妹二千萬中에能히宛全ᄒᆞᆫ個人獨立ᄒᆞᆫ者ㅣ幾人이在乎아爲兄者는依賴其父母ᄒᆞ고爲弟者는依賴其兄ᄒᆞ고爲姊妹者는依賴其夫ᄒᆞ니號寒啼飢에妻子可憐이오弱肉强食에民族이何罪오如是而個人間獨立心이無ᄒᆞᆫ故로一家族一國家이亦如是ᄒᆞ야依賴心이膨脹한지라故로遊衣游食에自暴自棄ᄒᆞ야臨事에實踐躬行의力과勇進無退의氣가全無ᄒᆞ니如是而一日二日ᄒᆞ고一年二年則駸然暗黑世界에沈沒되여國途淪亡ᄒᆞ리니豈不大懼也哉아然則一國의獨立은地方的自治獨立의團結與否에在ᄒᆞ고地方的自治獨立은一家族生活獨立如何에在ᄒᆞ고一家族生活獨立은一個人自由獨立에先在ᄒᆞ니惟我兄弟姊妹成年以上者는從今以后로新思想新精神을作出ᄒᆞ야由來로痼疾된依賴心을快去ᄒᆞ고健全ᄒᆞᆫ自由心을養成ᄒᆞ야二千萬衆에獨立熱이膨脹ᄒᆞ면뉘가能히禦할者ㅣ有ᄒᆞ리오嗚呼라我國民에稍有腦筋ᄒᆞ고稍有血性ᄒᆞᆫ者는昏夢을幻醒ᄒᆞ고時期를勿失急行ᄒᆞ야스파루타人의愛國心과ᄉᆞ구손人의獨立氣像에不下케할지어다

清國의覺醒과韓國 (前大韓學會月報續)

蔡基斗

三、一兩年以來淸國의發展狀態

六十年來로外人의壓迫이日甚ᄒᆞ고內情의騷亂이極度에達ᄒᆞᆫ諸般狀態ᄂᆞᆫ卽今日支那四億萬健兒로ᄒᆞ야곰長夜乾坤의迷夢을打醒ᄒᆞ고光明界로趨向ᄒᆞᄂᆞᆫ大原因이라謂ᄒᆞᆯ지로다 一兩年來로同國의開發되ᄂᆞᆫ事歷을擧ᄒᆞ면卽左와如ᄒᆞᆷ

一、內政의刷新 支那의憲政預備及官制改革의上諭를發ᄒᆞᆷ은卽光緖三十二年(我韓光武十年)九月頃이라爾來今日에至ᄒᆞ기ᄭᆞ지約二個年에不過ᄒᆞ니其間에中央官制를改革ᄒᆞ고滿漢區別을廢止ᄒᆞ고各部의廢合改稱을行ᄒᆞ고資政院、審計院等을設立ᄒᆞ야中央政府의陣勢를整理ᄒᆞ얏도다

光緖三十三年에滿漢同化의上諭를發ᄒᆞ고袁世凱、張之洞兩人이中央政府에入ᄒᆞ야憲政準備에協力參畫ᄒᆞ더니同年十月에出使考察憲政大臣의任命이有ᄒᆞ야達壽ᄂᆞᆫ日本에汪大燮은英國에于式枚ᄂᆞᆫ獨逸에差遣ᄒᆞ고因ᄒᆞ야資政院設置ᄒᆞᆷ에關ᄒᆞᆫ上諭가發ᄒᆞ야溥倫貝子、孫家鼐로ᄡᅥ總裁를定ᄒᆞ고同十一月에修正法律大臣의任命과人材備拔及輿論採用의上諭가發ᄒᆞ얏스니此ᄂᆞᆫ實로支那憲政準備史의特筆大書ᄒᆞᆯ者라此上諭ᄂᆞᆫ卽地에實行치못ᄒᆞ얏스나其後에各省議局을設立ᄒᆞ고輿論을採用케ᄒᆞ얏스니決코空言에歸치아니ᄒᆞᆷ을證明ᄒᆞᆯ지라其次에各省에調

査局、各部에統計所을設立ᄒᆞ야憲政編纂에資케ᄒᆞ고集會結社法及新聞條例을制定ᄒᆞ고民間에ᄂᆞᆫ國會開設請願의運動이起ᄒᆞᄂᆞᆫ同時에今年六月에憲政公會라稱ᄒᆞᄂᆞᆫ政治團体을組織ᄒᆞ얏스니此ᄂᆞᆫ支那政黨의嚆矢라謂ᄒᆞᆯ지로다今年七月에至ᄒᆞ야資政院章程의裁可가有ᄒᆞ고因ᄒᆞ야各省의諮議局과其議員選擧에關ᄒᆞᆫ章程을裁可ᄒᆞ야從後一年間에實施케ᄒᆞ얏스니諮議局은即日本의府縣會와同一ᄒᆞᆫ機關이라支那國民은此을從ᄒᆞ야地方自治의權能을確保ᄒᆞ얏도다僅々二年間에新時代의氣運이四百餘州에浸漸ᄒᆞ야全國上下가憲政準備에如斯히忙殺ᄒᆞᆯ뿐不啻라他邊으로陸海軍을擴張ᄒᆞ고義務敎育制度을設施ᄒᆞ야國民敎育의基礎을定ᄒᆞ고鐵道其他生産機關을整理ᄒᆞ니此ᄂᆞᆫ即支那의一兩年以來로最新ᄒᆞᆫ現象이라

(未完)

適者生存

金永基

適者ᄂᆞᆫ生存ᄒᆞ고不適者ᄂᆞᆫ滅亡ᄒᆞᆷ이此是進化的必然ᄒᆞᆫ原則이라溟渤를濟ᄒᆞᄂᆞᆫ者船舶을資ᄒᆞᆷ은適이라ᄒᆞ려니와車輪을治ᄒᆞ면適이라謂키難ᄒᆞ고大廈를建ᄒᆞᄂᆞᆫ者準繩을據ᄒᆞᆷ은適이라ᄒᆞ려니와絲竹을緣ᄒᆞ면適이라稱치못ᄒᆞ리니物皆然ᄒᆞ거니와時局을對照컨ᄃᆡ

今日二十世紀ㅣ猛烈時潮ᄂᆞᆫ溟渤이奔騰이라何物이是船舶에適ᄒᆞᆫ者며祖國三千

疆土ㅣ岌嶪現狀은大厦가傾圮이라那箇가是準繩에適ᄒᆞᆫ者뇨此乃吾人의直接으로大關係가有ᄒᆞᆫ問題라泛視輕過키難ᄒᆞ도다爲先教育界를觀察컨ᄃᆡ全豹를未窺ᄒᆞ고日語만纔通ᄒᆞ면獅虫을遽作ᄒᆞ야諸獅子를還食ᄒᆞ며畵虎를不成ᄒᆞ고證書만僅得ᄒᆞ면盲杖을便擧ᄒᆞ야聾盲人을闇導ᄒᆞ니此等弊習이何를緣ᄒᆞ야然이며實業界로統論ᄒᆞᆯ지라도醫農工商이日縮月退ᄒᆞ고會社組合이朝立夕破ᄒᆞ야其識을未晴ᄒᆞ고中道에自止ᄒᆞᆷ은又何를緣ᄒᆞ야然이며所謂熱心家나有志者나ᄒᆞᄂᆞᆫ者도蘭蕙로始處라가蕕艾노終變ᄒᆞ야蠅營狗苟ᄒᆞ기를落後될가是恐ᄒᆞᆷ은又何를緣ᄒᆞ야然인고諸般腐俗이半是皆然인즉其堅忍力을忘失ᄒᆞᆫ原因과虛榮心을增長ᄒᆞᆫ動機를開示自選케아니ᄒᆞ고但ㅣ瞑目笑로蹉過ᄒᆞ면譬컨ᄃᆡ車輪을治ᄒᆞ야溟渤을濟코저ᄒᆞᄂᆞᆫ者를開導치아니ᄒᆞ고絲竹을緣ᄒᆞ야大厦를建ᄒᆞ려ᄒᆞᄂᆞᆫ者를指責ᄒᆞᆷ에何異가有ᄒᆞ리요玆에根本的改良方針으로以上疑問을一口解決컨ᄃᆡ曰勇敢ᄒᆞᆫ決心과公正ᄒᆞᆫ人格을修養ᄒᆞᆷ이最是適者ㅣᆫ줄明認ᄒᆞ노라

前者決心을例論컨ᄃᆡ虎豹가雖猛이나猶豫코不搏ᄒᆞ면蜂蠆의能螫에不若이요麒驥가雖疾이나躑躅코不進ᄒᆞ면駑馬의安步에難及이며華盛頓이大業을創ᄒᆞᆯ時에此年彼年을延拖携貳ᄒᆞ얏실는덜美洲의獨立期가幾年이杳茫이요幹碎多가自由를唱ᄒᆞᆯ初에今日明日노狐疑不決ᄒᆞ얏실는덜法國의共和政이驅日만空過ᄒᆞᆯ싸름이라詎能羈絆昏衢에自由炬를燃ᄒᆞ얏시며專制睡界에警醒鍾을鳴ᄒᆞ얏시리요是故

로鳩羅后吐曰決心은事業의半이며精神의泉이라ᄒᆞ엿고後者(人格)를擧陳컨ᄃᆡ易曰自强不息이라ᄒᆞ며又曰存乎其人이라ᄒᆞᆷ과傳曰正己而物正이라ᄒᆞᆷ이我를欺ᄒᆞᆷ이아니로다元來幸福이라ᄒᆞᄂᆞᆫ거슨自家寶藏에固有ᄒᆞᆫ物이라一念만反省ᄒᆞ면立地에主人翁을作得ᄒᆞ야堂々ᄒᆞᆫ人格者로處事應物에作用이自在ᄒᆞᆯ거시어ᄂᆞᆯ無端背馳喪失ᄒᆞ고他人門外에賃傭者를自作ᄒᆞ며仰息鼻下에懦弱兒로自處ᄒᆞ야日이終토록鄰富만是怨ᄒᆞ고歲가經토록他强만是憂ᄒᆞ니嗚呼噫戲라何其怨鄰ᄒᆞᄂᆞᆫ怨을移ᄒᆞ야自怨치아니ᄒᆞ며憂他ᄒᆞᄂᆞᆫ憂를移ᄒᆞ야自憂치아니ᄒᆞᄂᆞ고我苟不貧이면世界에富者가無ᄒᆞ고我苟不弱이면天下에强敵이無ᄒᆞ리니羅馬의前塵과英美의現狀이厥證이昭然이요且往年巡洋艦이日本으로廻航時에同國輿論이異口同唱ᄒᆞᄃᆡ今般來賓은新興國民이요自由人格이라自由的歡迎式으로歡迎ᄒᆞᆷ이可타ᄒᆞ야特別ᄒᆞᆫ盛況을當時에呈ᄒᆞ얏시며客秋伯林演會에德國首相俾有魯氏가向衆痛言ᄒᆞᄃᆡ人類의威嚴이卿等自身에在ᄒᆞ니卿等은自重ᄒᆞ라ᄒᆞ엿시며瑞典은一小偏邦이요博士ᄂᆞᆫ一寒措大연마ᄂᆞᆫ同國探檢家蕙眞博士의所到列國에皇王大統領握手邀禮ᄒᆞ야該氏의勇往ᄒᆞᄂᆞᆫ決心과不回ᄒᆞᄂᆞᆫ人格을欽慕驚歎ᄒᆞ니此亦目下實證이라何事를勿論ᄒᆞ고決心이아니면九仞을難成이요人格이아니면十目을難掩이니是以로勇敢決心을具ᄒᆞᆫ公正人格者가卽今日生存競爭에適者ㅣ됨上에聲言ᄒᆞᆫ바라然이ᄂᆞ決心만有ᄒᆞ고人格이缺ᄒᆞ면粗暴의失이不無ᄒᆞᆯ거시요人格만存

ᄒᆞ고決心이無ᄒᆞ면因循의嫌이或有ᄒᆞᆯ거시니是知決心은卽人格에難缺ᄒᆞᆫ要素라此로ᄡᅥ船舶을作ᄒᆞ야時潮를溯放ᄒᆞ면二十世紀競爭勝利ᄂᆞᆫ卽斯人의掌握珍이요此로ᄡᅥ準繩을定ᄒᆞ야傾廈를復建ᄒᆞ면三千里界獨立歷史ᄂᆞᆫ卽斯人의獨占物이確然無疑ᄒᆞ도다且國家ᄂᆞᆫ合成人格者라國家를組成ᄒᆞᆫ個々分子가人格을先養ᄒᆞ야自由를恢復ᄒᆞ며生存을維持ᄒᆞᆫ然後에야合成人格者의自主權도此를從ᄒᆞ야完全成立ᄒᆞᆯ지니此記者의反覆叮嚀ᄒᆞ야忠告不倦ᄒᆞᄂᆞᆫ빈져葩經에曰迨天之未陰雨ᄒᆞ야撤彼桑土ᄒᆞ야綢繆牖戶면今汝下民이孰敢侮予아ᄒᆞ니라

我國의演劇場消息

金源極

盖國家社會上의一般民族을導率感化ᄒᆞᄂᆞᆫ方法이不一不二ᄒᆞ야學校教育으로國內靑年을培養ᄒᆞ며社會教育으로人民知識을交換ᄒᆞ야文明程度에日々漸進홈은現時代의通例라然ᄒᆞ나但學校와及社會의教育으로全國男女老少貴賤上下가一致進明ᄒᆞ야圓滿無缺ᄒᆞ다ᄒᆞ기難ᄒᆞᆯ지라何也오曠哉라窮獨無告의同胞가所遭ᄒᆞᆫ境界를因ᄒᆞ야學校의修養을不受ᄒᆞ고社會의行動이昧方ᄒᆞ야至愚至劣의民族이全國의多部分을占領ᄒᆞ야國際가墜落홈은必有ᄒᆞᆫ結果가아닌가所以로一般男女의尋常觀念ᄒᆞ기를爲ᄒᆞ야街都市巷에特別히演劇場을設置ᄒᆞ고百般演劇으로觀聽者의耳目을愉快ᄒᆞ며心腸을鼓吹ᄒᆞᆯ뿐外라其遊嬉ᄒᆞᄂᆞᆫ諸節을略據ᄒᆞ건ᄃᆡ古來

歷史를形容說道ᄒᆞ야過去의政治와風俗을曉然知得케ᄒᆞ며善惡兩間의可觀的行爲를表出ᄒᆞ야當時의善行惡行의如何를眞相으로作爲ᄒᆞ며又其福善禍淫의公理를著彰ᄒᆞ야人心으로ᄒᆞ여금背惡向善케ᄒᆞ며或富貴者의驕奢滅義와貧窮者의惻隱無告를形々色々으로做戲ᄒᆞ야滿場景色이人類生活上의固有ᄒᆞᆫ常俗과處變의情慾을畵出ᄒᆞᄂᆞᆫ者라所以로悲激喜激兩者의間에見聞의同異를隨ᄒᆞ야各個人의氣質을陶鑄變化ᄒᆞ며上下善俗을釀成ᄒᆞᄂᆞᆫ一大機關이라ᄒᆞᆯ지라然ᄒᆞᆷ으로國家의文明이愈進ᄒᆞᆯ사록各種演藝의可觀이愈衆ᄒᆞ며演藝가愈衆ᄒᆞᆯ사록淫戲俳樂이杜絶ᄒᆞ야上下社會의步武가正大高明에日就ᄒᆞᄂᆞᆫ者어ᄂᆞᆯ嗚呼噫噫라今日我國의所謂演劇場消息을聞ᄒᆞᆫ즉所謂團成社、協律社、音樂社、許多場所를設定ᄒᆞ고娼妓排優를前後擁集ᄒᆞ며其所演劇의資本物則舊日春香歌、心淸歌로形容說道ᄒᆞ야達夜叫送일ᄲᅮᆫ外라其觀聽人類가只不過靑年蕩子오滿樓風景이無非花月江山則其淫志蕩情을感挑ᄒᆞᆷ은常情의不免ᄒᆞᆯ바오而況其歌調가曰春香曰心淸則臨其見聞의雖君子가當座라도心中有妓를猶或戒之어던噫彼昧知沒覺ᄒᆞᆫ黃金家靑年輩가錦繡寶氈의셔挾妓同聽ᄒᆞ다가達曙徹樂ᄒᆞᆷ을際ᄒᆞ야散歸ᄒᆞᄂᆞᆫ路에歌妓舞娼이前後에共隨ᄒᆞ며紅守佳約에耳語融々ᄒᆞ더니更히西洋料理店에携手同入ᄒᆞ야盃盤이浪藉ᄒᆞ고戲謔이放迭ᄒᆞᆫ後에各其花樓蝶房에서睡眠ᄒᆞ야此로ᄡᅥ日々爲事ᄒᆞᆫ다ᄒᆞ니嗚呼悲夫라所可讀也ㄴ된言之辱也로다大抵國家가人民의게對ᄒᆞ야個

人의嗜酒와貪色을特禁ᄒᆞᆷ은無他라外面으로倏看ᄒᆞᆯ진ᄃᆡ個人의自由로財産을蕩費ᄒᆞᆷ도自己의財産이요身分을汚損ᄒᆞᆷ도自己의身分이나但此個人의汚蔑ᄒᆞᆫ行動을因ᄒᆞ야全部社會에傳染ᄒᆞᆯ가爲慮ᄒᆞᆷ이니是ᄂᆞᆫ稂莠를鋤除ᄒᆞ고嘉禾를封植ᄒᆞᄂᆞᆫ法門이라奈之何我國은百度가日墜ᄒᆞ야風敎가未立한餘에如此ᄒᆞᆫ淫戲蕩遊로會社를結集ᄒᆞ야無數ᄒᆞᆫ未來靑年을誘引ᄒᆞ니法律範圍內에難容ᄒᆞᆯ罪案이로다何也오一般社會의風俗을壞亂케ᄒᆞ야文明前途의障害됨은尙矣勿論이어니와靑年輩의財産을蕩竭케ᄒᆞ야全國經濟에損害가波及ᄒᆞ며耳目과心志를蠱惑케ᄒᆞ야國民의人格을減損케ᄒᆞ며衛生이不得其道ᄒᆞ야國民의生命이縮少케ᄒᆞ며淫女娼妓를多蓄ᄒᆞ야一般婦女界에不正不淑의影響이流行케ᄒᆞ니此를細究ᄒᆞ면國權의來頭墮落ᄒᆞᆷ이此演劇場의셔胚胎ᄒᆞ얏다ᄒᆞ여도實로過言이안일지라然ᄒᆞᆫᄃᆡ該場에執務ᄒᆞᆫ諸氏가此를獨히猛省치못ᄒᆞᄂᆞᆫ가今日의悲激한國運을遭値ᄒᆞ야一般同胞가正路에共進ᄒᆞ고忠愛에奮發ᄒᆞ야一聲齊力ᄒᆞ다라도文明이比他高等ᄒᆞ기ᄂᆞᆫ容易한效力이안일지라諸氏의卓見은細瑣의憂歎이안인所以를看破ᄒᆞ고此事에着手ᄒᆞ여슬지나但方向을不能硏究ᄒᆞ고一時都下人民의嗜聞樂見을標取ᄒᆞ야究竟所歸가幾個設立者의至醜ᄒᆞᆫ生活營業에不過ᄒᆞᆫ外樣을未免ᄒᆞ야ᄉᆞ니諸氏를爲ᄒᆞ야歎惜ᄒᆞᆷ을不已ᄒᆞᄂᆞᆫ바로다嗚呼諸氏여我國古來歷史中에可敬可慕ᄒᆞ며可崇可拜可悲可喜ᄒᆞ야臨時觀聽者로ᄒᆞ여곰忠義를感發케ᄒᆞᆯ者도多ᄒᆞ며勇敢을助生케ᄒᆞᆷ

者도多ᄒᆞ며善行을奬勵ᄒᆞ며惡行을懲創ᄒᆞᆯ者가多치안인가薩水大戰에乙支文德이百萬支那兵을奮擊大破한遺相을一度作爲ᄒᆞ면人民의獨立心이自生ᄒᆞᆯ지요平壤府妓桂月香의賊將謀斬ᄒᆞᆫ眞象이며檀君時編髮皮服의故俗이며高麗時文武爭黨의餘焰과를做作眞境ᄒᆞ야天然活用ᄒᆞ면其所觀感이顧又何如며近來地方官吏의法外行爲와閨房之內에妻妾爭妬가天地의大和氣를損傷ᄒᆞ며上下의大寃聲을激起ᄒᆞᆫ者인즉此等遊嬉를摸型ᄒᆞ야一般公眼에昭示ᄒᆞ면其風化補助의莫大ᄒᆞᆫ機關을呈露ᄒᆞᆯ지라諸氏의慧眼이此를注意한지已久ᄒᆞᆯ지나但事機가未遑에屬ᄒᆞ야如是ᄒᆞᆷ인가本記者가諸氏를向ᄒᆞ야全國風敎의前途大希望이有ᄒᆞᆷ으로如此히妄陳ᄒᆞ오니嗚呼演劇塲執務同胞諸氏여

新韓國人은新韓國熱을要ᄒᆞᆯ진뎌

趙 鏞 殷

舊時代ᄂᆞᆫ已歸ᄒᆞ고新時代ᄂᆞᆫ方來ᄒᆞ며舊韓國은忽去ᄒᆞ고新韓國은將到ᄒᆞᄂᆞᆫ도다舊時代ᄂᆞᆫ韓國을狹케ᄒᆞ며愚케ᄒᆞ고拙케ᄒᆞ며弱케ᄒᆞ엿시며新時代ᄂᆞᆫ韓國을廣케ᄒᆞ며智케ᄒᆞ며優케ᄒᆞ며强케ᄒᆞᄂᆞ니吁라門戶를閉鎖ᄒᆞ고外人을狄視ᄒᆞ며門閥을漫誇ᄒᆞ야賢愚를莫問ᄒᆞ고便色을是事ᄒᆞ야東西가對敵ᄒᆞ며京鄕이相侮ᄒᆞ고文武가不和ᄒᆞ든時代와奴顔婢膝로權門勢家에趨走ᄒᆞ야一身出世를哀訴ᄒᆞ며虎威狼欲으로窮蔀殘民을縛捕ᄒᆞ야私家囊槖을敢充ᄒᆞ든時代ᄂᆞᆫ韓國을是狹是愚是拙是

弱케ᄒᆞ엿나니此ᄂᆞᆫ言키支離ᄒᆞ고論키張皇ᄒᆞ거니와大抵我韓人士에誰가此ᄅᆞᆯ怨恨痛罵치안으리오

그러ᄂᆞ暫間頭ᄅᆞᆯ回ᄒᆞ야我韓今日을試觀컨ᄃᆡ舊時代ᄂᆞᆫ已逝어니新時代焉在며舊韓國은已歸어니新韓國은何之오長衣廣袖가去ᄒᆞ고短杖洋帽가來ᄒᆞ엿시니此新時代歟아金之李之가日退ᄒᆞ고次郞三郞이日進ᄒᆞ니此新韓國歟아嗚呼라豈其然耶아活潑奇傑한青年은國民的精神이滿々ᄒᆞ고偉烈壯健ᄒᆞᆫ志士ᄂᆞᆫ教育團体에汲々ᄒᆞ야昨日에西北이起ᄒᆞ거든今日에畿湖가起ᄒᆞ고今日에關東이興커든明日에嶺南이興ᄒᆞ야汪々勃々ᄒᆞᆫ競爭的地方熱心이各々本土에獻身ᄒᆞᄂᆞ니此新韓國의第一聲이안인가海外ᄅᆞᆯ一顧ᄒᆞ니美洲의幾千同胞와海港의幾千同胞와上海의幾百同胞와布哇의幾千同胞와及其他日本에留學ᄒᆞᄂᆞᆫ千餘名青年이各々在留地의特色을載歸ᄒᆞ야故國社會에進呈ᄒᆞᄂᆞᆫ日은此新時代의第一期가안인가

所以로一線溫脉을在外同胞에게信ᄒᆞ며千斤重任을內國青年志士에게託ᄒᆞᄂᆞᆫ바이러니及其事實上內幕을精察ᄒᆞᆯ진ᄃᆡ不可信不可託ᄒᆞᆯ疑雲이重々ᄒᆞᆫ데엇지ᄒᆞᆯ가五百年壓制下結果ᄂᆞᆫ下級이上級을仇視ᄒᆞ며地方이首府ᄅᆞᆯ敵視ᄒᆞ야階級秩序以外에自由ᄅᆞᆯ唱ᄒᆞ며國民國家以外에敵愾ᄅᆞᆯ吹ᄒᆞ야揚肩曰今日今日이是吾報復할好期로다時乎時乎여是吾雪耻ᄒᆞᆯ其日이라ᄒᆞ야一種私家的復讎熱이國民的腦髓ᄅᆞᆯ襲擊코져ᄒᆞ며且一面을觀컨ᄃᆡ私立學校令下에青年學生은如何ᄒᆞᆫ狀態에在ᄒᆞᆫ

고將曰算術唱歌가읏지吾儕의偉傑ᄒᆞᆫ性格을造ᄒᆞ며日語數課가읏지吾儕의該博ᄒᆞᆫ學識을賜ᄒᆞ리오鴟梟々々가旣取我子어니吾輩는此에安치못ᄒᆞ깃스며此에老치못ᄒᆞ깃도다ᄒᆞ야鬱沸ᄒᆞᆫ靑年血氣는往々妄動을試ᄒᆞ며單純ᄒᆞᆫ弱齡의思想은斷々無望을哭ᄒᆞ야於是乎慘酷ᄒᆞᆫ落望熱이靑年妙穗ᄅᆞᆯ揠擢코져ᄒᆞ며一面을觀컨ᄃᆡ文明皮相에醉ᄒᆞ고輕華孚靡에流ᄒᆞ야一定ᄒᆞᆫ中心이無ᄒᆞᆫ者아이면僞慷假慨로悲憤激切ᄒᆞᆫ言論을故試ᄒᆞ며聳肩登壇ᄒᆞ야高談峻論을妄說ᄒᆞ다가畢業이臨迫ᄒᆞ고歸國이在邇ᄒᆞ면其秘密ᄒᆞᆫ運動과醜劣ᄒᆞᆫ行動이可怪可痛ᄒᆞᆯ事이此有ᄒᆞᆫ즉此는十名이歸ᄒᆞ면韓國의十蠹오百名이歸ᄒᆞ면韓國의百蠹ᄅᆞᆯ作ᄒᆞᆯ而已니此는可憎ᄒᆞᆫ盜名熱이海外學生의前途ᄅᆞᆯ杜絶코져ᄒᆞᆷ이안인가

以上事實로由ᄒᆞ야觀ᄒᆞᆯ진ᄃᆡ舊時代의蠹國病民의罪보다今日의罪惡이愈往愈大ᄒᆞᆯ而已라何也오此ᄅᆞᆯ徒히悲觀ᄒᆞᆫ즉俯首蟄伏치아이ᄒᆞ면行尸走肉을作ᄒᆞᆯ지며若夫血氣汪々ᄒᆞᆫ者는同族을互呑ᄒᆞ며同種을相食ᄒᆞ야美에附ᄒᆞ야甲을擢커든日에賴ᄒᆞ야乙을倒ᄒᆞ리니此ᄅᆞᆯ엇지曩日門閥의弊와便黨의害와貪官汚吏의罪로論ᄒᆞᆯ가前者는利亦韓國의利오害亦韓國의害며勝亦韓國의勝이오敗亦韓國의敗어니와而今은不然ᄒᆞ야一勝一敗와一利一害가摠是局外異族의勝敗利害로歸ᄒᆞᆯ지니此는蚌鷸이相鬪ᄒᆞ다가三千里疆土와二千萬族을擧ᄒᆞ야一漁父ᄅᆞᆯ飽케ᄒᆞᆯ而已나然則韓半島의一線溫脈은彼復讐熱이撑中ᄒᆞᆫ輩에望치못ᄒᆞ깃스며韓國前途의

千斤重任은彼落第熱과盜名熱이包圍ᄒᆞᆫ雖에託치못ᄒᆞ깃ᄂᆞ니然則此ᄅᆞᆯ可賴ᄒᆞᆯ其人이伊誰오曰斷々一塊韓國熱을抱ᄒᆞᆫ者ㅣ卽其人也로다

莊氏曰水之積也ㅣ不厚則負大舟也ㅣ無力ᄒᆞ고風之積也ㅣ不厚則其負大翼也ㅣ無力이라ᄒᆞ니二十世紀新時代風潮ᄂᆞᆫ반다시大舟ᄅᆞᆯ要ᄒᆞᆯ지며三千里新韓國建設은반다시大翼을待ᄒᆞᆯ지니一時會稽의耻로望을落치말고一身榮枯의計로名을盜치말고一地方의宿嫌으로國家百年大計ᄅᆞᆯ誤ᄒᆞ야私的報復을期치말아恢廓胸海로俘虜中同胞ᄅᆞᆯ濟ᄒᆞᆯ지며豁達ᄒᆞᆫ手腕으로塗炭中蒼生을救ᄒᆞᆯ지니如此ᄒᆞᆫ大舟와如此ᄒᆞᆫ大翼은新韓國熱을抱ᄒᆞᆫ其人이안이면能히負ᄒᆞᆯ者ㅣ無ᄒᆞ며此ᄅᆞᆯ負ᄒᆞᆯ者ㅣ안이면韓國을廣之智之優之强之케ᄒᆞᆯ者ㅣ永無ᄒᆞ리로다

團体의對ᄒᆞᆫ利害觀念

尹台鎭

我留學界의風潮가丕變ᄒᆞ고知識이日開ᄒᆞ야幾多志士의心을刳ᄒᆞ고力을竭ᄒᆞ야改革을日圖ᄒᆞ든各團分立의小部分은過去歷史에屬ᄒᆞ고摠團体大目的이成立ᄒᆞ얏시니是로由ᄒᆞ야我大韓의學問發達도從此可期ᄒᆞᆯ거이오實業振興도從此可望ᄒᆞᆯ거이오國權回復도從此可辦ᄒᆞᆯ거이니此에對ᄒᆞ야吾輩ᄂᆞᆫ是ᄅᆞᆯ勉勵ᄒᆞ며是ᄅᆞᆯ謳歌ᄒᆞ며是ᄅᆞᆯ愛護ᄒᆞ며是ᄅᆞᆯ手舞足蹈ᄒᆞ리로다雖然이나天下의事ᄂᆞᆫ利害가幷行ᄒᆞ고巧拙이相勝ᄒᆞ야一巧가有ᄒᆞᆫ時ᄂᆞᆫ一拙이亦無키不能ᄒᆞ며一利가有ᄒᆞᆫ時ᄂᆞᆫ一害

가亦至홈을難免ᄒᆞ야互相角逐ᄒᆞ며互相勝負홈과如ᄒᆞ나니吾輩는此에對ᄒᆞ야念頭를一轉ᄒᆞ야또ᄒᆞᆫ此를戒懼ᄒᆞ며此를兢惕ᄒᆞ지안이치못ᄒᆞᆯ지로다然則團体의利害를明晰ᄒᆞ야利에趨ᄒᆞ고害에避ᄒᆞᄂᆞᆫ道를講究홈이必要ᄒᆞᆯ지니團体의利害ᄂᆞᆫ果然何에在ᄒᆞᆫ고凡所謂團体ᄂᆞᆫ此를二大部에分ᄒᆞᆯ수有ᄒᆞ니

一曰君子의團体요

一曰小人의團体라

君子의團体ᄂᆞᆫ何也오君子의團体ᄂᆞᆫ同道로團結ᄒᆞ야博愛容衆ᄒᆞ며捨生就義ᄒᆞ며正道을扶植ᄒᆞ며邪曲을排斥ᄒᆞ며我를譽ᄒᆞᄂᆞᆫ者를察ᄒᆞ며我를毁ᄒᆞᄂᆞᆫ者를敬ᄒᆞ며人을爲ᄒᆞ야難을排ᄒᆞ며國을爲ᄒᆞ야忠을獻ᄒᆞ며諸己를先ᄒᆞ고諸人를後ᄒᆞ야其居홈이正々ᄒᆞ며其行홈이堂々ᄒᆞᄂᆞ니此團体가有ᄒᆞᆫ國은其國이必興홈으로若法蘭西의保國會와獨逸의記念會와伊太利의知耻會ᄂᆞᆫ或國耻를雪ᄒᆞ고或國權을復ᄒᆞ야시니無他라團体가君子의德으로以홈이며

小人의團体ᄂᆞᆫ何也오小人의團体ᄂᆞᆫ同利로團結ᄒᆞ야偏邪猜忌ᄒᆞ며見利忘義ᄒᆞ며正道을毁滅ᄒᆞ며邪曲을愛護ᄒᆞ며我에諂ᄒᆞᄂᆞᆫ者를愛ᄒᆞ며我를正ᄒᆞᄂᆞᆫ者을嫉ᄒᆞ며人을患難에擠ᄒᆞ며人을惡魔로導ᄒᆞ며義理을虛飾ᄒᆞ야昏夜乞哀라가白晝의驕人ᄒᆞ며吮癰舐痔의伎倆으로公器을剽窃ᄒᆞ야上欺君主ᄒᆞ고下劉生民ᄒᆞᄂᆞ니此團体가有ᄒᆞᆫ國은其國이必亡ᄒᆞᆯ지니試思ᄒᆞ건ᄃᆡ印度ᄂᆞᆫ萬劫輪廻에陷落ᄒᆞ얏시며安

南은千疊碯絆에驅入되야시며波蘭은丘墟을已作ᄒᆞ고緬甸은氣脉이幾絶ᄒᆞᄂᆞᆫ도다

然則團体가君子의德으로以ᄒᆞᆯ진ᄃᆡ團体가大ᄒᆞᆯᄉᆞ록其國의幸福도加大ᄒᆞᆯ지며團体가小人의利로以ᄒᆞᆯ진ᄃᆡ團體가大ᄒᆞᆯ사록其國의禍殃도益重ᄒᆞᆯ지니此에對ᄒᆞ야吾人의大히猛省ᄒᆞᆯ者이며大히硏究ᄒᆞᆯ바이로다然則今日我留學界에大團体가成立됨으로만吾人의能事已畢ᄒᆞᆷ이아니요더욱勉勵을益加ᄒᆞ며損益을明確ᄒᆞ야我興學會의團體가一層을加ᄒᆞ거든我國家의幸福은十層을加ᄒᆞᆯ기로吾人의絶對義務로認ᄒᆞ고此에決心ᄒᆞ며此에獻身ᄒᆞ야進々不已ᄒᆞ기를期望ᄒᆞᄂᆞᆫ바이도다

論社會進化之原則ᄒᆞ야以慰我志士同胞

羅弘錫

敬愛ᄒᆞᄂᆞᆫ我志士同胞여諸公은獻身的眞誠과犧牲的精神으로一身을擧ᄒᆞ야國事에盡瘁ᄒᆞ야써獨立의準備를着々成遂ᄒᆞ니吾輩ᄂᆞᆫ實노何言으로形喩感謝ᄒᆞᆯᄂᆞᆫ지不知ᄒᆞᄂᆞᆫ바이라然이나我의此感謝ᄂᆞᆫ諸公一身에對ᄒᆞᆷ이아니오國家進運에對ᄒᆞᆷ이니何者오盖大韓國民된者로大韓國事에盡瘁ᄒᆞᆷ은是當然底義務임으로써ᄒᆞᆷ이라故로余ᄂᆞᆫ國步日進ᄒᆞᆷ에對ᄒᆞ야眞心感謝ᄒᆞᄂᆞᆫ同時에社會進化에關ᄒᆞᆫ一言을將ᄒᆞ야諸公의勞瘁를謹慰코저ᄒᆞ노라

夫社會가退化或固着ᄒᆞᆷ이無히益々進化ᄒᆞᆷ은歷史上의事實과諸公의偉績에照徵ᄒᆞ야明瞭ᄒᆞᆫ바이라然而社會에何種現象이有ᄒᆞ야能히此進化ᄅᆞᆯ致케ᄒᆞᄂᆞ냐ᄒᆞ면第一曰模倣이是라ᄒᆞᆯ지니盖人은模倣的動物이라人과人이接觸ᄒᆞᆯ時ᄂᆞᆫ반다시其間에模倣이行ᄒᆞᆷ을見ᄒᆞᄂᆞ니假令吾人의使用ᄒᆞᄂᆞᆫ言語ᄅᆞᆯ分析ᄒᆞ면一言一句가何莫非他人의言語ᄅᆞᆯ模倣ᄒᆞᆫ者이며商工業에從事ᄒᆞᄂᆞᆫ者ᄂᆞᆫ亦自己以前의商工業者ᄅᆞᆯ模倣ᄒᆞᆷ이오又余가此에論ᄒᆞᄂᆞᆫ바思想도皆是從他取來ᄒᆞᆫ者이며諸公이大小社會에日夜奔走ᄒᆞᆷ도亦三千萬同胞로ᄒᆞ야금自家의雄大ᄒᆞᆫ思想과贍富ᄒᆞᆫ抱負ᄅᆞᆯ模倣케ᄒᆞ고저ᄒᆞᆷ에不外ᄒᆞᆯ지라彼法國社會學者로有名ᄒᆞᆫ달드氏의原則에依ᄒᆞᆯ진ᄃᆡ凡抵抗이無ᄒᆞᆫ境遇에ᄂᆞᆫ一個의模範은等比級數的進行의順序로模倣되ᄂᆞᆫ것이라卽自二爲四ᄒᆞ고自四爲六、自六爲八ᄒᆞᄂᆞᆫ等差級數的進行이아니오自一爲二ᄒᆞ고自二爲四、自四爲八ᄒᆞ며自八爲十六、自十六爲三十二ᄒᆞᄂᆞᆫ等比級數的順序로進步ᄒᆞᄂᆞᆫ것이라然而此所謂抵抗이란것은無他라假令玆에上中下三個의模範이有ᄒᆞ다假定ᄒᆞᆯ진ᄃᆡ其上模範卽最良의模範은等比級數的의順序로自由進行ᄒᆞ되中及下의模範은上模範의抵抗을受ᄒᆞ야ㅣ卽上模範에게被逐ᄒᆞ야自由로進行치못ᄒᆞ야其模倣者가全無或稀有ᄒᆞᆷ에至ᄒᆞᆷ과如ᄒᆞᆷ이라夫如是故로抵抗이無ᄒᆞᆫ最善最美의模範卽社會에便益되ᄂᆞᆫ模範이거나或은社會에快樂을與ᄒᆞᄂᆞᆫ模範은少無停滯ᄒᆞ고何時何處ᄭᆞ지던지自由蔓延ᄒᆞ며無礙模倣되ᄂᆞᆫ것이니盖社會文明의

發達은即此原則에由ᄒᆞᄂᆞᆫ者라云ᄒᆞᆷ에在ᄒᆞᆫ지라然而氏의此「模倣의原則」은殆히一般學者의是認ᄒᆞᄂᆞᆫ바오余亦贊同이라然이나余ᄂᆞᆫ氏의原則에數字를補入ᄒᆞᆫ然後에贊同코자ᄒᆞ노니即「一個의模範은」下에「少不下」三字를增補코저ᄒᆞᆷ이是니何者오蓋氏가抵抗이無ᄒᆞᆫ模範即善美ᄒᆞᆫ模範은等比級數的으로模倣된다云ᄒᆞᆷ이其模倣의最低度를指示ᄒᆞᆷ에不過ᄒᆞᆷ으로써ᄒᆞᆷ이니更히此를例證詳言ᄒᆞᆯ진ᄃᆡ假令有志多士가地方敎育隊或은社會敎育隊를編成ᄒᆞ야今月에春川、來月에咸興、來後月에大邱………로輪回巡講ᄒᆞ야皆其多數의聽講者를得ᄒᆞᆯ진ᄃᆡ數個月內에幾萬의模倣者幾萬의自己를作出ᄒᆞᆯ지오其模倣者가又爲模範即社會敎育隊되면三千大地에無處不往ᄒᆞ며無村不入ᄒᆞ야三千萬我同胞의大模倣者를得ᄒᆞᆯ지니然則最初社會敎育隊를發起ᄒᆞ던者一人의模範이不出數年에全國에模倣됨에至ᄒᆞᆯ지니엇지僅少ᄒᆞᆫ等比級數的進行에止ᄒᆞ리며又水原郡의模範農業試驗場갓흔好模範이若달드氏의原則ᄃᆡ로模倣될진ᄃᆡ最初에二人次에四人其次에八人………으로模倣될지나其實不然ᄒᆞ야最初에一洞或一村、次에一郡이오此一郡이其隣接ᄒᆞᆫ八方의各郡에模倣되야短歲月間에遂히全國에蔓延ᄒᆞᆷ에至ᄒᆞᆯ지니以故로余가「小不下」三字를補入코져ᄒᆞᆷ이라人或、實際上에模倣이如此速進치못ᄒᆞᆷ을見ᄒᆞ고我言을疑ᄒᆞᆯ者ㅣ有ᄒᆞᆯ듯ᄒᆞ나是ᄂᆞᆫ社會指導者의無勇氣無熱誠이其主重ᄒᆞᆫ妨害原因이리로라

如斯히模倣의勢力은極大極速흔者어니와大抵人이他를模倣홈은其模範이事理에合ᄒᆞ고自心에好홈으로由홈인故로模倣（特히精神上思想上의模倣）의結果는思想의一致를生ᄒᆞ고思想의一致는又必然의結果로感情의一致即同情을生ᄒᆞ야맛츰ᄂᆡ意思의一致가되야目的을一히ᄒᆞ고志를同히함에至ᄒᆞ나니模倣의作用이至此ᄒᆞ야가장高尙ᄒᆞ게進作ᄒᆞᄂᆞᆫ것이오既已。意志를同히ᄒᆞ야行爲上에互相一致ᄒᆞ야同一의行爲를作홈에至ᄒᆞ야ᄂᆞᆫ模倣은即協力이되ᄂᆞ니偉哉라此協力이여可畏哉此協力이여泰山을可移오天地를可動이며獨立을回復코도餘力이尙多홀지니彼泰西學者須辨士及其他經濟學者가此協力二字로ᄡᅧ社會上諸般現象을解釋코져홈도其理가良有ᄒᆞ고余의此所謂「社會進化의原則」이라홈도亦此一個의模範이小不下等比級數進法으로模倣되고其模倣되ᄂᆞᆫ同時或結果에同情을生ᄒᆞ고協力을生ᄒᆞ야莫敵의勢力과日能萬里ᄒᆞᄂᆞᆫ步法으로進々又進ᄒᆞ야ᄡᅥ明界의極樂과地上의天國을能作能設ᄒᆞᄂᆞᆫ此順序此法則을謂홈에不外ᄒᆞ도다

然則何謂平慰오曰無他라諸公의今日獨立ᄒᆞ고明朝宴樂코져ᄒᆞᄂᆞᆫ心은或事實의如此速成치못홈을見ᄒᆞ고勞悴흔貴體上에失望落膽의惡痛을更添홀가猥慮ᄒᆞ야玆에帝國의將來ᄂᆞᆫ無限히光明ᄒᆞ고諸公의前途ᄂᆞᆫ無限히有望ᄒᆞ다ᄂᆞᆫ一言을謹上ᄒᆞᄂᆞᆫ바이오因ᄒᆞ야惟諸公은新國民의好模範되기를欣望ᄒᆞ노라

將欲結口타가更請一言注意ᄒᆞ노니諸公은我韓을幼穉無奈何라云치말나幼穉ᄂᆞᆫ

無奈何餘望을謂ᄒᆞᆷ이아니라無限ᄒᆞᆫ將來를意味ᄒᆞᆷ이니라又諸公은顧後치말나乘木者가下地를俯顧치아니ᄒᆞ면萬丈樹의極頂에到ᄒᆞ되毫分의眩暈와一次의落膽도無ᄒᆞ니라

一塊熱血

洪命憙

余가嘗聞컨ᄃᆡ我　宣祖即位後五年에元老李浚慶이遺箚를上ᄒᆞ야四個條忠言을進ᄒᆞ니其第四條난即「破朋黨之私」一件이라　乙覽이畢ᄒᆞ시미大驚ᄒᆞ사時任大臣의게其遺箚를　下示ᄒᆞ시고朝臣中에誰가朋黨을成코자ᄒᆞ난고　下問ᄒᆞ시니於是에議論이沸騰ᄒᆞ야浚慶은士林의禍를釀起코자ᄒᆞᆫ者ㅣ라其官爵을追奪ᄒᆞᆷ이可ᄒᆞ다ᄒᆞ난者ㅣ多數이잇고儒臣李珥난「人之將死其言也善浚慶之將死其言也惡」이라厲斥ᄒᆞ엿다ᄒᆞ나니라

吾輩난目覩치못ᄒᆞ야其時에東西分爭의兆徵이明確ᄒᆞ엿난지不知ᄒᆞᆷ으로東皐年譜에浚慶이東西分黨을觀破ᄒᆞ엿다靑野謾輯에浚慶이其萠芽를觀破ᄒᆞᆷ이아니라ᄒᆞᆷ은孰是孰非를容易히判斷키難ᄒᆞ고又余가玆에判定ᄒᆞᆯ必要도無ᄒᆞ도다今에余가記코자ᄒᆞ난事난東西分爭과如ᄒᆞᆫ小々黨爭도아니ㅣ오萠芽가明確ᄒᆞᆷ은姑捨ᄒᆞ고枝葉이分明ᄒᆞᆫ事實이라余가敢히脆弱ᄒᆞᆫ手腕으로禿毫를弄ᄒᆞᆷ은精衛가海를塡코자ᄒᆞ며一膠로河를淸코자ᄒᆞᆷ과同一ᄒᆞ나狹小ᄒᆞᆫ胸腔에熱血이沸騰ᄒᆞ야大聲疾

呼홈이로다

大抵我韓同胞가今日과如ᄒᆞᆫ慘憺ᄒᆞᆫ境遇에至홈은如何ᄒᆞᆫ原因이有ᄒᆞᆫ고此를了解코자ᄒᆞᆯ진ᄃᆡ過去歷史의게問議ᄒᆞᆯ지며今에我朝歷百載史編을飜閱ᄒᆞ면黨爭이史實의一大根蔕이음은一目瞭然ᄒᆞᆯ지라然ᄒᆞᆫ즉過去黨爭이엇지今日我同胞로此境遇에至케ᄒᆞᆫ一大原因이아니리오

過去黨爭이陰險ᄒᆞ고慘惡ᄒᆞ야屍를飜ᄒᆞ며骨를剝ᄒᆞᆫ난慘劇을演出홈이一再가아니나此黨爭은實노我韓民族의一小々部分에不過ᄒᆞ엿나니此小々部分의黨爭도今日我同胞의게不小ᄒᆞᆫ毒禍를遺ᄒᆞ엿도다

今日我韓同胞가如何ᄒᆞᆫ慘憺ᄒᆞᆫ境遇에處ᄒᆞ엿난가外으로强隣의虎視가耽々ᄒᆞ여內으로民智의發達이杳々ᄒᆞ야我幾千萬檀君後裔가哀境에漸瀕ᄒᆞᄂᆞᆫ도다

人民은國家의一大原素어ᄂᆞᆯ韓國人民은二大心이缺乏ᄒᆞ니團合心과獨立心이오二大心이特多ᄒᆞ니姑息心과依賴心이라一言으로評判ᄒᆞ면韓人은大槪自己의棺을自己가盖코자ᄒᆞᄂᆞᆫ者ㅣ라韓人이勵精奮發ᄒᆞ야此大病을自治ᄒᆞ지아니ᄒᆞ면韓國이漸滅치아니치못ᄒᆞ리로다

右ᄂᆞᆫ一外人이我韓人를罵斥ᄒᆞᆫ言辭라此數語ᄂᆞᆫ吾輩의耳에逆ᄒᆞᆯ뿐아니라吾輩의膚를削ᄒᆞᄂᆞᆫ듯ᄒᆞ도다然이나我韓人이內省自疚ᄒᆞ야厥疾이無ᄒᆞ면此言이妄言이고厥疾이有ᄒᆞ면此言이藥石이라實노我韓人의게ᄂᆞᆫ有益無害ᄒᆞᆫ言

辭로다我의親愛ᄒᆞᄂᆞᆫ同胞시여各自內省ᄒᆞ사萬一厥疾이有ᄒᆞ시거든不敏ᄒᆞᆫ余가右에譯述ᄒᆞᄂᆞᆫ微意로虛에歸케마시기를敢히企望ᄒᆞ나니다

獨立은國家의生命이어ᄂᆞᆯ我國은生命을見失ᄒᆞ엿도다嗚呼라此現狀에對ᄒᆞ야放聲大哭홈도可ᄒᆞ고溘然無知코자홈도例事라然이나吾輩가엇지悲觀의坑塹에陷入ᄒᆞ야手를拱ᄒᆞ고天만恃ᄒᆞ리오況天이自助ᄒᆞᄂᆞᆫ人을助홈은一大眞理라吾輩가此否運을挽回홀方策이有ᄒᆞ오며方策은何에在ᄒᆞᆫ고此ᄂᆞᆫ智者를俟치아니코知홀지로다即我種族幾千萬이團合共力ᄒᆞ야我國家를爲ᄒᆞ야活動홈이니我種族幾千萬이個々히國事에對ᄒᆞ야ᄂᆞᆫ犧牲됨을辭치아니코我國家를獨立繁昌케홀義務가有홈을念頭에忘치아니ᄒᆞ면何事를成치못ᄒᆞ리오個人의精神이到ᄒᆞᄂᆞᆫ바에金石도可透라ᄒᆞ거ᄂᆞᆯ幾千萬生命一團体의精神이到ᄒᆞᄂᆞᆫ바에ᄂᆞᆫ其功効가果是何如홀가

吾輩가我邦現狀에對ᄒᆞ야希望ᄒᆞ고信恃홈은右와如ᄒᆞ거ᄂᆞᆯ今日我韓半島에一熱이燃盛ᄒᆞ야其勢ᄂᆞᆫ鯨濤의懷襄홈과無異ᄒᆞ고其害ᄂᆞᆫ猩紅熱의幾億倍로다此熱이何熱인고地方熱이是라此熱이熾盛ᄒᆞ니各地方에間隔이生ᄒᆞ고間隔이生ᄒᆞ니團合은姑捨ᄒᆞ고서로越視치아니ᄒᆞᄂᆞᆫ지甚ᄒᆞ야서로敵視치아니홀ᄂᆞᆫ지

右와如히今日分黨은實노昔年黨爭과有異ᄒᆞ야我韓民族의大々部分을包含ᄒᆞᆫ지라半島民族의大部分이門戶를各立ᄒᆞ고黨爭의慘狀을演ᄒᆞ면其時의半島事ᄂᆞᆫ可

히推知ᄒᆞᆯ지라吾輩의希望ᄒᆞ고信恃ᄒᆞᆷ은一個虛影을捕捉ᄒᆞᆷ에不過ᄒᆞ리로다嗚呼라吾輩ᄂᆞᆫ實노放聲大哭ᄒᆞᆯ事ᄂᆞᆫ我國現狀에不在ᄒᆞ고此에在ᄒᆞ며漠然無知코자ᄒᆞᆯ事도我國現狀에不在ᄒᆞ고此에在ᄒᆞ다ᄒᆞ노라曉ᄒᆞᆸ다我幾千萬同胞여

今에此點이出現ᄒᆞᆫ原因을探求ᄒᆞ건ᄃᆡ或은他를下士思想으로下待ᄒᆞᄂᆞᆫ陋習이尙存ᄒᆞ야往日의勢力을維持코자ᄒᆞ고或畏怯心이多ᄒᆞᆫ者ᄂᆞᆫ他의新進氣焰을退避ᄒᆞ고猜忌ᄒᆞ며彼의게見辱ᄒᆞᆷ이不遠ᄒᆞ엿다ᄒᆞ야鬼胎를懷ᄒᆞᆷ이오或은過去屢百年他의凌辱을受ᄒᆞ고或은過去屢百年政權에參與치못ᄒᆞ야遺憾이骨髓에浸漬ᄒᆞ야一大雪恥를行코자ᄒᆞᆷ이라

嗟呼라其原因을說破ᄒᆞ면實노小々事에不過ᄒᆞ도다

回思ᄒᆞᆯ지어다我同胞여若輩가俱是檀君子孫이라檀君의靈이天에在ᄒᆞ사若輩의行事를俯瞰ᄒᆞ시면骨肉의相爭ᄒᆞᆷ이蚌鷸의相持ᄒᆞᆷ과如ᄒᆞ야世傳家業가지漁翁의手에入케되니若輩의誚를不肖子孫이아니라ᄒᆞ시리요

再思ᄒᆞᆯ지어다我同胞여若輩ᄂᆞᆫ俱是萬物의最貴라自稱ᄒᆞᄂᆞᆫ人類라檀君故宅에火炎이將熾ᄒᆞᄂᆞᆫᄃᆡ火를滅ᄒᆞ야急을救ᄒᆞᆯ思想은少無ᄒᆞ고兒戲와等ᄒᆞᆫ事로互相詰難ᄒᆞ야火裏高麗葬을坐待ᄒᆞ니呴々히相喃ᄒᆞᄂᆞᆫ堂上燕은火炎의將至나不知커니와知코도甘受코자ᄒᆞᄂᆞᆫ若輩ᄂᆞᆫ冷眼으로傍觀ᄒᆞᄂᆞᆫ者가燕雀에도比치못ᄒᆞᆯ民族이라唾罵ᄒᆞ리로다

或各地方人이互相發言ᄒᆞ되他地方人이無ᄒᆞ여도國家를中興ᄒᆞ리라ᄒᆞ나此는愚昧無知ᄒᆞᆫ飯囊等의愚論이요常識이有ᄒᆞᆫ者의舌端에서轉落ᄒᆞᆫ言論은아니로다余가忌彈업시此를斷言ᄒᆞᆷ은其愚騃ᄒᆞᆷ을暴露ᄒᆞ야遺ᄒᆞᆷ이無ᄒᆞᆯ지니라千斤의鐵塊를個人의死力으로도一擧키難ᄒᆞ나衆人이合力ᄒᆞ면一個小石과如히翫弄ᄒᆞᆷ도得ᄒᆞᆯ지니此의當然ᄒᆞᆷ은吾人의日々目擊ᄒᆞ는事實로證明키不難ᄒᆞ도다

團合ᄒᆞᆯ지어다我同胞아團合ᄒᆞᆯ지어다愛國으로共同目的을삼고서로排擠치말고서로扶助ᄒᆞᆯ지어다今日에도時期가已晩ᄒᆞ여스니猛然히回省ᄒᆞ야靑史를汚케말지어다若子若孫으로荊棘의銅駝를指코悲慟케말지어다

敎育者의注意

鄭敬潤

大凡穀物改良의必要는全혀原料의品質를選擇하야耕耘培養ᄒᆞᆷ에在하다云하나오히려農業者의注意와不注意를無視치못ᄒᆞᆯ지라是故로其品質이不好하나年々歲々에耕耘培養하야勤務不懈하면此前良好에漸次增加ᄒᆞᆯ거시요此와反하야其品質이雖好하나耕耘培養에尙無注意하면此前下落에漸次減少하야原料의性質도回復키難ᄒᆞᆯ지라由此觀之하면敎育發達도亦然하야但被敎育者의資格만偏視ᄒᆞᆯ뿐不啻라敎育者의責任를觀察ᄒᆞᆷ에全在하도다假令其子其孫의品質이方正하고才脳가超敏ᄒᆞᆯ지라도乃祖乃父가敎育에不注意하며或敎育에注意ᄒᆞᆯ지라도敎

育의方針이不完全하거나又或家庭의遺俗이腐敗하야惡慣習을種々發生하ᄂᆞᆫ境遇에ᄂᆞᆫ其子孫의品格을病케하야漸次注及ᄒᆞᆷ에終局에ᄂᆞᆫ薄愚暗弱의子孫만될지라然則但其子孫의品格만愚弱ᄒᆞᆯᄲᅮᆫ아니라其祖先의遺業도保存치못하ᄂᆞᆫ同時에國家의富强을杜絶케하ᄂᆞᆫ者ㅣ됨을不免ᄒᆞᆯ거시요是와反하야假令其子孫의品質이方正치못하고才腦가超敏치못ᄒᆞᆯ지라도教育에對ᄒᆞᆫ注意가適宜ᄒᆞᆯ진ᄃᆡ以上과反對的結果를生하야漸次進步하ᄂᆞᆫ바但其子孫의品格만高尙케ᄒᆞᆯᄲᅮᆫ안이라國家의文明을增進케하고獨立을鞏固케하리니如此ᄒᆞᆫ事實은歷史上及理論上에正確無疑ᄒᆞᆫ바ㅣ라誠如是則教育責任이豈不重且大哉아

或曰天生蒸民에幾千百段의優劣은天賦의際限이有하야自身程度以上에ᄂᆞᆫ容易히昇進ᄒᆞᆷ을不得ᄒᆞᆷ에오즉教育二字로ᄲᅧ可히變動치못ᄒᆞᆫ다云하니然則此說은教之라도無益이오不教之라도無損이라하야總教育을無視하ᄂᆞᆫ一大誤論이라就中智英愚昧의階級差異가不可無有하나엇지教育의效力이重大타不謂ᄒᆞ리오大抵教育의注意가植木者의勞働과如하야各種草木을天然的으로써捨寫ᄒᆞᆷ이無하고時期와場所를擇하야矯枝培根ᄒᆞᆷ에生氣가充滿하고形體가奇妙하야野生草木과適別ᄒᆞᆷ으로써通常吾人의心事를娛樂케ᄒᆞᆷ은實際上目擊하ᄂᆞᆫ바ㅣ라青年의教育도如斯하야天賦의如何를勿拘하고教而導之하며培而養之하야注意不怠하면青年의思想과能力이次第啓發하야至親至愛에自重心이從此高尙하고不屈不撓에

勇敢力이從此强大하야國家上行動에百難千危ᄒᆞᆯ지라도有進無退하면我韓의獨立團体는不期而自成ᄒᆞ리니엇지獨立團体로列强의倂立치못ᄒᆞᆷ을患ᄒᆞ리오以上陳述과誠如ᄒᆞᆯ진ᄃᆡ國家의安危存亡이敎育界의注意與否에全在ᄒᆞᆫ關係는推此可知ᄒᆞᆯ지라然則今日大韓의倒懸ᄒᆞᆫ國勢를挽回하고他人의羈絆을脫離코저ᄒᆞᆯ진ᄃᆡ唯我敎育諸公은公的私的을勿論하고注意哉注意哉ᅟᅵᆫ져

學海

家庭教育法 (前太極學報第廿七號續)

金壽哲 譯述

知育의方法 (玩具의授與)

玩具를與홈에進步的이되는者를選擇홀것은恒常精神敎育上에不忘홀者이나今日과如히學理的으로製造혼玩具가簇出홈에對ᄒᆞ여는더옥其種類를選擇ᄒᆞ야兒童의心意發達에適要혼者를求홀지라또運動은進步의先驅가됨으로玩具도또혼靜止혼者를捨홀지며또奇形을成혼者는進步를妨홈으로其形體가正確ᄒᆞ야實物에昵近혼者即現實世界에存혼者가아니면不可ᄒᆞ니動物의玩具植物의玩具及礦物의玩具가다最適혼材料라謂홀지라또한갓代價가廉혼것을爲ᄒᆞ야實物에反혼者를與홈은幼兒의腦中에不確實혼觀念을與홈이니將來小學敎育의妨害가頗多할지라故로代價의高홈을不憂ᄒᆞ고오직正確ᄒᆞ야實物에近혼者를期取홀지로다特히自動力이有혼玩具는가장有益ᄒᆞ니即彈機가有혼滊車、滊船、馬車、人車等은다興味를與ᄒᆞ는同時에理學上簡易의智識을與홈을得ᄒᆞᄂᆞ니斯와如혼有益의玩具를다만供與홀뿐만不啻라또혼兒童으로ᄒᆞ여곰簡易혼玩具를調製케홈이可

ᄒᆞ니兒童이四歲에至ᄒᆞ면此能力이有ᄒᆞ야數個의木片과數連의糸를與ᄒᆞ면巧히家屋의模型을作ᄒᆞ며紙와糊를與ᄒᆞ면袋를製得ᄒᆞ나니故로此種의材料를供給홈은恒常不怠의事니라

幼兒가障子를破ᄒᆞ며玩具를損홀時에嚴히叱責ᄒᆞ야其材料를不許홈은兒童自然의要求를拒絶홈이니決코注意치아니치못홀지니라

道德的玩具는兒童으로ᄒᆞ여곰不知不識間에道德的行爲를遂홈에適ᄒᆞᆫ者를取홀지니大槪水遊를식혀水를公道에撒布케ᄒᆞ며掃遊를식혀道路를掃除케ᄒᆞᄂᆞᆫ等은다公共心道義心을養成ᄒᆞᄂᆞᆫᄃᆡ適當ᄒᆞᆫ方法이니라

社交的玩具는公共、及同情心을養홈에足ᄒᆞᆫ者를取홀지니接賓戲、及宴戲、俱樂會等은다適當ᄒᆞᆫ材料라故로此等의遊戲는더욱奬勵ᄒᆞ야公共心을發揮케홈이可ᄒᆞ니라

審美的玩具의重要ᄒᆞᆫ者는繪畵及彫刻物이是라然ᄒᆞ나現世에出行ᄒᆞᄂᆞᆫ繪畵를見ᄒᆞ건ᄃᆡ色彩의配合等에ᄂᆞᆫ寸毫도用意치아니ᄒᆞ고오직赤色、紫色等의가장眼目에映ᄒᆞᄂᆞᆫ者를選ᄒᆞ며참으로高尙ᄒᆞᆫ思慮로써色彩을施ᄒᆞᆫ繪畵ᄂᆞᆫ甚히少ᄒᆞ고麁粗ᄒᆞᆫ者를廉價로써供給홈에勉ᄒᆞ며風景을寫홈에도眞을失ᄒᆞ며形像을畵홈에도實物과異ᄒᆞᆫ者가多ᄒᆞ니實노今日에在ᄒᆞ야ᄂᆞᆫ普通의繪畵ᄂᆞᆫ其最宜ᄒᆞᆫ者를採홀뿐이오多部分은寫眞에依ᄒᆞ야兒童의觀念을確定치아니치못홀지라또彫刻에至ᄒᆞ야

는더욱甚ᄒᆞ야鬼面或狐狗의形像等을無理로製出ᄒᆞᆫ者가多ᄒᆞ니一個라도審美的이될者는아직未見ᄒᆞ깃도다

體育的玩具는男女를勿論ᄒᆞ고擊球、摘花、鬪草等은다幼兒의最適ᄒᆞᆫ運動이니반다시施行케ᄒᆞᆯ지며또紙鳶을弄ᄒᆞ야運動케ᄒᆞᆷ이가장有益ᄒᆞ니라

要컨ᄃᆡ勝負的傾向이有ᄒᆞᆫ玩具와及危險의處가有ᄒᆞᆫ玩具는斷然히逃避ᄒᆞᆷ이可ᄒᆞ며元來敎育的玩具라稱ᄒᆞᆷ은兒童의精神發達에補助를與키爲ᄒᆞ야作ᄒᆞᆷ이어늘今日我國의敎育家는此에注意를不加ᄒᆞ고實際敎育의諸具를設備ᄒᆞ는者ㅣ鮮有ᄒᆞ니엇지猛省ᄒᆞᆯ바ㅣ가아니리오

家畜改良의急務 (前大韓學報第九號續)

李 赫

(乙)西洋種

(一)英國馬 (馬名사라쁘렛또) 体高丈은五尺二寸八分乃至五尺九寸四分世界第一競走馬也

(二)獨逸馬 (馬名쓴라게넨) 体高丈은五尺以上、世界第一騎兵馬也

(三)佛蘭西馬 (馬名앙쑤론노류만) 体高丈은五尺六寸乃至五尺九寸四分、車馬、駄馬、重騎馬等用也

(四)露西亞馬 (馬名오류로우、도롯싸ㅣ) 体高丈은五尺四寸四分乃至五尺七

寸八分、耐役力酸馬也

(五)米國馬 (馬名도롯따ㅣ) 体高丈은四尺四寸五分乃至四尺六寸二分、細蝶馬也라

第四、蕃殖法

(一)蕃殖의年齡、蕃殖用에適當ᄒᆞᆫ年齡이牝馬은五歲以上、牡馬은三歲以上에至하야交接에從事ᄒᆞᆷ을最要홈、不然則良駒을得ᄒᆞ기難하니라

(二)牝牡交接期、通常春季發情期에際ᄒᆞ야行하니라 (氣候에因하야多少差異가有하나新曆五月期節을要) 此期에行하면産駒時期가翌年氣候溫暖에際ᄒᆞᆯ뿐아니라母馬에青草多給의便을得하야乳汁分泌富多의利을得하나니라

(三)懷胎中使役取扱及分娩(即生産)

懷胎中牝馬은懷胎初期에는輕役上의從事을得하나分娩期二三週日間前에至하여서는全히使役을禁止홈

分娩期五日前에至하면異徵이有하니라即腰骨이突出하고腹部가落下하며乳房이怒張하고陰門으로粘液을流出하나니其時에際하거든可成的廣濶ᄒᆞᆫ馬厩內에移하고靜置勿近홈을要홈駒을産出하면母馬가駒全体濕液을舐斂後約二三時間을經하면産駒가起立하야乳房을探求하니라其時에當하거든畜主가手을下하야乳房에附着하나니라

(四)産後取扱法

産後最初出乳을初乳라稱홈、此初乳은普通乳汁에比하면極키濃厚하고粘氣을含有하니라故로産駒가其初乳을哺하면即下痢(俗설사)을起하야腹内에積滯된瓦斯을洗滌除去하ᄂᆞᆫ天賦作用이有ᄒᆞ니라

吾人이初乳에就ᄒᆞ야最히注意할事ᄂᆞᆫ非他라我國何如ᄒᆞᆫ習慣인지未詳ᄒᆞ나吾人이胎兒을分娩ᄒᆞ면妄妖히天賦之仙劑即初乳을搾去ᄒᆞᄂᆞᆫ風이有ᄒᆞ니此ᄂᆞᆫ大誤解也라故로借假敬告홈

産後母馬의給物은糠麩(不碎磨麥)을微温湯水에浸ᄒᆞ야給與(凡三日間續)ᄒᆞ고可成的靜穩이養護하믈要홈産後十日를經ᄒᆞ야輕役에服ᄒᆞ나但長時間은不許ᄒᆞ나니라

(五)去勢(睪丸割去)

牡馬에其睪丸을割出ᄒᆞ면性質이温和ᄒᆞ고持久力과速度을增加ᄒᆞᄂᆞᆫ大關係가有ᄒᆞᆫ즉必히繁殖用及競走用에供ᄒᆞᄂᆞᆫ外ᄂᆞᆫ一切去勢을行ᄒᆞ믈要홈

去勢期에適當ᄒᆞᆫ年齡이農用馬면生後六個月乃至七個月、乘車馬及疾驅用馬等은生後一個年乃至一個年半頃에行ᄒᆞ나니라(其期節은新曆五月、九月을最要)

第五、飼養法

58

前章에陳述ᄒᆞᆫ牛은反芻動物로粗食物에堪耐ᄒᆞ나馬는非反芻動物（胃囊一個所有動物에云）로濃厚食物이아니면飼養에不可ᄒᆞ니라故로歐洲諸國은普通燕麥及乾草을飼料에供ᄒᆞ고米國은燕麥及玉蜀黍을供ᄒᆞ고日本은大麥을供ᄒᆞ니라夏季飼料은靑草及穀類（大麥、大豆）乾草等을供用ᄒᆞ나馬에最貴ᄒᆞᆫ飼料은苜蓿（苜蓿은一種의荳科植物로西洋으로부터輸來ᄒᆞᆫ植物이라英語로악로ㅣ바라稱）과禾本科牧草（原野普通草）나然이나可成的乾地에生ᄒᆞ믈要ᄒᆞᆷ、何오若濕地生草을供給ᄒᆞ면疾病에罹ᄒᆞᆷ기易ᄒᆞᆫ故也라

給食數은每日三回을通常ᄒᆞ되給食時限은如左ᄒᆞᆷ

朝食은午前六時、 午食은正午、 夕食은午後五時乃至六時飮水은必히每朝食前에給ᄒᆞᆷ、食塩은每日不與함도可ᄒᆞ나一個月間에一斤假量을要ᄒᆞ니라

第六、管理法及廐舍建築

（一）管理을行ᄒᆞ는데는每朝午前四時乃至四時三十分頃에飮水을給與ᄒᆞᆫ後穀類（大麥或大豆）을與ᄒᆞ며廐內敷藁을引出ᄒᆞ고刷子（我國말솔과如）로馬全体을櫛擦ᄒᆞ야淸潔을行ᄒᆞ니라

（二）廐舍은可成的寒風遮斷에便利ᄒᆞᆫ開濶乾燥ᄒᆞᆫ地을選定ᄒᆞ야東南方位置로建築ᄒᆞ고日光射入、空氣流通을充分ᄒᆞ게ᄒᆞ며跡水排出에便宜을要ᄒᆞᆷ其他廐舍의廣狹欄의排列等은畜養의種類와頭數多少에依ᄒᆞ야差異가有ᄒᆞ니라

(未完)

韓國蠶業에對ᄒᆞᆫ意見

盧庭鶴

余ㅣ此을論함에對ᄒᆞ야特히韓國蠶業이라題ᄒᆞᆷ은韓國이蠶業界天然的에如何한方面에在ᄒᆞ며此方面의就ᄒᆞ야如何한方策을執ᄒᆞ면適當ᄒᆞᆷ을論코저함이라蠶業界天然的이라ᄒᆞᆷ은何을謂함인요ᄒᆞ면即第一氣候오其他은此蠶業發展에對ᄒᆞ야人工을小加ᄒᆞ면可히應用할者을皆稱ᄒᆞ미니以上如何ᄒᆞᆫ方策을執ᄒᆞ면適當ᄒᆞᆷ을論코저함니라ᄒᆞᆷ은即天然界自然物을適當히應用ᄒᆞ여生産이增大ᄒᆞᄂᆞᆫ同時의經濟事情을調合코져ᄒᆞ미라余前日本國의在할時에一村翁이蠶卵數枚을持來ᄒᆞ여余의게言曰此種은一年에一生二生三生에數次의養을得ᄒᆞ므로爲利莫大云而日本人이販賣故로余買來而今年試養云矣러니該年冬에村翁이因事ᄒᆞ야余家의訪來ᄒᆞᆫ지라余ㅣ今年養蠶事을聞한즉其村翁이恨言曰昨年에該種을飼養한바四次發生은日本人의言과如ᄒᆞ나太半病死ᄒᆞ야四度飼養이昨年一度春蠶의繭量에不過ᄒᆞ엿다云ᄒᆞ던說을余今日思之컨ᄃᆡ此翁이春夏蠶이天然界에對ᄒᆞ야其嗜好ᄒᆞ미不同ᄒᆞᆷ을不知ᄒᆞ고다만一年一生二生三生ᄒᆞᄂᆞᆫ好奇心으로此을飼養ᄒᆞ다가失敗함에不過ᄒᆞᆫ지라此外에伊太利國養蠶者와日本養蠶者와佛國養蠶者가一場同集ᄒᆞ여養蠶法을相論할ᄉᆡ其言이各々不同ᄒᆞ야彼善我善에論議가一定ᄒᆞᆷ을得

치못ᄒᆞ거ᄂᆞᆯ我韓國養蠶者가此ᄅᆞᆯ論辯ᄒᆞ여曰諸君은爭치勿ᄒᆞ라諸君의言이皆是로다伊、日、佛에地勢氣候同치못한즉其飼養法이同치아니ᄒᆞᆷ은自然ᄒᆞᆫ理라我國은國南國北에도飼養法이不同ᄒᆞ노라諸國人이皆服ᄒᆞ엿다ᄂᆞᆫ說이有ᄒᆞᆫ지라余ᄂᆞᆫ專히韓國蠶業을論코져ᄒᆞᆷ은此ᄅᆞᆯ爲ᄒᆞᆷ이니此ᄅᆞᆯ讀ᄒᆞ시ᄂᆞᆫ諸君은此點에特別注意ᄒᆞ심을要ᄒᆞ오非但蠶業만然ᄒᆞᆷ이아니라世上千百事가此에셔利害의結果ᄅᆞᆯ豫言할지니萬一村翁과如히春蠶飼養과갓치夏蠶을飼養ᄒᆞ거ᄂᆞᆫ日本人이佛國蠶의飼養法과同一히ᄒᆞ면其失敗ᄒᆞᆷ이必至ᄂᆞᆫ自然ᄒᆞᆫ理由에過치아니ᄒᆞᆫ지라以下論述ᄒᆞ고자ᄒᆞᆷ은韓國天然界와人工部ᄅᆞᆯ題로作ᄒᆞ야各히二三項目을列論코져ᄒᆞ오

第一、韓國天然界

(가)地勢及氣候、　我韓國은諸君이既知ᄒᆞᆷ과갓치白頭山脈이南北을貫徹ᄒᆞ야諸山丘陵이되얏고東西南三方面은盡是海에接ᄒᆞ고北은上記ᄒᆞᆫ白頭山에面ᄒᆞᆫ지라此로由ᄒᆞ야全國의水流가皆히東西로路ᄅᆞᆯ作ᄒᆞ고北方에ᄂᆞᆫ白頭山에近ᄒᆞᆷ으로自然山岳이多ᄒᆞ고南에往ᄒᆞᆯ수록山岳이少ᄒᆞ니ᄌᆞ연北方은平原이太小ᄒᆞ고南方은平原이倍多ᄒᆞᆷ으로耕作의物도北方에比ᄒᆞ면南方이甚히好成績과巨大量을占得ᄒᆞᄂᆞ니此ᄅᆞᆯ全觀ᄒᆞ건ᄃᆡ北方이農作地面積에狹小ᄒᆞᆷ은地勢로由來ᄒᆞᆫ바어니와成績도南方보담最劣ᄒᆞᆷ은何로從來ᄒᆞᄂᆞ냐ᄒᆞ면吾必曰溫度의關係라ᄒᆞ노라諸君이既知함과갓치北方으로言ᄒᆞ면春暖의至ᄒᆞᆷ이甚遲ᄒᆞ고도冬寒의來ᄒᆞᆷ이또ᄒᆞᆫ甚

急ᄒᆞᆷ으로一年中最히必要ᄒᆞᆫ農作期間이短縮ᄒᆞ야作物의生長을妨害함에因ᄒᆞᆷ이니早霜의弊害ᄂᆞᆫ間々農作者로ᄒᆞ야금大失敗를成ᄒᆞᄂᆞᆫ者ㅣ顯著ᄒᆞᆫ一例也라然則如此ᄒᆞᆫ寒地에ᄂᆞᆫ堪寒의種類를取ᄒᆞ여農作ᄒᆞᆷ이可ᄒᆞ오

以上과如ᄒᆞᆫ地勢와溫度의關係에對ᄒᆞ여ᄂᆞᆫ養蠶의經營方策不同ᄒᆞᆷ을得치아니치못ᄒᆞᆯ지라然이ᄂᆞ人工部에編入코져ᄒᆞ여此에止ᄒᆞ오

(나)江河海의沿岸과高山峻嶺의地、 今에江河海의沿岸이라ᄒᆞᆷ은全國南北을不問ᄒᆞ고江河海의沿岸된地를云ᄒᆞᆷ이오高山峻嶺도亦然ᄒᆞᆷ論者此를紹介ᄒᆞᆷ은江河海의沿岸은各處溫度를輸送ᄒᆞ야氣候가適當ᄒᆞ고一年中平均溫度가大差가無ᄒᆞ니世人이所謂江河沿岸地ᄂᆞᆫ冬不寒夏不暑라云ᄒᆞᆷ이亦是此로써出ᄒᆞᆫ듯ᄒᆞ오然ᄒᆞᆷ으로自然農作物도此等沿岸에好成蹟을擧ᄒᆞᄂᆞᆫ者라高山峻嶺의地ᄂᆞᆫ此에反ᄒᆞ야春暖이甚遲ᄒᆞ고冬寒이亦急ᄒᆞ야農作地에ᄂᆞᆫ不適ᄒᆞᄂᆞ夏秋蠶飼育에ᄂᆞᆫ適當ᄒᆞᆷ此高山峻嶺의地ᄂᆞᆫ五月中旬後七月初ᄭᆞ지ᄂᆞᆫ晝間甚暑ᄒᆞᄂᆞ夜間은稍爽함에在ᄒᆞᆫ듯

第二、人工部

(가)春蠶과夏秋蠶의地勢의關係、 古來養蠶의本場이라稱ᄒᆞᄂᆞᆫ地ᄂᆞᆫ何國을不問ᄒᆞ고大河沿岸의沖積層或ᄂᆞᆫ洪積層으로된地勢快濶ᄒᆞᆫ地方이라我韓으로言ᄒᆞ면慶尙道洛東江兩岸과如ᄒᆞᆫ지라日本으로言ᄒᆞᆫ즉阿武隈河沿岸一帶伊達、信

夫、兩郡과如ᄒᆞᆫ地을謂함이라此와如ᄒᆞᆫ地方等을槪히地味豊活함이桑樹繁茂ᄒᆞ고且蠶蛆의害가小함으로蠶種製造에適當ᄒᆞ고且收繭量이多ᄒᆞ고品質이亦佳함은其原因即地勢關係에由來함이라此에反ᄒᆞ야所謂霧深地我韓江原道北部咸北兩帶와如ᄒᆞᆫ地日本으로言ᄒᆞ면北海道及靑森北部와如ᄒᆞᆫ春暖甚遲ᄒᆞ고冬寒甚急ᄒᆞᆫ地ᄂᆞᆫ養蠶의好成蹟을得키難ᄒᆞᆫ지라此로써如此ᄒᆞᆫ地方의ᄂᆞᆫ品質이劣等이ᄂᆞ性質이强壯한蠶種을撰擇ᄒᆞ여飼養치아니ᄒᆞ면好成蹟을得키難ᄒᆞᆯ지라然ᄒᆞᆯ뿐아니라此等地方은農業의本作되ᄂᆞᆫ稻作을雪融後始作ᄒᆞᄂᆞᆫ고로春蠶期와相逼ᄒᆞ야到底히春蠶을飼養키不能함으로此等地方은夏秋蠶을飼養함이農暇利用上便利ᄒᆞ고且利益이甚多함을得ᄒᆞᆯ지라然ᄒᆞᆫ則前述ᄒᆞᆫ江河海의沿岸等地에ᄂᆞᆫ春蠶飼育에適當ᄒᆞ고高山峻嶺의地에ᄂᆞᆫ夏秋蠶飼育에適當ᄒᆞ다ᄒᆞ오養蠶上第一忌嫌함은溫度의高와（養蠶上最適溫度攝氏七十度內外） 溫度의低와濕氣라然ᄒᆞᆫ바低溫ᄒᆞᆫ時에ᄂᆞᆫ火力을用ᄒᆞ야溫度을調和ᄒᆞ거니와高溫ᄒᆞᆫ時ᄂᆞᆫ人力으로써到底히此을禁止키難ᄒᆞᆫ지라然而夏秋蠶飼育期限은一年中第一高溫多濕（養蠶上濕氣도ᄯᅩᄒᆞᆫ必要ᄒᆞᄂᆞ飽和度에至ᄒᆞᆷ은蠶의衛生을大害ᄒᆞᆯ지라故로「코온」氏의計濕表로三四度의差로써適當ᄒᆞ다ᄒᆞ오） ᄒᆞᆫ時季라此不可不比較的爽凉ᄒᆞᆫ地을求ᄒᆞ야夏秋蠶을育함이必要ᄒᆞ오春蠶期에ᄂᆞᆫ低溫의害ㅣ間々有之ᄒᆞ니相當ᄒᆞᆫ火力으로써補溫ᄒᆞ여稚蠶期七十二三度壯蠶期七十度前後로平均을定ᄒᆞ야三四度의差에濕度으

63

로保養함을要홈

(나)桑園設立法과夏秋蠶春蠶用의關係、　桑園設立法(設立은栽桑上人工의添加함을云) 其種이甚多라 一々히記키難ᄒᆞ나支那의六拳式과日本의根刈、中刈、高刈、秋田式　歐洲式等이有ᄒᆞᆫ外에速成桑園及喬木設立等이有ᄒᆞ오根刈라云ᄒᆞᆫ者ᄂᆞᆫ栽植後三年부터株基一寸假量을餘存케ᄒᆞ고刈取ᄒᆞ면此에서新芽을更出ᄒᆞᆫ여此에서桑葉을摘取ᄒᆞᄂᆞᆫ方式이니夏蠶用桑園은早春에摘取ᄒᆞ고春蠶用은春蠶期桑葉을摘取ᄒᆞ고此을即時刈取ᄒᆞᄂᆞᆫ者ㅣ通例라中刈云者ᄂᆞᆫ二尺以上三尺以內株頭가齊一ᄒᆞ게此을刈取ᄒᆞᄂᆞᆫ者요高刈云者ᄂᆞᆫ五六尺前後刈取ᄒᆞᄂᆞᆫ者니以上三者年々히同所에刈取함을要ᄒᆞ오

秋田式云者ᄂᆞᆫ栽植初年株一個을直立ᄒᆞ게ᄒᆞ야二年代에其中央을刈取ᄒᆞ면此에서新株가出ᄒᆞᄂᆞ니此을人字의倒書함과如히二個에作ᄒᆞ야三年代四個四年代八個五年代十六個株을得ᄒᆞᆯ지니一定ᄒᆞᆫ株數을作ᄒᆞᆫ後此에서每年刈取ᄒᆞ여蠶兒飼育에供ᄒᆞ오支那의六拳式도此法과如ᄒᆞ되最終株數六個에止함으로此名이有ᄒᆞ고

歐洲式은支那六拳式와日本秋田式中位의取ᄒᆞᆫ者니大略設立法이同一함으로此을論ᄒᆞᆯ必要가無ᄒᆞ고速成桑園云者ᄂᆞᆫ全히夏秋蠶을飼養코져ᄒᆞ야一時的經營에過치아니ᄒᆞ니其栽植法은田一斗落에二三千個의多數의桑苗을植ᄒᆞ여其年에摘

棄ᄒᆞᄂᆞᆫ故로桑樹의生長年限五六年에不過ᄒᆞᆫ者ㅣ며喬木設立云者ᄂᆞᆫ全枝을刈取치아니ᄒᆞ고死期ᄭᆞ지成長케ᄒᆞᄂᆞᆫ者을謂ᄒᆞᆷ以上은設立法의畧示어니와春蠶用에何가適當ᄒᆞ며夏蠶用의何가適當ᄒᆞᆷ을先ᄒᆞ야寒地에何을取ᄒᆞ며暖地에何을取ᄒᆞᆷ을論定ᄒᆞ면自然春夏秋用의設立法을知ᄒᆞᆯ듯ᄒᆞ오(以下春夏秋蠶飼育地叅照)即暖地에ᄂᆞᆫ根刈法을應用ᄒᆞᄂᆞᆫ者ㅣ多ᄒᆞ고中刈法은寒暖의差甚ᄒᆞ지아니ᄒᆞᆫ地方은彼此相當ᄒᆞ고高刈、秋田式은寒地에多行ᄒᆞ고喬木이라云ᄒᆞᆫ者ᄂᆞᆫ天然成長ᄒᆞᆷ을因ᄒᆞ야設立法中에不在ᄒᆞ나寒地에多行ᄒᆞ고歐洲式、六拳式은寒地暖地을間치아니ᄒᆞ고保護手入을適留히ᄒᆞ면可ᄒᆞᆷ

(未完)

警察性質의觀念

南基允

夫國家에爲干城者有二하니一曰戰時干城이요二曰平時干城也니戰時之干城은爲軍隊之所擔任者요平時之干城은爲警察之所主務也라然이나戰乱의時日은短하고平和의歲月은長하나니此二者를擧하야何者를謂重要乎余曰爲平時之干城者警察를指ᄒᆞ야其答을可定ᄒᆞᆯ지라軍隊之任은只不過於外患防禦而其限界最狹하고警察之務은以爲屬於內務行政而此範圍甚廣ᄒᆞᆫ故로人民의生命에危險을保護或豫防ᄒᆞ야國家安寧秩序를維持ᄒᆞ며財產에侵害를禁止或救助ᄒᆞ야社會幸福發達를增進케ᄒᆞ며且公共의權利를制限하고個人의自由를强制ᄒᆞᆷ은即安寧幸福

을專爲홈이라欲圖安寧則不可不防害요欲圖防害則不可不强制也니其活動方面과其趣旨岐路를略說左記ᄒᆞ노라

國家行政의活動을爲ᄒᆞ야警察之種類가甚多難追이나其源因有二ᄒᆞ야曰國家警察曰地方警察也니國家가以爲警察作用之主體而管轄於國家全部者를謂之國家警察也며市長村長에委任ᄒᆞ야使擔任者로處理于其範圍者를謂之地方警察也라現今實際上最所必要者는司法警察　行政警察　保安警察此三者也니

○司法警察者난以裁判之準備로依司法之命令ᄒᆞ야逮捕罪人하고搜査贓物ᄒᆞ야社會仇敵을斥除홈을爲目的者也며

○行政警察者난國家安寧秩序를維持ᄒᆞ고社會幸福發達를增進ᄒᆞ기爲ᄒᆞ야助長行爲〔助長行政은即國家安寧幸福과人民의敎育發達을爲主義者〕의目的을作用者也則此性質種類를小分ᄒᆞ면道路警察　衛生警察　風俗警察　保安警察等包含者也며

○保安警察者는維持國家之安寧ᄒᆞ고除斥公共之危害ᄒᆞ야聚會團体而以講談評論으로誹毁國家之政事者와集合多數而以興訛做說노惹記社會之騷撓者를禁止强制ᄒᆞ야國家安寧幸福을以爲目的而行政中一部局獨立者也라此를更以區別ᄒᆞ야高等保安（高等警察）通常保安（行政警察普通）二種으로分定ᄒᆞ나니國家及公共團体에關ᄒᆞ야發生ᄒᆞᆫ危險을防止者는屬之于高等警察ᄒᆞ고一般個人을由ᄒᆞ야幻出ᄒᆞᄂᆞᆫ弊害를制禦者는歸之于通常警察也故로前者난公安警察

或治安警察이라云ᄒᆞ며後者난私安警察或個人警察이라稱하나니通常警察을擧ᄒᆞ야如左分類則

路道警察　衛生警察　風俗警察　營業警察　交通警察　通常保安警察

○道路警察者난道路에對ᄒᆞ야諸般危險을注意ᄒᆞ야公路(官設總稱)私路(私人의門前又田園道路)을勿論ᄒᆞ고架設橋樑ᄒᆞ며修築堅固ᄒᆞ며溝瀆을淸潔除斥ᄒᆞ야交通上俾得安全케홈을企圖홈이라道路가有三種ᄒᆞ야

一曰國道也니　國道者난自畿內로陵所、宗廟、開港場、鎭臺及各府縣에到達하난線路을云홈이요

二曰縣道也니　縣道者난官府에接屬ᄒᆞᆫ各鎭臺及支廳分營等에來往ᄒᆞ난線路을稱云홈이며

三曰里道也니　里道者는自甲區로至乙區線路와牧畜「坑山、園囿、神社、佛閣及田畑等에往來ᄒᆞ기爲ᄒᆞ야設施ᄒᆞᆫ線路을指名홈이라 (行政警察에包含)

○衛生警察者난人民의健康衛生에妨害을豫防ᄒᆞ기爲ᄒᆞ야飮食物販賣을管轄(干涉相當締結)ᄒᆞ며公共에病疾流行의傳染을制禦ᄒᆞ기爲ᄒᆞ야淸潔法消毒을注意ᄒᆞ고家庭에汚物掃除을命令ᄒᆞ며周圍에惡臭排斥을指揮ᄒᆞ야國家生存의健康을企圖ᄒᆞ난目的也며 (行政警察에包含)

○風俗警察者는社會單純ᄒᆞᆫ風俗을廢頹홀不德非倫을禁止ᄒᆞ고人民最良ᄒᆞᆫ品性

을維持ᄒᆞᆯ勸善斥惡을奬勵ᄒᆞ며猥褻行爲(不正淫行을包含)의惡習과醜狀異樣의擧動을注意防止ᄒᆞ야國家의善良ᄒᆞᆫ風紀를爲目的者也라(行政警察에包含)

非德不倫의方面은大略　娼妓　女娘買(삼픽)　淫賣(갈보)　密賣淫(은군자)　等의行爲을因ᄒᆞ야發生ᄒᆞᆷ이요醜狀異樣者은衣服을不得端正ᄒᆞ고肉體을露出全身或半身이며又面部을掩包或不當ᄒᆞᆫ行裝을携帶ᄒᆞ며疑訝ᄒᆞᆫ体容을造飾ᄒᆞᆷ을云ᄒᆞᆷ이라

○營業警察者ᄂᆞᆫ營業物의狀態와營業者의行爲을因ᄒᆞ야發生ᄒᆞᄂᆞᆫ結果로부터公共의危害(火藥銃砲阿片烟及腐敗食物等)되ᄂᆞᆫ原因을防止ᄒᆞ기爲ᄒᆞ야營業自由를制限ᄒᆞ며或命令處分ᄒᆞᄂᆞᆫ行政作用을云也라

營業性質이有二種ᄒᆞ야狹義廣義로分ᄒᆞ니

廣義營業者ᄂᆞᆫ以財産取得之意思로繼續的性質上同一ᄒᆞᆫ行爲를總稱也며狹義營業者ᄂᆞᆫ營利的以獨立業務로有價物之轉換과且勞力之供給을謂之也라此等의自由를制限者를稱云營業警察也라營業中十分注意者古物商及質屋(典當局)也則此盜難物品에干ᄒᆞᆫ注意也

○交通警察者ᄂᆞᆫ交通上危害을防止ᄒᆞ야公共의往來를安全케ᄒᆞ고車馬의通行과物品의運輸을便利케ᄒᆞ며互相衝突이無케ᄒᆞ며通信機關을(電報電話線郵便機關)保護ᄒᆞ야社會幸福을企圖ᄒᆞᄂᆞᆫ目的也며

○通常保安警察者ᄂᆞᆫ社會諸般事項에對ᄒᆞ야危害를防止ᄒᆞ야安寧을保持ᄒᆞᄂᆞᆫ行政作用인故로其範圍廣漠無限ᄒᆞ야不能細擧ᄒᆞ고但以種類로畧記ᄒᆞᆯ지라 山林 川澤 漁業 狩獵等警察及火災水災 建築 工場 風俗 不良少年等警察이盡是包含者也

警察의事務의表를擧ᄒᆞ야保安警察의各部位置를說明如左

- 統治
  - 立法
  - 行政
    - 保安警察
      - 高等警察
      - 通常警察 行政警察等
        - 營業警察
        - 交通警察
        - 保安警察(狹義)
    - 各部行政
      - 行政警察(廣義)
        - 衛生警察
        - 狩獵警察
        - 其他命令을依ᄒᆞ야分配하난警察
      - 助長行政
  - 司法
    - 裁判
    - 裁判準備行爲——司法警察

眞正意義의……警察(警察官署에서締結하난全部)

警察(行政警察)

警察之行動關係가大略如是ᄒᆞ야以安寧幸福으로爲目的ᄒᆞ고人民의身体 財產名譽 自由等에對ᄒᆞ야保護或强制ᄒᆞ고危害災難을除斥豫防ᄒᆞ야用之如手足於國家ᄒᆞ고使之如耳目於行政則不可無瞬時者警察也며不無謂干城者도警察이是也라ᄒᆞ노라

閣龍

是公은伊太利建國의巍勳偉績이可히世人으로ᄒᆞ여곰景仰效則ᄒᆞᆯ만ᄒᆞᆫ故로譯揭ᄒᆞ노라

閣龍은其名은「구리스도후바」라云ᄒᆞ고其姓은「고롬보」라稱ᄒᆞ니伊太利（재노아）人이라西曆一千四百三十五年의頃에生ᄒᆞ니家勢가元來로貧艱ᄒᆞ되令譽勳業에富ᄒᆞ더라「도메니고、고롬보」의子이오其母는「스손나、온다나、로쓰사로、」라云ᄒᆞ더라「閣龍」의父는羊毛를梳刷ᄒᆞᆷ으로爲業ᄒᆞ엿더라此時에伊太利에는爭亂이蹶起ᄒᆞ야名門의家가流離顚沛ᄒᆞᆷ이多ᄒᆞ야或旁系의家로城郭을排ᄒᆞ고領土를多有ᄒᆞ야君王의位를占有ᄒᆞᆫ者도有ᄒᆞ고或都鄙의賤卑ᄒᆞᆫ人民과互相雜錯ᄒᆞ야誰가名門의末裔인지不辨ᄒᆞᆯ者도有ᄒᆞ기의至ᄒᆞ엿스니當時一般의情形을可知ᄒᆞᆯ너라然而「閣龍」은此世의立ᄒᆞ야勳功의證據가高타ᄒᆞᆷ이可ᄒᆞ니「閣龍」의子一「후에루지는도」—云호ᄃᆡ余는我家貴族의서出ᄒᆞᆫ事에對ᄒᆞ야得ᄒᆞᆫ名譽는余가如此ᄒᆞᆫ父의子가된事에依ᄒᆞ야得ᄒᆞᆫ名譽와如치못ᄒᆞ다ᄒᆞ얏더라

閣龍은二弟一妹가有ᄒᆞ니二弟의其一은「바루소루에우」라稱ᄒᆞ고其二ᄂᆞᆫ「지야고모」라稱ᄒᆞ니「지야고모ᄂᆞᆫ(西班牙)土音의譯ᄒᆞ야「지ㅣ고」라稱홈이요一妹ᄂᆞᆫ「지야고모바우아례모」라稱ᄒᆞᄂᆞ니神人과結婚ᄒᆞ야此世에離去ᄒᆞ얏다云홈이라閣龍은幼時로讀書、習字、文法、算術를學ᄒᆞ고且製圖業에자못熟達ᄒᆞ고幾何를習지안코도地學上의知識을求ᄒᆞᄂᆞᆫ情이强ᄒᆞ야海事를習코자ᄒᆞᄂᆞᆫ癖이抑치못ᄒᆞ기에至ᄒᆞ더라然ᄒᆞ나閣龍의嚴正ᄒᆞᆫ感覺으로써其生涯의經歷을回顧ᄒᆞᆯ時ᄂᆞᆫ幼年中의此確志를目ᄒᆞ야上帝로붓터賦與ᄒᆞᆫ心에서致ᄒᆞᆫ배라ᄒᆞᆯ지니上帝ᄂᆞᆫ此로뻐閣龍의研究를指導ᄒᆞ야其使事의完成을期ᄒᆞ기에足ᄒᆞᆫ性癖을賦與홈으로看破ᄒᆞᆯ너라

閣龍의父ᄂᆞᆫ其子의心癖을看破ᄒᆞ야海事의生活에適合ᄒᆞᆫ教育을務케ᄒᆞ야閣龍을「바우이야」大學에送ᄒᆞ야此大學에서幾何地理天文航海等學을受케ᄒᆞ고閣龍이또羅甸語에通曉홈을得ᄒᆞ니是ᄂᆞᆫ當時에教育의媒介가되고且諸學校의通語가됨이러니라閣龍이「바우이야」에留學홈이僅히單日月에但其有用ᄒᆞᆫ諸科學의楷梯를學得ᄒᆞ기에不過ᄒᆞᄂᆞᆫ故로其後年에至ᄒᆞ야表著ᄒᆞᆫ諸科學에通曉ᄒᆞᆫ見識은全히勉强獨學홈이러라蓋此人은卽强大ᄒᆞᆫ自足의天禀이有ᄒᆞ야事에臨ᄒᆞ야獨히天禀을發揚ᄒᆞᄂᆞᆫ事가流出홈과恰足하如ᄒᆞᆫ觀이有ᄒᆞᆫ故로百難를冒ᄒᆞ기에志가益剛ᄒᆞ고千難을勝ᄒᆞ기에事가愈易홈을得ᄒᆞ니如此ᄒᆞᆫ人物은小資力으로써大目的을

完成ᄒᆞᄂᆞᆫ術을學ᄒᆞᆷ이可ᄒᆞ도다蓋自己의氣力及發明力은其資力의缺乏를補ᄒᆞᆷ이足ᄒᆞᆫ지라此ᄂᆞᆫ閣龍의歷史에非凡ᄒᆞᆫ光景의一이라ᄒᆞᆷ

閣龍은「바우이야」大學을去ᄒᆞᆫ后少頃에航海의生活에入ᄒᆞ니其自記ᄒᆞᆫ處에據ᄒᆞ건ᄃᆡ年이겨우十四에航海를始ᄒᆞ엿다云ᄒᆞᆷ閣龍이勇猛ᄒᆞᆫ一船長「코롬보」된者와共히其航海를始ᄒᆞ니此船長은閣龍의家와遠緣이有ᄒᆞᆫ人이요特히勇敢으로ᄡᅥ其名을大顯ᄒᆞ엿스니時로自己의艦隊을指揮ᄒᆞᆫ事도有ᄒᆞ고時로「제노아」의海軍에從事ᄒᆞ야海軍長官된事도有ᄒᆞ나極히勇敢冒險ᄒᆞ야戰爭을喜ᄒᆞᄂᆞᆫ狀態가有ᄒᆞ더라此等時代에海事를業ᄒᆞᄂᆞᆫ生活은奇異ᄒᆞᆫ冒險危事로ᄡᅥ充滿ᄒᆞ야商業上의遠征도戰時의巡航과類似ᄒᆞ고海賊의業은殆히公認ᄒᆞᆫ情形을有ᄒᆞᆫ지라故로伊太利에ᄂᆞᆫ諸小國間에戰鬪가不絶ᄒᆞ고西班牙외ᄂᆞᆫ「가다로이아」人이頻히巡航艦을放ᄒᆞ야海上을苦케ᄒᆞ며其外各地에割據ᄒᆞᆫ小君主의貴族等이艦隊를設備ᄒᆞ야海上의停泊ᄒᆞ여回敎國에對ᄒᆞᆫ宗敎上의戰鬪가頻起ᄒᆞ니是故로當時에專혀航海區域의限ᄒᆞᆫ狹隘ᄒᆞᆫ海上에最히危險ᄒᆞᆫ衝突과及悲慘ᄒᆞᆫ逆境은即閣龍으로ᄒᆞ야곰海事規矩에服從케ᄒᆞᆫ嚴師라ᄒᆞ리로다

未完

文苑

江之島遊覽記

朴允喆

是歲之戊申兮秋九月之菊令也天氣峥嵘兮精神淡泊也書釰之渡海兮觀物有術也江之島之勝景兮神奈川縣之名區也飽聞而紀念兮目擊而願見也吾儕之修學旅行兮假游而縱觀也際兩鐩之承命兮幸清儀而陪行第觀也夫是日也天朗氣肅金風徐來乃與同硏諸子響應同肚納草履而把詩筇聯靑襟而携帶辨當會集于新橋停車驛此時則九月二十五日午前六時頃也少焉吾等魚貫而進入于驛內乘車定座左右玻璃窓開閉隨手汽笛一聲衆車轉輪時車行尙緩四顧游矚漸進漸疾電掣風馳兩邊村落若飛鳥過眼山水樹石滾轉不止目下觀景無非活動之物也百餘之逕未及數時半而經過到着于藤澤驛下車山行一二十里探景而漸入螺鬟聳然翠微鶴汀洋乎滿聲觀聽足以供耳目之娛行步可以詠腸肚之懷於是乎堪把一筆臨風描景水送山迎猶慰遠客之心懷潮鳴谷應暗挑烈士之膽氣山禽嚨々而報秋海魚瞥々而得所植物有制松園森林密不通道開拓有術闤闠市街豊爲興產也由此觀之暫過之地有物必化也轉至于片瀨又渡長橋使催前步名稱江之島周圍僅不過十八町全島以成岩石斷

岸絶壁圍繞四面海水廣濶舸艦迷津于斯時也日已爲中仍入惠比壽屋薄言中火主婆佳娥欣拜接迎如舊面主客也少焉納凉陟彼江之島神社眼界通豁無限光景捕捉難得也寺門落泉轉石成珠洞天斜日暎海流金那裏畫棟彩楣玲瓏乎千疊樹木之中望際白雲人烟層生于七里濱邊之間佇立海面莫知所向前瞻後顧戴白富士恰似扇子之倒掛帶青高松悅若丈夫之儼立斷崖層欄秀出於娉女之巨掌高山衆峰無異於臥牛之擧頭武陵源在何處蓬萊島倘此地歟坐婆界塵客忘乎欲化蒼仙更進見兒淵達于龍窟則洞口南面廣一丈餘入口架施棧橋洞窟之貫通凡四十餘間也三々五々炬燭相執游人往々不絶也窟穴鑿開淡麗可謂美術中造作而手工奇怪驚人耳目也嘻噫今日之旅行啓達於聞見平生之所業惟在於義務美哉男子之行時兮菊秋之景吾徒之樂無已太康風乎咏歸先儒之所爲也感物致智無乃良士之美規錦囊既飽寒鐘催步帶夕陽而復路石棧層々波聲聒々投到腰越村龍口寺則此地即源義經平氏追討之功奏請次至于鎌倉之際厥兄頼朝不爲許入也事既如此欲訴其寃腰越狀名文作草之地故後人追慕名稱腰越村云々而況七百年前弘安中北條時宗蒙古來使斬腰之事與日蓮之遺跡尙今存在於歷史上名所也嗚乎此土物換星移日月幾何曾往溺業之地變爲寂寞江山也更催歸路到若驛場分派乘車於焉還巢也直入學窓靑燈代月戲題一篇夜已中央矣依榻做眠更游漆園夢蝶導人開眼東白嗚呼物之與兮感而爲記

詞藻

歲暮偶感

碧農生　尹　炳　喆

歲在隆熙二年十二月余於旅遊之餘適因頭腦作祟移住于本鄉台町取其靜僻之故而專專調養不接俗務者久矣忽於一日猛聽得嘹亮一聲曳過窓畔遂使伏枕病客蹶然起身抖擻精神推戶而出收拾景物朔雪暫消海風乍暖者陽化來復之漸也舞衫戯劇賽鼓奏響者都市繁榮之象也惟我病蟄者江東歸約已付陳迹天涯孤夢將守寒燈吁嗟搔首當作何情擡頭望舊土難禁桑梓之懷側身顧四海益歎世界之險但所恨者資性素劣才智又淺索米南邦徒添羇旅之艱憂天杞國頓無綢繆之策而逝者如水屢換星霜人事有前後之變時序無古今之殊悲夫雁賓之警我也畧寫幽懷聊試謾唫云爾

寥廓寒天雁語遲　翻驚節序暗中移　愛宕月高懷友夕　瀧川葉落望鄉時　客情難慣殊方俗　書味常貪舊日知　訪梅猶可忘世事　擬策蹇驢我問之

生朝有感

陰十月廿九

松南生　金　源　極

萬里羈蹤經夏秋　況逢此節意難收　安將父母劬勞日　自樂湖山快濶樓　慰悅至情君莫說　尋常漫興我非求　平郊十里逍遙地　與子相携（韓光鎬韓昌玹 炯伴出郊）快意遊

新年羈懷

米山造父　金永基

壯心猶未就　斗柄又征東　久住情方識　頻聞語或通　親朋千里外　一鳥五更中　休問春消息　盆梅已吐紅

上元

朴楚陽

誤信圖書五十春◎　癡獃成性是全身◎　回頭一世終難賣◎　空向林園好古人（吳中人）

元朝賣癡我邦之上元賣暑者盖因此俗也

時聞世事使心驚◎　老去還愁兩耳明◎　可笑細君安習俗◎　淸晨溫酒喚卿々

鷄鳴歌

邊熙駿

닭아닭아 박시喔々네한쇼ᄃᆡ
네쇼ᄅᆡ반갑도다 만인간이깃는고나
반갑다뎨쇼ᄅᆡ여 孝子賢婦咸盥嗽ᄒᆞ고
文臣武士朝旣盈이라

어둠침々五更夜에
네쇼리한번듯고

반갑다네쇼리여

어듸갓다인지우나
반갑다네쇼리여
秋鳴虫冬鳴風에
詩人騷客感興인듸
萬戶千門次第開에
昇平歌로和答ᄒᆞ세
冬之長夜길히든잠
깨며즉시일어나세
雞年鷄聲에못깨며는
鷄林ᄉᆞ름아쥬잔다

孟嘗君은다라나며
劉琨氏는이러안네
木落寒山秋夜月에
八千楚蜂날녀노코
暗黑天雲霧中에
二千萬衆꿈을깬다
報晨閣네ᄒᆞᆫ쇼리
億兆蒼生奮起ᄒᆞᆫ다

同胞兄弟姉妹들아

高々天邊海島上에
扶桑鴻日나라온다
어셔밧비깨여보셰
고귀위（高貴位）

農家必讀

(害虫驅除劑)

韓溶

由來我國의農業이發展치못ᄒᆞ야但히天然的西成만望ᄒᆞ고人工的耒作의必要ᄒᆞᆫ方法은透解치못ᄒᆞᆷ으로不測ᄒᆞᆫ災害를當ᄒᆞ면束手無策으로農家의運命이可憐ᄒᆞᆫ地의歸ᄒᆞᆯ뿐不啻라其數多의災害中虫災라ᄒᆞᄂᆞᆫ것은農作物의有秋ᄒᆞᆯ望이有ᄒᆞᆫ時라도一朝에殘酷ᄒᆞᆫ害를受ᄒᆞ면蔚郁ᄒᆞ든田園이忽地에無餘ᄒᆞᆫ赤地를成ᄒᆞᄂᆞᆫ故로余ㅣ經年憂歎ᄒᆞ든바러니一日은秋聲은樹에在ᄒᆞ고月色은庭에滿ᄒᆞᆫᄃᆡ鴈影은稀々ᄒᆞ야故國의信音이遲ᄒᆞ고虫聲은喞々ᄒᆞ야遠客의歎息을助ᄒᆞᄂᆞᆫᄃᆡ從容히街上에散策ᄒᆞ야書市를經ᄒᆞᆯ식適見理學博士의著述ᄒᆞᆫ一卷의書가架上에放在ᄒᆞ엿스니曰園藝之友라ᄒᆞ얏ᄂᆞᆫᄃᆡ就中害虫을驅除ᄒᆞᄂᆞᆫ劑라書ᄒᆞ얏기로余ㅣ目을拭ᄒᆞ고價를求ᄒᆞᆫ後栖室에帶歸ᄒᆞ야再三閱讀ᄒᆞ니平日의憂歎ᄒᆞ던心이此를見ᄒᆞ고自慰ᄒᆞ며往年의荒弊ᄒᆞ던田園이此를從ᄒᆞ야望이有할지라故로其肝要ᄒᆞᆫ句語를摘譯ᄒᆞ야我韓農家同胞에게警涚ᄒᆞ노라

夫農作物에果樹、花卉、蔬菜、其他必要ᄒᆞᆫ植物은其栽培ᄒᆞ고肥料를施ᄒᆞᄂᆞᆫ方

法과耕作ᄒᆞᄂᆞᆫ것니皆其宜를得ᄒᆞ면其收獲은此를從ᄒᆞ야增加할ᄲᅮᆫ不啻라絶艶奇麗의花와佳嘉美味의蔬菜와淸甘快香의果實를得ᄒᆞ미無疑하려니와此를返ᄒᆞ야收獲이減少ᄒᆞ고花菜果實를得ᄒᆞᆷ이不能ᄒᆞᆷ은是或氣候의不順ᄒᆞᆫ影響의受ᄒᆞᆷ이나然이나其實多大ᄒᆞᆷ은虫害에歸ᄒᆞᄂᆞᆫ故로必要ᄒᆞᆫ植物의栽培에從事ᄒᆞᄂᆞᆫ人은特히害虫의有無에注目ᄒᆞ야此를豫防驅除치아니면不可ᄒᆞ니

梅와桃李等의新條에嫩葉이縮ᄒᆞᆷ은蚜虫(기름虫)이라云ᄒᆞᄂᆞᆫ害虫이其嫩葉에蕃殖ᄒᆞ야其滋養分을攝取할ᄲᅮᆫ不啻라薔薇、油菜、荳、類菊、柑、等의莖과嫩條가充分이成長치못ᄒᆞᆷ도亦蚜虫의寄生을受ᄒᆞᆷ이多ᄒᆞᆷ을緣ᄒᆞᆷ이요葡萄의蔓이枯死ᄒᆞᆷ은一種의鐵砲虫이蔓內에寄生ᄒᆞᆷ을因ᄒᆞ야其成長ᄒᆞᆷ을妨케ᄒᆞ고或挫折ᄒᆞᄂᆞᆫ것은木蠹蟲이其幹內에寄生ᄒᆞ야其內部를蝕害ᄒᆞᆷ이요苹樹의幹枝가成白ᄒᆞᆷ이雪과如ᄒᆞ야枯死ᄒᆞᄂᆞᆫ것은綿蟲의害를罹ᄒᆞᆷ이요梨類의衰萎枯死ᄒᆞᆷ을檢見ᄒᆞᆫ직其枝幹의面에小鱗갓흔것시密着ᄒᆞ엿스니此ᄂᆞᆫ介殼蟲이寄生ᄒᆞ야其滋養分을奪吸ᄒᆞᆷ이요其他蛄蟖、螨、根切蟲의類가種々의必要ᄒᆞᆫ植物를害ᄒᆞᄂᆞᆫ事ᄂᆞᆫ枚擧키不遑ᄒᆞ나就中蚜蟲、介殼蟲의植物를大害ᄒᆞᆷ이多ᄒᆞᆫ故로此兩蟲을豫防驅除ᄒᆞ며最先必要ᄒᆞ기로其驅除法을左에列記ᄒᆞ건된

、蚜蟲類의驅除ᄒᆞᄂᆞᆫ劑ᄂᆞᆫ魚油나鯨油乳劑를使用ᄒᆞᄂᆞᆫ것시宜ᄒᆞ나然이나石油乳劑ᄂᆞᆫ嫩條嫩葉을返害케할慮가有ᄒᆞ니라

魚油乳劑와及鯨油乳劑ᄂᆞᆫ製ᄒᆞᄂᆞᆫ法은普通의洗濯ᄒᆞᄂᆞᆫ曹達은水의溶ᄒᆞ야此ᄂᆞᆫ魚油나或鯨油에滲入ᄒᆞ고強ᄒᆞ게木棒으로採磨混合ᄒᆞ면牛乳와갓치白ᄒᆞᆫ液汁이成ᄒᆞᄂᆞᆫ니此를謂ᄒᆞ되乳劑라ᄒᆞᄂᆞᆫ니故로左의魚油或鯨油와洗濯曹達와水와混合ᄒᆞᄂᆞᆫ分量을記ᄒᆞ건ᄃᆡ

一 魚油나或鯨油　一匁（我衡一錢重）

一 洗濯曹達　一匁

一 水　五合

右乳劑를製ᄒᆞᆯ時ᄂᆞᆫ먼져五合의水를器에盛ᄒᆞᆫ後에一匁의洗濯曹達를投入ᄒᆞ야溶解시키나然ᄒᆞ나冷水에ᄂᆞᆫ時間이久ᄒᆞᆫ故로熱湯에此를投入ᄒᆞ면溶解가速易ᄒᆞ니라

右의乳劑를蚜蟲類의多數히寄生ᄒᆞᆫ莖幹枝葉等에噴霧器로潑灑ᄒᆞ야一回에驅除키不能ᄒᆞᄂᆞᆫ時의ᄂᆞᆫ二三回式潑灑ᄒᆞᄂᆞ니라

蚜蟲의種類와枝葉의軟强을隨ᄒᆞ야魚油의分量과曹達의分量을減少케ᄒᆞᆷ이必要ᄒᆞ며又相當ᄒᆞᆫ水를加ᄒᆞ야乳劑를淸薄케ᄒᆞᄂᆞᆫ必要도有ᄒᆞᆷ은害蟲의生死如何와被害植物의受害與否를調査ᄒᆞ야適量케ᄒᆞᆷ이肝要ᄒᆞ니라

◎介殼虫을驅除ᄒᆞᄂᆞᆫᄃᆡᄂᆞᆫ藁箒等으로被害部를摩擦ᄒᆞ야害虫을殺ᄒᆞ여도可ᄒᆞ나或石油던지又濁酒로써被害部에塗抹ᄒᆞ야驅除ᄒᆞ여도可ᄒᆞ고此를塗ᄒᆞᄂᆞᆫᄃᆡᄂᆞᆫ（糊

籌文筆類) 가可ᄒᆞ며石油를塗抹ᄒᆞᄂᆞᆫ데ᄂᆞᆫ아무쪼록小量으로ᄒᆞ되春夏에幹枝가茂盛ᄒᆞᆫ時에ᄂᆞᆫ不可ᄒᆞ고冬日이宜ᄒᆞ나然이나善ᄒᆞ게注意ᄒᆞ야過히生損케아니할지니라

濁酒로써驅虫ᄒᆞᄂᆞᆫ것은夏日에介殼虫의蕃殖ᄒᆞᆫ時를因ᄒᆞ야使用ᄒᆞᆷ이可ᄒᆞ다ᄒᆞ엿드라

吁라彼植物의受害를醫ᄒᆞᆯ은此와如ᄒᆞᆫ良劑가有ᄒᆞ거니와吾人類의受害ᄒᆞᆷ을醫ᄒᆞᆷ은其良劑를何에셔求할고余敢히此例의說를擧ᄒᆞ야對照證明코져ᄒᆞ노라

美哉라此良劑의要素를創造ᄒᆞᆷ은　大主宰가아니고誰也ㅣ며此良劑의物質를應用普施ᄒᆞᆷ은救世主가아니시고誰也요是故로　天公의造化와救主의神功으로其植物의觸ᄒᆞ면天下의毒虫이라도能히驅除할것시요人類의觸ᄒᆞ면世界의惡魔라도能히驅祛ᄒᆞ리니況我三千里片球며二千萬人族뿐이리요迫ᄒᆞ다同胞여痛ᄒᆞ다兄弟여現今毒虫이日로漸繁ᄒᆞ야草木은姑舍ᄒᆞ고土地조차倂呑ᄒᆞ며人族ᄭᆞ지蠶食ᄒᆞᆷ믄推想的豫諺이非也라目擊ᄒᆞᄂᆞᆫ眼前火가是也로다余ㅣ旅窓孤燈에驅虫劑를譯ᄒᆞ다가興感이不無ᄒᆞ기로悵然히倦起ᄒᆞ야 一歌를放ᄒᆞ니其歌에曰

어화우리同胞덜아　害虫氣勢볼작시면
害虫驅除急迫ᄒᆞ다　項籍軍의所過로다
害虫毒虫져惡虫은　草木禽獸姑舍ᄒᆞ고

입도크고심도크ᄃᆞ 土地人種無餘로ᄃᆞ
섬마々々ᄒᆞ던것시 可憐ᄒᆞ다撲頭禍ᄂᆞᆫ
吾人의仇魔ᄅᆞᆯ세 睫目間의送死로다
이ᄂᆡ우리져同胞야 비러보새々々々々
束手任命하잔말가 上帝前에비러보새
우리王皇仁聖ᄒᆞ사 驅虫ᄒᆞᄂᆞᆫ乳劑應用
所願ᄃᆡ로許施ᄒᆞ니 救世主ᄅᆞᆯ보ᄂᆡ섯ᄂᆡ
回生ᄒᆞᄂᆞᆫ져良劑ᄅᆞᆯ 一滴乳劑치안코日은
求치안코得할손가 毒虫大勢無川일세
어리썩다同胞덜아 弓々乙々ᄎᆞ져보소
惡魔醉魂返醒ᄒᆞ야 咫尺이요非難일세
天然人工併合ᄒᆞ면 康衢烟月太平歌로
東作西成必期로다 大韓帝國불너보새

日本文明觀 (前大韓學報第九號續)

崔錫夏

由是觀之컨ᄃᆡ其實은兩國의對淸政策에利害相反ᄒᆞᄂᆞᆫ大關係가有ᄒᆞᆫ故라何를謂ᄒᆞᆷ이뇨米國現大統領(로즈벨트)氏嗣心勃々ᄒᆞᄂᆞᆫ帝國主義者ㅣ라天下大勢가米

國으로ᄒᆞ여곰保守主義를盡守ᄒᆞᆷ이不利益됨을覺醒케ᄒᆞᆫ以來로國是를一變ᄒᆞ야帝國主義를行ᄒᆞᆷ에至ᄒᆞ얏ᄂᆞᆫ데帝國主義를行ᄒᆞᆯ만ᄒᆞᆫ곳은支那大陸外에更無ᄒᆞᆫ지라慧眼이有ᄒᆞᆫ루氏ᄂᆞᆫ思量ᄒᆞ되米國은年々生産物이剩餘ᄒᆞ야列國에販賣ᄒᆞ여야國富를增進ᄒᆞᆯ터인데歐洲大陸은激烈ᄒᆞᆫ競爭이有ᄒᆞ야到底히其販賣目的을達키難ᄒᆞᆫ즉不可不支那大陸에販路를擴張ᄒᆞ야經濟上權力으로支那大陸을經營ᄒᆞ면最后勝利ᄂᆞᆫ米國에歸ᄒᆞᆯ것이라ᄒᆞ야百般으로對淸政策을硏究ᄒᆞ야淸人의歡迎心을買키爲ᄒᆞ야或은淸國政府에金錢을無利息으로貸給ᄒᆞ며或은北淸團匪變亂時에淸政府가米政府에辨濟ᄒᆞ기로公約ᄒᆞ얏던賠償金을米國에留學ᄒᆞᄂᆞᆫ淸國學生敎育費로寄附ᄒᆞ야兩國의交情親密을汲々是圖ᄒᆞ니米國의對淸經營을於此에可知라如此ᄒᆞᆫ雄畧을懷抱ᄒᆞᆫ米國이언지競爭의强敵되ᄂᆞᆫ日本에對ᄒᆞ야默々然看過ᄒᆞ리오剛毅不屈ᄒᆞ야征服手段으로政治上大成功을得ᄒᆞᆫ루氏ᄂᆞᆫ外交上에도亦是自己의性格을發現ᄒᆞ야自初至終으로自己의信念을斷行ᄒᆞ야勇往直前ᄒᆞ도다當初日米兩國間에感情이衝突ᄒᆞᆷ에米人의活劇을觀察ᄒᆞᆫ즉黃禍論日本討伐論이到處盛行ᄒᆞ야全國輿論이沸騰ᄒᆞᆷ에루氏ᄂᆞᆫ沈着ᄒᆞᆫ態度로도리혀自國의人民을警戒ᄒᆞ더니日本輿論이多少間米國에抵抗ᄒᆞᆷ을見ᄒᆞ고飜然大悟ᄒᆞ야從來의態度를一變ᄒᆞ야以强敵强ᄒᆞᄂᆞᆫ確見을天下에公示ᄒᆞ야大西洋艦隊를東洋에派遣ᄒᆞ기로聲言ᄒᆞᆷ에世人이當初ᄒᆞᄂᆞᆫ確信치아니ᄒᆞ얏더니今日에ᄂᆞᆫ其聲言의實行됨을見ᄒᆞ고

루氏의大勇斷에稱歎치아니ᄒᆞᄂᆞᆫ者ㅣ無ᄒᆞ도다日本의對米輿論으로論ᄒᆞ면最初에多少間激烈ᄒᆞᆫ論者가有ᄒᆞ야或은新聞上에長論ᄒᆞ며或은集會에絶叫ᄒᆞ더니米人의輿論이沸騰ᄒᆞ야太西洋艦隊를東洋에派遣ᄒᆞᆫ다ᄒᆞ며多數軍艦을造成ᄒᆞ야外侮를防禦ᄒᆞᆫ다云ᄒᆞᆷ에至ᄒᆞ야ᄂᆞᆫ日人의輿論이도리혀穩靜ᄒᆞ야春風解氷과恰似ᄒᆞ야列强이日人의對米感情如何를探知키難ᄒᆞᆷ에至ᄒᆞ얏도다余ᄂᆞᆫ米人의以强制强의外交政策이最后勝利를得ᄒᆞᆯᄂᆞᆫ지日人의柔能勝强의外交政略이最后勝利를得ᄒᆞᆯᄂᆞᆫ지豫言ᄒᆞᆯ만ᄒᆞᆫ識見을有치못ᄒᆞ얏스ᄂᆞ蔽一言ᄒᆞ고日人의外交上機敏은感服ᄒᆞᆯ만ᄒᆞ도다始如處女라가後如脫兎라ᄒᆞ얏스니日本은참外交上兵法을知ᄒᆞᄂᆞᆫ者라可謂ᄒᆞ리로다然이ᄂᆞ一長處에短處가追隨ᄒᆞᄂᆞᆫ것은理之固然이라日本人의外交가너무機敏에過ᄒᆞᄂᆞᆫ故로時々로誤解를受ᄒᆞᆷ에至ᄒᆞᄂᆞᆫ듯ᄒᆞ도다今回對米問題도亦然ᄒᆞ도다

第三感性이니日本人의長處도此感性에在ᄒᆞ고短處도亦然ᄒᆞ도다此感性이有ᄒᆞᆫ故로忠君愛國ᄒᆞᄂᆞᆫ犧牲的精神이有ᄒᆞ고一刀兩斷ᄒᆞᄂᆞᆫ勇決心이富ᄒᆞ고時勢를通察ᄒᆞᄂᆞᆫ機敏이有ᄒᆞ고他邦에不讓ᄒᆞᄂᆞᆫ自尊心이有ᄒᆞ고恩을恩으로報ᄒᆞ고讎를讎로報ᄒᆞᄂᆞᆫ分別心이有ᄒᆞ고弱者를救濟ᄒᆞᄂᆞᆫ義俠心이有ᄒᆞ고强者를壓倒ᄒᆞᄂᆞᆫ功名心이有ᄒᆞ도다然이ᄂᆞ一長一短은勢不可免이라此感性이一方에셔ᄂᆞᆫ偉大ᄒᆞᆫ成功을奏ᄒᆞᄂᆞ一方에셔ᄂᆞᆫ多大ᄒᆞᆫ失敗를演ᄒᆞ도다何則고人生의게第一調和키難ᄒᆞᆫ것

은理智와感情의衝突이라아무리偉人이라도自己의感情이極端에至ᄒᆞ면理智의命令을從키難ᄒᆞᆫ즉日本人이엇지此例外에立ᄒᆞᆷ을得ᄒᆞ리오具體的으로言ᄒᆞ면日本人의一般性格이理智와感情의衝突이生ᄒᆞᆯ時에ᄂᆞᆫ多少間感情的方面으로偏傾키易ᄒᆞᆫ듯ᄒᆞ도다是ᄂᆞᆫ外人의評論이아니라日本人도自認ᄒᆞᄂᆞᆫ바ㅣ라此感性을證據로論ᄒᆞ라면不必遠求라明治四十年政治史를照覽ᄒᆞᆷ이可ᄒᆞᆫ故로簡單히日本政黨의來歷을陳述코져ᄒᆞ노라日本의維新事業은薩長兩藩의武力으로써成立된結果로薩長이政治上實權을掌握ᄒᆞ야國勢를左右ᄒᆞᆷ에至ᄒᆞ야薩長以外人의眼目으로觀ᄒᆞ면不平ᄒᆞᆫ感情을起ᄒᆞᆯ것은當然ᄒᆞᆫ事理라故로政府에紛爭이生ᄒᆞᆯ때마다多數者가掛冠而去ᄒᆞ야結局은薩長의政府가됨에至ᄒᆞ얏도다板垣退助氏等의民選議院建白事件은其實은薩長政府를牽制攻擊ᄒᆞᄂᆞᆫ魂魄에셔出ᄒᆞ얏다ᄒᆞ더라도過言이아닌듯ᄒᆞ도다如許ᄒᆞᆫ不平ᄒᆞᆫ民聲이起ᄒᆞ되薩長派에木戶와大久保갓ᄒᆞᆫ大人物이有ᄒᆞᆫ故로薩長의政府가安若泰山터니

(未完)

政治上으로觀ᄒᆞᆫ黃白人種의地位 (前大韓學報第九號續)

「라인시氏略述」 韓興教譯

第二、列國의東洋經營

案건ᄃᆡ民族的帝國主義의思想은世人의心을刺激ᄒᆞ야이것ᄯᅢ문에國際間의軋

轢을增加ᄒᆞᄂᆞᆫ傾向이有ᄒᆞ니라列國은英國으로써世界를英國化ᄒᆞ랴ᄒᆞᄂᆞᆫ野心이有ᄒᆞ다ᄒᆞ고又ᄂᆞᆫ露國으로써世界統一의慾望을抱ᄒᆞᆫ것이라ᄒᆞ니라勿論露國은元來羅馬東帝國의後繼者로써任ᄒᆞᄂᆞᆫ故로、스사로羅馬的帝國主義를政略의標榜으로、삼고英人中에서도世界로써英國風의思想과英國風의政治를採用케ᄒᆞᆯ時ᄂᆞᆫ世界의進步가一層著明ᄒᆞ겟다고唱導ᄒᆞᄂᆞᆫ者ㅣ有ᄒᆞ니라、그러면民族的帝國主義에熱中ᄒᆞᄂᆞᆫᄃᆡ셔ᄂᆞᆫ英露兩國間에殆히大差가無ᄒᆞ다可謂ᄒᆞᆯ지오其他德、法과如ᄒᆞᆫ者도、다不然ᄒᆞᆷ이無ᄒᆞ고平和主義의北米合衆國이라도近時에漸々그傳來ᄒᆞ던宗敎的主義를脫ᄒᆞ고民族的國家主義에傾向이有ᄒᆞᆫ中이니라

此民族的國家主義ᄂᆞᆫ列國을驅ᄒᆞ야亞細亞方面에、그慾海를注ᄒᆞᄂᆞᆫᄃᆡ至ᄒᆞ니라如斯히支那ᄂᆞᆫ國際政略의中心이되니然ᄒᆞᆫ즉、그爭點되ᄂᆞᆫ利益의範圍가頗히廣大ᄒᆞ야世界文明의未來에大變動을及케ᄒᆞᆯ結果ᄂᆞᆫ形勢에不免ᄒᆞᆯ것이로다、勿論支那ᄂᆞᆫ歐洲諸國民의食餌이라彼等은任意ᄃᆡ로그領土를分割키得ᄒᆞ다ᄒᆞᆷ은元來妄見이로다列國이支那로봇허得ᄒᆞᆫ讓與ᄂᆞᆫ政治上原因에、始ᄒᆞ얏고或政治上性質을帶ᄒᆞᆫ것外에、그範圍에限定이有ᄒᆞ고從ᄒᆞ야將來그地方에서完全ᄒᆞᆫ政治上權力을樹立ᄒᆞ랴ᄒᆞᄂᆞᆫᄃᆡᄂᆞᆫ多額의財貨를費ᄒᆞ고多量의血을流치아니치못ᄒᆞᆯ지라然ᄒᆞ야도如斯히成功ᄒᆞᆷ과否ᄒᆞᆷ은未來의問題에屬ᄒᆞ니라

彼의勢力範圍를定ᄒᆞᆫ政略은、반다시門戶開放의政略에撞着ᄒᆞᆫ것이아니오歐

洲列强의鮮釋ᄒᆞᆫ바를據ᄒᆞᆫ즉勢力範圍란句語ᄂᆞᆫ、그方面에셔生命財產의安固를保存ᄒᆞ고政治上勢力으로써經濟上發達을力助ᄒᆞ랴ᄒᆞᄂᆞᆫ意에不外ᄒᆞ니萬一、各國이、勢力範圍內에셔商業上自由競爭을許ᄒᆞ고、또ᄒᆞᆫ開港場을不閉ᄒᆞᆯᄲᅮᆫ아니라益々其數를增加ᄒᆞᆯ만ᄒᆞᆫ事實이잇슬ᄂᆞᆫ지門戶開放을곳實際로行ᄒᆞᄂᆞᆫ中이니라、그러코萬一歐洲列强中、支那의內部에셔完全ᄒᆞᆫ政治上權力을布蔓ᄒᆞ랴ᄒᆞᄂᆞᆫ지、그容易ᄒᆞᆫ業이、아님은帝國內部의事情에徵ᄒᆞ야明瞭ᄒᆞ다可謂ᄒᆞᆯ지라大蓋、支那內部의人民이歐洲資本家의利益占有事業을默視ᄒᆞᆷ과否ᄒᆞᆷ은未定ᄒᆞᆫ問題니라現今露國과、및德國과如히鐵道布設에就ᄒᆞ야種々ᄒᆞᆫ障害를受ᄒᆞᄂᆞᆫ中이아닌가

文明의事業이支那에盛興ᄒᆞᆯ가支那內部에셔實業的革命은早晩間에免치못ᄒᆞᆯ지라是로由ᄒᆞ야生ᄒᆞᄂᆞᆫ바民間의苦痛은、반다시外國干涉의結果로認ᄒᆞᆷ에至ᄒᆞ리로다人或新事業이支那에셔發達될時ᄂᆞᆫ多數의支那人에게職業을授與ᄒᆞᆷ이可ᄒᆞ다說ᄒᆞᄂᆞᆫ者ㅣ有ᄒᆞ나、그러나從來의家業은此를爲ᄒᆞ야不得不廢頹ᄒᆞᆯ지어다鐵道工事와如히、비록一時多數의人民을使用ᄒᆞᄂᆞᆫᄃᆡ差異가無ᄒᆞ나一朝에布設을終ᄒᆞᆷ에至ᄒᆞ야ᄂᆞᆫ此等工夫ᄂᆞᆫ、다、그職業을不可不失ᄒᆞᆯᄲᅮᆫ아니라鐵道의布設完成을告ᄒᆞᆯ曉天에ᄂᆞᆫ從來種々의運搬에從事ᄒᆞ던多數人夫도、또ᄒᆞᆫ此를爲ᄒᆞ야、그職業을失ᄒᆞᆯ것이오又ᄂᆞᆫ文明의機械도繼續輸入되ᄂᆞᆫ時ᄂᆞᆫ從來의職工이一時에其業을失ᄒᆞᆯ것은形勢에不免ᄒᆞᆯ바이라、그러면支那에셔事業을經營ᄒᆞ랴ᄒᆞᄂᆞᆫ者ᄂᆞᆫ

預先、此等에就ᄒᆞ야覺悟ᄒᆞᆫ바이有ᄒᆞ리라何者오ᄒᆞ면如斯ᄒᆞᆫ事態ᄂᆞᆫ所謂洋鬼의所爲라ᄒᆞ야土人의憎惡ᄒᆞᄂᆞᆫ바이될지로다

要컨ᄃᆡ各國의干涉이萬一、그方法을誤ᄒᆞᆯ時ᄂᆞᆫ支那事件이愈々紛糾의度를增滋ᄒᆞ야、맛ᄎᆞᆷᄂᆡ不拯ᄒᆞᆯ境遇에至ᄒᆞᆯ줄은瞭然ᄒᆞᆫ지라萬一、支那를發達進步코져ᄒᆞ자면深히支那人民의感情을硏究ᄒᆞ야、그外國人間에衝突을不起케ᄒᆞᆷ이極히肝要ᄒᆞ니라此와同時에確實ᄒᆞᆫ方法으로써支那政府를引導ᄒᆞ야行政司法의改革을不可不爲ᄒᆞᆯ지라萬一、現今에不安固ᄒᆞᆫ狀況이永續ᄒᆞᆯ時ᄂᆞᆫ外國의資本을支那開發에利用ᄒᆞᆯ만ᄒᆞᆫ方案은到底히立키不能ᄒᆞ리니라英國은從來、北京政府가强大國의確實ᄒᆞᆫ援助를得ᄒᆞ야ᄂᆞᆫ改革事業에從事ᄒᆞᆯ만ᄒᆞᆫ意思잇슴을認ᄒᆞ야中央政府의權力을增加ᄒᆞ야此事에當ᄒᆞ기를努力ᄒᆞᆫ다ᄒᆞ나北京에셔ᄂᆞᆫ國際間猜忌가日로甚ᄒᆞᆫ故로、그目的을達ᄒᆞ기ᄂᆞᆫ殆히難ᄒᆞ니라、또ᄒᆞᆫ支那의行政은地方分權이甚ᄒᆞᆷ으로써是를改革ᄒᆞ야有機的一大組織을삼엄은元來不世出ᄒᆞᆫ才能을不可不須ᄒᆞᆯ지라總理衙門은對外約束을締結ᄒᆞᄂᆞᆫᄃᆡ躕躇치아니ᄒᆞ나、그러나他諸列國의故障을不拘ᄒᆞ고約束을實行케ᄒᆞᄂᆞᆫ威力이無ᄒᆞᆷ에ᄂᆞᆫ毫末도實效를生ᄒᆞᆯ것이아니라、다못支那에셔ᄂᆞᆫ地方官吏ᄂᆞᆫ直接으로人民에接觸ᄒᆞ야法律執行의衝突에當ᄒᆞᆯ지라故로支那의改革은此等의手를經ᄒᆞ야不可不實行되ᄂᆞ니라此에反ᄒᆞ야中央政府될것은單으로理想的支那帝國의一致를代表ᄒᆞ고、또ᄒᆞᆫ主權者의名義

를維持키得ᄒᆞ면、그目的을達ᄒᆞᆫ다ᄒᆞ니라支那의改革은或、期望ᄒᆞ나、그러나武力에依ᄒᆞ야支那領地를割取ᄒᆞ야歐洲列强의所有物을、만달고자홈은專히狂氣의沙汰니라想컨ᄃᆡ支那의秘密結社ᄲᅮᆫ으로써도、오히려能히歐洲列强의此計劃을足히妨遏ᄒᆞ리라支那人은氣力잇ᄂᆞᆫ人民이라彼等은幼時부터一日에十二時、乃至、十四時間의勞働을例事로知ᄒᆞ며、그過去를尊重히녁이고祖先을崇拜ᄒᆞᄂᆞᆫ習慣이、깁히社會의根底에蟠居홈으로써萬一、外來人種이急激ᄒᆞᆫ改革을、그社會組織上에施用ᄒᆞᄂᆞᆫ者ㅣ有ᄒᆞ면彼等은、문득激烈ᄒᆞᆫ抵抗을與홈은必然ᄒᆞᆫ理勢라萬一、四億人民이、그家族을防禦ᄒᆞ고、그文明을維持홀目的을爲ᄒᆞ야一朝에相率ᄒᆞ야秘密結社에入홈과如ᄒᆞᆫ事가잇슬진ᄃᆡ如何ᄒᆞᆫ歐洲國民이라도到底히此를征服키不能ᄒᆞ리라、그런고로歐洲人으로써、그勢力을支那에維持코져ᄒᆞ자면支那人의習慣、風俗、感情을傷홈이無케、그行政을改革홀方針을不可不執홀것이라萬一、歐洲의軍隊로써法律의維持、秩序의回復及叛逆者의鎭壓에만使用홀者ㅣ有홀가支那人民은決코此에ᄂᆞᆫ抵抗치아니ᄒᆞ리로다支那人民의多數ᄂᆞᆫ平和를愛ᄒᆞ고秩序를重히녁이ᄂᆞᆫ人民이라、그러면歐洲의國民은危險을冒치아니ᄒᆞ야도支那貿易의公道로擴淸키得ᄒᆞ리라然ᄒᆞ고此目的을達ᄒᆞ기爲ᄒᆞ야軍隊를置홀必要ᄂᆞᆫ元來自在ᄒᆞ니라如何오ᄒᆞ면支那에서勢力을得ᄒᆞ랴ᄒᆞᄂᆞᆫ時ᄂᆞᆫ、그勢力範圍에關ᄒᆞᆫ貿易을保護치아니치못홀지니라

譯者曰吁ᄒᆞ고、또嗟홉다我韓疆土ᄂᆞᆫ亞細亞의一部分이오韓民族은黃人種의一派어ᄂᆞᆯ奈何今日에如許ᄒᆞᆫ地位를占ᄒᆞᆫ가以上述ᄒᆞᆫ바黃白兩人種의競爭은姑捨ᄒᆞ고同種中에서도保護란이壓制란이ᄒᆞ니常識이有ᄒᆞᆫ者야誰가憤激치아니ᄒᆞ리오余ᄂᆞᆫ、다만一言으로ᄡᅥ決ᄒᆞ건ᄃᆡ、우리國權을完全히回復ᄒᆞᆯ期限은盟誓코、우리同胞의二千萬心이一心이되고二千萬體가一體가되ᄂᆞᆫ日이됨을預信ᄒᆞ노라

彙報

○睿候康寧 我皇太子殿下계옵서避寒ᄒᆞ시기爲하야相洲小田原等地에御駕ᄒᆞ압선ᄂᆞᆫᄃᆡ 睿候康寧ᄒᆞ압시다더라

○全生退院 留學生監督申海永氏ᄂᆞᆫ去月頃에身病을治療ᄒᆞ기爲ᄒᆞ야全生病院에入院ᄒᆞ엿다가病氣全蘇홈으로退院調養ᄒᆞᄂᆞᆫ中이더라

○活版既成 我留學生界에서如干出版物이有ᄒᆞ야도항상日本人의印刷所에서出版ᄒᆞᄂᆞᆫ故로不便利홈이多ᄒᆞ더니本會에서活版機械를買收ᄒᆞ야留學生監督部內空廊數間을一新修理ᄒᆞ고厥工이既成ᄒᆞ엿스니自今以後로印刷의便利를從ᄒᆞ야我學生界에書籍出版物이增加ᄒᆞᆯ줄노預期ᄒᆞ노라

○胃病全快 本會々員許憲氏ᄂᆞᆫ胃病으로多日苦楚ᄒᆞ더니近日에ᄂᆞᆫ全快ᄒᆞ엿다더라

○日文精選 本會々員尹台鎭氏ᄂᆞᆫ我國漢文으로精選日文法이라ᄂᆞᆫ冊을著述ᄒᆞ엿ᄂᆞᆫᄃᆡ日語와日文을初學ᄒᆞᄂᆞᆫ者의게大段히便利ᄒᆞ다더라

○本會事務所 我留學生界에某々會가分立ᄒᆞ엿슬時에ᄂᆞᆫ各其數間家屋을賃借

ᄒᆞ야事務所를權定ᄒᆞ엿더니今回에本會에서ᄂᆞᆫ特別히留學生監督部（即舊公使舘）內에多數ᄒᆞᆫ空間을一層修繕ᄒᆞ고事務所를完定ᄒᆞ엿스니可謂得其地라ᄒᆞᆯ지며我蕭瑟冷落ᄒᆞᆫ舊公舘으로ᄒᆞ야금大韓威儀를復覩ᄒᆞ기를期祝ᄒᆞ노라

○卒業歸國　本會々員諸氏의警察學校卒業ᄒᆞᆫ事ᄂᆞᆫ別項과如ᄒᆞ거니와該十人中權潤、韓浩錫、徐成學三氏ᄂᆞᆫ日前에歸國ᄒᆞ다

○暫往旋歸　本會々員姜荃、金永基兩氏ᄂᆞᆫ不得已ᄒᆞᆫ事故를因ᄒᆞ야暫爲歸國ᄒᆞ엿다가還渡ᄒᆞ다

○鬼神無知　本會々員崔克潤氏ᄂᆞᆫ慶北大邱人이니昨年四月頃에留學의壯志를抱ᄒᆞ고日本에渡來ᄒᆞ야東京府立職工學校에入學ᄒᆞ야熱心修學ᄒᆞ더니同十月頃에身病이發ᄒᆞ야治療次로歸國ᄒᆞ야今年一月七日에永々히未歸之人을作ᄒᆞ엿다ᄒᆞ니吾儕ᄂᆞᆫ氏를爲ᄒᆞ야悲感ᄒᆞᆷ을不已ᄒᆞ노라

○泰吾東平　淸國上海에留ᄒᆞᄂᆞᆫ我同胞諸氏가前月부터泰東新報라ᄂᆞᆫ雜誌를發刊ᄒᆞ얏더라

○張氏處錮　北米桑港에서美人스테분을砲殺ᄒᆞᆫ張仁煥氏事ᄂᆞᆫ內外人士의共知ᄒᆞᄂᆞᆫ바어니와最近美洲來信을據ᄒᆞᆫ즉審判官이該氏의愛國熱誠을感服ᄒᆞ야落淚ᄒᆞᄂᆞᆫ者ㅣ多ᄒᆞ얏고重罪二等律에依ᄒᆞ야二十五年禁錮에處ᄒᆞ엿다더라

○美洲兄弟　美洲에居留ᄒᆞᄂᆞᆫ我同胞가各其所在ᄒᆞᄂᆞᆫ地方을隨ᄒᆞ야桑港에共立

會와布哇에合成會가年來分立ᄒᆞ엿더니近日來信을據ᄒᆞᆫ즉兩會가合同ᄒᆞ야國民會라命名ᄒᆞ엿다ᄒᆞ니此에對ᄒᆞ야吾儕ᄂᆞᆫ同情을不禁ᄒᆞ노라

○大道自美 美洲桑港에住ᄒᆞᆫ韓人監理教會에서我同胞의道德을開發ᄒᆞ기爲ᄒᆞ야六月부터大道라ᄂᆞᆫ雜誌를刊行ᄒᆞ야內外國에留ᄒᆞᄂᆞᆫ同胞의게廣布ᄒᆞᄂᆞ니教會諸氏의熱心은令人可感이러라

○西方伊人 美洲에多年苦學ᄒᆞ든李元益氏ᄂᆞᆫ今春에紐育大學校師範科를卒業ᄒᆞ고近日은桑港에留ᄒᆞᄂᆞᆫᄃᆡ復習ᄒᆞᄂᆞᆫ餘暇에韓英大字典을編述ᄒᆞᆫ다더라

○志士歸國 志士方潤氏ᄂᆞᆫ美洲에住留ᄒᆞᆫ지四五年에我同胞中乏資ᄒᆞᆫ諸氏의게對ᄒᆞ이勞働處와及入學等節을熱心周旋ᄒᆞ야以圖安樂케ᄒᆞ더니近日에事故를因ᄒᆞ야暫時歸國ᄒᆞᄂᆞᆫ中인ᄃᆡ東京에暫爲留連ᄒᆞ다

○孤院設立 在美洲大同保國會々員有志紳士李炳俊氏及女史金美琳、張聖山諸氏ᄂᆞᆫ孤院設立事를發起ᄒᆞ얏ᄂᆞᆫᄃᆡ本孤院位置ᄂᆞᆫ爲先本國平壤에排置ᄒᆞᆯ터이오該事務을履行키爲ᄒᆞ야美洲에多年留連ᄒᆞ던徐基豐氏가擔代로平壤에專往ᄒᆞᆫ다더라

○何不大同 北米合衆國桑港에共立會와布哇에合成會가聯合ᄒᆞ야國民會를組織ᄒᆞᆫ事ᄂᆞᆫ別項과如ᄒᆞ거니와近日確信을聞ᄒᆞᆫ즉大同保國會ᄂᆞᆫ依前히各立ᄒᆞ야勢力을分張ᄒᆞᆫ다ᄒᆞ니吾儕ᄂᆞᆫ該會의名義와如히國民과大同ᄒᆞ기로望ᄒᆞ노라

○海明進明　慶南陝川郡海印寺海明學校에셔測量科를特設ᄒᆞ얏ᄂᆞᆫᄃᆡ昨年冬期에同科卒業生이五十六人에達ᄒᆞ고諸般秩序가整齊有度ᄒᆞ야開明實域에日進ᄒᆞᄂᆞᆫ現狀이有ᄒᆞ다더라

○龍邑庶幾　慶北龍宮郡居鄭洪謨氏ᄂᆞᆫ有望ᄒᆞᆫ少年志士이라近日에時勢의變遷ᄒᆞᆷ을覺悟ᄒᆞ야自家에測量學校를設ᄒᆞ고高明ᄒᆞᆫ教師를雇聘ᄒᆞ야年少聰俊을教育ᄒᆞᆫ다ᄒᆞ니該氏의經營이一測量學校에止치아니ᄒᆞ고更一進步ᄒᆞ면龍邑의開發은氏로부터基礎ᄒᆞ깃다ᄒᆞ더라

○兩氏熱心　咸南北青郡金琬、李學瓚兩氏ᄂᆞᆫ素來로有志ᄒᆞᆫ紳士인ᄃᆡ近日에教育의必要ᄒᆞᆷ을先覺ᄒᆞ야自家의財産을出捐ᄒᆞ야同郡青年을熱心勸學ᄒᆞᆫ다더라

○僧家消息　西來消息을據ᄒᆞᆫ즉妙香山普賢寺僧侶가同寺에教師로來住ᄒᆞ든外國僧을主管으로薦定ᄒᆞ엿다ᄒᆞ니哀ᄒᆞ다此等僧徒ᄂᆞᆫ沙門에亂賊이오國家에逆子라大聲討誅ᄒᆞᆷ이可ᄒᆞ며香山은已然矣어니와其他有名寺院도各自暗地에愚昧ᄒᆞᆫ手段을運ᄒᆞ야外國宗派에附屬ᄒᆞ기를是圖ᄒᆞᆫ다ᄒᆞ니此所謂漆夜痴盲이坑塹에自投ᄒᆞᆷ이라愛莫措之ᄒᆞ거니와彼寺院等의動産은如何ᄒᆞᆫ方法으로措處ᄒᆞ여야可ᄒᆯᄂᆞᆫ지此是政府의責任일ᄉᆡ아직明言치아니ᄒᆞ며爲先彼等을爲ᄒᆞ야一言컨ᄃᆡ該僧들이其亡을自速ᄒᆞᄂᆞᆫ運動力을移ᄒᆞ야自宗中으로團體를組織ᄒᆞ며教輝를普揚ᄒᆞ야國民의義務를盡ᄒᆞ면厥教維持에其庶幾ᄒᆯ진져

會錄

隆熙三年一月十日上午十時에東京에在ᄒᆞᆫ大韓、太極、共修、研學、諸學會々員과其他一般留學生이麴町區中六番町四十九番地駐在大韓留學生監督部內에會集ᄒᆞ야各會聯合全權委員席長韓鎔氏가登席開會ᄒᆞ고趣旨를說明ᄒᆞᆫ后韓相義氏特請으로臨時會長은韓溶氏가被選登席ᄒᆞ다

韓文善氏特請으로臨時書記員二人과臨時幹事員五人을選定ᄒᆞ야當日事務處理ᄒᆞᆯ식臨時會長의自辟으로書記員은金洛泳、閔正基兩氏가被選ᄒᆞ고臨時幹事員은鄭世胤、韓文善、尹宇植、吉昇翼、李寅彰諸氏가被選되다

聯合全權委員會에서制定ᄒᆞᆫ本會規則을規則委員柳承欽氏가逐條朗讀ᄒᆞ야一々承認되다

鄭世胤氏가特請ᄒᆞ되東京內에某處를勿論ᄒᆞ고本會員이多數在留ᄒᆞ야討論支部設立ᄒᆞ기를請願ᄒᆞᆯ時ᄂᆞᆫ認許ᄒᆞ기로細則에制定ᄒᆞ자ᄒᆞ야異議가無히承認되다

下午一時에暫時停會ᄒᆞ엿다가同下午十二時에繼續ᄒᆞ야開會ᄒᆞ고規則을依ᄒᆞ야選擧式을擧行ᄒᆞᆯ식會長은無記名投票로總務及評議員은間接投票로施行ᄒᆞ고

同下午六時三十分에閉會ᄒᆞ니被選人員은如左홈

會長 蔡基斗 副會長 崔 麟

摠務 金鴻亮 崔昌朝

評議員 許 憲 金志侃 文尙宇 陳慶錫 朴炳哲 李豊載 金鉉軾

柳承欽 劉泰魯 韓 溶 鄭世胤 李恩雨 朴容喜 李昌煥

韓相愚 金淇驩 尹定夏 趙鏞殷 金晉庸 李得年 朴海遠

李寅彰 崔鳴煥 姜麟祐 具滋鶴

第一回臨時評議會

隆熙三年一月十日下午七時에臨時評議會를本會臨時事務所에開ᄒᆞᆯ식議長許憲氏가登席ᄒᆞᆫ後臨時書記尹定夏氏가名簿를點檢ᄒᆞ니出席員이二十人이라因ᄒᆞ야依規則開會ᄒᆞ고몬져書記以下任員을選擧ᄒᆞᆷ이如左홈

書記員 金洛泳 羅弘錫 金基敬

幹事員 尹宇植 朴相洛 林 彪 金有喜 崔元植

會計部 李康賢 趙東熙 閔正基 金淵穆 李寅彰

編纂部 姜 荃 金永基 李承瑾 金源極 高元勳 具滋鶴

尹炳哲 洪命熹 南延圭 金達集

出版部　李漢卿　朴尙純　金思國　金壽哲　洪淳五
教育部　鄭敬潮　劉秉敏　元勛常　朴琮稙　金顯洙
討論部　尹台鎭　崔浩善　楊致中　李勳榮　洪元裕
司察部　柳晩秀　李栽濱　崔浚晟　南宮營　黃錫翹　崔容化
　　　　金聖睦　崔允德
運動部　尹冀鉉　邊熙駿　安有貞　張淳翊　魚允斌　尹敎重
　　　　柳東秀　以上

其次에議決ᄒᆞᆫ事項이如左홈

一、會計部員을選擧ᄒᆞ미評議員으로兼任ᄒᆞᆫ자ᄂᆞᆫ衆議에對ᄒᆞ야趙鏞殷氏動議ᄒᆞ되會計部員의選擧ᄂᆞᆫ與他自別ᄒᆞ니會計部員만爲限ᄒᆞ고評議員中에서도相當ᄒᆞᆫ資格이有ᄒᆞᆫ者ᄂᆞᆫ會計部員을或兼任케홈이可ᄒᆞ다홈의韓相愚氏의再請이有ᄒᆞ야可決되다

一、司察部員選擧에對ᄒᆞ야韓相愚氏가東京內各區에一員式을分置ᄒᆞ야會員의動靜을司察홈이可ᄒᆞᆫ데已往被選된司察員이麴町、神田、牛込、小石川諸區에ᄂᆞᆫ一員式이分配되얏스나本鄕區에二人이被選되고我學生多數로住在ᄒᆞᆫ芝區에ᄂᆞᆫ一人도被選치못ᄒᆞ얏스니本鄕區被選員中一員은減削ᄒᆞ고其代에其次點으로芝區에現住ᄒᆞᄂᆞᆫ人을補選ᄒᆞ야芝區에置ᄒᆞ자動議ᄒᆞ미鄭世胤氏 再議ᄒᆞ기를既選ᄒᆞᆫ

人을減削ᄒᆞᆷ이不可ᄒᆞᆫ즉部員은隨時增減이라는規則에依ᄒᆞ야其次點된崔允德一人을增選ᄒᆞ야芝區에配置케ᄒᆞ고其緣由를總會에報告ᄒᆞᆷ이可ᄒᆞ다ᄒᆞ미朴容喜氏의再請이有ᄒᆞ야可否를問ᄒᆞᆯ석改議가可決되야崔允德氏를隨時司察員으로選定ᄒᆞ다

一、朴海遠氏動議ᄒᆞ되評議會書記特別히更選ᄒᆞᆯ必要가無ᄒᆞ니總會書記를仍用ᄒᆞ쟈ᄒᆞ미可決되다

一、蔡基斗氏特請ᄒᆞ기를總新任員이既已選擧되얏슨즉來十七日々曜上午八時에新任各部長을招集ᄒᆞ야同時에評議會를此臨時事務所에開ᄒᆞ고同下午一時에는書記幹事各部員을監督部內에召集ᄒᆞ야會議를繼續更開ᄒᆞ고各會의淸算文簿를各其傳掌케ᄒᆞ되諸任員召集의通信等事는新任總務의게委任ᄒᆞᆷ이可ᄒᆞ다ᄒᆞ야可決되다

一、各會淸算報告에關ᄒᆞ야는來日曜午後評議會時에一切報告傳掌케ᄒᆞ되大韓學會에는李豐載氏、太極學會에는金鴻亮氏、共修學會는에趙鏞殷氏、硏學會에는許憲氏로ᄒᆞ야곰各々通知ᄒᆞ야一切報告케ᄒᆞᆷ이可ᄒᆞ다고蔡基斗氏의特請으로可決되다

一、明文舍印刷機械購買事는前全權委員會에서選定ᄒᆞᆫ委員으로仍爲交涉ᄒᆞ야買入케ᄒᆞ기로李恩雨氏의特請으로可決되다

十一日上午一時에蔡基斗氏의特請으로閉會ᄒᆞ다

第二回臨時評議會

隆熙三年一月十七日上午八時에臨事評議會를本會臨時事務所內에서開ᄒᆞᆫᄉᆡ議長許憲氏가有病缺席ᄒᆞᆷ으로副議長金志侃氏가登席ᄒᆞᆫ后書記가會員을點檢ᄒᆞ니出席員이十八人이라因ᄒᆞ야前回會錄을朗讀ᄒᆞ야錯誤가無ᄒᆞᆷ으로承認되다劉蔡魯氏特請ᄒᆞ되新議事件이不少ᄒᆞ니舊事項은一切留案ᄒᆞ자ᄒᆞ미無異議可決되다鄭世胤氏動議ᄒᆞ되今會席에缺席員이不少ᄒᆞ니몬지議員의定數를決定ᄒᆞ자ᄒᆞ미金淇驩氏가半數以上되면開會ᄒᆞ기로ᄒᆞ자고再請ᄒᆞ야可決ᄒᆞ다

鄭世胤氏動議ᄒᆞ되事務所의位置를何處로定ᄒᆞᆷ이可ᄒᆞᆯᄂᆞᆫ지議定ᄒᆞ자ᄒᆞ미神田・麴町兩區間이나或留學生監督部의適當ᄒᆞᆫ處所이나從便擇定ᄒᆞ되幷히總務員에一任ᄒᆞ기로可決되다李豊載氏動議ᄒᆞ되會報가一朔停刊됨은勢所使然이나讀者諸氏에對ᄒᆞ야甚히未安ᄒᆞ니來月初旬으로速히出刊ᄒᆞ자ᄒᆞ미鄭世胤氏改議ᄒᆞ되此發刊月日을編纂部에一任ᄒᆞ자ᄒᆞ야朴炳哲氏再請으로可決되다金鴻亮氏動議ᄒᆞ되本會合會事趣旨書及公函으로本國新聞社或各團体에報告로監督部에通知ᄒᆞ되此를幷히編纂部에一任ᄒᆞ자ᄒᆞ미朴海遠氏再請ᄒᆞ야可決되다姜荃氏動議ᄒᆞ되今運動部員과編纂部員의辭免請願이有ᄒᆞ니改選ᄒᆞ자ᄒᆞ미朴海遠氏再請ᄒᆞ되

不得已ᄒᆞᆫ事情이有ᄒᆞᆫ會員의請願은許ᄒᆞᆷ이可ᄒᆞ다ᄒᆞ야可決ᄒᆞ야編纂員韓光鎬氏代에尹炳哲氏로運動部員吳政善氏代에安希貞氏가被選ᄒᆞ다議長이提議ᄒᆞ되現今日本國에留學ᄒᆞᄂᆞᆫ我同胞가甚多ᄒᆞᆫ데其總數를詳知치못ᄒᆞᆷ은吾人의항상遺憾되ᄂᆞᆫ바이니各査察部에委任ᄒᆞ야留學生數를精査統計ᄒᆞ자ᄒᆞ미可決되다朴海遠氏特請ᄒᆞ되本會事務가甚히繁多ᄒᆞ니事務員을速히選置ᄒᆞᆷ이可ᄒᆞ다ᄒᆞ미滿場一致로可決되다同下午一時三十分에停會ᄒᆞ다

◯同日下午二時에一般任員이會集ᄒᆞ야監督部內에셔臨時評議會를繼續再開ᄒᆞᆯ새議長許憲氏가有故缺席ᄒᆞᆷ으로副議長金志侃氏가登席ᄒᆞᆫ后書記가人員을點檢ᄒᆞ니出席員이四十七八이라因ᄒᆞ야前回會錄을朗讀ᄒᆞ야錯誤가無ᄒᆞᆷ으로承認되다議長이公佈ᄒᆞ되今日此會를特開ᄒᆞᆫ趣旨ᄂᆞᆫ第一日各會淸算報告의事오且其他諸般事件에關ᄒᆞ야一般任員의意見을叅酌ᄒᆞ기爲ᄒᆞᆷ이라云ᄒᆞ다蔡基斗氏特請ᄒᆞ되事有先後ᄒᆞ니몬져各會淸算委員으로ᄒᆞ야곰報告케ᄒᆞ야各任員에事務傳掌ᄒᆞ야以便執務케ᄒᆞ자ᄒᆞ미前太極學會淸算委員金鴻亮氏가先登報告ᄒᆞ고硏學會淸算委員은出席치아니ᄒᆞᆷ으로蔡基斗氏特請ᄒᆞ되硏學會淸算報告事ᄂᆞᆫ前該會々員陳慶錫氏가出席ᄒᆞ셧스니同氏에게此를臨時委任ᄒᆞ야當該委員에게通知케ᄒᆞ쟈ᄒᆞᆷ으로可決되고次에前大韓學會委員尹定夏氏報告ᄒᆞᆯ새物品만報告ᄒᆞ고其餘財政은事甚繁瑣ᄒᆞᆯ뿐더러五名委員의多數有故ᄒᆞᆷ을因ᄒᆞ야아즉淸算치못ᄒᆞ얏다

ᄒᆞ야其財政及會員人數ᄂᆞᆫ次回에報告ᄒᆞ기로ᄒᆞ고次에共修學會委員趙鏞殷氏報告ᄒᆞᆯ식清算을아즉完了치못ᄒᆞ얏다云ᄒᆞ다蔡基斗氏特請ᄒᆞ되今에各會清算委員의報告를聞ᄒᆞᆫ즉完了치못ᄒᆞᆫ清算이過半이라此未備ᄒᆞᆫ清算은來回總會를期ᄒᆞ야報告케ᄒᆞ쟈ᄒᆞ미可決되다金淇驩氏動議ᄒᆞ되今番各會의清算을檢査ᄒᆞ기爲ᄒᆞ야特히清算檢査委員을選定ᄒᆞ쟈ᄒᆞ미金鴻亮氏再請ᄒᆞ되凡人은全然無過키難ᄒᆞᆫ지라今에本會에셔各會清算報告를受ᄒᆞᆷ에當ᄒᆞ야其清算의善否를精査치아니ᄒᆞ면是ᄂᆞᆫ自物保管上에너머汎然ᄒᆞᆫ嫌이有ᄒᆞᆯᄲᅮᆫ더러一般會員에對ᄒᆞ야不愼重의責을難免이니清算檢査委員을特히選定ᄒᆞᆷ이可ᄒᆞ다ᄒᆞ미可決되다尹定夏氏動議ᄒᆞ되清算檢査委員은八人을選定ᄒᆞ쟈ᄒᆞᄃᆡ李昌煥氏改議ᄒᆞ되二人이면足ᄒᆞ다ᄒᆞ야朴炳哲氏再請으로可決되고蔡基斗氏의特請으로李寅彰劉泰魯兩氏가被選ᄒᆞ다蔡基斗氏動議ᄒᆞ되今番警務科卒業生十氏를爲ᄒᆞ야來日曜卽二十四日下午一時에祝賀式을開ᄒᆞ쟈ᄒᆞ미滿場一致로可決ᄒᆞ니蔡基斗氏가祝賀設所ᄂᆞᆫ監督部內로會費ᄂᆞᆫ五錢으로卒業諸氏에게通知ᄒᆞᄂᆞᆫ事ᄂᆞᆫ總務에게委任ᄒᆞᆫ기로ᄒᆞ쟈ᄒᆞ야可決되다李昌煥氏特請ᄒᆞ되向者總會成立委員議事時의若干費用을支出ᄒᆞ쟈ᄒᆞ야可決되다劉泰魯氏特請으로議長의自辟으로李昌煥金淇驩兩氏로總代를定ᄒᆞ야監督部에總會成立事를報告케ᄒᆞ다鄭世胤氏動議ᄒᆞ되細則委員五人을來總會에選定ᄒᆞ쟈ᄒᆞ미劉泰魯氏再請이有ᄒᆞ야可決ᄒᆞ다同午後六時閉會ᄒᆞ다

第一回定期評議會

隆熙三年一月三十一日에定期評議會를本會臨時事務所에開ᄒᆞᆯ식議長許憲氏가登席ᄒᆞᆫ後書記가名簿를點檢ᄒᆞ니出席員이十七人、有故不參員이二人이오會長及摠務와七部々長中會計、編纂、出版、討論、司察等五部々長이參席ᄒᆞ다因ᄒᆞ야書記가前會會錄을朗讀ᄒᆞ야錯誤가無ᄒᆞᆷ으로承認되다、議長이公佈ᄒᆞ야몬져各任員으로ᄒᆞ야곰報告케ᄒᆞ니其報告가如左ᄒᆞᆷ

摠務崔昌朝氏報告ᄒᆞ되事務所ᄂᆞᆫ方今修理라ᄒᆞ고會計臨時兼任時에若干의費用이有ᄒᆞ다ᄒᆞ야一々列讀ᄒᆞ며又本會及本會々長의印章을刻ᄒᆞ얏다ᄒᆞ미承認되고

(財政詳細額은會計部報告錄參照、以下皆倣此)

會計部員李康賢氏報告ᄒᆞ되現在金額이六百六拾一圜四十六錢이오其外에金簪(一個五匁目量)가有ᄒᆞ고又三種領收證用紙를版刊ᄒᆞ야若干의費用이有ᄒᆞ다ᄒᆞ미承認되고編纂部員姜荃氏報告ᄒᆞ되編纂은已畢ᄒᆞ고本會成立事實의公函은內外國에在ᄒᆞᆫ各團体에已爲發送ᄒᆞ고同趣旨書ᄂᆞᆫ即將付送ᄒᆞ깃다ᄒᆞ고其他若干의費用을列擧朗讀ᄒᆞ미承認되고 出版部員李漢卿氏가印刷機械大小幷二座及其附屬品을接受ᄒᆞ얏다報告ᄒᆞ고、査察部、討論部ᄂᆞᆫ無ᄒᆞ다次에各會清算報告를行ᄒᆞᆯ식大韓學會淸算委員尹定夏氏가財政을報告ᄒᆞ되摠金額一千六百七十九圜

內에現在金이五百四十三圜九十錢五厘이오債權이一千一百三十五圜六十六錢이라然ᄒᆞ나此現在金中에서印刷機械及其附屬品費로五百三十二圓十錢其他物品費로七圜九十一錢을已爲支出ᄒᆞ야實際額이三圜八十九錢이며又債權中에는日間에곳收入될特別債權二百七十九圜七十七錢이含入ᄒᆞ얏다云ᄒᆞ고追後再次報告ᄒᆞ되以上報告外에前學報價三圜六十八錢과債權一百九十五圜六十八錢이又有ᄒᆞ다云ᄒᆞ다、研學會通知受託員陳慶錫氏가通知는依本會所託謹行ᄒᆞ얏는ᄃᆡ別無可淸算者인듯ᄒᆞ더라고報告ᄒᆞ고、共修學會淸算委員具滋鶴氏는淸算은已畢이나記錄이未詳ᄒᆞ야口頭報告ᄒᆞ깃다ᄒᆞ미來回摠會에報告케ᄒᆞ다、次에淸算檢査委員劉泰魯氏報告ᄒᆞ되太極學會淸算은違算의所致로合計額에一百○一圜十二錢의誤脫이有ᄒᆞ고其外에學報價金未捧條가七百五十二圜七十七錢五厘이오同先納條가爲十一圜五十七錢이고大韓、共修、研學會等은아즉淸算報告畢了後가아님으로着手檢査치못ᄒᆞ얏다ᄒᆞ고其次에印刷機械交涉委員朴炳哲氏가印刷機械二座幷其附屬品買入事와交涉時에費用을一々報告ᄒᆞ미承認되다

鄭世胤氏가本會事務員選置事는前回評議會時에決定ᄒᆞ얏스나其人數에關ᄒᆞ야는議定ᄒᆞᆫ비無ᄒᆞᆫ즉今에一人을選置ᄒᆞ기로動議ᄒᆞᆫ다ᄒᆞ미朴容喜氏의再請이有ᄒᆞ야可決되고次에事務員酬勞金問題로移ᄒᆞ야鄭世胤氏의十五圜으로定ᄒᆞ자ᄒᆞᆫ

動議에文尙宇氏再請ᄒᆞ야可決되고次에其選定方法에對ᄒᆞ야劉泰魯氏動議ᄒᆞ기를一般任員選擧法을準用ᄒᆞ자ᄒᆞ야鄭世胤氏再請ᄒᆞ이有ᄒᆞᆷ으로可決되다尹定夏氏特請ᄒᆞ되其選定形式은人數를無制限呼薦ᄒᆞ야列記打點ᄒᆞ야取其最高點者ᄒᆞ자ᄒᆞ미此法을依ᄒᆞ야高元勳氏가被任ᄒᆞ얏는ᄃᆡ同氏가事務任을固辭ᄒᆞᆷ으로劉泰魯氏의特請으로高元勳氏代에其次點되는姜邁氏가被任ᄒᆞ다、朴容喜氏動議ᄒᆞ되我學生을爲ᄒᆞ야監督部로送來ᄒᆞᆫ金額이有ᄒᆞ니此를監督吏에게請求ᄒᆞ야本會經費에支用케ᄒᆞ자ᄒᆞ미具滋鶴氏의再請이有ᄒᆞ야可決ᄒᆞᆫ後金淇驩李豐載李寅彰三氏로摠代로定ᄒᆞ야監督部에專往ᄒᆞ얏더니該總代三氏는監督吏이該金額을장찻出給ᄒᆞ리니稍待ᄒᆞ라는諸意를承聞ᄒᆞ고歸報ᄒᆞ다、 文尙宇氏提議ᄒᆞ되前大韓學會時에本人等高等商業學校同窓生이商學界라ᄒᆞ는雜誌를逐月發刊ᄒᆞᆷ은衆人의共知ᄒᆞ는바어니와其時에其發刊費用을該會에서每期十五圜式支給ᄒᆞ고其餘十圜乃至十五六圜은本人等이分擔補助ᄒᆞ야써第三號ᄭᆞ지發行ᄒᆞ얏는ᄃᆡ當今ᄒᆞ야는本人等이學生의身分으로其補助를到底繼續키不能ᄒᆞ고又本會成立後에該會의事務를本會로一切移來ᄒᆞ얏는故로本人이玆에提議ᄒᆞ노니本會에서該商學界費用全部支出의條件을附ᄒᆞ야其發刊을許ᄒᆞ라ᄒᆞ미此에對ᄒᆞ야衆議不一ᄒᆞ다가最後에朴容喜氏動議ᄒᆞ되商業界繼續은勿論美事이나但本會의不許ᄒᆞ는바는財政이困難ᄒᆞᆷ이니其費用을依前例ᄒᆞ야每朔十五圜式支給ᄒᆞ게ᄒᆞ면許ᄒᆞᆷ이可ᄒᆞ

되ᄒᆞ否則寧히停止ᄒᆞᆷ이可ᄒᆞ다ᄒᆞ미金洪驥氏의再請이有ᄒᆞᆷ으로商學界發行을停止ᄒᆞ기로可決ᄒᆞ다、崔昌朝氏提議ᄒᆞ되姜荃氏가事務所內에移住ᄒᆞ기를請ᄒᆞ오니該氏ᄂᆞᆫ編纂部員인즉事務員으로同處ᄒᆞᆷ이事務에便利ᄒᆞᆫ즉許ᄒᆞᆷ이可ᄒᆞᆯ듯ᄒᆞ다ᄒᆞ미滿場一致로可決ᄒᆞ다、金鉉載氏提議로鄭世龍氏特請ᄒᆞ야前太極學會의支會되얏던永興(咸鏡道)永柔、龍義、成川(平安道)等四支會를本會의支會로仍作ᄒᆞ고因ᄒᆞ야支會印章을刻送ᄒᆞ기로滿場一致로可決ᄒᆞ다、編纂員金基柱氏가再次辭任請願ᄒᆞᆫ故로劉泰魯氏의特請으로其代에南廷圭氏가被任ᄒᆞ다同下午十時閉會ᄒᆞ다

卒業祝賀式

(監督部內開催)

本年春에警察學校에通學ᄒᆞ든權潤、南基允、崔海弼、崔浩承、李大衡、徐成學、韓浩錫、權泰祐、金裕平、張世億氏等十人이該校에卒業ᄒᆞ얏심으로本會에서祝賀式을擧行ᄒᆞ다新春吉日에卒業祝賀式을監督部內에開催ᄒᆞ니是日은即隆熙三年一月廿四日이라數百健兒가相賀競到ᄒᆞ니宛然히獨立ᄒᆞᆫ翌朝인듯ᄒᆞ고卒業多士가儼然就席ᄒᆞ니皆是新國民의好模範이러라

下午一時鍾이既鳴ᄒᆞ미會長이依時開會ᄒᆞ고來衆이各其定席ᄒᆞ니當日參會者ㅣ二百餘人이러라會長蔡基斗氏가向衆施禮後몬져開會辭를陳述ᄒᆞ야曰諸君、我留學生界의最高無上ᄒᆞᆫ慶事ᄂᆞᆫ卒業이是라然ᄒᆞ나如此히無上ᄒᆞᆫ慶事가一人만有ᄒᆞᆯ뿐아니라十人의達ᄒᆞ니是ᄂᆞᆫ我留學生界의慶事뿐아니라實노祖國全體의慶幸이니吾輩ᄂᆞᆫ此에對ᄒᆞ야欣抃의忱을不勝ᄒᆞᆯ뿐더러且今日은何日고ᄒᆞ면萬事大吉의新運을迎來ᄒᆞᆫ隆熙三年初오多年渴望ᄒᆞ던總會를成立ᄒᆞᆫ後若干日이라如此好時에如此好事로本會事業의序文을作ᄒᆞᆷ은亦本會를爲ᄒᆞ야깁히獻賀ᄒᆞᄂᆞᆫ바이라所以로本會에셔一般留學生을代表ᄒᆞ야今日祝賀式을開催ᄒᆞᆫ바로소이다云云ᄒᆞ고其次에順序를依ᄒᆞ야祝辭와答辭와演說ᄒᆞᆫ概意가如左ᄒᆞ더라

本會總代劉泰魯氏祝辭

諸君、此祝賀式에當ᄒᆞ야本人을祝辭總代로定ᄒᆞ심은本人에게對ᄒᆞ야非常ᄒᆞᆫ光榮으로思ᄒᆞ노라然ᄒᆞ나本人이能히諸君의祝意를無漏說盡치못ᄒᆞᆯ터이니是甚未安ᄒᆞᆫ處이라大抵今日所祝은何를祝ᄒᆞᆷ인고是卒業諸氏의留學困難을免ᄒᆞᆫ處인가曰否라然則卒業壯乎아曰此亦否라然則何와如ᄒᆞ면無他라惟我諸氏의積年研修ᄒᆞᆫ學力과許久困苦ᄒᆞ던其經歷及忍耐力으로我祖國을爲ᄒᆞ야大々的新事業을將成ᄒᆞᆯ것이是라ᄒᆞ노라請諸君은試思ᄒᆞ라我邦崔致遠氏가비록世亂을値ᄒᆞ고疑忌를被ᄒᆞ야政治上에ᄂᆞᆫ其蘊抱을發展치못ᄒᆞ얏스나其文名이一世에振ᄒᆞᆷ은氏가唐에留學ᄒᆞᆷ으로由ᄒᆞᆷ이오又彼得大帝가歐洲東北의一蠻國을化ᄒᆞ야今日의露國을成ᄒᆞᆷ도亦帝가和、英、德、法、에遊ᄒᆞ야機械學의智識과船舶製造等의術을知得ᄒᆞᆫ效力이며又日本의福澤諭吉、大久保利通、伊藤博文等諸氏가或敎育大家或政治大家로써日本의今日을有케ᄒᆞᆷ도또ᄒᆞᆫ西洋留學의結果이니然則日本에留學ᄒᆞᆫ敬愛ᄒᆞᆫ我諸氏의責任은如何ᄒᆞᆯ고諸氏ᄂᆞᆫ吾輩보다先覺者라皆其自己의責任如何를已往先覺ᄒᆞ얏슬터인즉多言ᄒᆞᆯ必要가無ᄒᆞ거니와我韓의現狀을顧察ᄒᆞ건ᄃᆡ可憐ᄒᆞ고또慘酷ᄒᆞᆫ狀態에在ᄒᆞ야我의語才로써不可形言이오我의一口로써難以說盡이로다然ᄒᆞᆫ즉諸氏의時遇ᄂᆞᆫ不幸ᄒᆞ다謂ᄒᆞᆯ가曰否라曰否々라反謂多幸이라ᄒᆞ노니

是ᄂᆞᆫ那破崙의時代及其事業이此를明證ᄒᆞᄂᆞᆫ바이라盖彼那破崙은不世의英傑로偉大ᄒᆞᆫ事業을能成ᄒᆞ얏스나若其時代가路易第十五世第十六世의時代와如ᄒᆞᆫ慘憺無極ᄒᆞᆫ時代가아니면那破崙以上되ᄂᆞᆫ英雄인들其健腕을試用ᄒᆞᆯ機會를得ᄒᆞ야如彼ᄒᆞᆫ偉業을能成ᄒᆞ리오是故로余가諸氏의時遇ᄂᆞᆫ多幸ᄒᆞ다謂ᄒᆞᆷ이라(拍手)我韓은數千年舊邦으로今日은正히其命維新ᄒᆞᆯ時를當ᄒᆞ얏거ᄂᆞᆯ諸氏가如彼ᄒᆞᆫ十那破崙의手腕으로此好時期를際遇ᄒᆞ얏슨즉大韓의中興은無疑期成ᄒᆞᆯ지라吾儕所祝의眞意ᄂᆞᆫ實노此에在ᄒᆞ니諸氏ᄂᆞᆫ勉ᄒᆞ고또勉ᄒᆞᆯ지어다

言畢에臨ᄒᆞ야一言情談으로爲諸氏忠告ᄒᆞ노니諸氏ᄂᆞᆫ前日에歸朝者의非行醜態를効치말나嗚呼諸氏여吾輩ᄂᆞᆫ中心으로再三忠告ᄒᆞ노니我幾千萬同胞로ᄒᆞ야곰彼ᄂᆞᆫ我國의模範的人物이라彼ᄂᆞᆫ我國의代表的人物이라ᄒᆞ고稱誦ᄒᆞᆷ에至ᄒᆞ기를心祝不已ᄒᆞ나이다(滿場喝采)

卒業生總代南基允氏答辭

諸君、余ᄂᆞᆫ卒業生諸君의委托을遵依ᄒᆞ야總代의名義로滿堂諸君의無限ᄒᆞᆫ厚意을中心感謝ᄒᆞᄋᆞᆸ나이다、然ᄒᆞᆫ데本人等의來此가祝賀에應ᄒᆞ기爲ᄒᆞᆷ이냐ᄒᆞ면決코不然ᄒᆞ도다本人이昨夕에諸君의此擧잇다ᄂᆞᆫ말ᄉᆞᆷ을承聞ᄒᆞ고셔悚然히自心에問ᄒᆞ되我에果然卒業生이라稱ᄒᆞᆯ만ᄒᆞᆫ實學이有ᄒᆞᆫ가我에果然祝賀를受ᄒᆞᆯ만ᄒᆞᆫ價

値가有ᄒᆞᆫ가ᄒᆞᆫ즉躕躇도업시曰無라曰無라故로今朝〻지도來意가少無ᄒᆞ다가翻然改思ᄒᆞ되我若不往ᄒᆞ면僉君의盛意를孤負ᄒᆞ는罪가更重ᄒᆞᆯ깃다ᄒᆞ야卒業生諸君과共히一步一步로竟來此地ᄒᆞ엿더니참感謝ᄒᆞ다諸君이여我等의眞正ᄒᆞᆫ卒業은至此始得이로다何以言之오ᄒᆞ면本人等이所謂卒業ᄒᆞᆫ後에將行ᄒᆞᆯ事業과將進ᄒᆞᆯ方向을未知ᄒᆞ얏더니今에祝辭總代의懇切ᄒᆞᆫ訓戒的辭意를謹聽ᄒᆞ니實노漆夜에燭光을見ᄒᆞ고迷海에羅針을得홈과如ᄒᆞ외다諸氏이萬一我等에게問ᄒᆞ기를汝가能히偉大ᄒᆞᆫ事業家와非常ᄒᆞᆫ成功者가되깃느냐ᄒᆞ면是는快諾키難ᄒᆞ나我等은我才의所能과我力의所及되로는事爲上에盡力ᄒᆞ야써諸君祝意의萬一을報코쟈ᄒᆞ나이다然ᄒᆞ나本人이諸君에게一言忠勸ᄒᆞᆯ것은非他라諸君은皆其無限ᄒᆞᆫ學識을耽得ᄒᆞᆯ無量의慾囊이有ᄒᆞᆫ지라本人等은이미遺憾되면서此慾囊을得充치못ᄒᆞ얏스니請諸君은此欲囊를滿〻充實ᄒᆞ야他日我二千萬同胞에게大歡迎을受ᄒᆞ기를祝願ᄒᆞ나이다(滿場喝采)

其次에李豊載、李承漢兩氏의演說이有ᄒᆞ고次에會長蔡基斗氏가再起ᄒᆞ야簡單ᄒᆞᆫ數語로卒業生諸氏의健康을祝ᄒᆞ고其次에卒業生韓浩錫、李大衡、崔浩承、權泰佑、權潤、崔海弼、金裕平、張世億、徐成大諸氏가次第로施禮ᄒᆞ니滿場喝采에和氣融〻ᄒᆞ고活氣堂〻일너라因ᄒᆞ야茶菓를進ᄒᆞᆫ後에紀念ᄒᆞ기爲ᄒᆞ야撮影ᄒᆞ고日暮散會ᄒᆞ니時는下午六時러라　監督申海永氏는其時患候를因ᄒᆞ야入

院中에在ᄒᆞᆫ故로未得叅臨ᄒᆞ얏더라

第一回會計部廣告

本會에對ᄒᆞ야義捐、月捐、學報、代金을現金으로送致ᄒᆞ신 僉君子ᄂᆞᆫ廣告欄內에 考ᄒᆞ시와萬一漏記가有ᄒᆞ거든本事務所로通知ᄒᆞ야中間遺失의廢가無케ᄒᆞᆷ을敬要ᄒᆞᆷ

義捐金秩

方潤氏 五元　徐基豐氏 二元　文明學校 二元

前大韓學會義捐金秩

韓潤玉氏 一元　朴楚陽氏 二元

前大韓學會月報代金秩

李鍾淳氏 六拾錢　梁鎬哲氏 六拾錢　柳圭政氏 一元

申泰俊氏 六拾錢　李南永氏 四拾八錢　朴憲川氏 一元十五錢

金永基氏 八十四錢

特別廣告

前者東京에在ᄒᆞ던各團体가聯合ᄒᆞ야大韓興學會를組織ᄒᆞᆫ事ᄂᆞᆫ我一般同胞의聞知ᄒᆞ신배어니와本會等이各諸般事務를各其淸帳ᄒᆞᄂᆞᆫ同時에債權債務도一切調査ᄒᆞ야大韓興學會로業已讓越ᄒᆞ엿ᄉᆞ오니本會等과前日의債務關係를有ᄒᆞ시ᄂᆞᆫ 僉君子ᄂᆞᆫ此未淸帳ᄒᆞᆫ金額을大韓興學會로斯速送文ᄒᆞ심을切望ᄒᆞᆷ

前大韓學會淸算委員代表 尹定夏

前太極學會淸算委員代表 金鴻亮

廣告

本會의創設ᄒᆞᆷ이三朔을經ᄒᆞ엿스나印刷器械를新爲輸入ᄒᆞᆷ으로諸般設置의未備ᄒᆞᆷ을因ᄒᆞ야本學報를自今月爲始ᄒᆞ야刊行ᄒᆞ오니愛讀ᄒᆞ시ᄂᆞᆫ僉君子ᄂᆞᆫ照諒ᄒᆞ심을敬要

大韓興學會出版部 告白

廣告

●本報를購覽코자ᄒᆞ시난이난本發行所로居住姓名을詳細히記送ᄒᆞ시며代金은郵便爲替로交付ᄒᆞ심을要ᄒᆞᆷ

●本報를購覽ᄒᆞ시ᄂᆞᆫ諸氏ᄂᆞᆫ住所를移轉ᄒᆞ시거든移轉處所를本發行所로通知ᄒᆞ심을要ᄒᆞᆷ

●本報ᄂᆞᆫ有志人士의購覽의便宜를供ᄒᆞ기爲ᄒᆞ야出張所及特約販賣所를如左히定ᄒᆞᆷ

皇城中部長通坊洞口越便
朱翰榮書舖

慶南釜山港東館
韓興書館

黃海道安岳邑上塲里
海西書市

平壤貫洞
耶蘇教書院

平壤法首橋
大同書觀

平南三和鎭南浦港築洞
金元燮家

平北定州郡南門內
洪成麟商店

北美國桑港韓人國民會舘內
金永一住所

平壤鍾路
太極書館

咸南咸興郡中荷里
都連浩藥館

●學報定價

一部(郵並) 拾五錢
三個月(上仝) 四拾錢
半年分(上仝) 八拾錢
一年分(上仝) 一圜五拾五錢

●廣告料

半頁 金參圜
一頁 金五圜

發行人 日本東京麴町區三番町六十九番地 高元勳
編輯人 日本東京市麴町區中六番町四十九番地 姜荃
印刷人 日本東京市麴町區中六番町四十九番地 金源極
發行所 日本東京市麴町區中六番町四十九番地 大韓興學會事務所
印刷所 日本東京市麴町區中六番町四十九番地 大韓興學會出版部

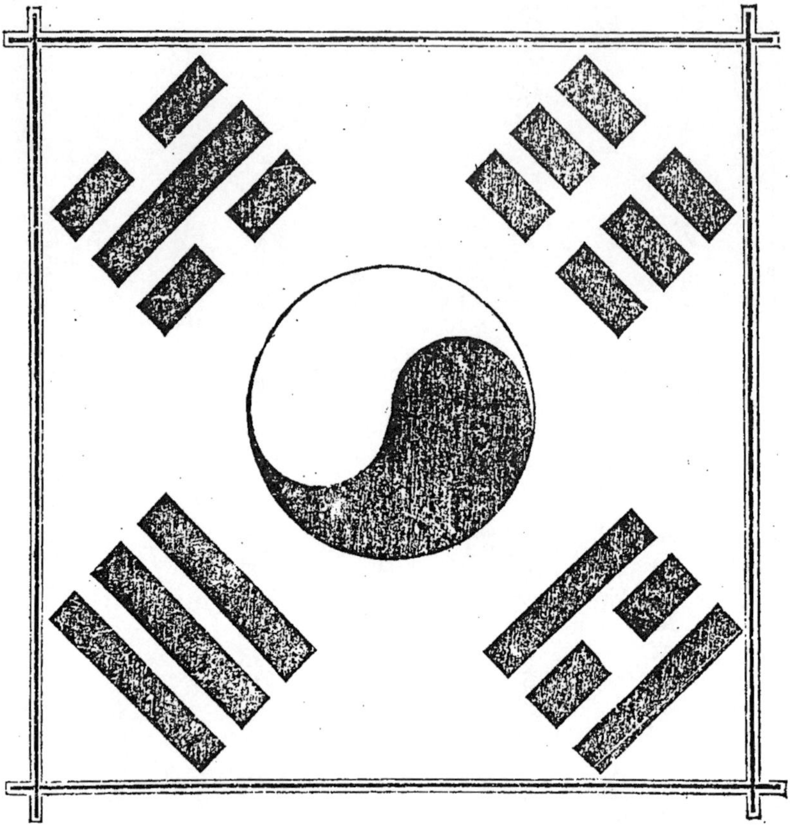

日本明治四十二年三月廿八日 第三種郵便物認可

隆熙三年 明治四十二年 四月二十日發行

大韓興學報

在日本東京 大韓興學會發行

第貳號

廣告

●本報를購覽코자ᄒᆞ시난이난本發行所로居住姓名을詳細히記送ᄒᆞ시며代金은郵便爲替로交付ᄒᆞ심을要ᄒᆞᆷ

●本報를購覽ᄒᆞ시ᄂᆞᆫ諸氏ᄂᆞᆫ住所를移轉ᄒᆞ시거든移轉處所를本發行所로通知ᄒᆞ심을要ᄒᆞᆷ

●本報ᄂᆞᆫ有志人士의購覽의便宜를供ᄒᆞ기爲ᄒᆞ야出張所及特約販賣所를如左히定ᄒᆞᆷ

皇城中部長通坊洞口越便 **朱翰榮書舖**

慶南釜山港東館 **韓興書館**

黃海道安岳邑上場里 **海西書市**

平壤貫洞 **耶蘇敎書院**

平壤法首橋 **大同書觀**

平南三和鎭南浦港築洞 **金元爕家**

平北定州郡南門內 **洪成麟商店**

北美國桑港韓人國民會館內 **金永一住所**

平壤鍾路 **太極書館**

咸南咸興郡中荷里 **都連浩藥館**

投書의注意

本報는帝國同胞의學術과知德을發展ㅎ는機關이온즉惟我 僉位會員은本報를編纂ㅎ는ᄃᆡ十分方便의 另念을特加ㅎ오셔每月三十日以內作文原稿를編纂部로送交ㅎ심을敬要홈

●一、原稿材料 論說、學術、文藝、詞藻、雜著

●二、用紙式樣 印刷紙、縱十行、橫二十字

●三、精寫免誤 楷書

●四、通信便利 姓名、居住

●五、編輯權限 筆削、添補、批評、停載

●六、送呈規例 會員外에는該投書揭載ᄒᆞᆫ當號一部式送呈홈

本報의 進呈

本報ᄂᆞᆫ 本會員 各社會 各學校에ᄂᆞᆫ 勿論하고 帝國同胞의 內外國에 在한 有志諸氏로 三圓以上贊成金(三圓以下ᄂᆞᆫ 相當한 號數ᄊᆞ지)이 有한 時ᄂᆞᆫ 無價送呈ᄒᆞᆷ

廣告

本會는前大韓、太極、共修、研學、諸學會가合同ᄒᆞ야成立한事實은已爲公佈ᄒᆞ얏거니와右各會에關ᄒᆞᆫ債權債務及諸般事務를本會에서一切履行ᄒᆞ오니僉君子는照諒ᄒᆞ심을要ᄒᆞᆷ

大韓興學會 告白

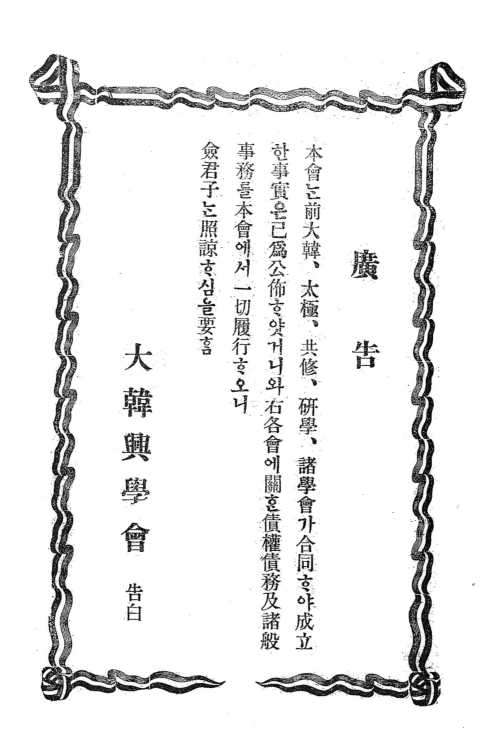

特別注意

本會에對ᄒᆞᆫ義捐金、學報代金을送致ᄒᆞ신諸氏의게ᄂᆞᆫ學報現金收入欄內에掲載도ᄒᆞᆯ뿐더러본다시大韓興學會會計部章이라ᄂᆞᆫ實印을捺ᄒᆞ야領受証一枚式進呈ᄒᆞ깃사오나萬一此領證의交付가無ᄒᆞ거나掲載의漏闕이有ᄒᆞ거든本會事務所에通知ᄒᆞ시와中間에遺失ᄒᆞᄂᆞᆫ廢가無케ᄒᆞ심을敬要

大韓興學會會計部 告白

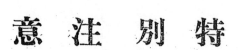

大韓興學報第二號目次

寫眞募集廣告

今에廣告의前提로數語를仰陳홈은僉位로ᄒᆞ야금本部의懇意所在를洞察ᄒᆞ야廣告의請求를應施ᄒᆞ시면但히本部의光榮될ᄲᅮᆫ아니라實노我一般全體와國家前途에對ᄒᆞ야大希望을可占ᄒᆞᆯ것이오如或一員이라도遺漏가될진ᄃᆡ遺憾의歎만有ᄒᆞᆯᄲᅮᆫ아니라……니請求ㅣ維何오即不勞不費ᄒᆞ고各其一片紙面을惠投홈에不過ᄒᆞᆫ지라噫라局勢의隆替와時運의否泰ᄂᆞᆫ別個題에自屬이압기玆에不論ᄒᆞ거니와凡我同胞로生我同國ᄒᆞᆫ者ᄂᆞᆫ莫非乃兄乃弟와乃姊乃妹언마ᄂᆞᆫ或居地의角涯로由ᄒᆞ며或從遊의齟齬를因ᄒᆞ야其名을知ᄒᆞ고도其人을不知ᄒᆞ고其名과其人은知ᄒᆞ고도其居를不知홈이過半이나엇지共旅異域ᄒᆞ야互相愛護ᄒᆞᄂᆞᆫ情을達ᄒᆞ며且吾儕ᄂᆞᆫ有爲의靑年이며壯志의好漢이라他日局勢를挽回ᄒᆞ야國光을世界에發揮홈도其吾儕中에在ᄒᆞ며蒼生을匡濟ᄒᆞ야平和를永遠히維持홈도亦吾儕中에在ᄒᆞᆯ지니엇디此屈蟄時代에一紀念品으로互相留贈홈이無ᄒᆞᆯ리오今에吾儕中有志數人의定算協贊에依ᄒᆞ야凡我本國同胞로來留日本諸氏(男及女)를限ᄒᆞ야寫眞帖을編成ᄒᆞ야謄板發行ᄒᆞ기로計畫ᄒᆞ와玆以附定規廣告ᄒᆞ오니照亮홈을敬要

◉寫眞에記載ᄒᆞᆫ事項은如左홈

姓名及本、生年月日、

居住、(何道 何郡 何面 何洞) 目的、(但目的을未定ᄒᆞᆫ諸氏ᄂᆞᆫ豫定通知홈)
學校、(但學校未定諸氏ᄂᆞᆫ豫定通知홈)、

●寫眞에對ᄒᆞᄂᆞᆫ注意

一 寫眞募集은隆熙三年三月十三日로同六月晦日ᄭᆞ지寫眞募集日字가如右ᄒᆞ오니有意諸氏ᄂᆞᆫ此期限內로以上事項을記載ᄒᆞ야送付ᄒᆞ심을望홈

一 寫眞貌樣은大中小版、全身半身、數人合撮를不拘ᄒᆞ고受取홈

一 寫眞發行은同八月晦日로定ᄒᆞ오니以此考諒ᄒᆞ신后紀念寫眞帖을買求ᄒᆞ실諸氏ᄂᆞᆫ此期限內豫約通知ᄒᆞ심을望홈 (定價則一冊壹圓五拾錢式 但三拾冊에限ᄒᆞ야割引一冊에三拾錢式)

◎募集所及募集人의氏名은如左홈

東京市麴町區飯田町五丁目三十六番地 東洋館內 韓 文 善
仝 中六番町四十九番地 大韓興學會出版部長 姜 邁
仝 大韓興學會出刊部員 兪 一 煥

以上三個所로速々送付ᄒᆞ시와日後에遺漏의歎이無케ᄒᆞ시압

隆熙三年四月 日

大韓興學會出刊部

在日本國同胞留學生 僉位

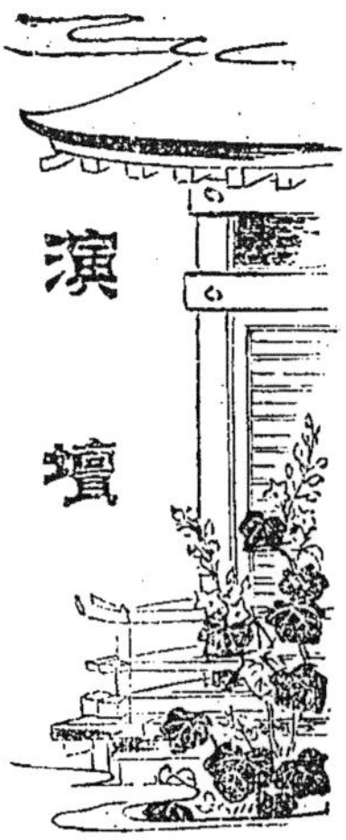

活界新聞論說 (轉載)

編纂部

本會春期運動會를本月一日에田端百梅園에開ᄒᆞ고來會者의觀覽을供ᄒᆞ기爲ᄒᆞ야活界라ᄂᆞᆫ新聞을滑稽的으로臨時刊行ᄒᆞ얏ᄂᆞᆫᄃᆡ社長高元勳氏所著論說이如左ᄒᆞᆷ으로玆에轉載ᄒᆞᆷ

西儒云世界ᄂᆞᆫ一大運動場이오又一修羅場이라ᄒᆞ드니信哉라斯言이여試上世界之最高處ᄒᆞ야手一尺權衡而眼萬里遠鏡ᄒᆞ고看破這個眞境ᄒᆞ니閉幕에世界平和가圓滿於罇俎相酬之間ᄒᆞ고開場에砲烟彈雨가彌漲於同盟協約之翌日이라外而紛裝假飾ᄒᆞ야買人同情ᄒᆞ고內而銃劍是事ᄒᆞ야以圖肥己ᄒᆞ니惟此而優於人者은擧民族而爲奴隷焉ᄒᆞ며惟是而後於人者은幷世界而爲主人焉이로다此를覺悟ᄒᆞ며此를研究ᄒᆞᄂᆞᆫ者ㅣ未嘗不注意於體育ᄒᆞ야運動設備가乃至今日之完全具備ᄒᆞ야有如庭球、野球、短艇體操、鐵棒之多ᄒᆞ니野外運動이即其設備之一而體育之第一活步也라故로一國의强弱隆替를監定ᄒᆞᄂᆞᆫ者ㅣ先察其國民之健全과體

育之發達與否ᄒᆞ야國民이健全ᄒᆞ고體育이發達則不敢施之以譎計ᄒᆞ고納諂諛而務得同情ᄒᆞ야共其利益ᄒᆞ며若其國民이懦弱ᄒᆞ고體育이未振則猛加毒棒於夢中昏々之國民頭上ᄒᆞ야永墜萬劫地獄而不敢擧頭見天日於太平世界케ᄒᆞᄂᆞ니此非一家私言과一人私見이라乃是虎視熊叫ᄒᆞ며鴟張狙號ᄒᆞ야東西馳驅之最大最强之國의共同規範이니即近世所發明國際公法之內容이即是也라凡生此運動世界ᄒᆞ야幷欲競爭於弱肉强食之間者ㅣ不事體育健全之術ᄒᆞ고坐在鬼關昏々之中ᄒᆞ야作幾死人樣子가可乎아猶此之慮ᄒᆞ야運動部之所以設置於大韓興學之內而求欲養成其健全青年者也라回顧我韓之幾百年懦弱痼習컨ᄃᆡ未知體育之爲何等事件ᄒᆞ고只以出八於大監令監之門下而蠅營狗苟ᄒᆞ야主事叅奉之運動과觀察郡守之運動으로爲人世之第一運動而不知運動之眞髓ᄒᆞ고非徒不知라人有才器之敏捷과身體之活潑者則輒目之以輕薄少年而所謂敎育子弟之最上規範이重其四肢ᄒᆞ고緩其志意ᄒᆞ야以至於元々端坐而含口閉目ᄒᆞ야奄作半死之人則始乃曰學者、先生、長者라ᄒᆞ야使全國內少年才子로務學老人先生ᄒᆞᄂᆞ니其結果也ㅣ竟有今世之今日也로다

至乃大韓興學會運動部之設立以來로覺今是而昨非ᄒᆞ고革舊染而維新ᄒᆞ야諸般設備를更加用意ᄒᆞ야開催第一回春期運動會于田端停車塲附近百梅園名所ᄒᆞ니該園은關東之第一名界라東望日暮孤村ᄒᆞ니夕陽悲運이遠感東周之季世ᄒᆞ고西

瞻飛烏高山ᄒᆞ니世路崎嶇에誰知雌雄之莫黑이며百梅千柳가爭先爭後ᄒᆞ고嫩櫻含桃가將白將紅ᄒᆞ야助人一味風致於不言不語之中ᄒᆞ니天倫樂事은不獨專美於桃李芳園이오暮春禊事ᄂᆞᆫ不爲讓與於蘭亭雅會라

第一回觀設備凡節則正面에ᄂᆞᆫ活界新聞社出張所오一面에ᄂᆞᆫ運動部事務所로一面에ᄂᆞᆫ來賓席이오其他各委員休憩所인ᄃᆡ天幕風帳이井々方々ᄒᆞ고

第二回觀委員粧飾則靑紅黑白으로特表徽章ᄒᆞ야以別所掌之事務ᄒᆞ고

第三回觀運動順序則提燈、拾旗、算術、取玉等十數種인ᄃᆡ其順序節次가秩々有餘ᄒᆞ야毫不相差ᄒᆞ고

第四回觀本社特色則記者之能爛手段과探報之敏活耳目으로隨聞隨記에刋出號外ᄒᆞ야露呈運動會眞面目ᄒᆞ야以供來會諸氏觀覽之便利ᄒᆞ고

第五回頒賞과第六回餘興인ᄃᆡ雙々이愛國歌오口々이運動歌로餘興旣畢에大韓帝國萬々歲를一口同唱ᄒᆞ야罷了長夜春夢ᄒᆞ고夕陽山路에或先或後ᄒᆞ야望江戶古都而扶携以歸할豫定이라ᄂᆞᆫᄃᆡ定日은卽隆熙三年四月一日也러라

向上的精神으로知者에게 一言

四　　韓光鎬

人族은曰何오向上的特質이有ᄒᆞᆫ神聖ᄒᆞᆫ物이라
人類는生命이第一首府의位置를占有ᄒᆞ기難ᄒᆞ도다鍛冶屋의風櫃와如히呼吸ᄒᆞ거나自然界의動物과如히生長뿐으로는尙且人類라未稱ᄒᆞᆯ지니故로眞正ᄒᆞᆫ人類는高尙ᄒᆞᆫ志槩를涵育ᄒᆞ며高尙ᄒᆞᆫ生涯를營爲ᄒᆞ며高尙ᄒᆞᆫ言論과高尙ᄒᆞᆫ行動이特有ᄒᆞᆷ이라

深思ᄒᆞᆯ지어다吾人이여大覺ᄒᆞᆯ지어다吾人이여恒常向上的精神을務養ᄒᆞᆯ지요猛省코就下的觀念을破碎ᄒᆞᆯ지며前望的勇意를含蓄ᄒᆞ며決斷코後顧的屈志를留宿치말지어다上은天國이오下는地獄이며前은陽路오後는陰逕이니誰가陽路로天國을舍ᄒᆞ고陰逕으로地獄을向ᄒᆞ리오마는然이나人의元은動이오非靜이니上을向ᄒᆞ야動치아니ᄒᆞ면下로必流ᄒᆞᆷ은自然ᄒᆞᆫ原理라吁라陽路를舍ᄒᆞ고陰逕으로向ᄒᆞ는輩여誠可哀哉로다

我等은如何ᄒᆞᆫ事業을營爲ᄒᆞ든지苟々ᄒᆞᆫ小節에不拘ᄒᆞ고一生의標的을卓高ᄒᆞᆫ地域에定置ᄒᆞ야必達乃已의精神으로刀山劍水를冒進勇向ᄒᆞ면何事를成키難ᄒᆞ리오試觀ᄒᆞ라印度에某大隊가謀反ᄒᆞ는結果로該大將을即時罷免ᄒᆞ고大隊旗를沒收ᄒᆞ얏더니其後幾日이未ᄒᆞ야該隊에屬ᄒᆞᆫ百餘의兵卒이義勇兵되기를志願ᄒᆞ야

斷崖를馳登ᄒᆞ야土耳其城壘를陷落ᄒᆞ야스니此와如히我等은過去의如何ᄒᆞᆫ過失이有ᄒᆞᆷ을不拘ᄒᆞ고一朝에猛然히前非를悔ᄒᆞ고正路를蹈ᄒᆞ기를印度軍에義勇兵과如ᄒᆞ면早晩間에偉大ᄒᆞᆫ人物이되야萬世에師表를무ᄒᆞᆯ지로다

英雄은最初로부터英雄이아니라英雄의種子ㅣ元無ᄒᆞ니許多의變遷을遭遇ᄒᆞ며百般의艱難을歷盡ᄒᆞ야社會上々層에特出盤據ᄒᆞᄂᆞ니千古有名ᄒᆞᆫ와승된은高尙的精神이無ᄒᆞ면彼田舍에一老農으로天命을終ᄒᆞᆯ뿐이오慷慨男子비시막은前途를望ᄒᆞᄂᆞᆫ氣槪가無ᄒᆞ면鐵血宰相의榮冠을戴키難ᄒᆞ고一心愛國마지리ᄂᆞᆫ冒進的思想이無ᄒᆞ면輿國의惡絆을脫ᄒᆞ기難ᄒᆞ니大ᄒᆞ다向上的精神이아니면孰能如是리오吁彼三個這兒가果何物인고

吾人이日夕으로崇拜ᄒᆞ고服從ᄒᆞ며希望ᄒᆞ고自期ᄒᆞᄂᆞᆫ바ᄂᆞᆫ英雄이아닌가英雄이遠에不在ᄒᆞ고自身에即有ᄒᆞ니何오即右述ᄒᆞᆫ向上的精神이是라險嶽을蹈破ᄒᆞ고急湍을跋踄ᄒᆞ야高尙ᄒᆞᆫ風度로一日이라도不息ᄒᆞ야疾風暴雨가前途에凝結ᄒᆞᆯ지라도此를猛拳으로披閱ᄒᆞ야千里萬里를遠타말며千仞萬仞을高타말고進ᄒᆞ고登ᄒᆞ면平時의標的ᄒᆞᆫ卓高ᄒᆞᆫ地域에達ᄒᆞᆯ지니愛ᄒᆞᄂᆞᆫ知者여一次龍躍ᄒᆞᆯ지어다英雄이難物이아니오救國이易事로다

成功의 奮鬪

李漢卿

古人이天下의三達德을擧ᄒᆞ야道德上에標榜을指示ᄒᆞᆯ서曰智曰仁曰勇이라ᄒᆞ얏ᄉᆞ나今에吾人의識見으로推究ᄒᆞ건ᄃᆡ勿論何等의學問事業ᄒᆞ고所謂智와仁이다應用되나其事爲의結果를告成ᄒᆞᆷ은畢竟에勇이라稱ᄒᆞᄂᆞᆫ一種의特殊ᄒᆞᆫ心格이具備ᄒᆞᆫ所以로認ᄒᆞᆯ지니何故로然ᄒᆞᆷ인고若勇의性格을批評ᄒᆞᆯ진ᄃᆡ即繼續的果決的으로써題目을擬據ᄒᆞ깃도다古人은勇으로指稱ᄒᆞ던句語를今人은奮鬪等語로代用ᄒᆞ나니此ᄂᆞᆫ名稱은各殊로되事實은相同이라然則玆에奮鬪家의確說을略擧ᄒᆞ야奮鬪가成功에關係됨을陳코자ᄒᆞ노라

英國名主다폐란은螻蟻의奮鬪心을見ᄒᆞ고曰人類되야奮鬪心이無ᄒᆞᆫ者ᄂᆞᆫ彼最微의蟻虫만못ᄒᆞ도다ᄒᆞ고自歎感覺이되야人生處世法에ᄂᆞᆫ奮鬪가아니면萬事를不成이라ᄒᆞ고主唱ᄒᆞᆫ結果大業을成ᄒᆞ얏고

米國大統領후란쿠린과ᄉᆞ氏ᄂᆞᆫ自己經營ᄒᆞᄂᆞᆫ事業이千回를失敗ᄒᆞᆫ後成功을得ᄒᆞ고曰我가萬一九九九回失敗에落膽失望되얏더면今日엇지成功을得ᄒᆞ얏스리오困境失敗ᄂᆞᆫ卽成功의入門이니吾人의事業經營에ᄂᆞᆫ奮鬪가材料라ᄒᆞ얏고

와승돈氏語에曰我邦豪商某氏ᄂᆞᆫ大失敗로破產宣告를當ᄒᆞ고終夜不眠ᄒᆞ며將來事를失心歎息ᄒᆞ거날其妻ㅣ問曰破產宣告를受ᄒᆞᆫ者ᄂᆞᆫ妻子ᄭᆞ지競賣되나니가答

曰不然타ᄒᆞ니妻曰然ᄒᆞᆯ진ᄃᆡ一家의最重最要ᄒᆞᆫ良人과妻子ㅣ有ᄒᆞ거날엇지一時的失敗를如彼히落膽ᄒᆞ나뇨今般失敗ᄂᆞᆫ將來의事業을鞏固케ᄒᆞᆷ이니是ᄂᆞᆫ吾家의幸福이라ᄒᆞᆷ의其夫ㅣ其妻의强忍ᄒᆞᆫ言에感覺되야一層奮鬪心을發揮ᄒᆞᆫ結果로比前倍豪를成ᄒᆞ고奮鬪ᄂᆞᆫ卽成功이라ᄒᆞᆫ것을第一로唱道ᄒᆞ야스니試思컨ᄃᆡ一國家의基礎되ᄂᆞᆫ靑年腦髓에片時라도可히忘却지못ᄒᆞᆯ者ᄂᆞᆫ奮鬪心이라ᄒᆞ노라

凡人類ᄂᆞᆫ天賦的資性으로人爲的事業을行ᄒᆞᆯ진ᄃᆡ困難失敗ᄂᆞᆫ不可免ᄒᆞᆯ바이니此困難失敗ᄂᆞᆫ他日光榮의動機이라故로百回擢倒ᄒᆞᆯ지라도奮鬪勇進ᄒᆞ면成功을可得이오此에反ᄒᆞ야落膽失望ᄒᆞᆯ진ᄃᆡ前途의期圖ᄂᆞᆫ泡花와影子에歸ᄒᆞᆯ지니엇지可畏可愼ᄒᆞᆯ바안니리오尤況今日에擔負如山ᄒᆞ고期望이似海ᄒᆞᆫ我靑年輩ᄂᆞᆫ一層注意ᄒᆞ야萬重의魔障과千疊의逆境이橫前壓後ᄒᆞ더ᄅᆡ도奮鬪心(卽勇心)을皷動ᄒᆞ야成功의第一策을作ᄒᆞᆯ지라ᄒᆞᆷ

社會進步在於宗敎之確立 (寄書)

朴憲用

夫木之大者凌霄漢而戰風雨ᄒᆞ야萬丈特立ᄒᆞ고千年尙新이나其本을溯ᄒᆞ면一探盤根이堅定ᄒᆞᆯ而已오川之巨者涵日月而撼山岳ᄒᆞ야百折不涸ᄒᆞ고萬古長流ᄒᆞ나其源을探ᄒᆞ면一道活泉이溢湧ᄒᆞᆯ而已니만일木이盤根을保치아니ᄒᆞ면其植幹을榮키不能이며川이活泉을失ᄒᆞ면其派流를壯키不能이라社會란者ᄂᆞᆫ個人의共同

團體오國家의各種部分이니必也各相凝結ᄒᆞ야腐敗ᄒᆞᆷ이無ᄒᆞ고各相注合ᄒᆞ야渙
散ᄒᆞᆷ이無ᄒᆞ여야可謂個人의本分이오國家의幸福이라ᄒᆞᆯ지니惟其凝結之力과注
合之道ᄂᆞᆫ何在오ᄒᆞ면卽吾人의共知ᄒᆞᄂᆞᆫ바宗教가是也

宗教란者ᄂᆞᆫ何오道德心을培養ᄒᆞ고平和力을皷盪ᄒᆞ야小而言之면人心을輔導ᄒᆞ
고大而言之면國力을增進ᄒᆞᄂᆞ니此를守之則成ᄒᆞ고失之則敗ᄒᆞ며賴之則安ᄒᆞ고
背之則危ᄒᆞ며依之則生ᄒᆞ고棄之則滅ᄒᆞᆷ은古今同轍이오東西如鑑이라三代之隆
과漢唐宋明之盛은儒教를崇ᄒᆞ야文化를敷ᄒᆞᆷ이오印度古代의福樂은佛教를尙ᄒᆞ
야陋俗을改良ᄒᆞᆷ이오希臘과埃及에一代全盛ᄒᆞᆷ은回々教를立ᄒᆞ야國力을振起ᄒᆞᆷ
이오英美俄法德諸國의今日文明은耶蘇教를信ᄒᆞ야民志를活潑케ᄒᆞᆷ이니其範圍
ᄂᆞᆫ廣狹이不齊ᄒᆞ고趣旨ᄂᆞᆫ精粗가各殊ᄒᆞ나其國에標準을建ᄒᆞ야人民의志向을指
定ᄒᆞ며門庭을立ᄒᆞ야風俗의和氣를導迎ᄒᆞᄂᆞᆫ効果ᄂᆞᆫ一般이라試思컨ᄃᆡ五覇六雄
의迭興旋廢와秦隋遼金의朝得暮失은其故何在오ᄒᆞ면是時에强弱之數가戰爭에
在ᄒᆞᆷ만知ᄒᆞ얏고盛衰之機가教化에在ᄒᆞᆷ은不知ᄒᆞᆫ所以라

法國의大政治家盧騷之言에曰無論何國ᄒᆞ고不以教道로爲政治之根基則其國이
決無以立矣라ᄒᆞ고英國名士西列之言에曰立國之精神과助國之勢力이實教道之
大用이라ᄒᆞ니異哉라宗教之不可離也여

第以我大韓今日之勢로言之ᄒᆞ면四千載神聖基礎가非不久矣며三千里明秀山川

이非不廣矣며二千萬淳良民族이非不麗矣언마는政權이日墜에土地日削ᄒᆞ며風氣不闢에民志不振者는何也오或曰政治와法律의腐敗ᄒᆞᆫ所以라ᄒᆞ며或曰藝學과實業의未達ᄒᆞᆫ所以라ᄒᆞ나니다만政治를改良ᄒᆞ고法律을刷新ᄒᆞ며藝學을奬勵ᄒᆞ고實業을擴張ᄒᆞ드ᄅᆡ도敎化의維持之力과導率之方이無ᄒᆞ면譬컨ᄃᆡ人의身과如ᄒᆞ야耳目이雖聰明ᄒᆞ고手足이雖健康이나天君이泰然ᄒᆞ야是非善惡을辨치아니ᄒᆞ면彼聰明健康ᄒᆞᆫ此ㅣ魔障에易蔽며禁網에易觸이라

我邦에宗敎가未立홈은知者의慨嘆ᄒᆞ는바ㅣ라粤自箕韓以來로虛名은儒敎를尙ᄒᆞᆫ다ᄒᆞ나經傳의文義가深奧ᄒᆞ다ᄒᆞ야中等以下愚賤ᄒᆞᆫ子弟는行ᄒᆞᆫ者甚尠ᄒᆞ고中等以上聰俊ᄒᆞᆫ子弟는行ᄒᆞᆫ者稍有ᄒᆞᄃᆡ山林의學이起ᄒᆞ야尊華攘夷의議論이腦髓에印刻ᄒᆞ며獨善自傲로爲德行ᄒᆞ고自國은小ᄒᆞ다ᄒᆞ야事大的思想으로支邦의文明을敬服醉迷ᄒᆞ야自主의精神을失ᄒᆞ얏고降自中葉以後로此風이又一變에詞章之學이大起ᄒᆞ야士林의所習은經腴史馥으로浮文冷句를雕綴ᄒᆞ며國家의取人之方은詩巨劈과表才士에不過ᄒᆞ더니逮至今日에儒風이掃如ᄒᆞ고百瘼이俱深ᄒᆞ니其曰依賴也와驕慢也와猜忌也와怠惰也와恐怯也와淫慾也와絶望也ㅣ니此諸種心病의原因을溯求ᄒᆞ면儒敎를虛文만尙ᄒᆞ야實地로履行치못ᄒᆞᆫ所以오儒敎範圍가元來劣等홈은아니로다

ᄃᆡ저儒敎란ᄒᆞ는者는古昔聖人이人倫을明ᄒᆞᆫ道인즉西人의言ᄒᆞᆫ바 一種哲學이라

可謂ᄒᆞᆯ지나그道의全體를擧ᄒᆞ야言ᄒᆞᆯ진ᄃᆡ個人의中心을執ᄒᆞ고萬民의綱常을正ᄒᆞ고一國의元氣를扶ᄒᆞᄂᆞᆫ大經大法이非不至矣盡矣언마ᄂᆞᆫ今日我國民의因循性質과虛尙習慣으로一朝의堀起키甚難ᄒᆞᆫ지라語에云琴瑟이不調어든必解而更張之라ᄒᆞ니만일此敎를更히中興ᄒᆞᆯ진ᄃᆡ此時가尙非晚也니聖經賢傳의嘉模良範과舊約新約의律法啓明等을叅互酌量ᄒᆞ며虞夏商周의代天著治ᄂᆞᆫ如何ᄒᆞᆫ心德을用ᄒᆞ며孔孟顏曾의憂世傳道ᄂᆞᆫ如何ᄒᆞᆫ眞理를用ᄒᆞ얏ᄂᆞᆫ지詳演細繹ᄒᆞ야或舌端으로靑年의腦髓를喚醒ᄒᆞ며或筆頭로同胞의腔血를灌注ᄒᆞ야上自政府社會로下至勞動社會히忠信의言으로茶飯을作ᄒᆞ며禮義의行으로衣領을作ᄒᆞ야舊染의慣習을快祛ᄒᆞ거나不然이면安息日마다禮拜堂에往ᄒᆞ야耶蘇의救血로罪惡을快洗ᄒᆞ고敬天斥魔의心力을盡ᄒᆞ야自由의權을覓ᄒᆞ고永生의眞理를講究ᄒᆞᆯ지로다그러치아니ᄒᆞ고此幼稚ᄒᆞᆫ習性으로競爭新天地에立ᄒᆞᆯ여ᄒᆞ면海宇風潮가其能容乎아否乎아西哲이有言曰國의强弱은人民의品行에關ᄒᆞᆫ다ᄒᆞ고又曰眞實良善이品行의本이라ᄒᆞ니眞實이란此ᄂᆞᆫ誠力을謂ᄒᆞᆷ이오良善이란此ᄂᆞᆫ心德을謂ᄒᆞᆷ이니此力을努ᄒᆞ야此德을正호ᄃᆡ依賴ᄂᆞᆫ變ᄒᆞ야自主心을立ᄒᆞ며驕慢은棄ᄒᆞ야忠義心을培ᄒᆞ며猜忌ᄂᆞᆫ放ᄒᆞ야慈愛心을挽ᄒᆞ며怠惰ᄂᆞᆫ駈ᄒᆞ야勤勉心을導ᄒᆞ며恐怯은屛ᄒᆞ야勇强心을充ᄒᆞ며淫慾을喝退ᄒᆞ야恭謙心을唱迎ᄒᆞ며絕望은誅芟ᄒᆞ야希望心을保育ᄒᆞ면於千萬事에何難이更有ᄒᆞ리오政法도可以刷新이니杜漸防微ᄒᆞ야潰敗의欠

質이無홀거시며藝學과實業도可以進明이鞭襄起懶ᄒᆞ야漫漶頹廢의缺點이無홀거시오國家를愛ᄒᆞ고同胞를恤ᄒᆞᄂᆞᆫ忠膽義血도此에서生홀거시며丈魔를駈ᄒᆞ고羣倀을逐ᄒᆞᄂᆞᆫ麁拳大踢도此에서成홀거시오强制를打破ᄒᆞ고平和를主唱ᄒᆞᄂᆞᆫ大聲疾呼도此에서響從홀거시니然則何天地에獨立을不成이며何世界에雄飛를不作홀가偉哉라宗教의効力也여故로余ᄂᆞᆫ謂호ᄃᆡ自由의根이有ᄒᆞᆫ後에其枝가樂ᄒᆞ고不息의源이有ᄒᆞᆫ後에其流가長ᄒᆞᆷ은天然의理數라ᄒᆞ노라

現代靑年은如何ᄒᆞᆫ目標로前進홀가

金達集

古代에ᄂᆞᆫ英雄으로標的物을삼고人格을練磨ᄒᆞ며精神을修養ᄒᆞ기에勉力ᄒᆞ든時代도有ᄒᆞ고又國家로標的物을삼고國家를爲ᄒᆞ야一身을犧牲에도供ᄒᆞᄂᆞᆫ一種義理的精神으로向上心을昂進케ᄒᆞ든時代도有ᄒᆞᆫᄃᆡ近世人々은意識有無에不拘ᄒᆞ고所謂自然主義의無理想無解決ᄒᆞᆫ中間에彷徨ᄒᆞ야惟自己의快樂만追求ᄒᆞᄂᆞᆫ極端的個人主義의弊淵에沈入ᄒᆞᄂᆞᆫ者ㅣ多有ᄒᆞ니嗚呼라此ᄂᆞᆫ何因에由홀고或은人々의向上心을催進홀確乎ᄒᆞᆫ標的物이無ᄒᆞᆷ이니今又英雄으로標的物을作ᄒᆞᆷ도弊害가有ᄒᆞ고又英雄을崇拜ᄒᆞᆷ도時代가迅變홀뿐아니라國家가順潮에棹進ᄒᆞᄂᆞᆫ時代에ᄂᆞᆫ此로標的物을作ᄒᆞᆷ은困難ᄒᆞ다ᄒᆞ니然則吾人의前進에對ᄒᆞ야如何ᄒᆞᆫ標的

物이適宜홀가

此問題에對ᄒᆞ야二方面으로說去홀진ᄃᆡ

第一은心身의完全ᄒᆞᆫ發達를力圖ᄒᆞ야身軆를訓練ᄒᆞ며精神의活動을圓滿케홀必要가有ᄒᆞᄂᆞᆫᄃᆡ惟心身鍛鍊에만注察ᄒᆞ면佛敎에所謂中性、無記性에不過ᄒᆞ야善惡機門ᄭᆞ지ᄂᆞᆫ未到ᄒᆞ엿스니善惡思想의感入은社會渦中에投身以后의事ㅣ라第二ᄂᆞᆫ社會에對ᄒᆞ야自強ᄒᆞᄂᆞᆫ發達의適否에由起ᄒᆞᄂᆞᆫ故로玆에標的物의必要를感得홀지로다

然則何로目的을指定홀가ᄒᆞ면前陳홈과如히自己의完全히發達케홈을先定ᄒᆞᆫ後에社會에對ᄒᆞ야如何ᄒᆞᆫ方法으로渡過홀가ᄒᆞᄂᆞᆫ問題가繼續ᄒᆞᄂᆞ니於斯에客觀的目的을必定케되ᄂᆞᆫᄃᆡ國家英雄으로標的物을作定홈은畢竟個人個人의嗜好에由ᄒᆞ야決코外部로左々右々의麾柄을能執ᄒᆞ지못ᄒᆞ나或時示唆의効果ᄂᆞᆫ奏ᄒᆞ니

若專是飽暖에만穩捿ᄒᆞᄂᆞᆫ類輩ᄂᆞᆫ「朽木不可彫也」ㅣ라論價無地어니와普通人物의資格을保有ᄒᆞᆫ者ㅣ면「爲人者不可以飽暖得滿足」이라ᄒᆞᄂᆞᆫ腦則을恒守ᄒᆞ고社會上에現ᄒᆞ야一定事業을實演코자ᄒᆞᄂᆞ니

是ᄂᆞᆫ吾人의性慾과갓ᄒᆞᆫ吾人의一種本能이라故로或政界에立ᄒᆞ야自己의意見을實行ᄒᆞ자든지或國步의艱難을機ᄒᆞ야辣腕을揮ᄒᆞ자ᄒᆞᄂᆞᆫ思緒도繼蔚ᄒᆞ고或은此

等談話를聞ᄒᆞ야自己의本能을奮發케ᄒᆞᄂᆞᆫ境遇도有ᄒᆞᄂᆞ니如斯히社會에對ᄒᆞᆫ本能을實行ᄒᆞ고또完全히遂成ᄒᆞ랴면國家의發達ᄒᆞ든歷史組織을研究ᄒᆞᆯ必要가有ᄒᆞᆷ이譬컨ᄃᆡ外國과通商交貿ᄒᆞᆷ에經濟學歷史等을識得ᄒᆞᆯ必要가有ᄒᆞᆷ과如히各々其道의學文이必要를感引ᄒᆞᄂᆞᆫ故로彼個人主義、自然主義ᄂᆞᆫ實노道德과反ᄒᆞᆷ은아니라人의本能을諸多方面으로充滿히發達케만ᄒᆞ면自然히社會的本能도起ᄒᆞ니其社會的本能을貫徹코자ᄒᆞ면知識도必要ᄒᆞ고倫理도必要ᄒᆞ야互相關聯ᄒᆞᄂᆞᆫ故로精神의唯一病根은다만吾人이自己本性을十分發達케아니ᄒᆞᆷ에在ᄒᆞᄂᆞ니願讀者諸君은

報館增設을絕叫ᄒᆞᆷ

文尙宇

新聞云者ᄂᆞᆫ朝野輿論之代表也며社會教育之源泉也며勸善懲惡之機關也며忠言善導之神聖也라故로有害我同胞者면以正義人道로誅之斥之ᄒᆞ며有警我同胞者면以暮鼓晨鍾으로喚之醒之ᄒᆞ며有政策之失軌乎아當面詰廷爭ᄒᆞ야誓死不屈ᄒᆞ며有社會之腐敗乎아必顯諍徵諷ᄒᆞ야遷善乃已ᄒᆞ며海外之政變을隨時電聞ᄒᆞ고地方之民情을無漏日載ᄒᆞ야爲政客之顧問ᄒᆞ며作社會之師表ᄒᆞ며爲良民之福音ᄒᆞ며作汚吏之閻王ᄒᆞ야纆繩이轉輾乎紙上ᄒᆞ며鬼神이出沒乎筆下ᄒᆞ야儼然作一國之干城ᄒᆞ며超然作獨步之風雷ᄒᆞᄂᆞ니偉哉라新聞之本質이며壯哉라新聞之

効力이여

在歐米列强ᄒᆞ얀報舘之神聖不可犯이其君主大權으로難兄而難弟焉ᄒᆞᄂᆞ니前年德紙之罵倒英皇이是也며記者之資格이與內閣大臣으로或甲而或乙焉ᄒᆞᄂᆞ니現今歐米政治家의十之九ᄂᆞᆫ皆記者也로다만은

至若我邦ᄒᆞ얀無如許之効力에奈何며無如許之觀念에又奈何오自甲午更張以後로有志諸氏가嘆風雲之愈幻ᄒᆞ고泣國步之日艱ᄒᆞ야創立幾箇報舘에濡淚於寸筆ᄒᆞ고濺血於尺紙ᄒᆞ야疾聲大叫로計圖我國民之覺醒이ᄂᆞ痛哉라時局之艱難과言權之束縛이竟使志士로箝其口ᄒᆞ고歛其跡ᄒᆞᆯ셔厲階層生ᄒᆞ고禍機接觸ᄒᆞ야褚衣蔽身하고圜扉爲家者比々相望ᄒᆞ니於是乎ㅣ有影無聲之幾箇報舘이聊作江東過鶴之一鳴遂止ᄒᆞ고僅々支存者도其影響效力이不能遠及이로다

唯其未來之有秋ᄅᆞᆯ屬於國運之回隆ᄒᆞ고望於同胞之進步러니終乃雪又霜加ᄒᆞ고苦盡悲來ᄒᆞ야所謂新聞條例가又加一棒若存於若無之殘縷ᄒᆞ니爾來에報舘之下一字•一言이尤失自由에多被掣碍ᄒᆞ야漸使我全國同胞의萬目으로漸盲ᄒᆞ며萬耳로漸聾ᄒᆞ야各失方向에徒增疑懼ᄒᆞ니此所謂(啼亦難笑亦難)六字가我新聞界之先天的定義也로다

不唯止此라覽者無多에紙面이猶小어ᄂᆞᆯ加之以外人의叙勳叙任之官報ᄒᆞ고揷之以亂家의悖子悖孫之廣告ᄒᆞ니至於可憐可慟可哀可悲之地方民情ᄒᆞ야ᄂᆞᆫ實無

揭載之餘白이라

悲哉라我地方民情이여痛哉라我地方民情이여皮肉은割去于貪官之桎梏ᄒᆞ고膏血은吸盡於土豪之威脅ᄒᆞ니盜名은橫出於猛杖之下ᄒᆞ고結果는投身於綠林之間ᄒᆞ며其餘悲憤怨嗟로暗々黑々底裡에埋沒ᄒᆞᆫ者는不遑枚擧라然이ᄂᆞ此是幾十年以來로奸輩之濁亂政界와暴吏之舞弄法文ᄒᆞᆫ바惡結果이라尋常看過者어니와

自經某年某月某日之浩刦以來로地方騷擾가愈往愈甚호ᄃᆡ牧民之官에實無召父杜母之技倆ᄒᆞ고竊祿之輩는太半徙木棄灰之頑固라以是로義兵之過에脅我以付日ᄒᆞ야火之杖之ᄒᆞ며日軍之來에喝我以付義ᄒᆞ야劍之砲之ᄒᆞ니一村이丘墟에鷄犬이無聲이라於是乎ㅣ靑山白水에鬼哭啾々ᄒᆞ고暮烟寒屋에生涯가茫々이라境遇가如此ᄒᆞ니奚暇에言國家觀念、國民精神哉아

志士論時에必稱、敎育이振作ᄒᆞ고實業이發達이라야獨立을可期오自由를可算이라ᄒᆞᄂᆞ不先救濟我地方民情이면漢城南大門之內는可得以獨立、自由也어니와今國之獨立、自由는不可得以望也라於我今日에何事가非急務리오만은民維邦本이라本乱而末治者ㅣ未有也니最要先務者는我地方民情之救濟方策也라ᄒᆞ노라

然이ᄂᆞ欲行其萬全之策이면不可無許多財錢이오又不可無許多人物이로ᄃᆡ本記者之所以按出一策者난似或事半而功倍也ᄒᆞ노니

一道에各設一座報舘ᄒᆞ되不要範圍之廣濶이오不要費用之多大而務要切迫之民情을隨聞精査ᄒᆞ야詳細載之ᄒᆞ야使貪吏로不得侵漁ᄒᆞ며使土豪로不敢威脅ᄒᆞ고作細民之伸寃鼓、嗚寃鼓ᄒᆞ며民間之權利義務와官民間之責任權限과經濟觀念과自治精神과政治制度와法律裁制와生命之神聖과財產之重大와其他一切必要於日常生活者를反覆詳載ᄒᆞ야使一般國民으로知得國民二字之爲何等物件이면幾乎ㅣ騷擾를可以鎭定이오疑懼가漸次氷解ᄒᆞ리니

然後에乃徐々圖之ᄒᆞ야敎育以振作民氣ᄒᆞ며實業以增進民產ᄒᆞ면庶幾乎ㅣ達我唯一之目的也리니此所以本記者之呶々反覆으로絕呌報舘之增設者也로다

積小成大

楊致中

天下萬事가積小成大홈은容喙홀비無ᄒᆞ거니와輕小重大홈은人情의常인故로因微誤巨의歎과有初鮮終의弊가往々히有ᄒᆞ도다大抵連抱의大木이라도始於小芽ᄒᆞ며九層의高臺라도起於累土ᄒᆞ고河海가細流를不擇ᄒᆞ며泰山이土壤을不讓ᄒᆞ거던況作爲生活ᄒᆞᄂᆞᆫ人事에在ᄒᆞ여야擧論홈을豈俟ᄒᆞ리오一匙의飯으로充腹ᄒᆞ기不能ᄒᆞ고一勺의水로止渴ᄒᆞ기甚難ᄒᆞ건마ᄂᆞᆫ一匙二匙로至于一器ᄒᆞ며一勺二勺으로至于數合ᄒᆞ면何患乎飢渴之不救哉아人生斯世ᄒᆞ야幼年時代에小學科를學修ᄒᆞ고次第로中學專門大學科를學習ᄒᆞ면終成學博士ᄒᆞ려니와小學科를不修

호고中學科를超越호야專門大學科를先習코ᄌ호면豈可得乎아且以國家進步로論홀지라도莫不皆然호니彼所謂八大强國（日、米、英、德、俄、法、伊、墺）者도一朝一夕에猝然히强盛훈빅아니오또建國時로브터若是홈이아니라數十年數百年積功을因호야以致今日홈이니唯願我國同胞는一時의羈絆을奮怒호야蹴石의小勇을勿爲호며國勢의不振과領土의不廣을嗟歎치말지어다今此二十世紀六大洲獨立國을擧호면其數가約五十이나土地人民의衆이我國에不及호는者ㅣ三分之二以上이오數世紀前으로觀호면羈絆이我國보다尤甚호던合衆國과伊太利가豈非今日之一等國首班乎아噫라且此二十世紀는腕力時代라國家相爭之時에는異於個人之相爭호야事之曲直은姑捨호고勝者는爲是호고敗者는爲非호며這間小國은一言을不敢發호며一兵을不能動호되鯨鬪蝦死의歎과弱肉强食의弊가常時不絶호야萬國公法이不如大砲一門이라는格言이有호니如此時代에所恃者ㅣ誰也며所望者ㅣ何也오我國이一自曩年以來로不思自力自護之策호고依東托西之論이紛紜不已타가竟致今日之慘境호고尙然不醒호야朝云米人之嗷々호며夕說獨紙之云々호니豈非慟哭處乎아僕은百拜仰告於同胞호노니千人이來助라도不恃호며萬國이顧護라도勿喜호고同病相憐之情으로相愛相救호며自擅從事호야內養實力호며外修和好호야雖分錢粒米라도利則勿捨호고殺身費財라도義則勿辭호며勇往即前호야積小成大호면屹然獨立于世界列强之日이必有홀줄確信

ᄒᆞ노라

青年의志氣

期訥生

本題에對ᄒᆞ야余의所信ᄃᆡ로說明ᄒᆞ기前에凡人生은何許ᄒᆞᆫ地位에立ᄒᆞ얏ᄂᆞᆫ지先히解決치안으면本問題의目的을貫徹ᄒᆞ기不能ᄒᆞᆷ으로暫時人生의定義를說破코자ᄒᆞ노라　蓋人生觀을肉體的으로言ᄒᆞᆷ이아니오精神的으로言코자ᄒᆞᄂᆞᆫᄃᆡ先我幾千年前에此에對ᄒᆞᆫ定論이備盡ᄒᆞᆯ뿐아니라各其道敎의所信으로立論이不同ᄒᆞᆫ바即人生의性은天이賦與ᄒᆞ야其本은善이라ᄒᆞ며且其性本惡이라ᄒᆞ며又無善無惡이라ᄒᆞᄂᆞᆫ等說노各其旗幟를立ᄒᆞ야今日에至ᄒᆞ기ᄭᆞ지其餘派가存在ᄒᆞ야互相勢力를擴張코자ᄒᆞ야播敎傳道에盡力ᄒᆞᆷ은吾人의目擊ᄒᆞᄂᆞᆫ바余ᄂᆞᆫ此에對ᄒᆞ야敢히一辭를賛치못ᄒᆞᆷ은아직研究의未熟ᄒᆞᆫ故나但槪括的으로言ᄒᆞ면其歸竟에ᄂᆞᆫ至善에止ᄒᆞᄂᆞᆫ바大義ᄂᆞᆫ同一타謂ᄒᆞᆷ然ᄒᆞᆫ즉人生의最大ᄒᆞᆫ것은善良에止케ᄒᆞᆷ이니何部門을觀察ᄒᆞ야도明白ᄒᆞ도다但理論뿐아니라若人이善心을喪失ᄒᆞ고惡事만働作ᄒᆞ면吾人의共同生活를保持치못ᄒᆞᆯ지라是로以ᄒᆞ야人生이出生ᄒᆞᆫ原始時代로부터至今ᄭᆞ지人類社會에先히盡力ᄒᆞᆫ者ᄂᆞᆫ即人을善에導ᄒᆞ고惡을避케ᄒᆞᆷ은事實에表現ᄒᆞᆫ바宗敎로傳誦ᄒᆞ야信仰케ᄒᆞ며道德으로奬勸ᄒᆞ야感化케ᄒᆞ며法律노制裁ᄒᆞ야服從케ᄒᆞᆷ은但其人만罪惡에勿陷케ᄒᆞᆷ이아니오即社會의秩序를保全코자

ᄒᆞᆷ이라
今日二十世紀東西洋의過去幾千載歷史를溯考ᄒᆞ면其興亡盛衰가其端이不一ᄒᆞ
나其亡其興의原因은爲善爲惡에不過ᄒᆞ도다帝王將相된一個人의資質에就ᄒᆞ야
도其人이善ᄒᆞ면其地位를保全ᄒᆞ며且一國을興케ᄒᆞᆷ도有ᄒᆞ며其人이惡ᄒᆞ면自身
은勿論滅亡이요其禍가家國에及ᄒᆞ얏스니善惡의結果가엇지可懼치아니리오但
此에對ᄒᆞ야一時的例外가有ᄒᆞᆷ은即惡者가善者를打倒ᄒᆞ고乘勢ᄒᆞᆷ은時機에因ᄒᆞᆷ
이오原理는아니니라
然ᄒᆞ나今에余가善惡二字를本問題劈頭에提出ᄒᆞᆷ은何哉오若人生이至善에止ᄒᆞᆷ
을忘却ᄒᆞ면物欲에牽引ᄒᆞ야精神의虛靈이掩蔽ᄒᆞ고肉體의嗜樂만徒貪ᄒᆞ면邪惡
의滋蔓ᄒᆞᆷ을禁치못ᄒᆞ야人의本領에違反ᄒᆞ는同時에家國에妨害를貽ᄒᆞᄂᆞ니今此
弊端을矯救ᄒᆞᆯ진ᄃᆡ即靑年志氣養成ᄒᆞᆷ에在ᄒᆞ도다志氣에對ᄒᆞ야도多少定論이有
ᄒᆞ나余는特히富貴에勿撓ᄒᆞ며貧賤에不屈ᄒᆞᆷ이是可曰志오正義를扶ᄒᆞ고雖千萬
人이라도吾必往矣라는浩然의氣가天地間에塞ᄒᆞᆯ지라凡我靑年이此를修養치아
니면賤丈夫를免치못ᄒᆞ야苟且生活노宇宙間에一個寄息虫을作ᄒᆞ기에不過ᄒᆞ라
니噫라天生吾人에엇지偶然ᄒᆞ리오以若人格으로屹然卓立ᄒᆞ야千載의前에偉人
名師의功勳을承襲ᄒᆞ며百世의後에利國福民의事業을計圖ᄒᆞ랴면志氣가高尙치
아니코能치못ᄒᆞᆯ지라　然ᄒᆞᆫ즉志氣修養의方法은何에在ᄒᆞ뇨即形欲에使役ᄒᆞ지

말고心性을涵養홀지니淫佚放蕩은德義에만違反홀뿐아니라衛生에도貽害되것만ᄂᆞᆫ凡人은此를節制치못ᄒᆞ야敗身亡國의慘境에到ᄒᆞᄂᆞ니엇지可哀치아니리오今日吾人이出ᄒᆞ야海外에留學홈에各其目的ᄃᆡ로科學에研究홈은其技術的智能을得ᄒᆞ야他日國家社會에應用코자홈이나若志氣의素養이乏ᄒᆞ고但學術의技能만有ᄒᆞ면堅忍不拔ᄒᆞᄂᆞᆫ自立의力이無ᄒᆞ야勢力家의指使로其事의善否ᄂᆞᆫ勿擇ᄒᆞ고牛馬의役을作ᄒᆞ야一時的錐刀의利로口腹의計만營爲ᄒᆞᄂᆞ니如彼人生은實노可悲ᄒᆞ도다諸君의目擊ᄒᆞᄂᆞᆫ바近日我國現狀에對ᄒᆞ야其原因結果를推究홀진ᄃᆡ最히悲痛홀者ᄂᆞᆫ外人의倀鬼를甘作ᄒᆞ야自國의主腦를破滅케홈이니此ᄂᆞᆫ別故가아니라志氣가卑劣ᄒᆞ야形欲에陷入홈으로虛榮心은闖發ᄒᆞ고廉恥心은沒喪홈이오且社會上所謂時勢를稍覺ᄒᆞᆫ者와科學을修業ᄒᆞᆫ者等은一般國人의信望도有ᄒᆞ거마ᄂᆞᆫ其行爲를夷考ᄒᆞ면諂妄閃忽ᄒᆞ야一定ᄒᆞᆫ精神도無홀뿐아니라一時政海의要位를晝夜渴求ᄒᆞ야收隸의性質을養成ᄒᆞ며甚者ᄂᆞᆫ家族生活노爲一大主旨ᄒᆞ야言必稱食後生이라ᄒᆞ고四方에糊口ᄒᆞ기를求ᄒᆞ야必也政權者의鷹犬이되니此等弊狀이全히志氣高尙치못홈에出來ᄒᆞ얏도다然ᄒᆞᆫ즉吾人은留學時代에在ᄒᆞ야此를深戒홀지어다且學問은神聖ᄒᆞᆫ物이라엇지口腹者의易得홀바며人生은口腹을爲ᄒᆞ야世에出홈이아니즉凡我青年은志氣修養의方法을講求ᄒᆞ야平生에努力實踐ᄒᆞ기를厚望ᄒᆞ노라

我韓에對ᄒᆞ야富强의基礎를論홈

編輯人 姜荃

吁ᄒᆞ고噫ᄒᆞ다今日所謂二十世紀의時代를値ᄒᆞ야全世界에曰皇帝曰君主曰統領이라稱ᄒᆞᄂᆞᆫ國家의進步ᄒᆞᆫ程度와發展ᄒᆞᆫ範圍를吾人의雙眼을拭ᄒᆞ고一回周察ᄒᆞ건ᄃᆡ就中에貧國도我韓이요弱國도我韓이라世人의稔知ᄒᆞᄂᆞᆫ바이니贅說홀必要가實無ᄒᆞ거니와然ᄒᆞᆫ즉四千年長久ᄒᆞᆫ歷史가有ᄒᆞ고二千萬衆多ᄒᆞᆫ民族이集ᄒᆞᆫ바東海一隅에處ᄒᆞ야最古의文明國으로矜式ᄒᆞ던惟我韓國民族이장ᄎᆞᆺ貧弱ᄒᆞᆫ悲境에陷入ᄒᆞ야澌滅ᄒᆞᄂᆞᆫ慘禍를自家分內의當然底事로認得ᄒᆞ고束手待盡할가장ᄎᆞᆺ現在와未來의許多ᄒᆞᆫ危險을排除ᄒᆞ고重疊ᄒᆞᆫ魔力을解脫ᄒᆞ야前途의光明ᄒᆞᆫ獨立自由의權利義務로一身의榮譽를增ᄒᆞ고全國의保障을任ᄒᆞ야偉勳芳名을靑史에輝耀ᄒᆞ기是圖할가余의所見으로斷言ᄒᆞ건ᄃᆡ我韓民族이畢竟貧弱의窮境을透出ᄒᆞ고富强의坦道에馳進ᄒᆞ기를豫料ᄒᆞ노니何處를從ᄒᆞ야證據를把捉ᄒᆞ리오惟是歷史的觀念과地理的形勢가能히吾國吾人으로ᄒᆞ여금大希望과大擔負의天然的理想을發揮케ᄒᆞ엿도다

歷史的觀念은元來人物과事業으로標準을定ᄒᆞᄂᆞᆫ지라乙支文德의三十萬唐兵을安市城에擊退홈과尹侍中의靺鞨女眞을征伐ᄒᆞ야北으로海蔘威烟秋等地方ᄭᆞ지

版圖를廣啓ᄒᆞᆷ과李忠武의八年水戰ᄒᆞ야閑山島에大捷을奏ᄒᆞᆫ바事蹟은史乘이昭然ᄒᆞ고口碑가己成ᄒᆞ엿스며地理的形勢는國土의位置와水陸의分布와交通의險夷ᄒᆞᆫ狀態를因緣ᄒᆞᆷ이라我韓은亞細亞東端에突出ᄒᆞᆫ半島國이니南으로大海를三面ᄒᆞᆫ港灣이屈曲ᄒᆞ야海岸線이多ᄒᆞ고無盡藏ᄒᆞᆫ漁塩의利가有ᄒᆞ며西北으로遼野、滿洲、沿海洲를接ᄒᆞ야大陸에進取ᄒᆞᆯ門戶는殆히天授의便이有ᄒᆞ엿스니此로써試觀ᄒᆞᆯ진ᄃᆡ人物은代不乏ᄒᆞᆯ거시요地位는固自得ᄒᆞᆫ지라富强의基礎가엇지玆에在치안으리요

且內地風土에對ᄒᆞ야調查ᄒᆞ기를辛勤不已ᄒᆞᆷ은其各地의風俗、習性、學藝의特長이足히此時代競爭場裡에角逐ᄒᆞᆯ厚望이有ᄒᆞᆫ者를發見코ᄌᆞᄒᆞᆷ이니今에其各地方에就ᄒᆞ야傳來ᄒᆞ는話柄을掇拾ᄒᆞ야吾人의慷慨憂憤ᄒᆞᆫ思想을慰藉코ᄌᆞᄒᆞ노라曰京畿道의文物이니帝都가此에奠ᄒᆞ미全國의政令이中央政府에依ᄒᆞ야活動ᄒᆞ는故로勢力의中心될ᄲᅮᆫ不啻라八路의英才가輻湊ᄒᆞ야技藝學術을鼓吹ᄒᆞ니聖世의昇平을謳歌ᄒᆞ엿고 曰咸鏡道의忠勇이니龍興舊都로豊沛의標題를得ᄒᆞᆫ地方이라人性이强勁淳樸ᄒᆞ야 王室의藩屛을作ᄒᆞᆷ으로殫竭ᄒᆞ는血誠이與他逈異ᄒᆞ엿고 曰平安道의强直이니數千年의古都이라人文이早闢ᄒᆞ고兼ᄒᆞ야兵燹을屢經ᄒᆞᆷ으로人心의堅確ᄒᆞᆷ이能히其强勇ᄒᆞᆫ氣概를助長ᄒᆞ며名山大川의形勝을占ᄒᆞᆷ으로人傑은地靈이라將材가多出ᄒᆞ엿고 曰黃海道의豊裕이니黃海流域을枕ᄒᆞ야

地味沃軟흠으로耕作에適宜ᄒᆞ야農産物이裕足ᄒᆞ엿고　曰江原道의射獵이니深峽을蟠據ᄒᆞ야土瘠民貧ᄒᆞᆫ故로畋獵에從事ᄒᆞ니膂力이驍勇ᄒᆞ야射法이巧妙ᄒᆞ엿고　曰全羅道의工藝이니製造에精巧ᄒᆞ야物品이優美흠으로國內에好評을博ᄒᆞ엿고　曰慶尙道의士氣이니儒者의淵叢이라道學을專尙ᄒᆞ야賢儒가輩出흠으로鄒魯의鄕이라稱ᄒᆞ엿고　曰忠淸道의文雅이니半京半鄕의移住人이常多ᄒᆞᆫ故로風俗、習性이大略京畿와相同ᄒᆞ엿도다

以上에所陳과如히我韓의內部的組織된各地方의特點을擧ᄒᆞ야論ᄒᆞᆯ진ᄃᆡ我韓은幾千年文明的經驗으로許多ᄒᆞᆫ善美的結果를獲得ᄒᆞ엿스니足히富强의基礎를成立ᄒᆞ야世界列强으로幷駕齊駈ᄒᆞ깃스되惟其改良發達의方法手段을試用치못ᄒᆞᆫ故로內部의弊害가滋蔓ᄒᆞ고外部의壓迫이驟臨ᄒᆞ야맛침ᄂᆡ可痛可耻ᄒᆞ고可歎可哭ᄒᆞᆯ境遇에至ᄒᆞ엿도다今에往事를追悔ᄒᆞ고來頭를改善ᄒᆞᆯ진ᄃᆡ亦是容易타ᄒᆞᆯ지라將何法으로써頂門에一鍼을下ᄒᆞᆯ가吾獨曰固有ᄒᆞᆫ美質노根據를着ᄒᆞ고現代의新學으로潤色을添ᄒᆞ야自國의一副規模를作成ᄒᆞᄂᆞᆫ거시第一要道로認ᄒᆞ노니京畿에ᄂᆞᆫ文物을益奬ᄒᆞ고咸鏡에ᄂᆞᆫ忠勇을益勸ᄒᆞ고平安에ᄂᆞᆫ强直을益勵ᄒᆞ고黃海에ᄂᆞᆫ豊裕를益務ᄒᆞ고江原에ᄂᆞᆫ射獵을益習ᄒᆞ고全羅에ᄂᆞᆫ工藝를益修ᄒᆞ고慶尙에ᄂᆞᆫ士氣를益振ᄒᆞ고忠淸에ᄂᆞᆫ文雅를益勸ᄒᆞ되但時의古今이不同ᄒᆞ고學의東西가各殊ᄒᆞ니今日과如히宇內萬國의風氣互交ᄒᆞ고舟車相通흠으로穰々煕々히來々

去々에如潮斯進ᄒᆞ야閉關不得ᄒᆞᄂᆞᆫ時代이라엇지我의舊法舊學만株守ᄒᆞ고能히筆鋒舌端으로써他의堅甲利兵을一揮打破ᄒᆞᆯ計策이有ᄒᆞ리요然ᄒᆞᆫ즉不得不我의理想的長處로써骨子를立ᄒᆞ고現代的新學으로皮觀을裝ᄒᆞ야衆美가具備ᄒᆞ고全体가圓滿ᄒᆞᆫ즉此로實業에施ᄒᆞ면可히富國도致ᄒᆞᆯ거시요此로武備에措ᄒᆞ면可히强國도成ᄒᆞᆯ거시니余ᄂᆞᆫ想像컨ᄃᆡ我韓의歷史的觀念과地理的形勢가旣如彼ᄒᆞ고內部的組織의特點이又如此ᄒᆞ니但其固有ᄒᆞᆫ善美의元素를資ᄒᆞ야銳敏ᄒᆞᆫ損益의方策을加ᄒᆞ면我韓富强의基礎가玆에不外ᄒᆞ다云ᄒᆞ노니嗟ᄒᆞ다惟我韓八路의有志同胞ᄂᆞᆫ我韓將來의方針을硏究ᄒᆞ야留心ᄒᆞ기를切望ᄒᆞ노라

經濟學의 必要

李承瑾

近來世界의大勢上經濟學의必要홈은多言을不待ᄒᆞ나近時世界大勢如何를觀察할진딘各國이皆相競爭ᄒᆞ야其經濟上의利益을收홈에汲汲ᄒᆞᆫ지라各國의競爭은勿論外交上軍事上도學術技藝上에在ᄒᆞ나是等의根本中心된競爭의最激烈됨은經濟上利益을如何히收ᄒᆞ랴ᄂᆞᆫ競爭에在ᄒᆞᆫ지라外交軍事學術技藝에關ᄒᆞᆫ競爭은其自身의奏功을目的함에不過ᄒᆞ니此에對ᄒᆞ야經濟上利害로써計하지아니ᄒᆞᄂᆞᆫ者ᄂᆞᆫ今日各國이不重히여기ᄂᆞᆫ形勢되난지라然則所謂經濟上의利害난實業家金錢的利害와其趣異하니一國이現實의利益으로看做하야收하랴함은短日月間에容易히預見키難하나國家百年의大計上으로打算하면畢竟利益이되난지라彼金錢의利益을爭하난者ᄂᆞᆫ戰爭을厭惡하고平和를企圖하나彼等의所謂經濟上利益은些少한目前利益에不過하고姑息平和에亦在한지라國家의永遠發達의利益을計할진딘現實非常한不利益을生하난戰爭도敢行하지아니치못할지라其結果로

金融이逼迫하야多少의困難에陷함을不免하난바이나此를由ᄒᆞ야國民經濟의發展力을增大케함은歷史上吾人의視하는바이라或은今日之戰爭은經濟의利益을得치못하면不可하거늘한갓土地를得코져하야他國의不毛地를一時에占領함은非常한不利益이된다ᄒᆞ나經濟上利益을單히金錢上利益으로만唱論ᄒᆞ면此는中世重金主義商業政略主義에不外ᄒᆞ고또或曰利益이少ᄒᆞᆫ土地를得함보다차라히多大ᄒᆞᆫ償金을得ᄒᆞᆷ이可ᄒᆞ다ᄒᆞ나此亦不可遽信할說이되는지라蓋國家經濟上으로觀察할진ᄃᆡ今日에不利益이되는者ㅣ永遠히不利益이되지아니ᄒᆞ는지라然則目前의利를捨하고永遠의利를望함이得策됨은何人이던지可知할바이라況是廣大ᄒᆞᆫ領土는經濟上의基礎를確實ᄒᆞ게ᄒᆞ고貿易其他萬般의事業을發達케ᄒᆞ야써一國經濟의獨立을完全히ᄒᆞ는것이니現今各國의所採ᄒᆞ는主義는實로他國에依賴치아니ᄒᆞ고各其自國家經濟의獨立을計ᄒᆞᆷ에在ᄒᆞᆫ지라十九世紀末葉으로부터大帝國主義發動되여現今之世界를風靡ᄒᆞ는觀이有ᄒᆞ니自國權勢의扶殖은惟一ᄒᆞᆫ政略이된지라獨逸은南米亞爾然丁、支那、亞細亞土耳其及바지루간半島에英國은南亞弗利加、나이루流域及楊子江沿岸其他印度、波斯에通商을開ᄒᆞ고露國은滿洲、蒙古、青海의境上으로波斯及土耳其에佛國은亞弗利加亞細亞의南方에勢力을扶殖하고由來們羅(몬로)主義로米國갓튼나라도最近에는排他主義를標榜ᄒᆞ야俄然히其態度를一變ᄒᆞ야布哇를呑ᄒᆞ고非律賓群島를併ᄒᆞ야所謂資本主

義에依ᄒᆞ야經濟上伯者ㅣ되랴ᄒᆞ고現今日本之現象으로觀ᄒᆞ면清露戰後以後로世界列強이強國의一ㄴ認定ᄒᆞᆫ지라然則軍事、外交、經濟의三者中軍事ᄂᆞᆫ彼所謂特長이라云ᄒᆞ나外交ᄂᆞᆫ아즉長所를不得ᄒᆞ고最後經濟에至ᄒᆞ야ᄂᆞᆫ甚히幼穉한지라故로現方海外에雄飛하야經濟發展과民族膨脹의策을圖코저하ᄂᆞ니라

以上과如히現今世界各國이經濟上利益을爲ᄒᆞ야時時로干戈를交ᄒᆞ고外交上의紛議를釀ᄒᆞᄂᆞᆫ지라當此時代ᄒᆞ야經濟上最後勝利를期코져ᄒᆞᆯ진ᄃᆡ最正確한經濟政策에依ᄒᆞᆯ지니其政策은學理와永遠히不可離ᄒᆞᆯ者ㅣ라故로斯學의必要ᄒᆞᆷ을可知ᄒᆞᆯ지로다

音樂의効能

劉　銓

余ᄂᆞᆫ元來音樂家도아니오音樂에對ᄒᆞ야如何ᄒᆞᆫ研究도無ᄒᆞ나天性이音樂을聽ᄒᆞ면活動力과快樂心이感發ᄒᆞᄂᆞᆫ故로時々로音樂會과音樂雜誌等觀覽ᄒᆞ고多少所感ᄒᆞᆫ事를記載ᄒᆞ야我國同胞의一覽을供코ᄌᆞᄒᆞ노라古來로我國이文治를崇尙ᄒᆞ며孔孟을慕仰ᄒᆞ야口說禮樂호ᄃᆡ言實不符ᄒᆞ야全國에樂器樂書가絕乏ᄒᆞ미音樂이라ᄒᆞ면랄々이、징、깅갈이等으로認ᄒᆞ며唱歌라ᄒᆞ면詩調알을랑타령、寧邊歌類로知ᄒᆞ고下等社會의所爲오上流人士의學習ᄒᆞᆯ비아니라ᄒᆞ야排斥不已ᄒᆞ니읏지慨嘆ᄒᆞᆯ비아니리오現世에流行ᄒᆞᄂᆞᆫ音樂曲調ᄂᆞᆫ三者가有ᄒᆞ니一은마이죠어氏曲

調오二ᄂᆞᆫ민이오어氏曲調라兩氏曲調의高低ᄂᆞᆫ如左ᄒᆞ니

(1) $1 - \frac{9}{8} - \frac{5}{4} - \frac{4}{3} - \frac{3}{2} - \frac{5}{3} - \frac{15}{8} - 2$ (Nagor Scole)

(2) $1 - \frac{9}{8} - \frac{6}{5} - \frac{4}{3} - \frac{3}{2} - \frac{8}{5} - \frac{9}{5} - 2$ (Minor Scale)

以上兩曲調中에一은文明列强에셔普通使用ᄒᆞᄂᆞ니此曲調ᄂᆞᆫ人의勇氣와活動力을養成ᄒᆞ고二ᄂᆞᆫ自古로亡國에셔마니使用ᄒᆞ던曲調인ᄃᆡ人의悵感과悲哀心을發生케ᄒᆞᄂᆞᆫ故로今日音樂界에使用ᄒᆞᆷ을不許ᄒᆞᄂᆞ니라

各學校에셔音樂을敎授ᄒᆞᆷ은各學科를連絡ᄒᆞ야敎授學上及心理學上에直接間接으로大關係가有ᄒᆞᆷ이라、今日耶蘇敎를傳導ᄒᆞᆯ時에音樂과讚美歌가無ᄒᆞ면되지못ᄒᆞᆯ깃라ᄒᆞ며昔에普佛戰爭에普國士女가音樂을盛設ᄒᆞ고凱旋兵士를歡迎ᄒᆞ미月間戰地에셔疲勞ᄒᆞ야一步도行役지못ᄒᆞ던者가一時에踴躍前進ᄒᆞ야疲勞를俱忘ᄒᆞ고愛國心만餘ᄒᆞ얏다ᄒᆞ니其時에音樂이無ᄒᆞ고다만萬歲々々만呼ᄒᆞ얏더數면決코如斯ᄒᆞᆫ勇氣가生치못ᄒᆞ엿슬지며

米國은獨立思想과愛國心이다音樂의能力이라ᄒᆞ야國民敎育에音樂을第一必要ᄒᆞᆫ科目으로ᄒᆞ미一般士女가音樂을聽ᄒᆞ면忠愛心이輒發ᄒᆞᆫ다ᄒᆞ며國內의樂器商人은一個月間에賣下額이二十萬圓에達ᄒᆞ고音樂家ᄂᆞᆫ一個月間에三四萬圓의收

人을得ᄒᆞ미今日米國의財政은音樂界에叢集ᄒᆞᆫ다ᄒᆞ며各國이또ᄒᆞᆫ米國이音樂으로人民의愛國的感心과精神的趣味를增加ᄒᆞᆫ다ᄒᆞ야此를倣行ᄒᆞᄂᆞᆫ者多ᄒᆞ니我國도音樂을詩調란々이로誤解ᄒᆞ야下等社會의所爲라고排斥치말고文明列邦의流行ᄒᆞᄂᆞᆫ樂器樂書를輸入ᄒᆞ며古代聖賢의使用ᄒᆞ던樂器樂典을叅酌敎授ᄒᆞ야同胞의愛國心과活動力을感發ᄒᆞ야北米合衆國과如히國勢를挽回ᄒᆞ며思想을高尙히ᄒᆞᆷ을希望ᄒᆞ노라

小學手工

東京青山師範學校敎授中垣兵次郎著述 具滋鶴繙譯

工이라ᄒᆞ면곳工業과同一ᄒᆞᆫ意味로解釋ᄒᆞ시ᄂᆞᆫ人이多ᄒᆞ나其實은如此히偏狹ᄒᆞᆫ意味가아니오其範圍가甚히廣濶ᄒᆞᆫ者이니若手工科의目的이專혀工業에關ᄒᆞᆫ智識技能을敎授ᄒᆞᆷ에止ᄒᆞ면將來工業家가되고ᄌᆞᄒᆞᄂᆞᆫ者에게ᄂᆞᆫ適當ᄒᆞᆯ연나와ᄀᆞᆺ지一般學生의必要가된다ᄒᆞ리오大抵國民의普通敎育은어ᄃᆡᄭᆞ지라도一般的으로將來에工業家가되던지商業家가되던지文學家가되던지軍人이되던지無處不當ᄒᆞᆫ거슬敎授ᄒᆞᆷ이니讀書、算術、習字、体操等類가即是라手工도또ᄒᆞᆫ以上과同一ᄒᆞᆫ性質이有ᄒᆞ니小學校에셔讀書를敎授ᄒᆞᆷ은文學家를算術을敎授ᄒᆞᆷ은數學家를數多ᄒᆞᆫ學科가다各其專門家를養成코자ᄒᆞᄂᆞᆫ目的이안인즉手工도亦是工業家를養成코ᄌᆞᄒᆞ려ᄂᆞᆫ目的이아닌줄을確知ᄒᆞ리로다左에手工科敎授의本領을說

明ᄒᆞ야 僉君子의閱覽을供코ᄌᆞᄒᆞ노라大凡小兒ᄂᆞᆫ男女ᄅᆞᆯ勿論ᄒᆞ고睡眠ᄒᆞᄂᆞᆫ時間外에ᄂᆞᆫ必然코活動喧話ᄒᆞᄂᆞᆫ性質이有ᄒᆞᄂᆞ니此ᄂᆞᆫ彼等에新鮮活潑ᄒᆞᆫ血液이雖一刻間이라도靜止ᄒᆞ기難ᄒᆞᆫ所以라故로活動力이强盛ᄒᆞᆫ兒童은其身軆의健全을發表ᄒᆞᆷ이오沈靜寡言ᄒᆞᆫ兒童은客觀的으로ᄂᆞᆫ知覺이稍有ᄒᆞᆫ듯ᄒᆞ나其實은心身에어ᄃᆡ든지病氣가有ᄒᆞ미無疑ᄒᆞ니心身에病氣가有ᄒᆞᆷ은卽死日이未久ᄒᆞ미오死ᄂᆞᆫ卽活動을永止ᄒᆞᆷ을云ᄒᆞᆷ인즉父兄과敎師ᄂᆞᆫ其活動을奬勵ᄒᆞᆷ이可ᄒᆞᆯ줄노余ᄂᆞᆫ深信ᄒᆞ노라世間에셔普通은兒童의活動喧話ᄂᆞᆫ作亂이라沒知覺이라ᄒᆞ야抑制不已ᄒᆞ나余ᄂᆞᆫ以爲ᄒᆞ되兒童의作亂은卽無秩序ᄒᆞᆫ作業이니此卽手工의萠芽라小學校에셔手工을敎授ᄒᆞᆷ은無秩序ᄒᆞᆫ作業을誘導開發ᄒᆞ야組織的技術을修練케ᄒᆞ고ᄌᆞᄒᆞᆷ이니技術의修練으로因ᄒᆞ야思想을遺憾업시發表ᄒᆞᄂᆞᆫ點에充分ᄒᆞᆫ價値가有ᄒᆞ니換言ᄒᆞ면手工은思想을手로브터發展ᄒᆞᄂᆞᆫ綴方이로다

以上所言과如히兒童의固有ᄒᆞᆫ活動性을利用ᄒᆞ야正當圓滿히發展助長ᄒᆞ야將來活動의秩序와熟達을敎授ᄒᆞᆷ이卽手工科의本領이오兒童의自然ᄒᆞᆫ活動力을指導ᄒᆞ야精神과筋肉을契合的으로圓滿ᄒᆞᆫ發展을遂케ᄒᆞᆷ이卽手工科의本領이니

僉君子ᄂᆞᆫ手工科의本領을明瞭히了解ᄒᆞ시ᄂᆞᆫ同時에實際學校에셔每日敎授ᄒᆞᆫ手工科의作業이何事인지充分히亮燭ᄒᆞ시미子女敎養上에必要ᄒᆞᆯ줄思ᄒᆞ노라

葡萄栽培說

金志侃

近時의科學進步로因ᄒᆞ야葡萄酒가醫藥用에效驗이有ᄒᆞ며飮料用에滋養分이多ᄒᆞᆷ을認知ᄒᆞᆷ으로東西各國에葡萄酒의需用이日로增ᄒᆞ고月로加ᄒᆞ야葡萄酒의輸出入이貿易上에不少ᄒᆞᆫ價値가有ᄒᆞ야其釀造의原料되ᄂᆞᆫ葡萄의栽培가目下의必要ᄒᆞᆫ問題인故로栽培ᄒᆞᄂᆞᆫ方法을玆에紹介ᄒᆞᆯ지라

葡萄樹ᄂᆞᆫ地味의如何로由ᄒᆞ야果實收獲의多寡의別이有ᄒᆞᆯ뿐만안니라位置와土質이釀酒原料의密接ᄒᆞᆫ關係가有ᄒᆞᆫ즉葡萄栽培地의撰擇은特別히注意ᄒᆞᆯ지라

位置

日光의反射ᄂᆞᆫ果實의甘味를生케ᄒᆞᄂᆞᆫ基礎라葡萄ᄂᆞᆫ此甘味가有ᄒᆞᆷ으로酸酒의原料가되ᄂᆞᆫ故로位置의撰定은第一日光을善受ᄒᆞᆯ所를擇ᄒᆞᆯ지라東南으로面ᄒᆞᆫ小丘의向陽ᄒᆞᆫ處이나大河湖池의堤防에無風ᄒᆞᆫ處가最好ᄒᆞ도다西洋의（란인葡萄酒가）世界에有名ᄒᆞᆫ것은其原料가（라인）河畔의葡萄園에栽培ᄒᆞᆫ것으로釀造ᄒᆞᆷ인듸라인葡萄ᄂᆞᆫ恒常劇烈ᄒᆞᆫ日光을（라인）河水로부터葡萄園에反射ᄒᆞ야自然히果實에甘味가多生케ᄒᆞᆫ故라平地와濕地에栽培ᄒᆞᆫ葡萄ᄂᆞᆫ釀造料에適當치못ᄒᆞᆷ이라

土質

土壤은赤色粘土質에砂土나花崗石粉이混在ᄒᆞᆫ것을最上適地라ᄒᆞ니此土質에서

生長ᄒᆞᆫ葡萄로釀酒ᄒᆞᆫ것은(복엇도라)ᄒᆞ는香味가含有ᄒᆞᆫ故라地下二三尺에小石이나砂粒이混在ᄒᆞᆫ地에는根이土壤中에深入치못ᄒᆞ고發育養分을枝幹에吸取ᄒᆞ며地中으로水氣를枝幹에만吸上홈으로樹勢가强壯ᄒᆞ고果實이豐熟ᄒᆞ나니라此外에花崗石과輕粘土와燒石을含有ᄒᆞᆫ土에도可ᄒᆞ고又는東으로面ᄒᆞᆫ處와南으로面ᄒᆞᆫ丘坂에粘土의一部分을含有ᄒᆞᆫ土壤이면大抵葡萄栽培에適宜ᄒᆞ도다

氣候

寒暖風雨는樹木發育과果實收獲上에多大ᄒᆞᆫ關係가有홈으로氣候는四時變化가一定ᄒᆞ야朝夕에는寒冷ᄒᆞ고日中에는暖暑ᄒᆞᆫ地方에發育이完全ᄒᆞ고果實이豐熟ᄒᆞ야釀酒料에良好ᄒᆞ도다夏間에風吹가善通ᄒᆞ는地方에는虫害가少ᄒᆞ고果實成熟의期가一定ᄒᆞ야早熟ᄒᆞ며秋節에風雨가少ᄒᆞᆫ地方에는豐作을占ᄒᆞ는지라만일秋間收獲期에雨가多ᄒᆞᆫ地方에는果實破損腐敗가多ᄒᆞᆫ故로釀酒用에供給ᄒᆞ기不可ᄒᆞ며또는海岸近邊에潮風이多ᄒᆞᆫ地方에는枝葉이枯落ᄒᆞ야栽培上에不宜ᄒᆞ도다

撰地栽培法

一、光線溫度의急變이無ᄒᆞᆫ地

一、三月以後에霜雪이無ᄒᆞᆫ地

一、貨物과肥料의運搬이便利ᄒᆞᆫ地

一、近邊에木材가多産ᄒᆞᄂᆞᆫ地(葡萄園保護用)
一、流水나湧水가不絕ᄒᆞᄂᆞᆫ地(釀酒時에水를用ᄒᆞᆷ)

蕃殖法

葡萄ᄂᆞᆫ他樹보다잘蕃殖ᄒᆞᄂᆞᆫ것이나就中에第一安全ᄒᆞᆫ法은杆揷과壓條와接木의三種이라

育樹園

育樹園은葡萄의苗木을育成ᄒᆞᄂᆞᆫ處인ᄃᆡ南向ᄒᆞᆫ坂地에土質이肥沃ᄒᆞ고北風이少ᄒᆞᆫ處所를擇ᄒᆞ야深耕ᄒᆞ고恒常肥料를施ᄒᆞ며冬間에ᄂᆞᆫ園의周圍에藁草等으로防寒材를設ᄒᆞ고園의近邊에ᄂᆞᆫ川溝를通ᄒᆞ야給水를便ᄒᆞ게ᄒᆞ되川水가園內에侵入치아니ᄒᆞ게注意ᄒᆞᆯ지라園內에植ᄒᆞᆫ幼樹ᄂᆞᆫ斜面으로地中에揷入ᄒᆞ고周圍에柔軟ᄒᆞᆫ土粉으로埋置ᄒᆞ며或幼樹中에疾病이나害虫이發生ᄒᆞ면곳拔去ᄒᆞ야燒埋ᄒᆞᆯ지라

(未完)

韓國蠶業에對ᄒᆞᆫ意見(續)

盧庭鶴

(다)蠶種의改良에官營或民營專賣權을許與ᄒᆞᆯ理由와効能

蠶種은養蠶上第一先着手ᄒᆞᄂᆞᆫ者라만일良種을得치못ᄒᆞ면好結果을得치못ᄒᆞᆷ은不得已ᄒᆞᆫ事라然ᄒᆞᆫ바蠶種을養蠶家自家에서製造ᄒᆞᆷ은甚히不完全ᄒᆞᆷ을免치못ᄒᆞᆯ

지라萬一蠶病의原因되ᄂᆞᆫ微粒子와如ᄒᆞᆫ細菌이蠶卵內에有ᄒᆞ거나ᄒᆞ면失敗ᄒᆞᆷ이必ᄒᆞᆯ지라此을爲ᄒᆞ야蠶學上에相當히智識이有ᄒᆞᆫ者로製造ᄒᆞ야病原의存不存과体質의健否을精査ᄒᆞ여養蠶家로需用케ᄒᆞ면多大効能이有ᄒᆞᆷ을得ᄒᆞᆯ지라日本에도現今蠶種製造ᄒᆞᄂᆞᆫ者ᄂᆞᆫ相當ᄒᆞᆫ資格과製造器具全備ᄒᆞᆷ을政府縣聽에셔此을認定ᄒᆞ여蠶種을製造後該縣、郡、廳、蠶病豫防官吏의檢査을濟ᄒᆞᆫ後販賣가되ᄂᆞ니此와如히一方針을定ᄒᆞ여相當ᄒᆞᆫ範圍內에蠶種의强制的改良을施ᄒᆞ되余의略見으로言ᄒᆞ면此을二三四年間官營으로養蠶家의게供給ᄒᆞ다가養蠶家中相當ᄒᆞᆫ蠶學識이有ᄒᆞᆫ者로製造專買權을許與ᄒᆞ되相當ᄒᆞᆫ者ㅣ多ᄒᆞ거던多ᄒᆞᆫᄃᆡ로專買權을許與ᄒᆞᄂᆞᆫ同時에政府ᄂᆞᆫ此을檢定ᄒᆞ야蠶種의僞否를判明後販賣케ᄒᆞᆷ을要ᄒᆞᆷ政府ᄂᆞᆫ更히此蠶種類强弱의度을隨ᄒᆞ야蠶種製造家로ᄒᆞ야금自由로種類의撰擇을不得ᄒᆞ게ᄒᆞᄂᆞᆫ同時에販賣路도一定ᄒᆞᆫ區域을定ᄒᆞ야此을他區域에濫越販賣을禁ᄒᆞᆷ을要ᄒᆞᆷ以上과如히蠶種을製造ᄒᆞ야販賣케ᄒᆞ면其効能이莫大ᄒᆞᆫ好結果을得ᄒᆞ리니

一、蠶種需用者ㅣ自區域에適當ᄒᆞᆫ蠶種을得ᄒᆞ야飼育上便利ᄒᆞᆷ을得ᄒᆞᆯ事오

二、多年同一ᄒᆞᆫ種類을飼育ᄒᆞᆷ으로써自飼育法에熟練通達ᄒᆞᆷ을得ᄒᆞᆯ事오

三、以上과如ᄒᆞᆫ好境遇을得ᄒᆞ면自然히蠶의繭量이多ᄒᆞ고品質이善良ᄒᆞᆷ을得ᄒᆞᆯ事라

以上과如히蠶種과養蠶이分業의性質이有ᄒᆞ니或養蠶家自家에서蠶種을製造ᄒᆞ야自由飼育ᄒᆞᄂᆞᆫ小便利을擲棄ᄒᆞ고自己小便利外全國蠶業界發展의大利益을進取ᄒᆞᆷ을望ᄒᆞᆷ

(라)蠶室蠶具의設計와及材料　　養蠶이라ᄒᆞᄂᆞᆫ業務ᄂᆞᆫ本業下副業에屬ᄒᆞᆫ者라此을大規模로設計ᄒᆞᆫ大養蠶의小數됨버덤余ᄂᆞᆫ小規模養蠶家의多大數됨을歡迎ᄒᆞ노라是故로蠶室蠶具로言ᄒᆞ더라도傳來ᄒᆞ던바家屋、蠶具로言ᄒᆞ더라도從來의使用ᄒᆞᄂᆞᆫ器具을利用ᄒᆞ여此을代用ᄒᆞᆷ이可ᄒᆞᆷ妄然히宏大ᄒᆞᆫ蠶室과精美ᄒᆞᆫ蠶具을製造ᄒᆞ여蠶을飼育ᄒᆞ다가生産의支出收入이相當치못ᄒᆞ면此ᄂᆞᆫ眞所謂逸居者의娛樂飼育法이라蠶을飼育ᄒᆞᄂᆞᆫ結極目的을全然히繭의生産額이多出ᄒᆞᆷ에在ᄒᆞ니吾養蠶家ᄂᆞᆫ此을先察ᄒᆞᆷ을要ᄒᆞ오然ᄒᆞ나此家屋이蠶의衛生上의適當치못ᄒᆞ면到底히好結果을得치못ᄒᆞᆯ지니相當ᄒᆞᆫ修繕과相當注意ᄒᆞᆷ을要ᄒᆞᄂᆞ니蠶具도亦然ᄒᆞᆷ其修繕과注意處을左에示ᄒᆞ면

一、蠶室의方向　　古來吾人住家가南向을嗜好ᄒᆞ고北向西向을甚忌ᄒᆞᆷ은其北風의寒冷과西方에太陽熱을避ᄒᆞᆷ이라是以로蠶室도南向이大好ᄒᆞ고其次에東東南에面ᄒᆞᆫ者도可合ᄒᆞ나南向에ᄂᆞᆫ及치못ᄒᆞ오

二、蠶室의周圍　　動物의生育에旭陽은甚히効能이有ᄒᆞ니東方과南方은力及ᄒᆞᄂᆞᆫ듸로廣濶ᄒᆞᆷ을要ᄒᆞ고北方은春蠶期寒冷의患이有ᄒᆞ니丘陵或建築物이

數間을隔ᄒᆞ여在케ᄒᆞ면此寒冷의患과北風의疾來을可防이오西方은二三間隔ᄒᆞ야樹木을植置ᄒᆞ여太陽의復射熱을避홈을要홈

三、溫度高低自由ᄒᆞᆫ裝置와排濕의裝置를要홈　溫度가低ᄒᆞᆯ時ᄂᆞᆫ此를高케ᄒᆞ고高에過ᄒᆞᆯ時ᄂᆞᆫ此을低케ᄒᆞᄂᆞᆫ者니普通蠶室中央에固定火爐을作ᄒᆞ야此에炭火을燃ᄒᆞ야溫度를高低케ᄒᆞ고天井(천장)의氣拔窓、欄窓等을開閉ᄒᆞ야溫度의高低을自由로ᄒᆞᄂᆞᆫ同時에또한此을開閉ᄒᆞ야排濕用에도兼得ᄒᆞ오

以上은蠶室의略記어니와左에蠶具에及홈

一、蠶具의名稱과用處及材料

A 蠶箔、蠶室의大小을隨ᄒᆞ여不同ᄒᆞᄂᆞᆫ普通幅二尺半長三尺半인ᄃᆡ竹或木板으로써製造한者니此에蓆을敷ᄒᆞ야其上에蠶을飼育홈

B 蠶網、蠶糞을除去ᄒᆞᄂᆞᆫᄃᆡ用ᄒᆞᄂᆞᆫ者니材料을藁繩或綿絲로ᄡᅧ製造한者

C 簇子、蠶의結繭할處所을稱홈이니行、藁、蘆等으로製造한者

以上何을不問ᄒᆞ고材料의輕乾ᄒᆞᆫ者을取ᄒᆞ여使用上便利케製作홈을要홈

(마)飼育上注意　以上과如ᄒᆞᆫ蠶室蠶具을有ᄒᆞᆫ後此에相當한注意을要홈此을左에示ᄒᆞ면

一、蠶室蠶具을殺菌劑호루마링이ᄂᆞ蟻酸아루데히이도等으로瓦斯消毒或蒸汽消毒、塗抹消毒을行한후昨臘月에水洗을行ᄒᆞ야貯藏ᄒᆞ얏던蠶種을初로

催靑에(催靑은蠶卵을化生케ᄒᆞᄂᆞᆫ語)着手ᄒᆞ야畧三週後此을掃立(掃立은蟻蠶을掃下하ᄂᆞᆫ語) ᄒᆞ야飼育에着手하ᄂᆞ니此時에ᄂᆞᆫ蠶의体質虛弱ᄒᆞ니愼重히此을保護하되溫度七十二三度濕度三四度의差로써急變읍시調節하고桑葉은柔軟한者을取ᄒᆞ야此을細切ᄒᆞ여給ᄒᆞᆷ을要ᄒᆞᆷ

二、壯蠶期에至ᄒᆞ면蠶은一萬倍의体量을增하고食量千倍에及ᄒᆞ미自然히蠶箔坪方尺數도八九十坪方에至ᄒᆞᄂᆞᆫ지라故로蠶座가堆積ᄒᆞ야濕氣가過多한或雨天에臨하면病原體의發生을冐하야蠶兒을斃死식할憂가有ᄒᆞ니此에對ᄒᆞ야ᄂᆞᆫ除沙(殘桑蠶糞除去之語)을每日數回頻行ᄒᆞ야蠶座의汚濁을防케ᄒᆞᆷ諸般病原이高温多濕中에서出來ᄒᆞ니注意ᄒᆞᆷ을望ᄒᆞ오

三、蠶이四眠蠶은四眠後三眠蠶은三眠後熟成ᄒᆞᄂᆞ니蠶의第四五環節이透明ᄒᆞ야硝子와如히되고此蠶을光線에照視ᄒᆞ면蠶의胃即食道下部直腸一二個糞이有ᄒᆞᆯ뿐이니此時期가正히上簇에適當ᄒᆞᆫ時라(上簇은蠶을올닌다ᄂᆞᆫ말) 此時期을過ᄒᆞ면不多ᄒᆞᆫ絲을吐ᄒᆞ여損害을被ᄒᆞᄂᆞ니前日上簇準備을ᄒᆞ엿다가此熟蠶이出ᄒᆞ거든速히上簇식ᄒᆞᆷ을要ᄒᆞᆷ

四、上簇後二三日이면蠶이結繭을畢ᄒᆞ고四五日後면化蛹ᄒᆞ야六七日後면全部化蛹ᄒᆞᄂᆞ니此時에收繭을行ᄒᆞ되上、中、下繭及同功繭(二個合作繭) 等各히收容ᄒᆞ야上繭으로ᄒᆞ야금下繭의게汚蠱케勿ᄒᆞ고또販賣上

各器에收容홈이價格票準ᄒᆞ기에易홈

以上은飼育上注意와갓치蠶의經過大畧을槪述ᄒᆞ엿거니와今에更히蠶이經過日數을詳示ᄒᆞ야叅考코져ᄒᆞ노라 一化蠶即一年一化ᄒᆞ는者의就ᄒᆞ야

催青 略二十二日間
食桑期 畧三十三日間
上簇中 畧六七日間
合計 六十二日間이라此을製種코져ᄒᆞ면溫度六十七八度前後에在ᄒᆞᆫ室에는上簇後十五六日後發蛾ᄒᆞ는니雌雄交尾을行ᄒᆞ여産卵케ᄒᆞ는니라

以上은盡是春蠶의論述이어니와夏蠶多化性은掃立後二十二三日後成熟하야上簇二三日後면收繭홈을得하고收繭後略八九日이면發蛾ᄒᆞ야産卵하고産卵은畧一週日以上을經過ᄒᆞ면更히發蛾하야掃立ᄒᆞ는者니年에二化하는者을二化性三化ᄒᆞ는者을三化性이라云홈然이는夏蠶의絲量과品質이春蠶에比ᄒᆞ면甚惡甚劣ᄒᆞ고또飼育法이困難ᄒᆞ오春蠶도九十度의溫度로써此을飼育하면十五日後上簇홈을得홀지나亦是高温홈으로病原이多生하고好成績을得치못홀지니養蠶諸氏은特別히夏秋蠶에注意하옵서日數의短期홈을奇好타마르시고十分注意ᄒᆞ옵소서

以上은養蠶上普通行事을槪述ᄒᆞ얏스니諸彦은我韓國南北氣候에斟酌叅考ᄒᆞ시

와飼育ᄒᆞ심을望ᄒᆞᆷ本述者本國地勢氣候에對ᄒᆞ야實驗이姑無ᄒᆞᆸ기此을地方每々히摘論키難ᄒᆞᆫ지라養蠶上普通定規를右에概示ᄒᆞᆷ이옵 (未完)

家畜改良急務 (續)

李 赫

第三章 綿羊及山羊

古來我國은綿羊飼育의事蹟이但只歷史上已而요不聞企業者矣며由來如彼山羊의飼育도或山野或平野의農家에多小牧畜이有ᄒᆞ나其亦狀況이小兒遊戲一物에放棄ᄒᆞ고此을如何히畜産ᄒᆞ야如何히吾人生計上에供給ᄒᆞ며如何히利用ᄒᆞ야如何히國家經濟上에興殖ᄒᆞᆯ實理研究을忘却ᄒᆞ엿ᄯᅩ다是必原因은往時農工商의科學과輸出入의機關이暗昧ᄒᆞ야社會的經濟亦簡單ᄒᆞᆫ出産物로自供自需의生活이充滿ᄒᆞᆫ故이라然ᄒᆞ나現廿世紀에至ᄒᆞ야封建時代을打破ᄒᆞ고海陸交通의便과社會經濟의進이日複月雜ᄒᆞ야此彼貿易의貌樣이彼의無要物은此의必要을作ᄒᆞ고此의無要品은彼의必要을作成ᄒᆞ야互相交換의盛況이前空進進에達ᄒᆞ여쓰니假定斯業專務가我國到今經濟上에不適ᄒᆞ다ᄒᆞᆯ디라도斯에一般世界需用途을言ᄒᆞ면毛、乳、肉、皮、骨、角、糞、尿等이是이라盖其毛則衣類品(所謂毛織)及裝飾品上等首卷及肩掛)의大部分을占位ᄒᆞ고其乳則滋養飲料에供用ᄒᆞ며其肉則食膳料理에煎焙ᄒᆞ며其皮則上品靴、鞋、手袋의原料을作成ᄒᆞ며其骨角則諸般彫刻에利用

ᄒᆞ며其糞尿則農作田圃에培養ᄒᆞ야作物收獲을增殖ᄒᆞᄂᆞᆫ數多種々의直接利益과間接關係가有ᄒᆯ뿐아니라特殊斯業은他實業에比ᄒᆞ야少費多實의一大事業也故로玆에其發育、各種別、蕃殖、飼養洗毛及剪毛、搾乳等法을槪述ᄒᆞ노니同胞여本記者의愚意劣見을受容ᄒᆞ여試驗에從事ᄒᆞ심을切望ᄒᆷ

(甲) 綿羊　日語로히쓰디(ヒツジ)　英語로쉐ㅣ푸(Sheep)

發育法、綿羊의年齡노第一章에述ᄒᆞᆫ바와如히其齒數에鑑別ᄒᆷ、蓋下顎에八枚切齒와其左右兩側에各六枚合十二枚臼齒을具有ᄒᆞ여쓰나上顎은牛와同히八枚切齒을缺ᄒᆞ고但其左右兩側에만各六枚合十二枚臼齒을存ᄒᆷ으로總計齒數三十二枚을常例ᄒᆷ、

通常仔羊은前乳臼齒十二枚와乳鉗齒二枚을具生而產出(所謂乳齒은吾人哺乳時發生ᄒᆞᆫ乳齒와如히長成에從ᄒᆞ야永久齒로換ᄒᆷ) ᄒᆞ야爾後二週日을經ᄒᆞ면內中間乳齒二枚가發生又三週日을經ᄒᆞ면外中間乳齒二枚가發生又四週日을經ᄒᆞ야偶乳齒二枚을發生ᄒᆷ自是로一歲乃至一歲半에至ᄒᆞ야漸次換齒을始ᄒᆞ야三歲乃至三歲九個月로終了ᄒᆞ니라

生存年限、是ᄂᆞᆫ飼養及管理等의良否에關ᄒᆞ야相異ᄒᆷ即飼養及管理의適當을不得ᄒᆞᄂᆞᆫ時은八歲或十歲을生存ᄒᆞ고此에反ᄒᆞ야適度ᄒᆞᆫ注意을施ᄒᆞᄂᆞᆫ時은十三歲乃至十五六歲을普通ᄒᆞ니라

成熟体重量、生長体重은各其品種及飼料與否에依ᄒᆞ야多少差異가有ᄒᆞ나牡羊重이牝羊重에平均三分之一乃至二分之一이增ᄒᆞᆷ　牝羊普通軆重이如左ᄒᆞᆷ

小種体重　三貫五斤乃至五貫　中種体重　六貫乃至七貫

重種体重　十六貫乃至十八貫四斤

各種類別、綿羊類을分ᄒᆞ야曰平原種、曰丘陵種、曰山岳種三類에區分ᄒᆞᆷ

(一)平原種、此類은一般体量이重大ᄒᆞ야四分体에純肉二十斤餘을普通ᄒᆞ나毛品은優等이라云ᄒᆞ기不可ᄒᆞᆷ然ᄒᆞ나其收毛量은甚多ᄒᆞ니라此類의有名種은如左ᄒᆞᆷ

곳쓰、우오류도種 Cotewolb (每面一回剪毛量은五斤乃至八斤을通常ᄒᆞᆷ)

此種은牝牡共히無角而頭及体格이甚大ᄒᆞ고被毛最長ᄒᆞᆷ으로外貌의美觀은缺ᄒᆞ엿스나体性質이極히健强ᄒᆞ야粗惡ᄒᆞᆫ荒地、飼養及管理等에能活ᄒᆞᆷ　此種外에레ㅣ세스、다ㅣ種 Leicester 린、고류種 Lincolu 이有ᄒᆞ니라以上三種은英國産出

메리노ㅣ種 Merino 此種原産地은西班牙國然이나各其飼育及風土에從ᄒᆞ야改良ᄒᆞᆫ結果四種의差別이有ᄒᆞᆷ即에렛구、도ㅣ라류、Eleptoral (露西亞改良種) 데삭、렛디ㅣ ncgrctti (墺國改良種)、라무색、이레ㅣ Rawbcuillet (佛蘭西改良種) 가무、부、오류 Chowrol (亞米利加改良種) 等에區別ᄒᆞ니라、(一)에렛구、도ㅣ라류種은其体質及毛量이第二等位의在ᄒᆞ나毛質이過餘히細微ᄒᆞᆷ으로收毛量이少ᄒᆞᆯ뿐안니

라織物品의不堅의弊가有홈 (二)네슈、구렛디ㅣ種은体質이極히健强ᄒᆞ며被毛及角이最長ᄒᆞ야收毛量이多々ᄒᆞ나通常肉用品을主홈、(三)가무·부、오류 種은飼養에極히容易홀섇안이라肉質及毛質이中等位에在홈、 메리노ㅣ種類中現世界各國이第一主張ᄒᆞ는바은獨히佛蘭西種라무쌰、이레ㅣ也故로特히精述홈、

라무쌰、이레ㅣ種은体軀及骨格이重大ᄒᆞ고(牝体重量이十貫乃至十五貫)被毛最長最多(毛長이約二寸餘)ᄒᆞ야每年收毛量이三斤乃至四斤을得ᄒᆞ니라

(二) 丘陵種、此種은平原種에比ᄒᆞ야体格이矮小ᄒᆞ고毛長이短縮ᄒᆞ며一般其頭部와四肢가暗黑色을뭇홈、此類의有名種은如左

사우스、따운種 Sowthdawn, 此種은牝牡共히角을缺ᄒᆞ고体가廣長ᄒᆞ며胸部及背部廣大ᄒᆞ야筋肉及脂肪을多蓄ᄒᆞ고頭部小尖ᄒᆞ야眼上額骨이稍凹(額骨稍凹가此特點) ᄒᆞ며四肢細短ᄒᆞ야淡黑色을뭇홈、(此原產地은英蘭南部삿섹구스) 每年收毛量은三斤乃至三斤半을常得홈、 此種外시롭푸、사ㅣ Shropehire、옷구스、호루도샤ㅣ Oatorddown 하무푸、샤ㅣ Fampshire 等三種이有홈

(三)山岳種、 此種엔体質이甚히堅牢ᄒᆞ야粗惡飼養에能히生活ᄒᆞ나素是野生近種으로毛質이粗糙홈、 此類의有名種은如左

디에、부워옷도種 Cheriots 此種은(原產地은英蘭及蘇格蘭)体格이矮小ᄒᆞ나体質이極强ᄒᆞ며且肉味非常ᄒᆞ야世界有名ᄒᆞᆫ肉用種에位홈、 四分体의肉量이十六斤

乃至二十斤을得홈、 此種外색랏구、헤ー스도、히ー스 Bleak,feceg,heath하ー또우이숫구 Ferdwlcp, 等種이有홈、 以上記述훈種은皆我邦風土에最適홈이라

蕃殖法、 初交尾期는牝牡을不問호고二歲乃至二歲半이最適홈 (牡一匹에牝五十乃至八十匹식지配合홈) 母羊發情期은秋晚季에發호며其游牝期持續은二十四時乃至三十六時間을延期홈其後二三週日을經호야更히發호니라、 懷胎日數은一百四十七日(約五個月)을平均호며產時仔羊의体重量은母羊体重에十五分之一乃至二十分之一을通例홈

飼養法、(一)仔羊의飼育法、 仔羊의熟成은飼料滋養多少에關호야速緩이有홈故로可成的滋養飼料即芳香牧草(苜蓿類)及穀類等을要호니라、 盖仔羊은產後一日乃至十二日을經호야飼料을始食호는이此에際호야最先苜蓿、 次에碎磨麥을供給홈、 然이나萬若降雨期에至호야浸濕훈牧草을飼料에供호는時은屢々鼓脹病에罹키易훈즉最히此點에注意을必要호니라且十月節이至호야牧草飼을終호고舍飼에變移호는時는飼料急變을不許호고漸次變換을要홈 (常例에最初期에三分之二는牧草類其餘一分은乾草、 後再期에三分之二는乾草或藁稈其餘一分은靑草、又再後期에全히乾草에供홈과如홈) 舍飼料에最히適當훈食物은乾草根菜、蕪菁等類燕麥、藁稈、油粕其他雜穀等이라每日給食表는如左 朝飼、乾草에燕麥、油粕、蕪菁等을混合供給호고次에藁을與홈 午飼、 正午量에至호

야乾草을與홈、 夜飼、 夜飼는但히藁稈을與ᄒᆞ나라、 如斯히仔羊이養育을受ᄒᆞ야 一歲乃至一歲半에達ᄒᆞ면其後飼養은容易홈 (未完)

文苑

寓言

編輯人

有無是公不知何許人也又有烏有先生亦不知何許人也並是德高古今識通東西聲氣相感趣味略同願一見之而不得者也日者相逢於無何有之鄉其所傾倒當復何如迺發肚裡之磊落而試舌端之辯論蓋自天地剖判以來盈乎兩儀之物質進化與夫人類社會消長文野之變遷特就其人類社會所以組成部落團合國家之原因結果尤極其議論是使吾人聞而知之不覺動心感意故玆掇其語類之糟粕而作俗耳之針砭云

夫無是公主個人的主義者也而烏有先生主社會的主義者也無是公對烏有先生曰君居南海僕處北海此所謂風馬牛之不相及今日之會無乃是天緣湊合人意愜洽者乎烏有先生曰然不亦樂乎請酬欵談遂班荆路左披露肝膽無是公曰吾甚怪夫近世之人開口便說團體而終無其實何莫觀夫山木又何不思乎野馬哉惟彼山木也無牛羊之侵襲而有雨露之滋息一日二日萠芽焉枝葉焉其根盤於泉壤之下其幹拂於雲霄

之上故安其所而壽其年野馬也放逸乎曠漠之原飮囓乎水草之鄉斷勁風而勵其節沐寒雨而淬其神不羈不絆自由自在以樂其生可謂得道家之眞詮而爲吾人之儀範也人類亦然何可縛束拘制而强爲之團結反害其悠然自得之意耶馬被駈策而病致玄黃竟有脫銜逸駕之憂木因斧斤而時形童濯每多折枝拔根之患然則山木也野馬也並使放任無相侵逼不其愈於駈策侵伐之道歟吾是故曰人類社會亦猶此也君以爲何如鳥有先生愕然而驚愀然而歎曰是何言也若使天下遵君言而行之天下之人將盡入於禽獸之域也君誠知其一而不知其二也木有構成根幹然后爲完全之木馬有組織關節然后爲壯健之馬也人類之於社會亦不外乎此山木之枝葉幹根野馬之齒革蹄毛也今有一地面於此而東西南北之環此土而生長者結合意思團聚形勢則一社會成立焉此乃大而爲國家小而爲部落又小而爲一家一族之分子也爲國家之團體者但知國家而不知部落爲部落之團體者但知部落而不知國家則是與鑿井得水而水但在此者守株待兎而兎必復來者其所思想之膠固不容毫髮之間隔且雖有良馬而無銜勒服御之用則不能成蹴踏山河之功雖有美木而無規矩繩墨之法則不得任維持棟樑之材是死馬也朽木也奚所取而爲用哉故人無意思結合形勢團聚則即與不施繩墨之木不加服御之馬同一情態散逸無常豈有補於生存競爭之社會也請君無取於個人的主義而顧念於社會的主義以建大本領大目的恐合道理盍共勉旃無是公聽罷一回嘆了口氣曰君言好則好矣但人心不古道德朽敗世末如何今日之

稱志士者動輒扼腕攘臂大談雄辯曰團軆々々云々而若以外面觀之無非正德大義之君子而其實則陰險狡譎之情狀現露于行爲之上或抱名譽欲或挾偏黨心者滔々皆是專無眞摯忠告之心相與提携勸誘則必不成團体吾是以曰與其僞志士假忠言不如守吾個人的主義之爲愈也云々烏有先生曰君言似或然矣而勿論何代何國元無盡善之社會而無盡惡之社會矣若有正德大義之君子出而現焉則妖蘖邪氛自然消鑠如大陽之於爝火洪爐之於點雪安能肆其毒而逞其勢不此之爲而君子日退小人日進則道德發揮社會改良從此而斷望矣是豈君子而忍爲者也無是公瞿然改容曰吾始也聞君言而訝惑今焉如有所得眼霧忽收胸茅頓開益恨淸誨之晩而吾將爲社會而獻身謹奉明敎請事斯語仍揖而相別推戶視之孤月下天畔嚴霜掠林端冷飄凄々彫葉蕭々撫念境遇共歎遊子之漂泊慷慨世事同悲故土之淪沇

觀日光山記

斗山人 尹定夏

日光山水는是世界의公園이오日光社殿은即世界의美術이라는話柄은日本人의擘頭로誇張ᄒᆞ는배요日光을不見ᄒᆞ면結構(我語에훌늉ᄒᆞ다는意味라)를語키不能이라는俚諺은日本人의舌端에膾炙ᄒᆞ는배라由是觀之ᄒᆞ건ᄃᆡ日光山水景色의明媚秀麗홈과日光社殿制度의華美宏大홈이日本勝地中의第一屈指ᄒᆞ는位에處홈을可히測知홀지니故로日本人은勿論ᄒᆞ고東西洋의紳士貴孃이라도日本地域

에投足ᄒᆞᆫ人이면世界의公園이란日光을踏치아닌者ㅣ無ᄒᆞ며世界의美術이란日光을賞치아닌者ㅣ無ᄒᆞ야一年中에觀光ᄒᆞᄂᆞᆫ人員이稀ᄒᆞ야도幾十萬名에不下ᄒᆞᆯ지오消費ᄒᆞᄂᆞᆫ金額이少ᄒᆞ야도累百萬圓에可達ᄒᆞᆯ지라記者에至ᄒᆞ야ᄂᆞᆫ經營이已久로ᄃᆡ機會가尙遲ᄒᆞ야四載의夢을空做에一見의願을莫遂이러니何幸去月頃에學校로서秋期修學旅行의旅行地를日光山으로擇定ᄒᆞ니此時ᄂᆞᆫ即登晃의宿願을遂行ᄒᆞᆷ과學海의精神을修養ᄒᆞᄂᆞᆫ好機會라躍雀의歡을不勝ᄒᆞ고附驥의行을是定ᄒᆞ야同月二十四日早朝에學校의職員學生三百七十餘人으로上野驛에서同時出發ᄒᆞ야同午後一時半에日光驛을到達ᄒᆞ니天氣ᄂᆞᆫ微陰ᄒᆞ고秋色은蕭冷이라携筇西進ᄒᆞ야拭眸四望ᄒᆞ니山管橋(一名은神橋)의珠欄石柱ᄂᆞᆫ東西唯一의奇觀이오東照宮(德川將軍의神廟)의拜殿唐門은今古無雙의美術이며千峰萬壑에霜葉의丹楓은其狀이錦繡의羅列과如ᄒᆞ고前谷後巷에雷響의白瀑은其勢가龍虎의怒吼와同ᄒᆞᆯ지라一見에眼界가快濶ᄒᆞ고再望에精神이淸爽ᄒᆞ야歸思를頓忌이오秋興을難堪이라數百學友로萬千景槪를次第深賞ᄒᆞᆫ後日光町神山旅館에投宿ᄒᆞ고其翌二十五日에早起ᄒᆞ야東照宮、二荒社、大猷院의三殿을巡觀ᄒᆞ고霧降、裏見、華嚴의三瀑을歷覽ᄒᆞᆫ後에中禪寺湖畔에서中火ᄒᆞ고又前進ᄒᆞ야西北方의湯本山田旅舘에서宿泊ᄒᆞ고又其翌二十六日未明에發程ᄒᆞ야日光町에還着ᄒᆞ니時唯十點鍾이라更히市中을巡覽ᄒᆞ고午后二時半의列車로東京에返還ᄒᆞ얏ᄂᆞᆫᄃᆡ旅行前後

의三日間에實聞實見ᄒᆞᆫ歷史、社殿、名勝、産物等을次第摘記ᄒᆞ야後日々光을遊賞코져ᄒᆞᄂᆞᆫ諸紳士淑女의게敢히紹介ᄒᆞ기를試ᄒᆞ노라

一、 日光歷史

日光山은下野國(栃木縣)上都賀郡의北隅에位ᄒᆞ야古代에ᄂᆞᆫ極키險惡深邃ᄒᆞᆫ山谷으로毒蛇猛獸等이成群橫行ᄒᆞ야人跡의一切不到ᄒᆞ던處이더니神護景雲元年(日本稱德皇의年號인ᄃᆡ距今千一百四十三年)에僧勝道가千萬의辛苦로써邪를辟ᄒᆞ고境을拓ᄒᆞ야初也에四本龍寺를建設ᄒᆞ고山을補陀落山이라稱ᄒᆞ고其後에中宮祠湖畔에中禪寺를設ᄒᆞ며또ᄒᆞᆫ日光山大權現을勸請ᄒᆞᆫ後弘仁八年二月에四本龍寺에셔死去ᄒᆞ얏ᄂᆞᆫᄃᆡ同十一年七月에僧空海가登山ᄒᆞ야瀧尾山女体中宮祠를開建ᄒᆞ고山號를日光이라改稱ᄒᆞ다其後屢百年間에僧系가繼々ᄒᆞ야寺院을或增設ᄒᆞ며或變改ᄒᆞ야僧家의權勢가一時熾盛ᄒᆞ더니慶長十八年四十七世僧昌尊의時에至ᄒᆞ야一山의衆徒와隙을生홈으로써昌尊은마침ᄂᆡ退院ᄒᆞ고既往第四世僧昌禪의建設ᄒᆞᆫ바座禪院의住職이斷絶된後로既設ᄒᆞᆫ寺院이仍ᄒᆞ야廢止되얏다가同年에僧天海가德川將軍으로부터日光山을拜領ᄒᆞᆫ以後로座禪院을宿坊으로定ᄒᆞ고元和三年東照宮의鎭座ᄒᆞᆫ後同七年에至ᄒᆞ야原光明院址에所謂御本坊을建立ᄒᆞ얏다가寬永十八年에御本坊을再建ᄒᆞ야日光山中興의業을漸擧ᄒᆞ얏스니今滿願寺가是也라天海中興의開祖로부터公海、守澄、天眞、公辨、公寬、公

遵、公啓、公延、公澄、舜仁의諸法師가相繼ᄒᆞ고舜仁의後職을襲ᄒᆞᆫ輪王寺宮의當代에在ᄒᆞ야明治維新의事가有ᄒᆞᆫ以後로寺院의制가一變ᄒᆞ야今日에ᄂᆞᆫ佛徒로써住職케ᄒᆞ다

東照宮은德川家康의神을奉祭ᄒᆞᄂᆞᆫ處인ᄃᆡ同德川將軍은愛國勤王ᄒᆞᆫ功勞가特著ᄒᆞ다ᄒᆞ야正保二年에勅命으로써宮號를賜ᄒᆞ고明治六年에別格官幣社에配享ᄒᆞ야每年六月一日에例幣使를特派ᄒᆞ야大祭를執行케ᄒᆞ고翌日에ᄂᆞᆫ神事의次第가有ᄒᆞ야其節次ᄂᆞᆫ封建當時의儀式을從ᄒᆞᄂᆞᆫᄃᆡ其儀式의莊嚴과幣物의隆崇은他에其比를不見ᄒᆞᆯ배라 (未完)

詞藻

偶題

碧樵生洪 命熹

時檢古篋有數篇舊咏而此篇之韵適符碧農瓊句（前號所載）故汚此餘白以藉子衡撫掌之資

二十東遊己較遲、客中偏感管灰移、憂國日深心易老、離家路遠夢難知、
一榻香烟煑茶後、萬家春雨養花時、何年可償男兒志、回顧蒼天欲問之、

偶唫

可石李大容

春雨初收洞裏大　披襟晩倚小樓邊　連海歸帆飛畵鷁　隔窓嫩栁鎖青烟
醉眼看花晴似霧　他鄉懷友日如年　劇孟家住何城下　使我談心俗子前

記夢

無逸

東風吹夢到家鄉　相對却忘此夜長　多少客懷猶未穩　覺來惆悵又晨光

次韻

有我

一別杳然千里鄉　雲山隔絕海天長　風塵弟妹無恙否　十載歸心步月光

送友之熱海

無　逸

學海熱心去熱海　櫻花楊柳摠無關
男兒欲遂平生志　負笈如君讀不間

次　韻

有　我

心如海熱遠從學　楊柳春風赴海關
泉石中間塵不染　文章志業自淸閒

述　懷

趙　允　泳

天涯漂泊幾英雄　擊筑和歌西日紅
向誰一訴不平恨　惟有劒神泣袖中

送趙鼎鎭君

新橋花柳正芳時　嗟我故人遠賦歸
一聲汽笛何催別　更把征衫問後期

雜纂

韓國農業改良策 (新聞譯載)

編纂部

韓國全羅南北道地方에韓人農夫가日本農事를研究ᄒᆞ야改良策이左記諸項과如ᄒᆞᆷ

一、灌漑의便을得ᄒᆞ기爲ᄒᆞ야日本水車를普及ᄒᆞᆫ事

二、桑苗의配布를急施ᄒᆞᆯ事

三、肥料를廉價로買得ᄒᆞ고綠肥(풀거름)의培養을急히ᄒᆞᆯ事

四、荒蕪ᄒᆞᆫ地를開拓ᄒᆞᆯ事

五、良好ᄒᆞᆫ種子를普及ᄒᆞᆯ事

六、虫害의豫防又ᄂᆞᆫ驅除法을講究ᄒᆞᆯ事

右諸項은我韓全羅南北道의農業에從事ᄒᆞᄂᆞᆫ同胞가農事를改良ᄒᆞ기爲ᄒᆞ야農會를發起ᄒᆞ고條件을酌定ᄒᆞᆷ인ᄃᆡ日本新聞에揭載되야吾輩의眼에閱過ᄒᆞᄆᆡ吾輩ᄂᆞᆫ本國同胞가漸次로實業에注意ᄒᆞ야改良方針를講究ᄒᆞ고實施ᄒᆞ기勉勵ᄒᆞᆷ

을滿心賛成ᄒᆞ거니와他道의農業家同胞도全羅南北道에在ᄒᆞᆫ同胞의改良策을效倣ᄒᆞ야斯速히施行ᄒᆞ야山林川澤의利益을外人에게讓與치말기를期望ᄒᆞ노니萬一農業에關ᄒᆞᆫ機械、肥料、桑苗、菜蔬、果木、鷄豚、各色種子、農書等에購買ᄒᆞ기難便ᄒᆞ야有意未遂ᄒᆞᄂᆞᆫ事情이多ᄒᆞ거던即時本會에送函ᄒᆞ시와相議ᄒᆞ시면本會의農業、工業、商業을研究ᄒᆞᄂᆞᆫ會員諸氏에게付託ᄒᆞ야迅速히周旋ᄒᆞ되物品의好否와價額의多少를詳細히探知ᄒᆞ고或購買의勞를執ᄒᆞ야敎意되로仰副ᄒᆞ깃ᄉᆞ오니此ᄂᆞᆫ同胞를爲ᄒᆞ야 一言을附錄ᄒᆞᆷ

女子界의進步

東海滄夫 姜 邁

春이來ᄒᆞ면萬物의光輝가生ᄒᆞᄂᆞ니然ᄒᆞᆫ즉우리 二千萬同胞ᄂᆞᆫ秋冬을만ᄂᆞᆫ格이니우리女子學生諸君은工夫를晝夜로ᄒᆞ야셔知識과學問을發達ᄒᆞ야春에萬物이生ᄒᆞᆫ것과如히繁盛ᄒᆞ면自然我韓國을恢復ᄒᆞᆯ것이오이다

右文은京城新門外養閨義塾女學生「十二」金善卿氏의本年二月月終試驗에萬物生光輝란問題로作文ᄒᆞᆷ인ᄃᆡ余가此文을讀ᄒᆞᆯ식 一篇九十一字의措語가鄭重ᄒᆞ고志氣가卓邁ᄒᆞ야無限ᄒᆞᆫ意味를包含ᄒᆞ고無窮ᄒᆞᆫ餘地를露出ᄒᆞᆫ지라且感且

喜ᄒᆞᆷ을不勝ᄒᆞ야數行蕪辭로其志氣를褒揚ᄒᆞ야我韓前途의無窮ᄒᆞᆫ福利를頌祝코자ᄒᆞ노니蓋人의材器ᄂᆞᆫ古今의差가本無ᄒᆞ고學의知識은男女의別이豈異리요만안但國家의導率ᄒᆞᆷ이不善ᄒᆞ야社會ᄂᆞᆫ卑劣에陷入ᄒᆞ고學問은野昧에墮落ᄒᆞᆷ이니嗟ᄒᆞᆸ다我韓民族은神聖ᄒᆞ신檀君의遺裔로聰慧穎秀ᄒᆞᆫ資質은天賦의特色이固有ᄒᆞ거ᄂᆞᆯ今日二十世紀競爭場裡에如何ᄒᆞᆫ地位를占有ᄒᆞ얏ᄂᆞᆫ가至使齠齔을纔過ᄒᆞᆫ女子로秋冬의感을興起케ᄒᆞ니엇지我一般人士의感奮欲死ᄒᆞᆯ事이안니리요雖然이나余ᄂᆞᆫ此에對ᄒᆞ야我韓將來의文明의花가爛熳ᄒᆞᆷ을預期ᄒᆞ노니何를謂ᄒᆞᆷ인고試思ᄒᆞ라我韓女子界의歷史ᄂᆞᆫ一生을深閨에掩閉ᄒᆞ야動作은跬步에止ᄒᆞ고知識은衣服飮食에不踰ᄒᆞ야榮辱窮達은所天에一任ᄒᆞᆯ뿐이요女子ᄂᆞᆫ學問을修ᄒᆞ되用이無ᄒᆞ다ᄂᆞᆫ傳說에至ᄒᆞ얏시니此엇지女子의過失이라謂ᄒᆞ리요天이我韓國을眷顧ᄒᆞ사上而政敎의刷新이渙發ᄒᆞ고下而社會諸公의熱誠이輪囷ᄒᆞᆷ으로學問의發展을隨ᄒᆞ야女學도漸次活步를試演ᄒᆞ야尹貞媛氏의女學界泰斗와李蓉子氏의天材秀逸과金善卿氏의志氣高尙ᄒᆞᆫ種々異彩가出現ᄒᆞ야시니我韓女子界의學問은由此漸進ᄒᆞ야國家의瑞靄가玲瓏ᄒᆞᆯ日이目前에迫在ᄒᆞᆫ지라엇지愛護치아니ᄒᆞ며엇지贊頌치아니ᄒᆞ리요是로由ᄒᆞ야其原文을大書特書ᄒᆞ야我韓學界에供獻ᄒᆞ노니萬一我韓一般同胞姉妹가一心向上으로奮發前進ᄒᆞ면將來女學界에幾千幾萬의金善卿氏가出現ᄒᆞ야從前女子界의腐

敗習慣을一洗ᄒᆞ고歷史上에光彩를大發ᄒᆞ던女傑羅蘭과如ᄒᆞᆫ者ᄂᆞᆫᄒᆞᆯ노歐洲의美談을作ᄒᆞ기不能ᄒᆞ리니勉旃哉어다同胞姊妹諸氏여

日本文明觀(續)

崔錫夏

明治十一年에此兩雄을失ᄒᆞ야政府ᄂᆞᆫ專혀無中心이되야人々히各々自由活動을始作ᄒᆞ야伊藤、大隈、井上諸氏가嶄然히頭角을顯ᄒᆞᆷ에至ᄒᆞ야暫時ᄂᆞᆫ小康을得ᄒᆞ얏더니明治十四年에廟堂의大波瀾이生ᄒᆞ야暗鬪活劇의初幕이開ᄒᆞᆷ에至ᄒᆞ얏더라先是에板垣伯이中心이되야民權을唱導ᄒᆞ야國會開設을政府에迫請ᄒᆞ얏ᄂᆞᆫ데當時政府內部에武斷派와立憲派의二潮流가有ᄒᆞ야大隈伯은立憲派의張本人이오伊藤公井上侯ᄂᆞᆫ贊成者가되야此主義에ᄂᆞᆫ薩長派의區別이無ᄒᆞ얏도다然이나大隈伯은藩閥以外人으로政府에實權을專占ᄒᆞᆷ에藩閥派의嫉妬를招ᄒᆞ야政府에셔驅逐ᄒᆞᆷ을當ᄒᆞᆷ에立憲主義贊成者諸氏ᄭᆞ지도多少間嫉妬의感情으로是를視而不救ᄒᆞ야畢竟伊藤大隈兩雄의對峙를成立ᄒᆞ얏도다大隈伯이下野ᄒᆞᄂᆞᆫ同時에明治二十三年에國會開設ᄒᆞᆫ다ᄂᆞᆫ詔勅이降ᄒᆞ얏슴으로써國會開設의準備로大隈伯이改進黨을組成ᄒᆞ고其前에板垣伯은自由黨을組織ᄒᆞ얏도다此兩黨으로論ᄒᆞ면其主義의穩健與否와手段의過激與否ᄂᆞᆫ相異ᄒᆞ나立憲政治를實行코져ᄒᆞᄂᆞᆫ大理想은相同ᄒᆞᆫ데도리혀서로敵對ᄒᆞᄂᆞᆫ態度로써仇讐갓치相持ᄒᆞ더니一時的政策으

로大隈伯板垣伯兩領袖가開進黨과自由黨을合同ᄒᆞ야憲政黨이라稱ᄒᆞ고聯合內閣을組織ᄒᆞ얏더니內部에셔衝突이生ᄒᆞ야兩虎가相鬪에其勢가不長ᄒᆞ야聯合內閣이破裂ᄒᆞ얏스니其實은兩雄의嫉妬ᄒᆞᆫ結果라其后에伊藤公이政友會를組織ᄒᆞ야其會員으로內閣을組織ᄒᆞᆷ에貴族院이惡感을生ᄒᆞᆯ뿐더러閣員이調和치못ᄒᆞ야瓦解의狀態를免치못ᄒᆞ고其后에西園寺侯가政友會의總裁로써半政黨內閣을組織ᄒᆞ얏더니亦是好結果를不得ᄒᆞ고瓦解에至ᄒᆞ얏도다要컨ᄃᆡ日本의政黨史를觀察ᄒᆞᆫ즉今日ᄭᆞ지ᄂᆞᆫ美果를收치못ᄒᆞᆫ듯ᄒᆞ도다其故何在오是ᄂᆞᆫ眞是大疑問이라容易히論斷키難ᄒᆞ나大盖列强의政黨史를比較ᄒᆞ면理想보담感情이發達된國에셔政黨의好結果가無ᄒᆞᆫ듯思量ᄒᆞ노라例言컨ᄃᆡ佛伊兩國의政黨이是也ㅣ라佛伊兩國의政黨은其國民의性格이感情이多ᄒᆞᆫ故로政黨間에셔大問題로서로論爭치아니ᄒᆞ고些少ᄒᆞᆫ事件으로互不相下ᄒᆞ야合而又分ᄒᆞ며分而又合ᄒᆞ야大政黨이成立키難ᄒᆞ도다 是以로小黨이割據四方ᄒᆞ야서로擠陷中傷ᄒᆞ기로爲主ᄒᆞᄂᆞᆫ故로有政黨以來로特別ᄒᆞᆫ成功을認ᄒᆞᆯ슈無ᄒᆞ니라英國은反是ᄒᆞ야世界萬國中政黨이第一發達되야內閣의組織도政黨이아니면能히其目的을達키難ᄒᆞᆫ데其發達된原因은英國人은元來冷靜ᄒᆞᆫ頭腦를有ᄒᆞᆫ理想家라政黨間에비록主義를다르케ᄒᆞ나大政綱에關ᄒᆞᆫ事件이아니면決코敵黨을攻擊치아니ᄒᆞᄂᆞᆫ雅量을有ᄒᆞᆯ뿐아니라또民間에輿論이非常히發達되야彼黨此黨의論爭에對ᄒᆞ야孰是孰非를分別ᄒᆞᄂᆞᆫ識見

이有ᄒᆞᆫ故로政黨間에셔此公平ᄒᆞᆫ輿論을尊重ᄒᆞ야搆陷中傷을서로謹愼ᄒᆞ야政黨의公德心을涵養ᄒᆞᆫ結果로今日에如許ᄒᆞᆫ善模範을世界에公示ᄒᆞᆷ에至ᄒᆞ얏도다然而日本政黨史를見ᄒᆞᆫ즉些少ᄒᆞᆫ事件으로群雄이相爭ᄒᆞᆫ來歷도有ᄒᆞ고또內閣의運命의四五年에繼續ᄒᆞᆫ者稀少ᄒᆞ니是ᄂᆞᆫ日本人의性格이感激이多ᄒᆞ야互相排擠ᄒᆞᆷ으로由ᄒᆞᆷ이아닌가疑訝ᄒᆞ노라此感性은다못政治上方面으로ᄂᆞᆫ觀察ᄒᆞᆯ것이아니라社會的으로研究ᄒᆞ야도其一班을窺ᄒᆞᆯ슈有ᄒᆞ도다日本人의輿論을聞ᄒᆞᆫ즉穩健보담多少間敏速에失ᄒᆞᄂᆞᆫ傾向이有ᄒᆞᆫ듯ᄒᆞᆫ데第一日本新聞을見ᄒᆞᆫ즉一二模範新聞을除ᄒᆞᆫ以外에ᄂᆞᆫ急進輕快에流ᄒᆞ야公平ᄒᆞᆫ論을主唱ᄒᆞᄂᆞᆫ者ㅣ稀少ᄒᆞᆷ으로日本人도是를自認ᄒᆞ야米國式新聞이라稱ᄒᆞ더라또集會演說을聞ᄒᆞᆷ에穩健보담慷慨ᄒᆞᆫ方面이多ᄒᆞ야演說者와傍聽者가理想의合致를求ᄒᆞᆷ에不勉ᄒᆞ고感情의投合ᄒᆞᆷ을爲主ᄒᆞᄂᆞᆫ故로烈火갓ᄒᆞᆫ輿論이라도熱血의冷降ᄒᆞᆷ을從ᄒᆞ야長久히繼續치못ᄒᆞ고漸次消滅ᄒᆞᆷ에至ᄒᆞᆷ을吾儕가時々로目睹ᄒᆞᄂᆞᆫ바ㅣ라然이나日本人은機敏ᄒᆞ야一時에感情의高潮가生ᄒᆞ면突地에大波瀾을起ᄒᆞ야全國이一致ᄒᆞᄂᆞᆫ大輿論을造成ᄒᆞᆯ줄을熟知ᄒᆞ도다是ᄂᆞᆫ感性이銳敏ᄒᆞᆫ故로大事變을當ᄒᆞ면不謀而自同으로自然意氣가投合ᄒᆞ도다彼日淸日露兩役에日本人의輿論이一致된것을見ᄒᆞ면推此可知니라西洋人의言에日本人은平時에輿論이無ᄒᆞ고變時에有ᄒᆞ다ᄒᆞ니是ᄂᆞᆫ日本人이突然히예論을造成ᄒᆞᆷ을謂ᄒᆞᆷ이라

(未完)

列國教育의調査

學不厭生

○萬國道德敎育會議　昨年九月二十三日븟터英京倫敦에셔萬國道德會議를開催ᄒᆞ엿ᄂᆞᆫᄃᆡ同會ᄂᆞᆫ表面은篤志學者에私的集會에不過ᄒᆞᄂᆞ其實은半官平民的組織이라庇護者ᄂᆞᆫ日本과法國의文部大臣과英國敎育局長이오今回會議의重要案件은

一　萬國倫理雜誌發刊件

二　萬國倫理敎育局設置件

인ᄃᆡ會議ᄂᆞᆫ總會、部會、委員會三部로區別ᄒᆞ고世界道德敎育의現況과其振興策에關ᄒᆞ야硏究調査ᄒᆞᆯ豫定인ᄃᆡ其硏究資料ᄂᆞᆫ如左ᄒᆞ더라

一　倫理敎育의生物的要素、幼、青年期의道德的發達　遺傳家系　周圍에關ᄒᆞᆫ法則　健康과道德等

二　訓練方法、熟練ᄒᆞᆫ敎授方法의道德敎育上關係敎師의人格과校風의關係等

三　直接並間接的道德敎育、敎課에現ᄒᆞᆫ德目　各學科課程에挿入ᄒᆞᆯ倫理事項等

四　品性修養에關ᄒᆞᆫ學校編成、學校와家庭의共力　貧民學校의問題　寄宿

舍 男女合同敎授敎科書 少年文學等

五 能力의境界問題、低能兒敎育 都會의兒童 少年犯罪問題等

六 一般研究、各種學校道德敎育

七 各國道德敎育現況報告

八 各國學校에倫理敎育實例

○萬國圖畵敎育會議 昨年八月四日븟터一週間英京倫敦에서第三回萬國圖畵敎育會議ᄅᆞᆯ開催ᄒᆞ엿ᄂᆞᆫᄃᆡ同會ᄂᆞᆫ世界各國圖畵敎育關係者로組織ᄒᆞ고同敎育의向上을圖ᄒᆞᆷ으로目的을ᄒᆞᆷ인ᄃᆡ第一回ᄂᆞᆫ千九百年에法京巴里에서開會ᄒᆞ고同會議에每四年에順次로各國에서開會ᄒᆞ기로決議ᄒᆞ고千九百四年에第二回會議ᄅᆞᆯ瑞西國벨누市에서開會ᄒᆞ엿ᄂᆞᆫᄃᆡ同時에圖畵大展覧會ᄅᆞᆯ開ᄒᆞ고널리敎育家의叅觀을供ᄒᆞ야스며其會員은歐米列强과東洋諸國이渾入ᄒᆞ얏고今回會議에ᄂᆞᆫ多年宿題되던圖畵敎育에有關ᄒᆞᆫ用語ᄅᆞᆯ萬國이一定ᄒᆞ기可決ᄒᆞ고其他各國代表者가提出ᄒᆞᆫ案件을討論ᄒᆞ얏더라

○日本東京市의小學兒童 東京市에小學兒童數ᄅᆞᆯ調査ᄒᆞᆫ則本年度에現在數가十五萬名이오敎師가二千三百人에達ᄒᆞ얏더라

○不良少年感化成績 歐米諸國에서不良少年感化事業에關ᄒᆞ야感化院或特別ᄒᆞᆫ家庭에委託ᄒᆞ고費額（英國은二百五十萬圓米國은五百廿八萬圓）을國庫補

助金으로支出ᄒᆞᆫ다더라

○萬國地理學會議　昨年七月廿七日붓터八月六日ᄭᆞ지瑞西ᄶᅦ네웨아에서開ᄒᆞᆫ第九回萬國地理學會議는世界地理學思想의普及을目的홈으로ᄒᆞ고歐洲諸國의皇帝陛下와大統領閣下를名譽會員으로推戴ᄒᆞ얏스며每四年에各國政府保護下에서順次로各地에開催ᄒᆞ고會議를終ᄒᆞᆫ後에는探險隊를組織ᄒᆞ야地理의研究를遂行ᄒᆞᆯ豫定이오其議案은各國에서提出ᄒᆞᆫ問題와各國代表者의報告書이라더라

○世界語萬國會議　萬國共通의言語를制定ᄒᆞᆯ目的으로써設立ᄒᆞᆫ「에스베란트」萬國會議의第四回大會는昨年八月十六日붓터廿二日ᄭᆞ지德國「도레스덴市에서開催ᄒᆞ얏다더라

○萬國學校衛生會議　第一回는一九〇四年四月에德國入蘭堡에서第二回는一九〇七年에英國龍動에서開催ᄒᆞ엿스며第三回는一九一〇年三月廿九日붓터四月二日ᄭᆞ지法國巴里에서開催ᄒᆞᆯ豫定인ᄃᆡ永久委員會總理는第三回本會議會頭될「마마쥬ー」氏가當任이라ᄒᆞ고永久委員會理事는日本國代表者三島通良를指名ᄒᆞᆫ다ᄒᆞ며其加盟費는前回와同히一人에對ᄒᆞ야五佛貨(約十圜)이오日本에서第三回本會議準備委員會가成立되기前에는加盟에關ᄒᆞᆫ事件은永久委員會日本事務局(東京市丸之內內幸町三島醫院內)에서代理ᄒᆞᆫ다더라

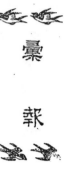

彙報

本會春期運動

隆熙三年四月一日에本會의運動을八王子百梅園에設行ᄒᆞ니是ᄂᆞᆫ即我留學生이積年渴望ᄒᆞ던摠團合이成立ᄒᆞᆫ以後로第一回의運動이니會員이三百餘人이오來賓은留學生監督申海永氏靑年學院長金貞植氏와紳士金基璋、李鍾浩、李人植、柳東說、金永默諸氏가參席ᄒᆞ엿더라由來學生界의運動이一再回에不止ᄒᆞᆫ今屈指키實難ᄒᆞ되都是部分을各守ᄒᆞ던時代이라範圍가甚狹ᄒᆞ더니今度ᄂᆞᆫ各會가總合ᄒᆞᆫ餘를値ᄒᆞᆷ으로凡所謂大韓男子로日本東京에留學ᄒᆞᄂᆞᆫ者即本會々員은實病實故가有ᄒᆞᆫ外ᄂᆞᆫ擧皆參會ᄒᆞ야肝膽을相照ᄒᆞ고羈懷를暢叙ᄒᆞ니誰가此運動을贊成치안으리오諸般規模節次에井々有倫ᄒᆞᆷ은足히傍觀으로欽嘆ᄒᆞ깃더라此百梅園의位置ᄂᆞᆫ爽塏ᄒᆞᆫ地面인ᄃᆡ周圍가數千坪에達ᄒᆞ며大野ᄂᆞᆫ東南圻ᄒᆞ니千里의眼을臨眺ᄒᆞ고幽鳥ᄂᆞᆫ間關鳴ᄒᆞ니三春의夢을喚醒ᄒᆞ며澗畔에落々ᄒᆞᆫ靑松은丈夫의節을激勵ᄒᆞ고天際에悠々ᄒᆞᆫ白雲은故國의思를惹起ᄒᆞ며叢花含白ᄒᆞ니雪蕚을綻出ᄒᆞ엿고細草抽綠ᄒᆞ니裙帶를疊成ᄒᆞ엿스며天氣ᄂᆞᆫ氤氳ᄒᆞ고林風은徐動ᄒᆞᆫᄃᆡ最

히喚管을感觸ᄒᆞ야精神을悅惚케흠은千樹萬樹의羅浮仙을同伴ᄒᆞ야一步二步로衆香國에歇泊ᄒᆞ엿더라場所中央에高揭ᄒᆞᆫ裝飾은萬國의旗竿이飄飄ᄒᆞᆫᄃᆡ太極國旗가特秀ᄒᆞᆫ態度를揚ᄒᆞ엿더라西北에一幕은來賓席이니我韓現代의名望家와敎育家의諸位가光臨ᄒᆞ야吾輩의遊興을贊助ᄒᆞ니果然先進의責任이요志士의標準이러라又東北에一幕은活界新聞社이니新聞과號外를發行ᄒᆞ며滑稽的句話와模倣的畵本이覽者로ᄒᆞ여금ᄠᅵ奇絶倒의笑容을禁치못ᄒᆞ게ᄒᆞ니眞個是名士諸氏의深厚ᄒᆞᆫ抱負와巧妙ᄒᆞᆫ意匠을驚服ᄒᆞ깃고또一枝旗竿이閃動ᄒᆞᄂᆞᆫ處를回顧컨ᄃᆡ大書特書ᄒᆞ여曰東洋少年隊라稱ᄒᆞ엿ᄂᆞᆫᄃᆡ五十健卒이倒山決河의勢로突進橫出ᄒᆞ니武裝이靜肅ᄒᆞ고器械가精利ᄒᆞ며號令이嚴明ᄒᆞ고隊伍가整齊ᄒᆞ며坐作進退에風雲이翻覆ᄒᆞ고散合奇正에韜略이神秘ᄒᆞᆫᄃᆡ赳々武夫에如虎如豺의勇壯ᄒᆞᆫ威勢ᄂᆞᆫ장찻盜狗狡狐를驅逐ᄒᆞᆯ듯ᄒᆞ니一塲武藝的演戲가다만觀覽을快濶케ᄒᆞᆯ뿐아니라該東洋少年隊로ᄒᆞ여금他日我國干城의任을足히付託ᄒᆞ깃고其餘諸般運動의準備ᄂᆞᆫ皆体力養成에資益이有ᄒᆞᆫ거신ᄃᆡ枚擧키不遑ᄒᆞ깃스며量意拿來ᄒᆞᄂᆞᆫ茶菓ᄂᆞᆫ飢渴을暫饒케ᄒᆞ고隨處休憩ᄒᆞᄂᆞᆫ行色은精神을收斂케ᄒᆞ엿스며運動의優勝을占ᄒᆞᆫ者에게ᄂᆞᆫ賞品의贈與가有ᄒᆞ엿고夕陽이在山ᄒᆞ고人影이散地ᄒᆞᆫ데震天動地ᄒᆞᄂᆞᆫ大韓萬歲를三度唱罷ᄒᆞᆫ後에三々五々의人員이軒昂ᄒᆞᆫ威儀로春風和氣를滿帶ᄒᆞ고歸途에共登ᄒᆞ니悅然히獨逸戰勝에卑斯麥의回軍과美洲獨立에華盛頓

의凱旋ᄒᆞᄂᆞᆫ氣像과如ᄒᆞ더라

○海外祝　聖三月二十五日即我
大皇帝陛下乾元節이라一般留學生이監督部內에進叅ᄒᆞ야萬歲를三唱ᄒᆞ고賀式을擧行ᄒᆞ다

○警世少年　漢城에居ᄒᆞᄂᆞᆫ崔南善氏ᄂᆞᆫ方今弱冠의妙齡으로才氣超人ᄒᆞ야東西古今의新舊書籍을博涉汎覽ᄒᆞ엿고五六年前日本에留學ᄒᆞ야文明國의實地狀況을目擊心賞ᄒᆞ엿스며昨年以來로「少年」이란雜誌를發行ᄒᆞ야一般同胞의思想을皷吹ᄒᆞ기로目的ᄒᆞᆫ다니敬愛ᄒᆞᆷ을不已ᄒᆞ노라

○學界模範　明治學院에서本會々員으로今春卒業生이高等部에張惠淳氏中學部에劉泰魯金鉉軾金鴻亮三氏인ᄃᆡ就中劉泰魯氏ᄂᆞᆫ年今三十二歲인즉該氏의老成ᄒᆞᆫ年紀로中學時代에在ᄒᆞ야困難을忍耐ᄒᆞ고學業을完了ᄒᆞᆷ은足히不量學力ᄒᆞ고徑入專門ᄒᆞᄂᆞᆫ年少新進의模範이되겟니라

○志士高義　本國敎育界에重望을負ᄒᆞᆫ紳士李鍾浩氏ᄂᆞᆫ敎育視察次로日前東京에渡來ᄒᆞ엿다가本會運動에金貨百圓을補助ᄒᆞ야体育의必要를贊成ᄒᆞ고懇篤ᄒᆞᆫ言辭로勸勉ᄒᆞ엿더라

○公私俱全　本國敎育界에有名ᄒᆞᆫ李鳳來氏ᄂᆞᆫ工業視察次로東京에渡來ᄒᆞ야留連中인ᄃᆡ監督部에서乾元節祝儀를擧行ᄒᆞᄂᆞᆫᄃᆡ對ᄒᆞ야五十圓을補助ᄒᆞ고또留學

生界에敎育을勸奬ᄒᆞ기爲ᄒᆞ야本會에百圓青年學院에五十圓으로賛成ᄒᆞ엿더라

○紀念寫眞　本會々員郭漢倬韓文善兩氏ᄂᆞᆫ日本에留學ᄒᆞᄂᆞᆫ同胞가各處에散在ᄒᆞ야或知面ᄒᆞ되知名치못ᄒᆞ고或知面知名ᄒᆞ되住所를知치못ᄒᆞᄂᆞᆫ弊를免치못홈으로是를慨歎ᄒᆞ야一般留學界同胞의寫眞을收集ᄒᆞ야一冊에裝潢ᄒᆞ고多數擬製ᄒᆞ야發售ᄒᆞ기로計劃中인ᄃᆡ此寫眞一冊을持有ᄒᆞ면天涯가比隣과如ᄒᆞ고生面이夙契를成ᄒᆞᆯ뿐아니라意中人도朝夕에相對홈을得ᄒᆞᆯ지니實노旅遊ᄒᆞᄂᆞᆫ吾輩의必要品으로認ᄒᆞ야諸氏의美擧를賛成ᄒᆞ노라

○擇地修學　夏期試驗에準備ᄒᆞ기爲ᄒᆞ야靜僻ᄒᆞᆫ地方에旅行ᄒᆞᄂᆞᆫ往例가有ᄒᆞᆫᄃᆡ今度李昌煥氏ᄂᆞᆫ神奈川으로崔浩善李豊載兩氏ᄂᆞᆫ大磯로日前發往ᄒᆞ엿더라

○是兄是弟　兪一煥氏의學費困難홈은一般知了ᄒᆞᄂᆞᆫ바어니와本國仁港에居ᄒᆞᄂᆞᆫ張之淳張壬淳兄弟兩氏ᄂᆞᆫ兪一煥氏의行橐이罄竭ᄒᆞ야事情이迫切홈을目擊ᄒᆞ고幾個朔學費幾拾圓를捐助ᄒᆞ엿다니該氏弟兄의同情心을可感ᄒᆞᆯ너라

○學界特色　張膺震氏ᄂᆞᆫ曾往米國에留學ᄒᆞ엿고또日本에留學ᄒᆞ야今年三月에高等師範學校에서卒業ᄒᆞ엿ᄂᆞᆫᄃᆡ該氏의外國에留連ᄒᆞᆫ지首尾十二年이되ᄂᆞᆫᄃᆡ贍富ᄒᆞᆫ學識과高尙ᄒᆞᆫ志操ᄂᆞᆫ實노吾人의敬愛ᄒᆞᄂᆞᆫ바이요또日本에留學生이有ᄒᆞᆫ以來로師範卒業生은該氏로써嚆矢를作ᄒᆞ겟더라

○好評嘖々　蔡基斗氏ᄂᆞᆫ明治大學法科三年生인ᄃᆡ日前該校文藝會에叅席ᄒᆞ엿

다가二十世紀東洋將來란問題에對ᄒᆞ야該氏가演壇에登ᄒᆞ야嫺熟ᄒᆞᆫ日語로世界의天下大勢를痛快히辯論ᄒᆞ미滿場喝采ᄒᆞ엿고翌日新聞에揭載ᄒᆞ엿스되蔡基斗氏ᄂᆞᆫ音調와体格이演說法式에適合ᄒᆞ다ᄒᆞ야韓國에一人이란好評을得ᄒᆞ엿더라

○同志栢悅 敎育의目的으로師範學을硏究ᄒᆞᄂᆞᆫ諸氏ᄂᆞᆫ今番張膺震氏의卒業을祝賀ᄒᆞ기爲ᄒᆞ야日前에神田區駿河臺寶亭에서午饗을同卓ᄒᆞ고因ᄒᆞ야紀念으로一同이撮影ᄒᆞ엿더라

○癒快退院 劉秉敏氏ᄂᆞᆫ胃病으로神田區精養院朴有秉氏ᄂᆞᆫ咽喉病으로麴町區回生病院에서治療ᄒᆞ더니漸次癒快ᄒᆞ야該兩氏ᄂᆞᆫ日前退院ᄒᆞ엿더라

○實業好團 本國來信을聞ᄒᆞᆫ즉平安南道觀察使柳赫魯氏와義州監理徐相勉氏ᄂᆞᆫ該府下의有志紳士로더부러時勢의必要ᄒᆞᆷ을協議ᄒᆞ고實業團을組織ᄒᆞ엿ᄂᆞᆫᄃᆡ장찻實業界에盛況을呈ᄒᆞ깃다더라

會錄

第一回定期總會々錄

隆熙三年二月七日上午十時에定期總會를麴町區本會事務所에서開會홀식會長蔡基斗氏가登席ᄒᆞ고書記가會員을點檢ᄒᆞ니出席員이八十三名이라剏立總會々錄을爲先通過홀식剏立總會々錄은書記가持來치못ᄒᆞᆫ故로第二回定期總會에通過케ᄒᆞ고會長이本會의維持方針에對ᄒᆞ야公心、忍耐、勇氣、의三個要點으로一般會員이遵守ᄒᆞ기를勸勉ᄒᆞ다

評議會의議決事項을報告홀식韓相愚氏特請ᄒᆞ되評議會報告는評議會々錄을朗讀報告케ᄒᆞ자ᄒᆞ야異議가無ᄒᆞ다

書記가第一回特別評議會々錄을朗讀ᄒᆞ미韓相愚氏特請ᄒᆞ되評議會々錄中에書記員以下各部任員의選定ᄒᆞᆫ事件이漏落되엿스니正誤ᄒᆞ자ᄒᆞ미改正되다

第一回定期評議會々錄을朗讀承認ᄒᆞ다柳承欽氏動議ᄒᆞ기를本會剏立總會々錄을今日總會에承認ᄒᆞ엿다가本月刊行機關報에揭載홈이可ᄒᆞᆫ딕今日은已是未及되엿슨즉該會錄을總務員及書記員의게專任修正ᄒᆞ야機關報에揭載케ᄒᆞ자ᄒᆞ미

李豊載氏再請으로可決ᄒᆞ다
總務員崔昌朝氏가事務所及活版所修理情形과各支會印章製送ᄒᆞᆫ事를報告ᄒᆞ다
會計部長李康賢氏가財政現狀을報告ᄒᆞ니由來總收入이七百二十圓十四錢이요總支出이八十一圓三十三錢五里인ᄃᆡ實餘額이六百二十圓八十錢五厘라ᄒᆞ다
編纂部以下各部報告가已畢ᄒᆞᆫ後新事項을提議ᄒᆞᆯᄉᆡ副會長崔麟氏의辭任請願에對ᄒᆞ야許施與否를擧手處決ᄒᆞ기로鄭世胤氏特請ᄒᆞ야異議가無ᄒᆞ다
各會淸算檢査委員劉泰魯氏가各會淸算의調査情形을一々報告ᄒᆞ미前大韓學會淸算中特別債權에對ᄒᆞ야理由質問이有ᄒᆞᆷ으로劉泰魯氏가說明ᄒᆞ다
鄭世胤氏가動議ᄒᆞ되今番副會長選擧ᄂᆞᆫ第一回副會長選擧時에投票次點된人員으로推選케ᄒᆞ자ᄒᆞ고劉泰魯氏再請ᄒᆞᆫ後閔正基氏가依規則選擧ᄒᆞ기로改議ᄒᆞ고金顯洙氏再請으로可決되다
時間이短促ᄒᆞᆷ으로十二時에閉會ᄒᆞ다

第二回定期評議會

隆熙三年二月二十八日下午一時에定期評議會를本會事務所內에開會ᄒᆞᆯᄉᆡ議長許憲氏가登席ᄒᆞᆫ后書記가名簿를點檢ᄒᆞ니出席員이十四人이요有故不叅員이三人이라會長蔡基斗氏以下總務及會計（代理）編纂、出版、運動等諸部々長이叅

席ᄒᆞ다因ᄒᆞ야開會ᄒᆞ고몬져議事上에叅考ᄒᆞ기爲ᄒᆞ야議長이書記로ᄒᆞ야곰前回會錄를朗讀케ᄒᆞ고又各部々長으로ᄒᆞ야곰報告케ᄒᆞ니其報告홈이如左

總務崔昌朝氏報告ᄒᆞ되事務所及印刷所修理費와幷其他諸種雜費가合一百五十九圓四十錢五厘라ᄒᆞ고次에會計部長代理趙東濉氏가報告ᄒᆞᆯ식其記錄이詳備치못ᄒᆞᆷ으로次會總會에報告케ᄒᆞ고次에編纂部長姜荃氏報告ᄒᆞᆯ식學報는自今一週日後면發行되깃고其外에別無報告라ᄒᆞ고次에出版部長李漢卿氏報告ᄒᆞ되印刷事務는本月八日부터始作ᄒᆞ얏는ᄃᆡ二十六日에至ᄒᆞ기々지費用이一百五十七圓四十八錢五厘이오雇員은韓人三名日本人二名인ᄃᆡ其給料는月計로韓人中一名은九圜、二名은八圜이오日本人은各二十圜이며其印刷所每朔經費를槪算ᄒᆞᆫ즉一百十七圜假量이되깃다云ᄒᆞ다運動部는報告ᄒᆞᆯ事項이無ᄒᆞ고交際、司察、討論諸部長은缺席ᄒᆞ다

其次에議決事項은如左

尹定夏氏가會錄朗讀事에關ᄒᆞ야特請ᄒᆞ기를評議會가每月最終日曜에在ᄒᆞᆫᄃᆡ總會는每月第一日曜에開ᄒᆞ는故로評議會々錄이往々評議會의承認을經過치못ᄒᆞ고곳總會에朗讀되는弊를未免ᄒᆞ니自今으로는評議會々錄을同閉會時에即席朗讀케ᄒᆞ자ᄒᆞ미異議업시可決되다

金志侃氏의本會債權收納ᄒᆞ자는提議案（氏가因病未叅ᄒᆞ고以書提案ᄒᆞᆷ이라）

에對ᄒᆞ야內地의債權은前各會의名義로各債務者에게債權移轉通知書를送付ᄒᆞ고因ᄒᆞ야本會의名義로四種新聞에廣告ᄒᆞ쟈ᄒᆞ미柳承欽氏動議에李得年氏再請ᄒᆞ야問可否可決되고此地에在ᄒᆞᆫ債務者에게ᄂᆞᆫ收刷委員을特定ᄒᆞ야收納淸帳케ᄒᆞ쟈ᄒᆞ미韓溶氏動議에李恩雨氏再請ᄒᆞ야 一致可決되고其委員選定事ᄂᆞᆫ會長及總務에게委任ᄒᆞ다

金志侃氏提議案에 商學界 雜誌ᄂᆞᆫ我國實業界에警鍾인즉本會印刷所의餘閒을利用ᄒᆞ야繼續發刊케ᄒᆞᆷ이如何오云ᄒᆞᆷ에對ᄒᆞ야尹定夏氏動議ᄒᆞ되商學界가第三號ᄭᆞ지發行되고其後부터ᄂᆞᆫ本會 財 政 의 窘乏ᄒᆞᆫ所致로不得已停刊됨에至ᄒᆞᆷ은一般會員의共知ᄒᆞᄂᆞᆫ바어니와其時豫算에 ᄂᆞᆫ印刷雇人의給料를算入ᄒᆞᆷ으로千部發刊費가三十圓假量에至ᄒᆞ더니今에其雇員의給料를日給으로定치아니ᄒᆞ고月給으로定ᄒᆞ얏슨즉原豫算內에셔雇員給料의部分이減省되야該雜誌의頁紙數를四十頁紙假量ᄭᆞ지擴張ᄒᆞᆯ지라도千部의發刊費가二十圓에不過ᄒᆞ겟고又往例에徵ᄒᆞᆫ즉其雜誌의代價로發刊費의半額以上이收入될뿐더러印刷所를無端히閒休ᄒᆞᆷ이其設置의本意가아이니該商學界를繼續發刊ᄒᆞᆷ이可ᄒᆞ다ᄒᆞ미朴海遠氏再請ᄒᆞ야問可否可決되고其 編 纂 員은尹定夏氏로仍 選ᄒᆞ고印刷人은全豹氏로選定되다

平安北道義州府勉學親睦會의支會請願에對ᄒᆞ야許施ᄒᆞ기로滿場 一致로可決되

다

柳承欽氏動議ᄒᆞ기를今番의大使로此地에特來ᄒᆞᆫ宮內大臣閔丙奭氏와及其隨員을歡迎ᄒᆞ자ᄒᆞ미李寅彰氏의改議로朴容喜氏再請ᄒᆞ야總代를派遣ᄒᆞ야慰問ᄒᆞ기로可決되고朴炳哲李恩雨兩氏가慰問總代로被選되다

柳承欽氏動議ᄒᆞ되來三月下旬은正히春風駘蕩ᄒᆞ고兼ᄒᆞ야多數學校의休學ᄒᆞᄂᆞᆫ時인즉此時機를利用ᄒᆞ야監督丈外內外國紳士或敎師를請邀ᄒᆞ야演說會를開催ᄒᆞ자ᄒᆞ미文尙宇氏가本動議에勿論贊成ᄒᆞᄂᆞ但其內外國紳士를同時에請邀홈이不可ᄒᆞ니異時를期ᄒᆞ야各別請邀ᄒᆞ자고再請ᄒᆞ야問可否可決된後其日字를三月二十五日로定ᄒᆞ고몬져內國紳士를請邀ᄒᆞ기로決定되다

趙鏞殷氏特請ᄒᆞ되咸鏡南道文川郡一帶에慘毒ᄒᆞᆫ饑饉에罹ᄒᆞᆫ數千名我同胞를救助ᄒᆞ기爲ᄒᆞ야來總會에提議ᄒᆞ자ᄒᆞ미滿場一致로可決되고文尙宇氏動議에陳慶錫氏再請ᄒᆞ야爲先明日로金十圓을皇城新聞社로卽速付送ᄒᆞ야써傳致케ᄒᆞ기로可決되다

運動部長尹冀鉉氏提議에體育의急務됨과及其發達의方針을次第詳陳ᄒᆞ야運動服費로三十五圓金을支出ᄒᆞ고又會費每名下十錢中에서三錢은運動部經費에充用케ᄒᆞ자ᄒᆞ미本提議案을總會에提出ᄒᆞ기로留案되다

編纂部長姜荃氏動議ᄒᆞ기를海外의事情을詳探ᄒᆞ기爲ᄒᆞ야西洋新聞을限二種ᄒᆞ

고購讀ᄒᆞ쟈ᄒᆞ미朴容喜氏特請으로異議가無ᄒᆞ야爲先一種만購讀ᄒᆞ기로可決되다

同下午六時에書記가當日會錄을朗讀ᄒᆞ야錯誤가無ᄒᆞᆷ으로承認되고因ᄒᆞ야閉會ᄒᆞ다

大韓興學會第二回定期總會々錄

隆熙三年三月七日上午十時에定期總會ᄅᆞᆯ麴町區中六番町本會事務所에셔開會ᄒᆞᆯᄉᆡ會長蔡基斗氏가登席ᄒᆞ고書記가會員을點檢ᄒᆞ니出席員이七十九名이라書記가前回會錄을朗讀ᄒᆞ야誤錯이有ᄒᆞᆷ으로正誤承認ᄒᆞ다總務員崔昌朝氏가報告ᄒᆞ되事務所修理竣役에用費가百五十九圓四十錢五厘요咸南文川郡飢饉救助金拾圓을皇城新聞社에送附ᄒᆞ야傳致케ᄒᆞ엿고各會에셔傳掌되여던物品을一々保管ᄒᆞ엿스며前各會의債權債務ᄅᆞᆯ本會에셔引受ᄒᆞᄂᆞᆫ意로皇城新聞에廣告ᄒᆞᆫ等事이더라

出版部長李漢卿氏가出版部狀況을報告ᄒᆞ니朴容喜氏가本會機關報에印刷의遲緩理由ᄅᆞᆯ質問ᄒᆞ미李漢卿氏의說明이有ᄒᆞ다

評議會議決案을通過ᄒᆞᆯᄉᆡ同案中商學界發刊案에對ᄒᆞ야異議가有ᄒᆞᆷ으로討論ᄒᆞᆫ後間可否ᄒᆞ야發刊ᄒᆞ기로可決되다

平北義州府勉學親睦會에서請願ᄒᆞᆫ支會許可與否에對ᄒᆞ야尹台鎭氏가實情의調査與否를質問ᄒᆞ미柳承欽氏가答辯ᄒᆞ되是ᄂᆞᆫ本會員金載汶氏가月前還國ᄒᆞ엿슬時에實情을精査ᄒᆞ엿슨즉確實無疑ᄒᆞ다ᄒᆞ야問可否에認許ᄒᆞ기로可決ᄒᆞ다

文尙宇氏가特請ᄒᆞ되本會細則을速히制定ᄒᆞ야定期総會前으로發布ᄒᆞᆷ이妥當ᄒᆞᆫᄃᆡ該細則制定委員은會長이三人以上을自辟ᄒᆞ라ᄒᆞ야會長이文尙宇、柳承欽、尹台鎭三氏를自辟ᄒᆞᆫ後柳承欽氏의特請으로金洛泳氏를增選ᄒᆞ다

會計部長李康賢氏가財政現狀을報告ᄒᆞ니現金이四百三十三圜七十五錢이라李寅彰氏가特請ᄒᆞ되會長이財政現金檢査委員一人을自辟ᄒᆞ야檢査케ᄒᆞ쟈ᄒᆞ야異議가無ᄒᆞᆷ으로會長이全豹氏를自辟選定ᄒᆞ야檢査報告ᄒᆞ다

崔昌朝氏가動議ᄒᆞ되前各會에서傳掌된債權債務를引受實行ᄒᆞᆷ에對ᄒᆞ야評議會議決案을勿施ᄒᆞ고總會에서收刷委員二人을選定케ᄒᆞ쟈ᄒᆞ야再請이有ᄒᆞᆫ後薦望으로韓溶、 尹台鎭兩氏를選定ᄒᆞ다少年部請願에對ᄒᆞ야認許與否ᄂᆞᆫ評議會에委任케ᄒᆞ쟈고文尙宇氏動議ᄒᆞ고尹定夏氏再請이有ᄒᆞ다

尹冀鉉氏가提議ᄒᆞ되本會運動部를擴張ᄒᆞ쟈면諸般設備가完全ᄒᆞ여야ᄒᆞᆯ거슨勿論이오니와事勢未能ᄒᆞᆫ즉無可奈何이나個中運動被服一組를排置ᄒᆞ엿스면緊用處가多ᄒᆞᆫᄃᆡ該費用은三十五圜이면適用ᄒᆞ겟스니支出ᄒᆞ라ᄒᆞ미動議再請이有ᄒᆞ야評議會에委任ᄒᆞ다

高元勳氏의特請으로本會機關發行日字는本會二十日노爲始ᄒᆞ기로改正ᄒᆞ다
下午一時에閉會ᄒᆞ다

第三回定期評議會々錄

隆熙三年三月廿八日下午一時에定期評議會를麴町區本會事務所에서開ᄒᆞᆯ식議長許憲氏가陞席ᄒᆞᆫ後書記가議員의進否를點檢ᄒᆞ니出席員이二十五人이요有故未叅員이七人이요無故不叅員이七人이라議長이開會ᄒᆞ고書記가前回會錄을朗讀ᄒᆞᆯ식書記員이會錄을持來치못ᄒᆞᆫ故로權停ᄒᆞ고總務員以下各部의事項을報告ᄒᆞ니總務員崔昌朝氏가外國學生에게救助金三十圜支給ᄒᆞᆫ事를報告ᄒᆞ다
前回評議會에서派送ᄒᆞ엿던閔大使慰問總代朴炳哲氏가慰問의顚末을報告ᄒᆞ다
會計部長李康賢氏가財政現狀을報告ᄒᆞ니當月內總收入金額이二百十五圜十四錢五厘이요當月內總支出金額이一百五十二圓八十四錢一厘이라差減ᄒᆞ니剩餘額이六十二圓三十錢四厘이요銀行에任置ᄒᆞᆫ金額이二百九十圓이러라
李康賢氏報告中事務所用下記四十餘圓의理由를質問ᄒᆞᄂᆞᆫ議員이有ᄒᆞᆷ으로李康賢氏가說明ᄒᆞ다
一進會長李容九氏의寄附金五十圓을領受與否에對ᄒᆞ야評議會一般會員이該金을還送ᄒᆞ기로決議ᄒᆞ다

趙鏞段氏가動議ᄒᆞ되細則制定委員의制定ᄒᆞᆫ細則을本評議會에通過ᄒᆞ자ᄒᆞ야再請이有ᄒᆞᆫ後問可否可決ᄒᆞ다

細則制定委員文尙宇氏가制定ᄒᆞᆫ細則을逐條朗讀ᄒᆞ야改正通過ᄒᆞ다

柳承欽氏가特請ᄒᆞ되留學生監督申海永氏가本評議會에暫時傍參ᄒᆞ기를請ᄒᆞᆫ事가有ᄒᆞ니總代를派送ᄒᆞ야開會ᄒᆞᆷ을通告ᄒᆞ게ᄒᆞ자ᄒᆞ야異議가無ᄒᆞ미議長이柳承欽氏를總代로自辟ᄒᆞ야通知ᄒᆞᆫ後申海永氏가出席ᄒᆞ야學部大臣李載崑氏의本會寄附金四百圜과紳士李鳳來氏의寄附金壹百圜을傳致ᄒᆞᆯ事와由來留學生界에我 東宮殿下게옵서下賜ᄒᆞ신金貨와外에有志人士의寄附金을仍置ᄒᆞ야將次本會에傳致ᄒᆞᆯ事와學部訓令에對ᄒᆞ야注意處를略陳ᄒᆞᆫ後議長許憲氏가代表로感謝ᄒᆞᆫ意를陳述ᄒᆞ다

鄭世胤氏動議ᄒᆞ되本會가刱立된後一般會員이一齊會同ᄒᆞ야一次愉快히遊樂ᄒᆞ기를願ᄒᆞᆷ은本會々員一同의切望일뿐더러兼ᄒᆞ야春氣和暢ᄒᆞ고又는本國有志紳士某々諸氏가此地에現在ᄒᆞ야參觀ᄒᆞ기를渴望ᄒᆞᆫ다ᄒᆞ니此時를應ᄒᆞ야春期大運動會를開設ᄒᆞ되設備及節次等은運動部長의게委任케ᄒᆞ자ᄒᆞ고朴炳哲氏再請ᄒᆞ야問可否可決ᄒᆞ다

運動部長尹冀鉉氏提議ᄒᆞ되今番春期大運動會經費는五十圓을支撥ᄒᆞ라ᄒᆞ야問可否可決ᄒᆞ다第二回定期總會에서委任ᄒᆞᆫ少年部請願에對ᄒᆞ야鄭世胤氏가動議

ᄒᆞ되該部請願에對ᄒᆞ야ᄂᆞᆫ認許ᄒᆞᄂᆞᆫ境遇에ᄂᆞᆫ本會細則中支會規則을依倣制用케ᄒᆞ고名稱은芝區討論支部라命名ᄒᆞ자ᄒᆞ고文尙宇氏再請ᄒᆞ야問可否可決ᄒᆞ다

文尙宇氏特請ᄒᆞ되芝區討論支部認許ᄂᆞᆫ總務員에委任ᄒᆞ야討論部長의게傳達케ᄒᆞ자ᄒᆞ야異議가無ᄒᆞ다

李得年氏의動議에柳承欽氏再請으로紳士李鳳來氏의게慰問總代를派送ᄒᆞ기로可決ᄒᆞ고議長이劉泰魯、鄭世胤兩氏를自辟ᄒᆞ다

第二回定期總會에서委任ᄒᆞᆫ運動部運動被服費三十五圜支撥請求事에對ᄒᆞ야支撥ᄒᆞ기로動議再請이有ᄒᆞ야問可否可決ᄒᆞ다下午九時에閉會ᄒᆞ다

本會々員錄

朴時陽 申鳳燮 姜信穆 林元培 朴昌一 朴泳雨 徐相勗

姜信立 殷成河 金柄胄 金晉庸 朴濟元 朴準禹 郭漢倬

李尙根 徐允京 李桂星 韓文善 張膺震 韓洛溶 張膺萬

姜敬燁 金東一 金汝盛 李大容 李得年 嚴柳燮 嚴之燮

李寅喜 洪命憙 尹禹璿 金昌燮 金光一 張汶翰 邊鳳現

崔海弼 金裕平 洪鍾九 崔基元 李寅泳 柳正鐸 李得煥

韓翼東 高宜煥 崔忠昊 金聖培 鄭溶鎭 金淵穆 李完瑛

崔昌朝
鄭錫溶
具克昭
金慶培
鄭周永
金國彥
金鉉載
朴尙純
李重雨
金載鏞
朴元熙
李鍾大
南宮營
趙膺夏
宋在起
吉昇益
崔東曦

崔浚晟
崔晉煥
朴珽一
林憲慶
李奎鏞
金昌洙
禹昌熙
李承遠
金晩翁
金淇重
金明奎
高光駿
全　豹
李允燦
洪思軾
咸錫殷
趙命九

李震珪
洪思先
金泳煥
金有雨
趙鏞殷
金瓚永
車景煥
金君澧
金獜奎
李瀞鎔
朴相洛
金佰熙
李寅彰
鮮于欔
趙南稷
李豊烈
趙東洵

張允澤
金聖完
柳世澤
尹泰烈
金淵祐
高漢柱
金洛昊
安炳敦
金寬會
尹鼎三
金在煜
鄭廣朝
姜　邁
柳承欽
李揆萬
劉泰魯
金潤萬

李源觀
馬鉉羲
金炯奎
金淇驩
金寅鎭
金尙沃
高元勳
金昌煥
尙允植
金致鍊
金鍾璉
崔　麟
朴允喆
閔泳禹
南允熙
李南熙
李大衡

李敦淳
鄭燦奎
金相豊
鄭世胤
洪淳亮
林　彪
申錫禹
柳萬葉
吳正善
崔泰旭
金灤斗
全　虎
劉永熙
金載汶
李瑗應
朴準大
金志健

朴春緖
金觀鎬
李承瑾
孫洪駿
尹泰英
金昌河
高允樂
金尙鉉
金澤熙
李鉉譽
金局泰
文尙宇
金載熙
鄭敬潤
趙肅熙
尹祐爕
楊致中

韓 溶	千潤錫	朱範鎭	李聖彥	金洋洙	金達集	朴鎔夏
任昌彬	黃靖晃	盧庭鶴	金洛泳	金潤英	閔正基	李洪箕
李漢卿	李承漢	尹貞浩	洪璋爕	片東鉉	尹宇植	孫永國
金鎭淑	許 憲	朴容喜	柳東秀	尹冀鉉	(未完)	

第二回會計部廣告

本會에對ᄒᆞ야贊成金、學報代金을現金으로送致ᄒᆞ신 僉君子ᄂᆞᆫ會計部廣告欄을自第一回會計部廣告로브터考覽ᄒᆞ시와萬一漏記가有ᄒᆞ거든本會事務所로通知ᄒᆞ야中間遺失의弊가無케ᄒᆞᆷ을敬要

今般廣告ᄂᆞᆫ至本月(四月)十日ᄭᆞ지收入ᄒᆞᆷ을記載ᄒᆞᆷ

贊成金秩

李載崑氏 肆百圜　李鳳來氏 壹百圜
吳錫裕氏 五 圜　金相烈氏 四 圜

第二回前大韓學會贊成金處理委員尙灝氏가本會에送交ᄒᆞᆫ金額은參拾陸圜五拾錢인ᄃᆡ贊成金收入記ᄂᆞᆫ如左ᄒᆞᆷ

收入

前回餘條 貳圜九拾壹錢　崔 鎭氏 拾 圜　李宣鎬氏 壹 圜
金在翼氏 五拾錢　金東振氏 五拾錢　鄭顧懿氏 貳 圜　尹炳奎氏 壹 圜
金秉先氏 拾 圜　鄭鎭弘氏 五 圜　金炳顯氏 貳 圜　柳一宣氏 貳 圜

收入合計三十六圓九十一錢也

支出

大韓興學會交付條 三拾六圓五拾錢也　郵便料等雜費 四十一錢也

支出合計三拾六圓九拾一錢也

學報代金秩

車秉軾氏 貳圓　南世極氏 壹圓　宋貌善氏 壹圓

崔泰元氏 壹圓　李仲哲氏 壹圓五拾六錢　安州郡長興學校 七十二錢

羅聖淵氏 三拾錢　李載鉉氏 壹圓五拾六錢　林聖獜氏 壹圓五拾六錢

朴履善氏 五圓　郭南秀氏 壹圓貳拾錢　玄禹錫氏 壹圓

方漢翊氏 貳圓　邊狳瑞氏 貳圓貳拾錢　金福鉉氏 壹圓　李逵鎔氏 四拾錢

特別債務秩

李恩雨氏 五拾圓　李承瑾氏 五圓　柳承欽氏 三圓三拾五錢　韓相愚氏 三圓　金淇驩氏 四圓

第一回會計部決算報告 (自本會創立初 至四月十一日)

收入秩

前大韓學會基本金 一四三九·九九〇圓　前大韓學會贊成金 三九·五〇〇

前太極學會基本金 四五一八·六三五　前共修會基本金 六一·三一〇

贊成金 五〇九·七二〇　學報代金 九·三四〇

會費金 四一·五五〇　商學界 一五·五九五

金簪(前太極學會基本物) 五錢重一箇

收入總合額 六六三五·六四〇圓也

支出秩

前大韓學會普通債務	八五五·九一〇圓
前大韓學會特別債務	二一四·四二〇
前大韓學會學報代債務	一九二·八五〇
前大極學會贊成金債務	二八三四·五〇〇
前太極學會學報代債務	七三八·八九五
前太極學會々費金債務	二六四·九〇〇
前共修學會學報代債務(大東書肆)	三·〇〇〇
事務所及活版所修理費	一五九·四〇五
通信費	八·五二五
討論部	·〇六〇
出版部	三二三·九〇六
事務所	一〇七·二九五
印章費	三·二五〇
商學界	三·〇〇〇
雜費	三八·二九〇
編纂部	八·八二〇
運動部	一四九·二〇五
會計部	·八二〇
物品費	二·三七〇
救助費(外國學生)	三〇·〇〇〇

支出總合額五九五六·四二一

●實在金額六七九·二一九圓也

●學報定價

一部(郵並) 拾五錢
三個月(上仝) 四拾錢
半年分(上仝) 八拾錢
一年分(上仝) 一圜五拾五錢

●廣告料

半頁 金參圜
一頁 金五圜

發行人 高元勳
日本東京麴町區三番町六十九番地

編輯人 姜荃
日本東京市麴町區中六番町四十九番地

印刷人 金源極
日本東京市麴町區中六番町四十九番地

發行所 大韓興學會事務所
日本東京市麴町區中六番町四十九番地

印刷所 大韓興學會出版部
日本東京市麴町區中六番町四十九番地

隆熙三年三月廿八日
明治四十二年三月廿八日
第三種郵便物認可

大韓興學報

隆熙三年（日本明治四十二年）五月二十日發行（每月一回）

在日本東京
大韓興學會發行

第參號

廣告

●本報를購覽코자ᄒᆞ시난이난本發行所로居住姓名을詳細히記送ᄒᆞ시며代金은郵便爲替로交付ᄒᆞ심을要ᄒᆞᆷ

●本報를購覽ᄒᆞ시ᄂᆞᆫ諸氏ᄂᆞᆫ住所를移轉ᄒᆞ시거든移轉處所를本發行所로通知ᄒᆞ심을要ᄒᆞᆷ

●本報ᄂᆞᆫ有志人士의購覽의便宜를供ᄒᆞ기爲ᄒᆞ야出張所及特約販賣所를如左히定ᄒᆞᆷ

皇城中部長通坊洞口越便 朱翰榮書舖

慶南釜山港東館 韓興書館

黃海道安岳邑上場里 海西書市

平壤貫洞 耶蘇教書院

平壤法首橋 大同書觀

平南三和鎭南浦港築洞 金元燮家

平北定州郡南門內 洪成麟商店

北美國桑港韓人國民會舘內 金永一住所

平壤鍾路 太極書館

咸南咸興郡中荷里 都連浩藥舘

投書의注意

本報는帝國同胞의學術과知德을發展ᄒᆞᄂᆞᆫ機關이온즉惟我 僉位會員은本報를編纂ᄒᆞᄂᆞᆫᄃᆡ十分方便의 另念을特加ᄒᆞ오셔每月三十日以內作文原稿를編纂部로送交ᄒᆞ심을敬要홈

●、原稿材料 論說、學術、文藝、詞藻、雜著

●、用紙式樣 印刷十文紙、縱行三十四字、橫行十七字

●、精寫免誤 楷書

●、通信便利 姓名、居住

●、編輯權限 筆削、添補、批評、停載

●、送呈規例 會員外에는該投書揭載ᄒᆞᆫ當號一部式送呈홈

廣 告

本會는前大韓、太極、共修、硏學、諸學會가合同ᄒᆞ야成立한事實은已爲公佈ᄒᆞ얏거니와右各會에關ᄒᆞᆫ債權債務及諸般事務를本會에서一切履行ᄒᆞ오니僉君子는照諒ᄒᆞ심을要ᄒᆞᆷ

大韓興學會 告白

特別注意

本會에對ᄒᆞᆫ義捐金、學報代金을送致ᄒᆞ신
諸氏의게ᄂᆞᆫ學報現金收入欄內에揭載도ᄒᆞᆯ
뿐더러ᄇᆞᆫ다시大韓興學會會計部章이라ᄂᆞᆫ
實印을捺ᄒᆞ야領受証一枚式進呈ᄒᆞ깃사오
니萬一此領證의交付가無ᄒᆞ거나揭載의漏
闕이有ᄒᆞ거든本會事務所에通知ᄒᆞ시와中
間에遺失ᄒᆞᄂᆞᆫ廢가無케ᄒᆞ심을敬要

大韓興學會會計部 告白

大韓興學報第參號目次

雜纂

彙報

會錄

祝大韓興學會(寄書)

鄭錫迺

蓋宇宙間人類社會가凡於營爲에合則成ᄒᆞ고散則敗ᄂᆞᆫ古今東西의不易ᄒᆞᄂᆞᆫ通義라故로余ㅣ挽近以來로國內人民의精神이渙散ᄒᆞ며實力이不敷홈을深憂홈이不無호되特히海外에出ᄒᆞ야文明의風氣에涵養ᄒᆞ며高尙ᄒᆞᆫ學業을修鍊ᄒᆞᄂᆞᆫ留學社會의分派各據홈을歎惜ᄒᆞᆫ者已有年所러니何幸諸公이二十世紀烈風潮가半島故國에震盪홈을大覺ᄒᆞ고各會을統合ᄒᆞ야帝國學界의標範될一大機關을完成ᄒᆞ얏ᄉᆞ니區々一念이國計民生의前途을爲ᄒᆞ야瀛海萬里을遠隔ᄒᆞᆫ一團法人의게百拜千賀ᄒᆞ고更히一言으로써眷々相屬ᄒᆞᄂᆞᆫ바ᄂᆞᆫ公德의心과忠勇의氣을善養ᄒᆞ며忍耐의力과慈愛의志을增長ᄒᆞ야半島江山新帝國의堂々ᄒᆞᆫ獨立歷史로ᄒᆞ야금東亞大陸에大光輝를宣揚케홈을日夜로顒祝ᄒᆞ고玆에無多의鶴俸을敢割ᄒᆞ야萬一의同情을謹表ᄒᆞ노니勉哉어다諸公이여

演壇

敎育의新潮

金永基

十九世紀老大野干이二十世紀文明健兒를産出ᄒᆞ야粉飾的平和面目과流傳的侵略手腕으로雷轟電擊ᄒᆞ며風號雨打ᄒᆞ야半島江山에輻湊來襲ᄒᆞ니傳守舊業이零落殆盡이라全局이掃如에殘存이幾何오然猶大韓名字가依然獨存ᄒᆞᆷ은只是國民의二千萬腦에靑邱靈魂이存在ᄒᆞᆷ을以ᄒᆞᆷ이로다

斯民은國家의休戚을同ᄒᆞᆯ者며宗社의安危를共ᄒᆞᆯ者며競爭舞臺에標幟를揭ᄒᆞᆯ者며獨立活界에凱旋을奏ᄒᆞᆯ者니誠可敬可愛ᄒᆞ고最親最信ᄒᆞᆫ者는惟我民族이라普及的敎育으로先導치아니ᄒᆞᆷ이不可할시所以로先覺諸氏가敎育說를主唱ᄒᆞ야學校也講習所가列立相望ᄒᆞ니實同志의感을自任키難ᄒᆞ거니와但其主義與敎授方法이鵠的이相類ᄒᆞ야始焉諸氏의滿腔沸血ᄒᆞ든熱心이終焉斯民의說食數錢ᄒᆞ는錯誤에對ᄒᆞ야得未補失의患이八九皆然ᄒᆞ니此實痛惜不已ᄒᆞ는바라이에學退를是暇ᄒᆞ야最近歐美敎界의嶄新ᄒᆞᆫ學說를博採ᄒᆞ며日本諸家의拔奇ᄒᆞᆫ講演을傍搜

ᄒᆞ고兼之我韓의舊來俗尙과民族의流傳性質를反覆斟酌ᄒᆞ야二種意見을折衷畧陳ᄒᆞ야我敎育界熱心諸氏의게紹介코져ᄒᆞᄂᆞ니譬컨ᄃᆡ釀花春蜂이色香을總取ᄒᆞ야消融成蜜이라ᄒᆞ기ᄂᆞᆫ自敢치못ᄒᆞ거니와또ᄒᆞᆫ剝棗秋鵲이生澁을全呑ᄒᆞ고旋即吐滓ᄒᆞᆷ은아니로다

其第一은曰敎育主義오第二ᄂᆞᆫ曰敎授方法이며其敎育主義에又兩種主義를分ᄒᆞ니曰保守的主義曰進步的主義라

保守的主義云者ᄂᆞᆫ德國의産物이니厥土人性은愼重의態를尊崇ᄒᆞ고思想의力이贍富ᄒᆞ야得失預算에分毫가不差ᄒᆞ고凡於學理에自己發明이아니면如何ᄒᆞᆫ新奇學說이有ᄒᆞ더라도將來影響을深究明知ᄒᆞ기以前에ᄂᆞᆫ容易首肯치아니ᄒᆞ며一般學校에敎師本位를制定ᄒᆞ야嚴密ᄒᆞᆫ規則으로生徒를監督ᄒᆞ고

進步的主義云者ᄂᆞᆫ美洲의特質이라此國俗尙은敏速을是重ᄒᆞ며實行에傾嚮ᄒᆞ야何事를不計ᄒᆞ고有聞卽行ᄒᆞ며有見敢爲ᄒᆞ야工作商行이朝建夕破ᄒᆞ고昨無今有ᄒᆞ며聯邦學校에生徒本位를取用ᄒᆞ야自由制度로生徒를收養ᄒᆞ니此是泰西敎界에第一位置를占領ᄒᆞᆫ兩大潮流라然ᄒᆞᄂᆞ局外中立者로正眼看取컨ᄃᆡ鳧短鶴長의嫌이兩俱不無ᄒᆞ도다德國의思想偏重과敎師本位ᄂᆞᆫ進取前途에遲緩沈縮의嫌을難免ᄒᆞᆯ거시요美洲의敏速是傾과生徒本位ᄂᆞᆫ放任餘習이輕躁橫逸의失를釀成ᄒᆞᆯ거시니然ᄒᆞᆫ즉保守與進步에折衷主義를取用치아니ᄒᆞ면長足進取와現狀維持에

二俱不能홀줄明認ᄒᆞ노라

現今我韓敎育界ᄂᆞᆫ如何ᄒᆞᆫ主義에居ᄒᆞ얏ᄂᆞᆫ지立脚地를明言키難ᄒᆞ거니와向來電擊에失守ᄒᆞ며風號에喪神ᄒᆞᆫ往々浮俗이尙新에旅向ᄒᆞ야新進의根本要義와國家의固有慣例ᄂᆞᆫ方外에抛却ᄒᆞ고言必稱此是舊라不可요彼亦古라不奇라ᄒᆞ야毒藥이前陳이라도新이면是飮ᄒᆞ고爆彈이現伏이라도新이면是蹈ᄒᆞ야忘己拜人의狂熱를勃興ᄒᆞ며認奴作主의幻見을惹起ᄒᆞ니變風이如此히淺薄코야自主健力이何로從ᄒᆞ야生ᄒᆞ리요嗚呼라此等橫鶩를先整키是念ᄒᆞ야記者於保守的主義에一分贊成을表ᄒᆞᄂᆞᆫ바라或者是를因ᄒᆞ야守舊頑固의一派로目予홀줄不知커니와記者의所云保守라ᄒᆞᆷ은決코守株에膠着ᄒᆞ야遷喬에昧却ᄒᆞᆷ을主張ᄒᆞᆷ은아니라如彼英國은革命에革命을加ᄒᆞ고變動에變動을疊ᄒᆞ야現今泰西列强에文明領袖를作ᄒᆞ얏건마ᄂᆞᆫ保守一黨이儼然尙存ᄒᆞ야大政黨을組織ᄒᆞ야寸守尺進ᄒᆞᄂᆞᆫ主義로版圖를擴張ᄒᆞ야領土ᄂᆞᆫ地球表面에五分一를支配ᄒᆞ고住民ᄂᆞᆫ世界全數에六分一이繁殖되여시며日本은明治가維新에其進이太銳라進步主義가厥性이一變ᄒᆞ야社會主義와自然主義에遷流率入ᄒᆞᄂᆞᆫ漸이有ᄒᆞᆫ故로卓見諸家가是驚是愕ᄒᆞ야大和魂繼守說를急呼絶叫ᄒᆞ니此其誰得誰失에殷鑑이昭々로다

且人類ᄂᆞᆫ元是兩脚動物이라自此向彼코져ᄒᆞ면先着脚跟을確點不動ᄒᆞᆫ然後에야一步를繼進ᄒᆞ고又一步를繼進ᄒᆞ야坦々然目的地에到達ᄒᆞ려니와此에反ᄒᆞ야初

步를永離ᄒᆞ고高飛濶躍ᄒᆞᆷ은到底不能ᄒᆞᆫ바로다

祖國道德界忠義界에神聖ᄒᆞᆫ固有精神은實我萬年皇基의根本的大運命이라教育에從事ᄒᆞ야健全ᄒᆞᆫ國民을造成코져ᄒᆞᄂᆞᆫ者ㅣ此運命을先培치아니치못ᄒᆞᆯ지니保守的主義로此를修養ᄒᆞ야百年의計에初志를作ᄒᆞ고進取的主義로此를擴張ᄒᆞ야千里의行에一步를定ᄒᆞᆯ지로다就中保守의愼重觀念과進取의實行方針은社會에關鍵이요人類에肯綮이라睛彩를猛着ᄒᆞ야如上兩義를一道幷行ᄒᆞᆯ진져 (未完)

韓國第一着의急務 (階級的習慣을打破 朋黨的婚姻을痛禁)

姜荃

古人이語ᄒᆞ되天時ᄂᆞᆫ地理만못ᄒᆞ고地理ᄂᆞᆫ人和만못ᄒᆞ다云ᄒᆞ니是ᄂᆞᆫ實노千古의格言될뿐不啻이라또今日我韓民族에對ᄒᆞ야切當逼近ᄒᆞᆫ句語로思惟ᄒᆞ야一次研究上에置ᄒᆞᆷ이可ᄒᆞᆯ줄노信ᄒᆞ노니盖古來로亡國은國民의心이不和ᄒᆞ야離散ᄒᆞᆷ이요興國은國民의心이和ᄒᆞ야同一ᄒᆞᆷ이니然ᄒᆞᆫ즉時代ᄂᆞᆫ비록遠近의殊가有ᄒᆞ나人心은決코古今의差가無ᄒᆞᆯ지로다噫ᄒᆞ다今日我韓의有志同胞ᄂᆞᆫ開口ᄒᆞ면輒曰團体이니教育이니實業이니云々ᄒᆞᄂᆞ是로써足히國家의急務를作ᄒᆞᆯ가余ᄂᆞᆫ斷言ᄒᆞ기를急務가玆에在치안타ᄒᆞ노니何를謂ᄒᆞᆷ인고畢竟에余의看得ᄒᆞᆫ바要點을擧ᄒᆞ야陳述ᄒᆞᆯ진ᄃᆡ一은階級的習慣을打破ᄒᆞᆯ거시요一은朋黨的婚姻을痛禁ᄒᆞᄂᆞᆫ兩件의事로써第一着의標榜을提出코ᄌᆞᄒᆞ노라

余ᄂᆞᆫ材局도庸劣ᄒᆞ고學識도淺薄ᄒᆞ야經國濟世의謀猷가頓蔑ᄒᆞ고肉袋飯囊의軀殼이頑大ᄒᆞ엿스나文字의憂를幸賴ᄒᆞ야歷史의蹟을粗解ᄒᆞᆷ으로古今의時代와東西의世界를概括的으로其政治宗教人情習俗의變遷ᄒᆞᄂᆞᆫ狀態를領畧考査ᄒᆞᆫ즉無論何代何國ᄒᆞ고昇平의日이久ᄒᆞ야文恬武嬉의餘를值ᄒᆞ면自然히社會의秩序가密緻ᄒᆞ고人民의習性이苛刻ᄒᆞ야淳厖ᄒᆞᆫ風氣ᄂᆞᆫ消磨ᄒᆞ고腐敗ᄒᆞᆫ弊瘼이滋生ᄒᆞ야其影響이傳播ᄒᆞᄂᆞᆫ處에國家도滅亡ᄒᆞ고人種도澌盡ᄒᆞᄂᆞᆫ種々의事端을演出ᄒᆞᄂᆞᆫ故로中興의主와賢明의臣은革舊就新에因時制宜ᄒᆞ야偉大ᄒᆞᆫ勳業을建樹ᄒᆞᆷ이比々相傳ᄒᆞᆫ지라今에我韓도昇平이已久ᄒᆞ야然ᄒᆞᆷ인지階級的習慣과朋黨的婚姻과如ᄒᆞᆫ惡風悖俗의事實은古今世界에對偶를求ᄒᆞ여도得見치못ᄒᆞ깃스니余의愚昧ᄒᆞᆫ知識으로評論을試下ᄒᆞᆯ진ᄃᆡ我韓의文明國으로矜誇ᄒᆞᄂᆞᆫ話欛ᄂᆞᆫ反히野蠻國의行爲를蹈襲ᄒᆞᆷ이哀惜타ᄒᆞ노라頃者에余가外國人의著述ᄒᆞᆫ바雜誌를披閱ᄒᆞᆯᄉᆡ該文에韓人을批評ᄒᆞ여曰韓人의猜疑心嫉妬心은天性을成ᄒᆞ엿다ᄒᆞ고또韓人의社會로부터兩班과常人의階級的觀念을拔除ᄒᆞ고官尊民卑의陋風을打破ᄒᆞ야智能과德性의完全ᄒᆞᆷ으로써紳士를尊崇치안으면韓人의發達과改善은望치못ᄒᆞ갯다ᄒᆞ엿스니余ᄂᆞᆫ此를讀ᄒᆞ다가卷을掩ᄒᆞ고涕를揮ᄒᆞ엿노라余도亦杞憂子의一流人이라恒常我國今日의岌嶪ᄒᆞᆫ事情을馴致ᄒᆞᄂᆞᆫ導火線을追覔코ᄌᆞᄒᆞ더니맛참ᄂᆡ外人의藥石의言을聞來ᄒᆞ니果然ᄒᆞ다階級的病國害民의禍를筆舌로盡記키難ᄒᆞ거

나와彼外人의我國을觀察홈이通透ᄒᆞ고또其矯弊의議案을詳載ᄒᆞ야余의薄識淺見의類로ᄒᆞ여금一時的感念을惹起ᄒᆞ미眼光이閃々ᄒᆞ고胸海가恢々ᄒᆞ야愀然히歎息ᄒᆞ여曰我國에害되ᄂᆞᆫ事情을覺悟ᄒᆞ엿슨즉是ᄂᆞᆫ即我國을利코ᄌᆞᄒᆞᄂᆞᆫ思想을闡發케홈이나然ᄒᆞ나我家의事를自己로뼈好惡를辨別ᄒᆞ야取捨를撰擇치못ᄒᆞ고他人으로ᄒᆞ여금利害를代籌케ᄒᆞ기에至ᄒᆞ엿스니此ᄂᆞᆫ我韓의有志人士로汗流顔厚ᄒᆞ야愧殺홈을禁치못ᄒᆞ깃도다

現今世界의人民程度를觀홀진ᄃᆡ智愚貧富의別은自然的形勢에歸着ᄒᆞ거니와人權은同等의福利를享有홈으로其自由ᄂᆞᆫ皇王의威力으로도無理의强壓을敢行치못ᄒᆞ며또其宗敎道德文學法律醫農工商의諸般科學이비록分門別岐ᄒᆞ야趨向이各殊ᄒᆞᄂᆞᆫ社會의待遇ᄂᆞᆫ平均ᄒᆞᆫ故로階級的習慣이無ᄒᆞ엿고　男女의權利를同等으로認定ᄒᆞ미父母ᄂᆞᆫ子女를敎育홀ᄉᆡ男女의區別을立치안코嫁娶ᄂᆞᆫ男女의才德과品行에適當ᄒᆞ기를要ᄒᆞᄂᆞᆫ故로朋黨的婚姻이無ᄒᆞᄂᆞ니然ᄒᆞᆫ故로國民이內에處ᄒᆞ미壓迫ᄒᆞᆫ怨嗟의恨이生치안코外에出ᄒᆞ미活潑ᄒᆞᆫ勇進의氣가多ᄒᆞᆫ故로人々이다其人權을獲得ᄒᆞᄂᆞᆫ同時에國權을擴張ᄒᆞᄂᆞ니昔에露國의彼得大帝ᄂᆞᆫ婚嫁自由의詔旨를降下ᄒᆞ엿고日本의天皇은士族平民의通婚과憲法政治에民權을許與ᄒᆞᄂᆞᆫ勅教를頒賜ᄒᆞ엿스니今에彼兩國의地位를論홀진ᄃᆡ皆屈指ᄒᆞᄂᆞᆫ世界의一等國이안인가此ᄂᆞᆫ無他術이라民權이發達ᄒᆞ고人和가普及ᄒᆞᆫ結果로其國光을宣揚ᄒᆞ

기에至ᄒᆞ엿도다

我韓은由來로朋黨의害와階級의弊가激烈ᄒᆞᆫ禍端을釀成ᄒᆞ야幾百年間에許多ᄒᆞᆫ歲月를經ᄒᆞ도록軋轢을相持ᄒᆞ고殺戮을是事ᄒᆞᆯ섇이요若其階級的習慣에就ᄒᆞ야見ᄒᆞᆫ즉所謂廟堂에立ᄒᆞ야國事를議ᄒᆞᄂᆞᆫ當局者ᄂᆞᆫ但其私欲을充ᄒᆞ고私憤을洩ᄒᆞ기에孜々ᄒᆞ며公益을害ᄒᆞ고公務를廢ᄒᆞ기에滔々ᄒᆞ야重民主義ᄂᆞᆫ知覺치못ᄒᆞ고貴族制度만擅行ᄒᆞ니無才無能의子々孫々이簪纓을世受ᄒᆞ야寵榮을獨占ᄒᆞ고醫農工商의者流ᄂᆞᆫ賤卑ᄒᆞᆫ奴隷의事業으로推測ᄒᆞ며遐鄕僻陬의人民은蠻種野蕃과如히視ᄒᆞ엿스니비록類에出ᄒᆞ고萃에拔ᄒᆞᆫ者ㅣ有ᄒᆞᆫ덜엇지敢히朝家에登庸ᄒᆞ기를期望ᄒᆞ리요　또明黨的婚姻에對ᄒᆞ야論ᄒᆞᆯ진ᄃᆡ各其朋黨의子女로써婚媾를結ᄒᆞ미男女의間에身体에疾病이有ᄒᆞ여도所謂地醜德齊라ᄒᆞ면禮式을載行ᄒᆞ니엇지其品行과才德이適當ᄒᆞᆫ佳偶를得ᄒᆞ리요玆에足히其女子의人權이墜地ᄒᆞᆷ을慨嘆ᄒᆞ노니此數種의事實은卽我韓의人和를感傷ᄒᆞᄂᆞᆫ原因으로忖度ᄒᆞᆯ지로다

試觀컨ᄃᆡ今日我韓이如何ᄒᆞᆫ時代를當ᄒᆞ엿스며如何ᄒᆞᆫ境遇에處ᄒᆞ엿ᄂᆞᆫ지不言不語ᄒᆞᄂᆞᆫ中에吾輩의痛恨悲憤ᄒᆞᄂᆞᆫ日이니可謂日月에逆行ᄒᆞ고冠屨가倒置ᄒᆞᆫ運會이라凡其韓國의民族된者ㅣ應當夙怨을捨ᄒᆞ고舊染을滌ᄒᆞ야同胞의義務를敦睦케ᄒᆞ고祖國의思想을奮發케ᄒᆞᆯ거시여늘吁ᄒᆞ고또哀ᄒᆞ다挽近以來에彼頑舊ᄒᆞᆫ社會와新進ᄒᆞᆫ社會가到底히相容치못ᄒᆞ야見聞과趨向이幾多의改良이有ᄒᆞ나都是

形式的假裝에過치못ᄒᆞ고舊日의階級的習慣과朋黨的婚姻은依然히繼續的으로保守ᄒᆞ기를務ᄒᆞ야暗潮가衝突ᄒᆞ고禍胎가深藏ᄒᆞ니然ᄒᆞᆫ즉社會ᄂᆞᆫ團結치못ᄒᆞ고和氣ᄂᆞᆫ導迎치못ᄒᆞᆫ我韓民族은장찻엇지危局을維持ᄒᆞ고雄圖를恢拓ᄒᆞᆯ가若永遠히社會를改新치못ᄒᆞ고和氣를圓滿케못ᄒᆞᆯ진ᄃᆡ目前에所謂團体가成ᄒᆞᆯ지라도終當解散ᄒᆞᆯ거시요敎育을施ᄒᆞᆯ지라도終當完全치못ᄒᆞᆯ거시요實業을興ᄒᆞᆯ지라도終當振作치못ᄒᆞᆯ거시니此ᄂᆞᆫ人類의根源的人權이剝奪을被ᄒᆞ고社會의精神的人和를得지못ᄒᆞᆫ緣故이라ᄒᆞ노라

夫我韓의階級的習慣과朋黨的婚姻은即國家를蠹病케ᄒᆞ고人民을賊害케ᄒᆞᄂᆞᆫ거시니此를打破치못ᄒᆞ고此를痛禁치못ᄒᆞ면我韓社會ᄂᆞᆫ土崩瓦解의禍를免치못ᄒᆞᆯ거시니此大改革과大更張은惟我政府의施措ᄒᆞᄂᆞᆫ處分이彼日本과露國의煥發ᄒᆞᆫ政令과如ᄒᆞ기를攢手加額ᄒᆞ야日노써是를望ᄒᆞ거니와若不然ᄒᆞ면從今以往으로ᄂᆞᆫ國家를破壞ᄒᆞᆷ도惟我有志同胞에게待ᄒᆞᆯ거시요國家를興復ᄒᆞᆷ도惟我有志同胞에게賴ᄒᆞᆯ거시니然ᄒᆞᆫ즉此打破ᄒᆞᄂᆞᆫ手段과痛禁ᄒᆞᄂᆞᆫ方法은實노頑冥暗黑ᄒᆞᆫ社會에屬望치못ᄒᆞᆯ거시요但活躍勇壯의氣槪도有ᄒᆞ고慷慨義烈의懷抱도負ᄒᆞ야進步ᄒᆞᄂᆞᆫ處에鐵石도透出ᄒᆞ고決心ᄒᆞᄂᆞᆫ事에湯火도赴蹈ᄒᆞᆯ만ᄒᆞᆫ惟我의崇拜敬愛ᄒᆞᄂᆞᆫ有志同胞여我韓第一着의急務를講究實施ᄒᆞ야時機의艱難ᄒᆞᆷ을共濟ᄒᆞ고邦運의回泰ᄒᆞᆷ을努力ᄒᆞᆯ지로다

國民의知識普及說

朴海遠

人民을愚케ᄒᆞ야奴隸에供케ᄒᆷ은一大政策이라門戶를閉ᄒᆫ時代에ᄂᆞᆫ專制主義가盛行됨으로我子孫外에ᄂᆞᆫ他人이有ᄒᆷ을不知ᄒᆞ고一傳二傳ᄒᆞ야萬世에無窮히傳ᄒᆞ기를謀ᄒᆞ야詩書ᄭᅡ지焚ᄒᆞ야苛酷ᄒᆫ虐政으로加ᄒᆞ얏고梯航이相連ᄒᆫ今日에至ᄒᆞ야ᄂᆞᆫ帝國主義로忽變되야自國外에ᄂᆞᆫ他國이有ᄒᆷ을不顧ᄒᆞ야口로ᄂᆞᆫ平和을唱ᄒᆞ며手로ᄂᆞᆫ銃砲를携ᄒᆞ야尺地을得ᄒᆞ면錙利을爭ᄒᆞ야他民族을殄滅케ᄒᆞ야伏尸百萬에禍을作케ᄒᆞ니由此觀之컨ᄃᆡ今日政策이古代보다愈苛愈酷ᄒᆞ도다古人의亡人國ᄒᆷ은其意가爭帝伯ᄒᆞᄂᆞᆫᄃᆡ在ᄒᆞ고奪土地에ᄂᆞᆫ不在ᄒᆫ故로恒言에誅其君吊其民이란句語를用ᄒᆞ고今人의滅人國ᄒᆷ은其欲이奪土地ᄒᆞᄂᆞᆫᄃᆡ在ᄒᆞ고爭帝伯ᄒᆷ에不在ᄒᆫ故로恒言에發展其國이라ᄒᆞ며滅其民族ᄒᆞᄂᆞᆫ禍를起ᄒᆞᄂᆞ니엇지骨冷心寒ᄒᆫ事이안이리오是以로生存競爭에優勝劣敗ᄒᆞᄂᆞᆫ時代를當ᄒᆞ야東西列强이各々國力을培養ᄒᆷ은國民의知識을普及ᄒᆷ에在ᄒᆷ을知得ᄒᆞ야各種科學과專門知識를講究ᄒᆞ야今日文明의域에達ᄒᆞ얏도다竊惟컨ᄃᆡ今日에文明機關된要素가有ᄒᆞ니一曰演說이니人民을會集ᄒᆞ고高尙ᄒᆫ言論으로遠大ᄒᆫ思想을陳述ᄒᆞ야蒙昧ᄒᆞ고愚迷不達ᄒᆫᄂᆞᆫ心頭를綻破케ᄒᆞ니其速은郵에傳命ᄒᆷ과如ᄒᆞ고二曰學校니國都와鄕黨에大中小學校를設立ᄒᆞ야俊秀ᄒᆫ人材를敎養ᄒᆞ야國家의棟梁를作케ᄒᆞ고

三曰報筆이니數百種雜誌와新聞을刊布ᄒᆞ야今日事를明日에揭示ᄒᆞ야天下現象이瞭然在目케ᄒᆞ니國民의知識普及ᄒᆞᄂᆞᆫ要點이此에專在ᄒᆞ도다嗚呼라我國의狀態를回顧ᄒᆞ면生無居地ᄒᆞᆯᄲᅮᆫ不啻라死無葬地ᄒᆞᆯ境遇에處ᄒᆞᆷ은其原因을一時刻에枚擧키難ᄒᆞ나槪要ᄂᆞᆫ國民의知識이普及지못ᄒᆞᆫ所以나平日에國家를他人의留置ᄒᆞᆫ物노認定ᄒᆞ야自國領土를外國人의게賣渡ᄒᆞ기를弊屣脫ᄒᆞᆷ과如ᄒᆞ니此엇지仁人志士의熱血寒膽을吐出ᄒᆞᆯ바안이리오是以로右陳ᄒᆞᆫ三種을國民의知識普及ᄒᆞᄂᆞᆫ最大機關이라稱ᄒᆞ노라

早稻田大學同窓會諸氏의禁酒에就ᄒᆞ야

米山生

酒可飮乎아性이由是而戕伐ᄒᆞ고俗이以此而壞亂ᄒᆞ며酒不可飮乎아會接에無以盡其歡이요平居에無以破其愁ᄒᆞᄂᆞ니於斯兩者에將何取焉고或曰飮而節其量ᄒᆞ며醉而不及亂而已則足矣라ᄒᆞ되亦吾所不取ᄒᆞ노니何者也오夫人之德이有二種ᄒᆞ니曰知德曰行德이라知其可不可ᄒᆞ며知其善不善ᄒᆞ야但知之而止者ᄂᆞᆫ知德之作用니此則雖常類凡儔라도悉皆具之어니와至於行德之作用ᄒᆞ야ᄂᆞᆫ料其可不可ᄒᆞ야折其衷ᄒᆞ며擇其善不善ᄒᆞ야行其實者也니若非賢人達士면果非容易者也라庸詎使一般人으로能飮而節其量乎아且其醉而不及亂云者ᄂᆞᆫ以心理上으로論之

ᄒᆞ면或有可能者로ᄃᆡ以生理上으로察之ᄒᆞ면此는絕對的不能者也라夫酒之爲物이其氣(아루골)也能鼓動血管ᄒᆞ며能刺戟神經이요非徒若是而止라肝臟이隨之而萎縮ᄒᆞ며腎莖이因之而爛弱ᄒᆞ며細胞之伸張이過其度ᄒᆞ고筋骨之運用이減其力ᄒᆞ야其表는似是儼然自若이라도其中則已攪亂受傷也極이니其如此而獨曰我能醉而不及亂乎아害莫甚於神亂而身傷也니라然이ᄂᆞ此害는猶止於個人一身上而已어니와小而於家와大而於國體社會에波及影響을悉難枚陳이니鄒聖의好飮不顧之誡와大禹의以酒亡國之訓이良有以也요釋迦耶蘇兩氏는自有歷史以來로實未曾有之大聖이언마는俱未嘗不以酒爲深戒也니라

且以東西現狀으로論之컨ᄃᆡ德國之酒毒學校(아록골學校)와美國之禁酒團体가厥聲을大放ᄒᆞ야普及於英、諾、瑞典等諸國ᄒᆞ야泰西全界에禁酒新潮가一層盛行ᄒᆞ엿시며日本敎育界에도禁酒之說이往々流出於自歐來者之口ᄂᆞ然이ᄂᆞ日人之性은半是嗜飮이라其於全國에는卒難實行이로ᄃᆡ現今大坂禁酒會에加盟會員이已達於十餘萬人數로다其衛生上之招損은不待絮辯而可明이어니와於錢穀經濟에도無用浪費之數가亦無量이니此記者所以左袒於禁酒爲可之說也라

目下我韓學生之留學於東京者ㅣ數可以八百으로計요就中同市早稻田大學에通學諸氏가亦達於三十有餘人이라往年秋期에同窓諸氏가組織雄辯會ᄒᆞ야演說也討論也로以作智識交換之資ᄒᆞ고又以禁酒主義로一致同盟ᄒᆞ야計今歲一改節三

換ᄒᆞ되卓然初志가一如不渝ᄒᆞ니誠可敬可欽之處로다由來外人이多評韓人云ᄒᆞᄃᆡ韓人은無決心이요韓人은無耻心이요韓人은常有始無終이라ᄒᆞ더니今以該大學同窓會諸氏로觀之컨ᄃᆡ韓人은有決心이요韓人은有耻心이요韓人은能有始亦有終이라ᄒᆞᆯ지로다若使我全國同胞로其決心을如彼諸氏ᄒᆞ며其知耻를如彼諸氏ᄒᆞ며有始有終을又如彼諸氏ᄒᆞ면我韓之國性과民族之特美를光揚於世界矣리니此記者所以略陳諸氏之美ᄒᆞ야躬先取則ᄒᆞ고次期於同胞兄弟ᄒᆞᄂᆞᆫ同時에更以能繼續三字로忝告于該大學同窓會諸氏ᄒᆞ노라

愛國者의眞僞를論홈

李重雨

噫라我韓現狀에對ᄒᆞ야一種志氣薄弱의徒ᄂᆞᆫ類皆絶望病이有ᄒᆞ나然니나今日이라도全體社會가自助的精神으로擧皆愛國心을奮發ᄒᆞ야一切公益에關ᄒᆞᆫ事業을重要케ᄒᆞ고其一個人私益을不顧ᄒᆞ야其身을獻ᄒᆞ면漸次實力이滋長ᄒᆞ야元氣回蘇ᄒᆞᆯ機會가豈無ᄒᆞ리오마ᄂᆞᆫ實로眞愛國者을果是難得難見이오僞愛國者가太半皆是어니豈不可嘆이며豈不可痛이리오

盖眞愛國者ᄂᆞᆫ誠心으로國을愛ᄒᆞ고熱血로國을愛ᄒᆞ야利害休戚를不較ᄒᆞ며成敗利鈍을不計ᄒᆞ고寢食言笑에도國을不離ᄒᆞ며疾痛疴癢에도國을不忘ᄒᆞᄂᆞᆫ精神이貫徹ᄒᆞ며百折不回ᄒᆞ고萬難不撓ᄒᆞᄂᆞᆫ氣概가健全ᄒᆞ야國으로뼈頭腦를作ᄒᆞ고國

으로써性命을看ᄒᆞᄂᆞᆫ者가即是니試問我韓社會에若是眞愛國者가幾個人이有ᄒᆞᆫ고愛國이란名義을不識ᄒᆞᄂᆞᆫ人도多有ᄒᆞ거니와恒言曰愛國愛國ᄒᆞᄂᆞᆫ中에도僞愛國者가多數ᄒᆞᆫ位置을占據ᄒᆞ엿스니是ᄂᆞᆫ愛國의名義을全然不知ᄒᆞᄂᆞᆫ人보다其害가尤甚ᄒᆞ다ᄒᆞ노라

故로僞愛國者의實證을擧言ᄒᆞ건ᄃᆡ二個의種別이有ᄒᆞ니一은其腦髓中에國家的思想과社會的觀念이本無者도但其釣名沽譽홈을爲ᄒᆞ야口頭禪으로愛國志士의名稱를假冒ᄒᆞ야竊其私慾을遂코져ᄒᆞᄂᆞᆫ者니是ᄂᆞᆫ索性小人이라謂홀지며二ᄂᆞᆫ時代變遷의風潮를被ᄒᆞ며先進의警告를受ᄒᆞ야一時奮發的熱誠이有ᄒᆞ나幾個月幾個日를不過ᄒᆞ야前日愛國思想은烏有에同歸ᄒᆞ고詐僞ᄒᆞᆫ性質을復成ᄒᆞ니是ᄂᆞᆫ半上落下底人이라亦可深恥로다

嗚呼라我韓社會에如彼僞愛國者의種類가多數産出ᄒᆞᄂᆞᆫ原因이何在오ᄒᆞ면一朝一夕의故가아니라盖我國은原來完全ᄒᆞᆫ學校와完全ᄒᆞᆫ教師가無備ᄒᆞ고又其家庭教育이全無ᄒᆞ야幼穉時븟터成年에至ᄒᆞ도록所見이恒時의邪色이요所聽이淫聲일뿐不過ᄒᆞ니如此腦髓에如何ᄒᆞᆫ思想와如何ᄒᆞᆫ精神이有ᄒᆞ며其國家의如何ᄒᆞᆫ勝利을作ᄒᆞ리오然ᄒᆞ나假令完全ᄒᆞᆫ學校와完全ᄒᆞᆫ教師가有ᄒᆞ다稱ᄒᆞ더라도幼年學童의其質이已染濁일뿐不是며又其家庭教育으로薰陶코져홀지라도閭門의學이全無ᄒᆞ니何를持ᄒᆞ고何를擧ᄒᆞ야其子侄를教訓ᄒᆞ며引導ᄒᆞ리오昔日孟子ㅣ도三

遷의敎을受ᄒᆞ사亞聖을成ᄒᆞ시고紀元前一千四百三十八年前의(獨逸人)(구ー덴벨히) 도言ᄒᆞ기를我人類ᄂᆞᆫ天然ᄒᆞᆫ智識的動物이니厭學則不覺이오無覺則不識이라ᄒᆞ야活字를自造ᄒᆞ고敎育奬勵의補益ᄒᆞᆫ所以로今日의(獨逸)文明ᄒᆞᆫ勝利을得ᄒᆞ엿ᄉᆞ니由此觀之컨ᄃᆡ敎育完全과家庭敎訓이最急必要홈을明認ᄒᆞ깃도다盖我國一般人士가自其出胎之初로入校의學과立家의禮을冷視不講ᄒᆞ고惡症의遺傳性만受ᄒᆞᆫ所以로其社會의汚濁不潔ᄒᆞᆫ風習이腦髓에浸灌ᄒᆞ야一種詐僞ᄒᆞᆫ性質을馴成홀而已니엇지卒然히舊染을滌去ᄒᆞ고新知를涵養ᄒᆞ야社會上眞愛國者가現出ᄒᆞ리오然則如彼僞愛國者의種類가不絕ᄒᆞ고眞愛國者가零星ᄒᆞ면國家前途ᄂᆞᆫ實不可望이니爲之奈何오嗚呼라人의心地에就ᄒᆞ야眞僞의別은即人腦關이니今日社會에敎育을擔任ᄒᆞᆫ人士ᄂᆞᆫ眞實ᄒᆞᆫ模範으로眞實ᄒᆞᆫ愛國志士을多數養成ᄒᆞ라면完全ᄒᆞᆫ敎育과健全ᄒᆞᆫ思想으로幼穉ᄒᆞᆫ青年의腦髓을堅固케ᄒᆞ고精神을新鮮케ᄒᆞ야將來眞愛國者가多數ᄒᆞᆫ位置에占據ᄒᆞ기을實노希望ᄒᆞ노라

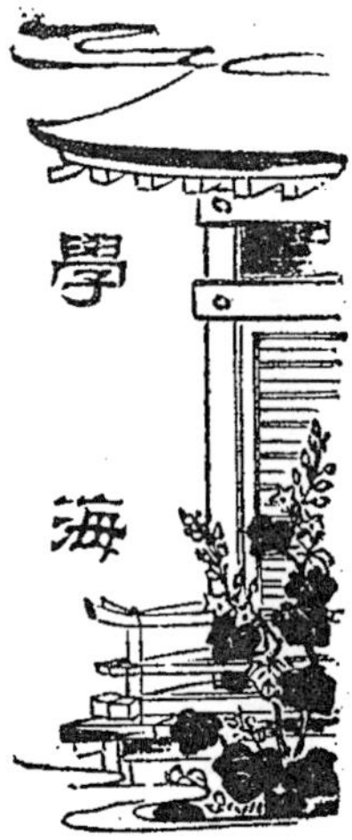

自治의模範

編輯人 譯

近代文明諸國에代議制度와表裏相資ᄒᆞ야政治組織에雙美라稱ᄒᆞᆷ은卽地方自治制度가是라

凡國家行政機關을二種으로分ᄒᆞ니一曰官廳이요二曰自治團體라官廳이라云者는一定ᄒᆞᆫ範圍에서行動ᄒᆞ는國家의全部機關이요自治團體라云者는法律이人格을認定ᄒᆞᆫ國家의一部機關이라官廳으로븟터行ᄒᆞ는行政은國家의直接行政이니此는官治라稱ᄒᆞ고自治團體로븟터ᄒᆞ는行政은國家行政權의間接作用이니此는自治라云ᄒᆞ니라自治의目的은一定ᄒᆞᆫ範圍에서國家主權監督下에在ᄒᆞ야自治事務를處理ᄒᆞ야自己의生存을達ᄒᆞᆷ인뎌

官廳이亦二種이有ᄒᆞ니曰中央官廳曰地方官廳이라中央官廳云은中央政府를指ᄒᆞᆷ이니如內閣總理大臣各省(部)大臣樞密院等이요地方官廳云은如府縣知事(各道觀察使)郡長(郡守)及島司市町村長等이是라

自治團體가亦二種이有ᄒᆞ니曰普通自治團體曰特設自治團體라普通自治團體라ᄒᆞᆷ은一定ᄒᆞᆫ土地區域內에셔自治權이有ᄒᆞᆫ者니如府縣及市町村等이是요特設自治團體라ᄒᆞᆷ은特別ᄒᆞᆫ公共組合을指稱ᄒᆞᆷ이니如水利組合에普通水利組合과水害豫防組合等이是라

普通自治團體中에上中下(大小로指ᄒᆞᆷ)三級이有ᄒᆞ니市町村은下級이니住民의團體요郡은市町村을合ᄒᆞ야成ᄒᆞᆫ거시니中級自治團體요府縣은數箇郡市를總合ᄒᆞ야成ᄒᆞᆫ거시니上級自治團體라然ᄒᆞ나此府縣郡은特히國家行政區劃의名稱이라其自治權能의範圍가極狹ᄒᆞ고且縣之於郡과郡之於市町村에郡과市町村으로써單位分子로認ᄒᆞ야住民이라ᄒᆞᄂᆞᆫ法理가無ᄒᆞ되市町村之於住民에ᄂᆞᆫ住民으로써單位分子로認ᄒᆞ야純全ᄒᆞᆫ自治團體가此에成立ᄒᆞᆫ지라市町村이或直接으로國家에機關되ᄂᆞᆫ境遇에ᄂᆞᆫ地方官廳의性質를帶ᄒᆞᆷ이有ᄒᆞ나行政上의自治團體를解釋ᄒᆞᆷ에ᄂᆞᆫ市町村만指ᄒᆞ야自治團體라稱ᄒᆞᆷ이穩當ᄒᆞ도다

自治의意義

自　(自然이라ᄒᆞᄂᆞᆫ自字의意味가아니라自强이라ᄒᆞᄂᆞᆫ自字의意味며)

治　(被治라ᄂᆞᆫ治字의意味가아니라能治라난治字의意味가)

自治라ᄒᆞᆷ은自己의事를自己가處理ᄒᆞᄂᆞᆫ意味니其自己事라云ᄒᆞᆷ은國家로부터委任ᄒᆞᆫ行政事務가即是라故其行政事務가自己의生存目的이되지못ᄒᆞ면自治의主

體를作ᄒᆞᆷ을不得ᄒᆞᄂᆞᆫ지라

自治의觀念은自主의觀念에對照ᄒᆞ면一層明確ᄒᆞ도다自主라云ᄒᆞᆷ은自己의法律노써自己가生活ᄒᆞᄂᆞᆫ거시니卽自主獨立ᄒᆞᆫ大團體(國家)를指ᄒᆞᆷ이라然ᄒᆞᆫ즉自主와自治의間에主從의關係가有ᄒᆞ니此是異點의標準이로다

要ᄒᆞ건ᄃᆡ官治云自治云ᄒᆞᄂᆞᆫ거시行政事務處理에便宜上으로從ᄒᆞ야區別이有ᄒᆞᆷ이언뎡人民에對ᄒᆞᆫ關係上으로觀察ᄒᆞ면唯一行政權의作用이라是故로人民이自治權이니官治權이니ᄒᆞᄂᆞᆫ根本的相異ᄒᆞᆫ權利에服從ᄒᆞᆷ이아니라但主權者의行政權이二樣形式을從ᄒᆞ야活動ᄒᆞᄂᆞᆫᄃᆡ不過ᄒᆞ도다一方으로ᄂᆞᆫ官治自治를區別ᄒᆞ야各異ᄒᆞᆫ機關으로行政事務를擔任ᄒᆞᄂᆞᆫ同時에他一方으로ᄂᆞᆫ二者가聯絡을圖ᄒᆞ며統一을期ᄒᆞ야相俟相扶ᄒᆞ야完全ᄒᆞᆫ政治의成績을告ᄒᆞᄂᆞ니此是近代行政組織의一層進步ᄒᆞᆫ現狀이라

各國自治制度

英國은議會制度로ᄡᅥ模範을中外에垂ᄒᆞ얏거니와自治制度에셔도列國에先進이된지라英國制度를觀察ᄒᆞ면自治라ᄒᆞᄂᆞᆫ意味가頗廣汎ᄒᆞ니彼國政治가卽自治라ᄒᆞ야도可ᄒᆞ도다一般學者가但其表面으로만觀察ᄒᆞ고厥國人民의思想如何에ᄂᆞᆫ着眼치아니ᄒᆞᆷ을由ᄒᆞ야英國政治의基礎가獨於國會에在ᄒᆞ다ᄒᆞ얏시나其實은地方自治에根據ᄒᆞᆷ이니不然코單純ᄒᆞᆫ形式的國會制度와及代議制度ᄂᆞᆫ或君主의專

制異狀과或議會의擅行奇態를演出홀거시니由此觀之ᄒᆞ면立憲制度의眞趣가國會에不在ᄒᆞ고地方自治制度에在홈을確認ᄒᆞ깃도다泰西各國이漸次地方制度를採用ᄒᆞ야今日에至ᄒᆞ엿시니左에其沿革狀態를略述코노라

元來英國은自由主義로國是를定ᄒᆞ고保守的思想이贍富ᄒᆞᆫ故로市町村制의改正이極히容易ᄒᆞ엿도다

西曆一千三百六十一年에도와도第三世에至ᄒᆞ야舊來制度를廢止ᄒᆞ고治安判事制度를定ᄒᆞ엿더니其時當局ᄒᆞᆫ시에립후가其職司를失홈을因ᄒᆞ야自治制度가漸次消滅ᄒᆞ고封建制度로一變ᄒᆞ엿다가十八世紀初에市吏村長의公選制度를更定ᄒᆞ야自治制度를改正確立ᄒᆞ고人口五萬以上市ᄂᆞᆫ分離獨立케ᄒᆞ야行政區劃을定ᄒᆞ며五萬口以下小市에對ᄒᆞ엿셔도郡長(郡守)의監督權을尤是縮小케ᄒᆞ야完全ᄒᆞᆫ自治制度를施行ᄒᆞ니라

英國은自來로郡의下에聯合區가有ᄒᆞ고區의下에村區가有ᄒᆞ더니一千八百三十四年에至聯合區를合一ᄒᆞ야一大村을成ᄒᆞ니即一自治團體라

聯合區와村區를合一ᄒᆞ야시ᄂᆞᆫ但便宜上으로租稅敎育及選擧의區劃이有ᄒᆞ다該自治團이監督會議에依ᄒᆞ야自治權을使用ᄒᆞ며其監督會議의議員은總議員數에半數ᄂᆞᆫ聯合區內의治安判事로選ᄒᆞ고半數ᄂᆞᆫ村區人口多小에應ᄒᆞ야選定호ᄃᆡ其選擧法은納稅財産五十磅以下에ᄂᆞᆫ一票로五十磅以上百磅以下에ᄂᆞᆫ二票로二

百五十磅以上에ᄂᆞᆫ六票로定ᄒᆞ며然ᄒᆞ나但一人이十二票以上의投票ᄂᆞᆫ不許ᄒᆞ며
聯合區의監督會ᄂᆞᆫ中央政府의直轄된地方政務局의監督을受ᄒᆞ기로組織ᄒᆞ다
美國은本是英國地方行政에主要되ᄂᆞᆫ特質을移ᄒᆞ야厥國地方行政의根源을成ᄒᆞ엿시나諸方殖民地를從ᄒᆞ야厥制가小異ᄒᆞ니라　一니잉구란도殖民地　二中部殖民地　三南部殖民地　都合三種의特別ᄒᆞᆫ變形이生ᄒᆞ엿시되總括ᄒᆞ야觀察ᄒᆞ면凡郡에關ᄒᆞᆫ行政職務ᄂᆞᆫ治安判事所에集中ᄒᆞ야判事等이會計官을任命ᄒᆞ야財政을管理케ᄒᆞ고又救民法에關ᄒᆞᆫ行政을監督케ᄒᆞ며各判事가警察과及道路를管轄ᄒᆞ고又此等事務에關ᄒᆞᆫ屬吏를指揮監督ᄒᆞ니라
郡制變化에對ᄒᆞ야注意ᄒᆞᆯ바ᄂᆞᆫ十七世紀以後로부터以上判事職任을郡民의選擧에依ᄒᆞ야取用ᄒᆞ니此選擧制度ᄂᆞᆫ聯邦各州가悉皆採用ᄒᆞᄂᆞᆫ바며郡長과行政事務에關ᄒᆞᆫ一切官職을悉皆民選制度로써適用ᄒᆞ다
最初에ᄂᆞᆫ自治團體를完全ᄒᆞᆫ法人으로看做치아니ᄒᆞ엿더니一千八百九十九年에紐育에서修正ᄒᆞᆫ條令에비로서郡市町村을完全ᄒᆞᆫ法人으로認定ᄒᆞ야如財產所有權又訴訟權等特定ᄒᆞᆫ權利가有ᄒᆞᆫ團體ㅣᆫ줄노宣告ᄒᆞ니라
又紐育州村制編成法規에村役場은委員三人或三人以上及委員長으로써合議體를組織ᄒᆞ고其下에又會計　書記　收稅吏　道路監司가有ᄒᆞ니라委員及委員長會計收稅吏等이村選擧人에서被選된委員은任期二箇年으로其他官吏ᄂᆞᆫ任期一

箇年으로限ᄒᆞ며其資格은厥村經費上에必要ᄒᆞᆫ課稅財産이有ᄒᆞᆫ者와與同村에住居ᄒᆞᄂᆞᆫ者로限ᄒᆞ며其委員會議權限은消防役 警察吏 度量衡捺印役을任免黜陟ᄒᆞ며財産管理와契約締結과又村의一切要求를檢査ᄒᆞ다

德國은封建制度以前에自由民으로써組織ᄒᆞᆫ農業組合이有ᄒᆞ며又組合長이有ᄒᆞ야君主의代表로權利을行使ᄒᆞ야租稅의徵收와組合員間爭議에關ᄒᆞᆫ裁判과及組合內에警察을司ᄒᆞᆫ權이有ᄒᆞ더니封建時代에至ᄒᆞ야此組合이諸候伯의勢力下에倂呑되여漸次農業이衰微ᄒᆞ고農民이困窮의極에至ᄒᆞ야農民戰爭이起ᄒᆞ니라

此時우이루헤름第一世及宰相주다잉氏가振農政策을實施ᄒᆞ고後十八世紀末葉에至ᄒᆞ야地方團體가蘇生ᄒᆞ야農民이單純ᄒᆞᆫ共同生活을得ᄒᆞ엿시며十九世紀初에至ᄒᆞ야市에社會的組織으로改良ᄒᆞ야完全ᄒᆞᆫ自治制度가成立ᄒᆞ니라

其村政의一班을擧ᄒᆞᆯ진ᄃᆡ村會가自治事務에對ᄒᆞ야監督整理ᄒᆞᄂᆞᆫ一般權力이有ᄒᆞᆷ은美國制度와同一ᄒᆞ고其職任組織은村內選擧人으로組織ᄒᆞ며村會決議ᄂᆞᆫ村長과及村書記二人이施行ᄒᆞ다

法國은自治制度가英德과相似ᄒᆞ되其起源은一層古代에在ᄒᆞᆫ지라

蓋法國은封建制度의基礎가德國과如히堅牢치아니ᄒᆞᆫ故로農民組合이破壞ᄒᆞᆫ時ᄂᆞᆫ無ᄒᆞ나十一世紀에至ᄒᆞ야各地方에領主가有ᄒᆞ야種々特權을行使ᄒᆞ야町村을壓制ᄒᆞ더니十八世紀에至ᄒᆞ야多少間自治影響이生ᄒᆞ고十九世紀初에大革命이

起ᄒᆞ야自治基礎를完全成立ᄒᆞ니라

其規制ᄂᆞᆫ各町村에町村長과及其職務補助員數人을置ᄒᆞ니皆町村會議員이互相選擧ᄒᆞᆫ者라其任期ᄂᆞᆫ町村會議員의任期와如ᄒᆞᄃᆡ或境遇를從ᄒᆞ야知事와內務大臣이停職ᄒᆞᆷ을命ᄒᆞᆷ이有ᄒᆞ며或大統領이此를罷免ᄒᆞᆷ도有ᄒᆞᆫ니라町村會ᄂᆞᆫ每年에四回通常會를開ᄒᆞ고臨時會ᄂᆞᆫ隨意召集ᄒᆞ며町村長이町村內에一切法令을公布執行ᄒᆞ며選擧人名簿와兵士徵集簿를別製ᄒᆞ며課稅表目을布告ᄒᆞ며公共營造物를管理ᄒᆞ다

日本은地方行政制度가成務帝時에山河를界ᄒᆞ며阡陌을分ᄒᆞ야國郡에ᄂᆞᆫ長을置ᄒᆞ고縣邑에ᄂᆞᆫ主를置ᄒᆞ엿더니其後에三韓制度文物을取則ᄒᆞ고支那法制를採用ᄒᆞ야五十戶로써一里로삼고二里以上二十里以下를合ᄒᆞ야一郡을삼고郡의上에國을設ᄒᆞ야國司　郡司　里長을置ᄒᆞ고各相隣接ᄒᆞᆫ五戶로써一組合을삼아互相監督ᄒᆞ더니其後數多ᄒᆞᆫ變革을經ᄒᆞ야德川時代에至ᄒᆞ야重要ᄒᆞᆫ地方은直轄ᄒᆞᄃᆡ此ᄂᆞᆫ天領이라稱ᄒᆞ고其他ᄂᆞᆫ諸侯의게分ᄒᆞ야此ᄂᆞᆫ藩이라名ᄒᆞ야各其領土內라自主의政을行케ᄒᆞᆫ故로其制度가各異不一ᄒᆞ며但德川氏의直轄ᄒᆞᄂᆞᆫ重要地에施行制度ᄂᆞᆫ略同ᄒᆞ다 （未完）

韓國蠶業에對한意見(續)

盧庭鶴

(바)製絲工場設立의必要와其設立年限　養蠶의目的이繭을取홈에在ᄒᆞᄂᆞᆫ其最終目的은生絲에在ᄒᆞᆫ지라養蠶의成蹟이甚好ᄒᆞ나善良ᄒᆞᆫ器械와精美ᄒᆞᆫ技術로써此을製絲치아니ᄒᆞ면品質良好ᄒᆞᆫ生絲을取ᄒᆞ야鮮麗ᄒᆞᆫ織物을得키難ᄒᆞᆯ지니此蠶業이라稱홈은養蠶、製絲、織造을幷稱ᄒᆞᆫ者養蠶을獨行ᄒᆞᄂᆞᆫ者은即蠶業界分業이니此分業者의最終結果ᄂᆞᆫ製絲家와織造家를待치아니치못ᄒᆞᆯ지라譬컨ᄃᆡ水素와酸素가合ᄒᆞ야水을成홈과如ᄒᆞ니製絲工場의程度도其國養蠶程度에正比例으로써設立ᄒᆞᆯ지니養蠶이有ᄒᆞᆫ以上에ᄂᆞᆫ必히製絲工場의設立을見ᄒᆞᆯ지오養蠶의業이盛大ᄒᆞᆯ時ᄂᆞᆫ亦是製絲工場設立의多數됨을見ᄒᆞ리로다此日本實例을擧示ᄒᆞ면

年度	全國蠶種의掃立高
明治二十八年	三、九三八、三八八枚
同　二十九年	三、七四六、一三三枚
同　三十年	三、九八六、五六九枚
同　三十一年	三、九三六、九〇九枚
同　三十二年	四、〇三四、一二二枚
同　三十三年	四、四〇七、六八二枚

同　三十四年　五、一五七、一〇五枚
同　三十五年　五、五二〇、〇八三枚
同　三十六年　五、六七二、三八九枚
同　三十七年　六、一〇六、七七八枚

全國機械製絲工場設立統計案

年度	五百人繰	百人繰	五十人繰	十人繰	合計
明治二十六年	三個	一二一個	三四九個	二、一二九個	二、六〇二個
二十九年	二一	三七三	五〇九	一、四八〇	二、三八三
三十三年	一八	二六二	五二三	一、二六九	二、〇七一
三十八年	七	三〇二	五七六	一、三九二	二、二七七

以上表을見ᄒᆞᆯ時ᄂᆞᆫ百人繰及五十人繰ᄂᆞᆫ年々히增加ᄒᆞᆷ을見ᄒᆞ고五百人繰은三十三年붓터漸減ᄒᆞ야三十八年에七個가되고十人繰도亦是漸退ᄒᆞᆷ을見ᄒᆞᆯ지라余의推想으로言ᄒᆞᆯ진ᄃᆡ當時養蠶家가多數히增加ᄒᆞᆷ으로製系工場의熱이經濟界에煽動ᄒᆞ야二十九年度의五百人繰가二十一個工場에達ᄒᆞ고百人繰도多數히增加ᄒᆞ엿다가好奇心에結果失敗에歸ᄒᆞ고百人繰五十人繰等이年々히增加ᄒᆞᆷ은稍々蠶業界製絲家의智識이進步되여製絲工場의性質과管理方法을曉解ᄒᆞ야一時的好奇心을擲棄ᄒᆞ고事業의鞏固完全ᄒᆞᆷ을務ᄒᆞᆷ에出ᄒᆞᆷ이로다

製絲工場의設立數와蠶種數을比觀ᄒᆞ면其正比됨을知ᄒᆞᆯ지라養蠶의高가即製絲

工場의設立標準이라云홀지니其設立年限이라稱홈이此에在ᄒᆞ도다養蠶의程度가速進ᄒᆞ면製絲工場의設立도亦是速進홈을得홀지니八九年內에養蠶의業을勉勵實行ᄒᆞ야相當ᄒᆞᆫ程度을得ᄒᆞᆫ後我韓隆熙十一二年度에ᄂᆞᆫ또ᄒᆞᆫ製絲業이確實히旺盛ᄒᆞ야機械工場이無數設立됨을豫期ᄒᆞ노라製絲業이確實히鞏固되면自然生絲販路을擴張ᄒᆞ야貿易國의需用을供給홀지라此時期로뼈蠶業의最終目的에達ᄒᆞ엿다云ᄒᆞ리로다

(사)蠶業發展에對ᄒᆞ야地方自治團體의取홀方策　既往概述ᄒᆞᆫ바ᄂᆞᆫ蠶業의要素을指示ᄒᆞᆫ바어니와此에一層을進ᄒᆞ여此業奬勵方策을論코져ᄒᆞ노라地方自治團體ᄂᆞᆫ此蠶業發展에適宜ᄒᆞᆫ手段을執取ᄒᆞ야此을保護奬勵치아니치못홀지나其如何ᄒᆞᆫ方策이可取홀者오ᄒᆞ면

一、蠶業에關ᄒᆞᆫ敎育機關　補習蠶業學校、蠶業傳習所、養蠶講話會、栽桑研究所等機關을設立ᄒᆞ야有爲홀蠶學者、製絲學者及技術者을養成홀事

二、營業機關　共同蠶業組合、合名或合資、製絲工場、蠶種製造會社等의機關을設立ᄒᆞ야營利ᄒᆞᄂᆞᆫ同時에他普通個人養蠶製絲家에模範이되여此을効則케홀事

三、此業에對ᄒᆞ야適當ᄒᆞᆫ意見과方法이有홀時ᄂᆞᆫ此을自治團体에提案ᄒᆞ야可決의承諾이된者ᄂᆞᆫ此을政府或地方官廳에申告ᄒᆞ야實行이되게홀事

四、此業에對ᄒᆞ야妨害되ᄂᆞᆫ事件이起ᄒᆞᆯ時에ᄂᆞᆫ此ᄅᆞᆯ亦是政府地方官의게申告ᄒᆞ야拒絕ᄒᆞᆯ事

五、蠶絲共進會 蠶絲品評會等을設立ᄒᆞ야新案ᄒᆞᆫ器具及生絲、蠶種等精美ᄒᆞᆫ者의게褒賞을授與ᄒᆞᆯ事

六、製絲家或養蠶家에서不幸히莫大ᄒᆞᆫ損害ᄅᆞᆯ被ᄒᆞᆯ時ᄂᆞᆫ此에相當ᄒᆞᆫ救助金額을附與ᄒᆞ야斯業者로ᄒᆞ야금失業의憂慮가無케ᄒᆞᆯ事

(아)此業發展에對ᄒᆞᆫ政府의善後策 其國內某業을勿論ᄒᆞ고政府가相當ᄒᆞᆫ保護奬勵의政策을施치아니ᄒᆞ면到底히其業의進就됨을得치못ᄒᆞᆯ지라此蠶業發展에對ᄒᆞ야도亦是政府의保護奬勵ᄅᆞᆯ要치아니ᄒᆞ면其最終目的을達키不能ᄒᆞᆯ지니現今世界에有名ᄒᆞᆫ四大蠶業國伊太利、佛蘭西支那、日本의實例ᄅᆞᆯ見ᄒᆞ여도可審ᄒᆞᆯ지라(大韓學會月報第三號現世蠶業參照)政府ᄂᆞᆫ以上論述ᄒᆞᆫ自治團體로ᄒᆞ야금此業에對ᄒᆞ야行動ᄒᆞᆷ을贊成實行케ᄒᆞᆷ은依例行事에過치아니ᄒᆞ니再論ᄒᆞᆯ必要가無ᄒᆞ고政府自己가如何ᄒᆞᆫ保護와奬勵의政策을施ᄒᆞᆯ고ᄒᆞ면自治團體의行動과如히行ᄒᆞ야可ᄒᆞ나範圍가一廣一狹에異ᄒᆞᆷ뿐이라余의所見으로此ᄅᆞᆯ論述키不能ᄒᆞᄂᆞ但記述者自己의思案을供코져ᄒᆞ노에

一、政府에一部分되ᄂᆞᆫ農商工部ᄂᆞᆫ全히此等事業에關係ᄒᆞᆫ中央機關이라可稱ᄒᆞᆯ지라然則此農商工部에亦是中央蠶絲業機關을置ᄒᆞᆷ을要ᄒᆞᆷ此蠶絲機關의行動을

畧述컨딕全國內蠶業에敎育的營業的小機關의諸般事項을處理홈에在홈（敎育的器關이라稱홈은中央及地方數個所에相當훈官立蠶業學校及試驗場等을設置호야理論實地로蠶系界有智識者을養成홈을云홈）（營業的器關이라稱홈은卽全國內蠶業經營호는大小機關統稱홈）

二、各地方에蠶業에對훈地方機關을設置호야養蠶時期에當호거던消毒豫防法을各히自區域內에實行호며巡回敎授或出張指導홈을要홈

三、此業에對호야有功훈者의게褒賞을授與홀事

四、或一地方이不幸年을遭遇호야失敗훈時는此에救濟金을相當히下與홀事

五、外國販路을紹介호여生絲을輸出호되到底히個人力으로能치못홀지니政府此을經營호야貿易國의供給홈을要호는事

右述훈諸項의條件이完具훈後韓國蠶業이發展된다호오此로써我韓國經濟界에一問題을提呈호오니各各高尙훈意見으로辯論호야蠶業發展善後策의未及處을指示호심을望要

學校의槪說

姜邁

大抵學校의起原은此를大分호면三種의別이有호니其最古훈者는社會의特別階級으로起因훈者라上古埃及과及印度에서는僧侶의子弟를一定훈處所에集合호

야(혼이神殿)其階級의必要ᄒᆞᆫ業務를教授ᄒᆞ얏고希臘에셔도學問一道ᄂᆞᆫ特別ᄒᆞᆫ人格에從屬ᄒᆞᆯ걸노思惟ᄒᆞ얏시ᄂᆞ然ᄒᆞᆫ希臘의人은性格이活潑ᄒᆞ고知識을求ᄒᆞᄂᆞᆫ傾向이强硬홈으로此等精神的業務로特別ᄒᆞᆫ個別的의卓高홈을不喜ᄒᆞ야一般自由의歸着홈을計圖ᄒᆞ얏도다是로由ᄒᆞ야

第二種即個人又ᄂᆞᆫ自由의私團体로由ᄒᆞ야設立된學校를見홈에至ᄒᆞ얏고

第三種의學校ᄂᆞᆫ一國의主權者或公共團体가國民의知德을啓發ᄒᆞ며社會의進就홈을計圖ᄒᆞ야特別히教師를招聘ᄒᆞ며相當ᄒᆞᆫ設備를經營홈에至ᄒᆞ도다

以上과如ᄒᆞᆫ歷史的觀念으로論ᄒᆞᆯ진ᄃᆡ學校ᄂᆞᆫ或階級의必要에應ᄒᆞ야設立ᄒᆞ얏시ᄂᆞ現世에在ᄒᆞ야ᄂᆞᆫ其不可홈을感覺ᄒᆞ겟스며又或은言ᄒᆞ되學校ᄂᆞᆫ다만一時에急홈을爲ᄒᆞ야設立ᄒᆞᆯ者ㅣ라稱ᄒᆞᄂᆞ此ᄂᆞᆫ不當ᄒᆞᆫ誤解라

蓋知識의進步를隨ᄒᆞ야教材의選擇과教授方法에就ᄒᆞ야特別의研究를要홈은自然ᄒᆞᆫ趨勢며又ᄂᆞᆫ各家庭에셔各其兒童을爲ᄒᆞ야個別的專務者를得홈은至難ᄒᆞᆫ事인즉是로因ᄒᆞ야一定ᄒᆞᆫ位置에學校를設置ᄒᆞ며必要ᄒᆞᆫ器具를供給ᄒᆞ며特殊ᄒᆞᆫ規條를設定홈은再히贅說ᄒᆞᆯ바이無ᄒᆞ도다

要컨ᄃᆡ學校ᄂᆞᆫ時勢의必要에基因ᄒᆞᆫ者이며又ᄂᆞᆫ社會的發達上에重要ᄒᆞᆫ機關이라故로學校ᄂᆞᆫ即一般社會의精神的財產을分配ᄒᆞᄂᆞᆫ源泉이라可謂ᄒᆞ겟도다噫라凡人은物質的財產에도오히려戀々ᄒᆞ야熙々히往ᄒᆞ며穰々히來ᄒᆞᄂᆞ니홈을며精神

的財産이리요然ᄒᆞᆫ즉其精神的財産을傳播ᄒᆞ며且進就케ᄒᆞᄂᆞᆫ學校ᄂᆞᆫ其貴重ᄒᆞᆷ을可知ᄒᆞ겟도다然ᄒᆞ나人의道德과知識의狀態은恒常專一키不能ᄒᆞ야階級의差를生ᄒᆞ며又ᄂᆞᆫ土地形勢에從ᄒᆞ야種々相異ᄒᆞᆫ事情이不無ᄒᆞᆷ으로學校도自然種々의區別리有ᄒᆞᆷ을不免ᄒᆞᆫ지라今에日本及獨逸의學校系統을槪述ᄒᆞ야我韓敎育界에參考를作코자ᄒᆞᆷ이라

日本의敎育始期ᄂᆞᆫ幼稚園으로써起點을作ᄒᆞ니此ᄂᆞᆫ學齡以前의兒童을敎育ᄒᆞᄂᆞᆫ處所요及其學齡에已達ᄒᆞᆯ時ᄂᆞᆫ尋常小學에서六年(義務敎育)과高等小學에서四年으로一般國民의知德을養成ᄒᆞ고次에中學校五年으로社會中等의地位를訓鍊ᄒᆞ며實業과及各科學을專修키爲ᄒᆞ야種々의專門學校가有ᄒᆞ며高等學術를硏究키爲ᄒᆞ야各大學의設置가有ᄒᆞ니左表와如ᄒᆞᆷ이라

日本의學校系統表

三年又ᄂᆞᆫ四年	分科大學
三年	大學豫備
五年	中學校

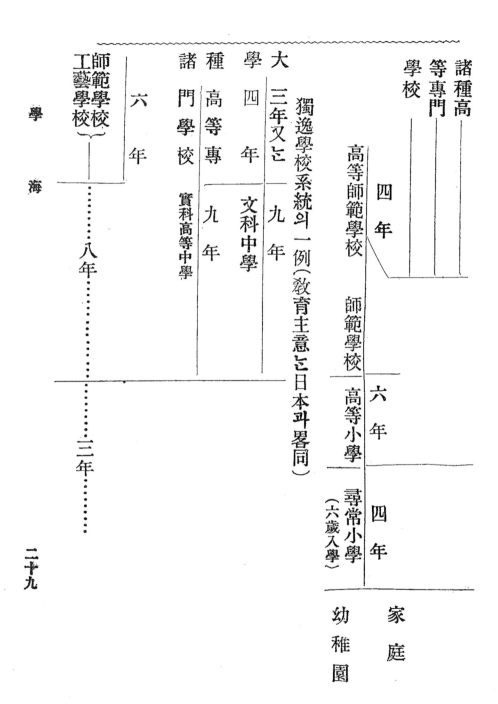

諸種高等專門學校

高等師範學校 四年

師範學校 六年

高等小學

尋常小學(六歲入學) 四年

家庭

幼稚園

獨逸學校系統의一例(敎育主意는日本과畧同)

大學 三年又는 九年

學 四年 文科中學

諸種高等專門學校 九年 實科高等中學

六年

師範學校
工藝學校 八年 三年

- 義務敎育時代
  - 小學(國民學校)(六歲又는七歲入學)
  - 諸種補習學校

以上과如히其系統을判別홈은엇지徒然훈事이리요盖如此훈組織이無홀진딕敎育은頗히其効를奏키甚難훈所以라噫라支那中古의周官法度를暫考ᄒ건딕庠序學校의制가井然具備ᄒ야써國民를導率홈으로治平의風化를馴致ᄒ얏고今日西球의所謂文明云々者도또훈此改良的敎育에亶在홈이니此는我韓人士의一般知了ᄒ는비라所以로比年以來에我國學校가驟增ᄒ야學校設立이日新月盛ᄒ는傾向이有훈지라雖然이나及其內容을觀察ᄒ면摠히系統的組織이欠乏홈으로其混淆拉雜홈을不勝ᄒ야課程은一定훈方向이無ᄒ고學級은錯雜이無常ᄒ야小學々齡에在훈者로外國語를徒習ᄒ야自國의精神을抹殺ᄒ며及其敎鞭을執훈者는摠히其選擇홈이適當홈을不得ᄒ야法學을修훈者ㅣ數理의課程을擔任ᄒ며農工을學훈者師範을講ᄒ며日語ᄂ粗解ᄒ면空然히化學物理를說ᄒ야至使純粹훈青年으로聽熒迷惑을成케ᄒ는評論이喧藉훈지라엇지効果의圓滿홈을得ᄒ리요此는當今我韓敎育家諸公이淵然深思ᄒ야敎鞭의招聘과敎材의選擇을紀律的進行ᄒ기를是務ᄒ야如此훈病根를拔去ᄒ기로戮力ᄒ면猶可ᄒ려니와만약此와反홀진

되비록村々에學校와家々에黌塾이有ᄒᆞ야滿八域敎育敎育ᄒᆞᆯ지라도其効果ᄂᆞᆫ半步를前進키不能ᄒᆞ리니唯我敎育界諸公이여

家畜改良의急務 (續)

李 赫

(二)成長羊의放牧法　放牧을行ᄒᆞᄂᆞᆫ時ᄂᆞᆫ最히土質乾燥ᄒᆞᆫ稍々高地를擇定ᄒᆞ야牧塲을設置ᄒᆞ고群羊을放牧ᄒᆞ되一齊히放散牧畜을不許ᄒᆞ고牧塲에小區劃을分設ᄒᆞ야輪還放牧을要ᄒᆞ며且羊羣을分作ᄒᆞ야各其放牧（即仔羊、幼羊、牡羊、牝羊等을分群ᄒᆞᆷ經驗家에依ᄒᆞ면一群數ᄂᆞᆫ四百匹內外）ᄒᆞᆷ、自此放牧期가終ᄒᆞᆷ에際ᄒᆞ야舍飼에變換時ᄂᆞᆫ前述仔羊의變移와如ᄒᆞ니라

(三)舍飼法　舍飼를行ᄒᆞᄂᆞᆫ時ᄂᆞᆫ可히廣大ᄒᆞ고乾燥ᄒᆞᆫ塲所를擇ᄒᆞ야羊舍를建設ᄒᆞ되淸新ᄒᆞᆫ空氣流通을充分케ᄒᆞ며排泄物除去의便을要ᄒᆞᆯᄲᅮᆫ아니라其舍內溫度를適宜케ᄒᆞᆷ（攝氏十度乃至十二度）、大凡羊은他家畜에比ᄒᆞ야飼料의費用이甚少ᄒᆞᆷ으로中等乾牧草每日一匹에對ᄒᆞ야二斤半供給을平均ᄒᆞᄂᆞ然ᄂᆞ間々乾草半分에藁、根菜類（蕪菁、ᄂᆞᆯ菜、胡蘿蔔、馬鈴薯、甘藷、菊芋類等）豊產製粕、禾穀類、菽荳類의稿稈等을混合ᄒᆞ야供給ᄒᆞᆷ

洗毛及剪毛法、（一）洗毛法、　洗毛은剪毛前三日乃至五日頃에際ᄒᆞ야羊全体를洗滌ᄒᆞᆷ、盖毛質及毛量은一般其洗水質의溫度及其性質與否에大係가關有ᄒᆞᆫ즉

此點에極히注意ᄒᆞ야洗滌을行홈(溫度攝氏十七度을要)不然則動物의健康을妨害홀뿐아니라充分ᄒᆞᆫ膩垢除去을不得ᄒᆞᄂᆞ니라、 且水質에就ᄒᆞ야ᄂᆞᆫ流底泥土의水及硬水(石灰質含水)은不許홈、 何오特殊石灰質水은不溶性의鹼化石灰을形成ᄒᆞ야毛身에固着ᄒᆞ야分離키難홀뿐아니라毛色이變ᄒᆞ야暗黑色을呈ᄒᆞᄂᆞ니라(石灰質을含有ᄒᆞᆫ水은石鹼液(외빈우)을水中에注入ᄒᆞ며泡沫을生치안코白色沈澱을發生홈(汚濁乳液과恰似))此外水中에黃色素及鐵分에因ᄒᆞ야青色或黃色을呈홈도有홈 (黃色素을含有ᄒᆞᆫ水은酸化鐵液을注入ᄒᆞ면其水色이青色을變呈ᄒᆞ고鐵分을含有ᄒᆞᆫ水은硝酸液一二滴을加ᄒᆞ야煮ᄒᆞ든지或은黃血滷壚液을加ᄒᆞ면青色을變呈홈)、如斯히洗毛을畢ᄒᆞᆫ後은乾燥上에充分ᄒᆞᆫ注意을要홈就中急激乾燥와直射日光과塵埃被觸等을防護ᄒᆞᄂᆞ니라否則毛質脆弱을生홈、 (二)剪毛法 剪毛은洗毛後三日乃至五日을經ᄒᆞ야通常羊毛鋏라稱ᄒᆞᄂᆞᆫ器械或은亞米利加鋏(吾人理髮鋏)을使用홈、 蓋剪毛에際ᄒᆞ야最히注意홀者은반다시毛房을不亂케整剪ᄒᆞ며皮膚을勿傷케精剃홈을要ᄒᆞᄂᆞ니라萬若不注意로傷을付ᄒᆞᆫ時난卽時底列並油(데류면당)을疵部에塗擦ᄒᆞ야蠅類產卵을防禁홈、 剪毛期은每年一回(五月乃至六月頃)을通常ᄒᆞᄂᆞ니라、毛量及價格은如左

每年一匹에對ᄒᆞᆫ毛量　六폰뜨(一폰뜨은我國十二兩餘重과相當)

價格　一폰뜨에六十乃至七十錢

(乙)山羊　　日語로(양세)　英語로(꼬드의)

山羊의發育法은前述綿羊과同一ᄒᆞ긔로但히其特性을記述홈、蓋山羊에就ᄒᆞ야可珍可貴은其体質이其强ᄒᆞᆫ動物로嶮峻山野의生育과組草惡木의飼養에能活蕃殖뿐아니라少許注意을加ᄒᆞᄂᆞᆫ時ᄂᆞᆫ每年二回分娩을營爲ᄒᆞ되一産에三四兒을通常ᄒᆞ니라故로如彼歐米諸國은山野地方으로土質極薄ᄒᆞ야農作을不耕ᄒᆞᄂᆞᆫ住民等이唯一斯業으로生活財源을目的홈으로稱呼山羊은山民農源이라홈

山羊類別　家畜山羊을分ᄒᆞ야普通山羊、綿毛山羊、眞毛山羊、等四種에區別홈

(一)普通山羊 꼬오몽꼬오드 此種은從來我邦에飼育ᄒᆞᆫ種所謂염소ㅣ이라其毛色이種々ᄒᆞ야黑色或白色或蘆色等이有ᄒᆞ며且毛長이或長或短의差別이有홈、且性質이粗强ᄒᆞ야氣候變更과飼料良否에對ᄒᆞ야何等의影響이無ᄒᆞ니라、歐洲西班牙、伊太利、希臘、土其古、地中海諸島에養育홈、乳分泌量은一週間에五升五合乃至六升六合을常ᄒᆞ며其泌乳期은八個月乃至九個月을續ᄒᆞ니라

(二)綿毛山羊　앙고라、꼬오드 此種은小亞細亞앙고라地方에産出홈、体軀甚大ᄒᆞ야牡体重은十三貫乃至十四貫、牝体重은八貫乃至九貫에達ᄒᆞ고毛質品이極細甚白ᄒᆞ야光澤絹絲와恰如ᄒᆞ고性質이寒氣을不憚ᄒᆞ나然ᄂᆞ濕氣을大忌홈每年收毛量은三歲의牡은四斤半乃至五斤、同歲牝은五斤乃至五斤半을得ᄒᆞ니라故로此에飼育目的은毛用을主홈、(産仔은一回一産을限홈)

(三)眞毛山羊　사슈미야、고오드此種은印度힌도스당北方사슈미야에産出ᄒᆞᆷ、体格이普通山羊에比ᄒᆞ면矮小ᄒᆞ고耳葉이下垂ᄒᆞ야鬣毛甚長ᄒᆞ며角体螺旋形에捲捻ᄒᆞ야長大ᄒᆞ고毛質이美白細長ᄒᆞ야光鮮絹絲와恰如ᄲᅮᆫ아니라其眞毛의下에緬毛을混生ᄒᆞ야甚히良美ᄒᆞᆷ、然ᄂᆞᆫ此種의最忌者은濕氣及空氣流通의粗惡也、且此種은毛收獲에剪毛鋏을不用ᄒᆞ고長大ᄒᆞᆫ蜜櫛로써梳理收獲ᄒᆞᆷ故로一匹에就ᄒᆞ야收獲日數가八日乃至十二日間을要하되每三四日間에一回式梳理하니라(最上毛量이五兩乃至六兩重)、價格은通常一斤에十五圜乃至二十圜

(四)　누비야此種은埃及누비야에産出하ᄂᆞᆫ亞弗利加東海岸地方에擴育ᄒᆞᆷ、体格이普通山羊에次하고被毛黑色을呈하며牡羊은無角을常하니라其性質이極順ᄲᅮᆫ아니라飼料善惡의撰擇이無하나唯其缺點은寒氣를大忌ᄒᆞᆷ으로冬季은必히舍飼을要ᄒᆞᆷ、且特殊點은蕃殖力이極强하야每年二回分娩을營爲하되一産에三四兒을産ᄒᆞᆷ、每日乳汁分泌量은二升五合乃至三升을出ᄒᆞᆯᄲᅮᆫ아니라脂肪及其他滋養分을多含ᄒᆞᆷ

蕃殖法은前述綿羊과大同小異故로不論ᄒᆞᆷ

飼養法、山羊은素是貪色動物로他家畜의不食의物도嗜食ᄒᆞᆷ으로飼養上에差程의關係가無ᄒᆞᄂᆞᆫ然나發育의仔羊과哺兒의母羊과搾取의乳羊은必히滋養飼料을要ᄒᆞᆷ、玆에佛蘭西畜産家의曾有ᄒᆞᆫ試驗에依ᄒᆞ야山羊의食、不食物을表示ᄒᆞᆷ

	普通食物	最好食物	或時食或時不食物	不食物
山羊	五四七	二八	三二	八三
綿羊	四〇八	八一	三三	一三三
牛	三一一	一二一	七〇	一八三
馬	二六八	一一三	三九	二三五
豚	八六	三〇	二三	一六九

由此觀之면家畜中山羊이最多植物에位ᄒᆞᆷ을可知ᄒᆞᆯ지라然ᄂᆞ水分을多含ᄒᆞᆫ禾本科植物보담寧히堅硬ᄒᆞᆫ木葉就中其嫩葉을最好食ᄒᆞᆷ且根菜類即甘藷、馬鈴薯、胡蘿蔔、蕪菁等並其莖葉을嗜好ᄒᆞᄂ니라且食物外必히每日飮水及食鹽을供給ᄒᆞᆷ、

搾乳法、 搾乳을行ᄒᆞᄂᆞᆫ時은可成的体軀、舍內搾收에供用器具等을淸潔掃除後羊을木臺上에載保ᄒᆞ고搾手者가椅子에踞坐ᄒᆞ야乳汁을搾取ᄒᆞᆷ、 然나搾乳은一定ᄒᆞᆫ時限을要ᄒᆞᄂ니라通常朝夕二次을行ᄒᆞ나泌乳多分時ᄂᆞᆫ午正一次을加ᄒᆞ야三次搾乳도有ᄒᆞᆷ、 泌乳量最多期은自三歲頃으로至六歲即三個年間을期ᄒᆞᆷ爾後은漸次減少ᄒᆞᄂ니라玆에山羊乳와人乳及牛乳滋養比較表을擧示ᄒᆞᆷ

	水分	乾酪素	아루부밍	總窒素量	脂肪	糖分	鹽分
山羊乳	八二、五五	四、〇四	〇、三七	四、六八	七、一〇	四、一六	〇、九一
人乳	八七、四一	一、〇三	〇、二五	二、二九	三、七八	六、二一	〇、三一
牛乳	八七、一七	三、〇二	〇、五三	三、五五	三、六九	四、八八	〇、七一

未完

地文學(地球의運動)

洪鑄一 譯

地文은地球와其他諸天体間關係와及地球上에天然的諸現像을論ᄒᆞᄂᆞᆫ學이니라大凡天地間에在ᄒᆞᆫ物이一物도不變不動ᄒᆞᆷ이無ᄒᆞ고四季晝夜의區別과山川湖海의狀態로븟터風雨霜雪의變化와動物植物의分布에至히千變萬化가極多無限ᄒᆞ나深精研究ᄒᆞ면其間에自然히一定ᄒᆞᆫ法則이有ᄒᆞᆫ지라此法則은人文의發達과最密接ᄒᆞᆫ關係가有ᄒᆞᆫ故로實노人文上研究를欲望ᄒᆞᄂᆞᆫ者必先히地文學의研究를不可不要ᄒᆞᆯ지라

◎地球의運動◎　地球의運動을論ᄒᆞᆷ에當ᄒᆞ야必先히運動과靜止의區別을要ᄒᆞᆯ지라然則運動과靜止ᄂᆞᆫ何를謂ᄒᆞᆷ이뇨ᄒᆞ면運動은遠近間相對物의位置變更ᄒᆞᆷ을因ᄒᆞ야運動이라云ᄒᆞ고靜止ᄂᆞᆫ遠近間相對物의位置不變ᄒᆞᆷ을因ᄒᆞ야靜止라云ᄒᆞ나니故로今에數種의例를擧ᄒᆞ야論코져ᄒᆞ노라假使甲乙丙三個의物이有ᄒᆞᆫᄃᆡ甲乙丙兩物의位置가互相變更ᄒᆞ되甲이動ᄒᆞᄂᆞᆫ지乙이動ᄒᆞᄂᆞᆫ지不知ᄒᆞᆫ境遇에當ᄒᆞ야ᄂᆞᆫ不可不丙의位置에對ᄒᆞ야比較一念을蒴起ᄒᆞᆯ지라甲乙의位置ᄂᆞᆫ亦互相變更ᄒᆞ되乙丙의位置ᄂᆞᆫ依然變更ᄒᆞᆷ이無ᄒᆞᆯ時ᄂᆞᆫ甲이動体됨을決定ᄒᆞᆯ거시요且吾人이汽車中에坐ᄒᆞ야試看ᄒᆞᆷ이車內에在ᄒᆞᆫ諸般物이吾人에對ᄒᆞ야比較ᄒᆞᆷ의對列位置가少許도變更ᄒᆞᆷ이無ᄒᆞᆷ으로吾人이車의動ᄒᆞᆷ을不知ᄒᆞ다가車外에在ᄒᆞᆫ山川村野를

向ᄒᆞ야比較ᄒᆞ면其位置가時刻을不許ᄒᆞ고總히變更ᄒᆞᄂᆞ니故로此比較를因ᄒᆞ야車의運動을感覺ᄒᆞᆯ뿐不是라車의遲速ᄭᆞ지도知ᄒᆞ나니然ᄒᆞᆫ즉車가吾人게對ᄒᆞ야ᄂᆞᆫ不動ᄒᆞ되山川村野에對ᄒᆞ야ᄂᆞᆫ運動ᄒᆞᆷ을確信ᄒᆞᆯ지로다

地球의運動은公轉及自轉의二種이有ᄒᆞ니公轉에依ᄒᆞ야四季의差가生ᄒᆞ고自轉에依ᄒᆞ야晝夜의別이生ᄒᆞ나니라　地球ᄂᆞᆫ自轉ᄒᆞᄂᆞᆫ同時에太陽의周圍（即軌道）를左旋運行ᄒᆞᆷ이有ᄒᆞ니此를公轉이라云ᄒᆞ고此에太陽도恒星間늘縫結ᄒᆞ야自西移東ᄒᆞ야三百六十五日五時四十八分四十八秒를經ᄒᆞ면舊位置에復歸ᄒᆞ나니此를太陽年이라云ᄒᆞ나니라故로地球의一公轉에要ᄒᆞᄂᆞᆫ時間은即太陽年이오一太陽年ᄂᆞᆫ即三百六十五日五時四十八分四十八秒라此를例ᄒᆞ야曆年에ᄂᆞᆫ每四年에一日의閏日을加ᄒᆞᄂᆞᆫ故로閏年은三百六十六日이오常年은三百六十五日이라稱ᄒᆞ되其間에差異가有ᄒᆞᆷ으로此過剩을相計ᄒᆞ야四百年에三閏日을省去ᄒᆞ엿사太陽年에恰同ᄒᆞ니라

地球가地軸으로軸을定ᄒᆞ고自西向東ᄒᆞ야一日에一次式自体의廻轉ᄒᆞᆷ이有ᄒᆞ니此를自轉이라云ᄒᆞ나니此에依ᄒᆞ야諸天体（即太陽總星辰）가東에出ᄒᆞ야西에沒ᄒᆞᆷ과如히보이ᄂᆞᆫ지라某一地點의子午維（經線）上에或天体（恒星이니恒星은太陽과如히皆巨大ᄒᆞᆫ發光星이오其位置가恒久不變ᄒᆞᆫ故로恒星이라名ᄒᆞᆷ）가廻來ᄒᆞ야其地點과一直線을成ᄒᆞᆯ時은此를恒星의南中이라稱ᄒᆞ고地球가自西向東ᄒᆞ야一回를盡ᄒᆞ고再次

其天体와直線이되ᄂᆞᆫ時間을恒星의南中日이라稱ᄒᆞ고又此地點이太陽과一直線을成ᄒᆞᆷ은太陽의南中이라稱ᄒᆞ고再次一直線을要ᄒᆞᄂᆞᆫ時間을眞太陽日이라云ᄒᆞ되恒星의南中日과太陽의南中日과時間이不同ᄒᆞ야每一日에約四分(一度)의差를生ᄒᆞᄂᆞ니地球가自轉一回ᄒᆞᆫ同時에公轉ᄒᆞ야軌道上에進行ᄒᆞᄂᆞᆫ距離ᄂᆞᆫ大畧平均百〇九萬五千八百九十粁(粁ᄂᆞᆫ千米突이오一米突은本尺의三尺三寸이라)이오地球와太陽間距離ᄂᆞᆫ一億五千萬粁(我大韓三千八百十九萬六千六百六十六里餘)이오恒星의距離ᄂᆞᆫ最近ᄒᆞᆫ者라도地球太陽間距離의數十萬倍에達ᄒᆞᄂᆞᆫ지라換言ᄒᆞ건ᄃᆡ某一地點여ᄲᅧ南을望ᄒᆞᆷ이十里距離에在ᄒᆞᆫ一孤塔과數千里外에在ᄒᆞᆫ一峯頭와一直線을成ᄒᆞ다가更히二三里를東進ᄒᆞ야又南을望ᄒᆞᆫ時은數千里外에在ᄒᆞᆫ峯頭ᄂᆞᆫ如前히南方에在ᄒᆞ되十里許에在ᄒᆞ던孤塔은西方에少移ᄒᆞ야在ᄒᆞ리니故로地球에對ᄒᆞᆫ恒星과太陽의關係도此와如ᄒᆞᆷ으로太陽이恒星보담西方에偏在ᄒᆞᆫ角度ᄂᆞᆫ一度에當ᄒᆞ고一度를轉ᄒᆞ야太陽을直向ᄒᆞᄂᆞᆫ時間ᄂᆞᆫ四分을要ᄒᆞᄂᆞ니라

然ᄒᆞ나地球의軌道(太陽系)은楕圓形이될ᄲᅮᆫ不是라又太陽이楕圓形의焦點(圓의中心點)을少移ᄒᆞ야在ᄒᆞᆫ故로地球運行의速度와太陽日의長短이每常不同일서一年中에平均을取ᄒᆞ야平均太陽日노ᄡᅥ普通時間을定ᄒᆞ며平均太陽日의時刻은十二月二十四日頃이是니卽眞太陽日과相合ᄒᆞ고其後ᄂᆞᆫ或遲或速ᄒᆞ야十六分의大差違에達ᄒᆞᆷ도有ᄒᆞ니라故로太陽의南中의時刻으로ᄡᅥ直히其地方의正午ᄅᆞᆯ

定ᄒᆞ기不能ᄒᆞ도다
本邦에用ᄒᆞᄂᆞᆫ中央標準時ᄂᆞᆫ自濟州島東端으로皇城을通ᄒᆞ야厚昌慈城兩郡間을通過ᄒᆞᆫ東經線百二十七度로서定ᄒᆞ니日本國의中央標準으로定ᄒᆞᆫ神戶觀象臺時보다三十二分이遲ᄒᆞ고英國倫敦祿威觀象臺時보다八時二十八分이速ᄒᆞ니라故로地球上의標準時ᄂᆞᆫ經線每二十度에一時式加減ᄒᆞ야定ᄒᆞᆷ이常例ㅣ니라(未完)

森林學

種樹生 譯

土地生産物에米粟과相並ᄒᆞ야用道가廣大ᄒᆞ며經濟上에大影響이有ᄒᆞᆫ거슨即森林이라家屋도此가아니면難建이요橋梁도此가아니면難架요船舶車輛도此가아니면難造요百般器具가此를因ᄒᆞ야成ᄒᆞᄂᆞ니實人類社會에難缺ᄒᆞᆫ要物이로다往古에在ᄒᆞ야ᄂᆞᆫ世界陸地가大部分은樹木이鬱蒼ᄒᆞ야採無盡用不竭ᄒᆞᆷ이恰是水與空氣와如ᄒᆞᆫ故로經濟上에價格이有ᄒᆞᆫ줄를不知ᄒᆞ엿더니其後人類가增加ᄒᆞ고智識이進步됨을從ᄒᆞ야材木의需用도亦增益ᄒᆞ야採伐ᄒᆞᆷ이多大ᄒᆞᆫ故로森林의面積이隨減ᄒᆞ고又減縮에有力ᄒᆞᆫ大原因은農業의進步가是라森林을伐ᄒᆞ며燒ᄒᆞ야田圃를開墾ᄒᆞ고原隰을鑿ᄒᆞ며平ᄒᆞ야屋宅을化作ᄒᆞ니森地의自縮은必然ᄒᆞᆫ理勢라此減縮됨을因ᄒᆞ야材木을需用치아니ᄒᆞ면可ᄒᆞ거니와減縮됨을不計ᄒᆞ고用途ᄂᆞᆫ日益增月益加ᄒᆞ야諸般製造工業에意外需用이往々現出ᄒᆞ며且洪水與旱魃이不

時劇烈ᄒᆞ야貽害가頗多ᄒᆞ야世人의欲望을達치못ᄒᆞ게ᄒᆞᄂᆞᆫ境遇가不一ᄒᆞᆫ故로於是乎에森林을荒廢ᄒᆞᆷ이不可ᄒᆞ다ᄂᆞᆫ論이起ᄒᆞ야上古와如히天然的에付치아니ᄒᆞ고人爲的에用意ᄒᆞ야人工을加ᄒᆞ며經營整理ᄒᆞᄂᆞ니此是近代文明諸國의一般通則이라

森林이라云ᄒᆞᆷ은林地와材木을合稱ᄒᆞᆫ바니即其林地上에天然的又人爲的으로써育成ᄒᆞ야人類의需用을充ᄒᆞ며又間接으로其森林存在ᄒᆞᆷ을因ᄒᆞ야國土의保安을維持ᄒᆞ기로爲定ᄒᆞᆫ土地라ᄒᆞᆫ번政府의認定을依ᄒᆞ야森林地目에入ᄒᆞ면비록或時에竹木이無ᄒᆞ더라도猶其森林이라稱ᄒᆞᆷ이라

森林의種類

森林의種類를二種으로區別ᄒᆞᄂᆞ니一曰原生林이요二曰施業林이라原生林이라ᄒᆞᆷ은天然的으로自生自育ᄒᆞᆷ을謂ᄒᆞᆷ이요施業林이라ᄒᆞᆷ은人工을加ᄒᆞ야 經營ᄒᆞᄂᆞᆫ바라

施業林을經濟上目的으로區別ᄒᆞ면亦二種에有ᄒᆞ니曰經濟林曰保安林이是라經濟林이라云ᄒᆞᆷ은營業的으로其木材를生育ᄒᆞ야生産에需用ᄒᆞᆯ目的이요保安林이라云ᄒᆞᆷ은營業生産에主目的을置ᄒᆞ지아니ᄒᆞ고如水源을涵養ᄒᆞᆷ과土砂를打止ᄒᆞᆷ과潮風을防禦ᄒᆞᄂᆞᆫ等無形의利益을目的ᄒᆞ야生育ᄒᆞᄂᆞᆫ거시라保安林은原則上에ᄂᆞᆫ採伐를禁止ᄒᆞ엿시되或境遇를隨ᄒᆞ야採用ᄒᆞᄂᆞ니然ᄒᆞᄂᆞᆫ種々制限을加ᄒᆞ야利

用ᄒᆞ며
作業上에依ᄒᆞ야三種分類가有ᄒᆞ니曰喬林、矮林、中林이라喬林云은杉松檜과如ᄒᆞᆫ等이니種子를依ᄒᆞ며更新ᄒᆞ야用材를産홈을目的홈이요矮林云은櫟櫧楢과其他雜木의等이니萌芽를依ᄒᆞ며更新ᄒᆞ야薪炭材를産홈을目的홈이요中林云은以上二種에混合된거시니即上木下木二段이有ᄒᆞᆫ지라上木은松과如ᄒᆞᆫ喬木이有ᄒᆞ고下木은楢와如ᄒᆞᆫ薪炭林이存在ᄒᆞᆫ者를稱홈이로다
又所有의種類가六種이有ᄒᆞ니曰御料林、曰國有林、曰部分林、曰公有林、曰社寺林、曰私有林이是라
御料林이라홈은皇室의所屬이니宮內省에서此를管理ᄒᆞ야其收入을皇室經濟에充ᄒᆞᄂᆞᆫ거시요國有林이라홈은農商務省에서此를管理ᄒᆞ야其收入을國家經濟에充ᄒᆞᄂᆞᆫ거시요部分林이라홈은其林地ᄂᆞᆫ國有라도人民이此에樹木을植栽ᄒᆞ야其收入을政府와人民이分配ᄒᆞᄂᆞᆫ거시니以上三種은俗에官林이라稱ᄒᆞ고公有林이라홈은市町村과其他團體의所屬이요社寺林이라홈은神社佛宇의所屬이요私有林이라홈은一個人의所有니此三種은民林이라稱ᄒᆞᄂᆞ니라

造林法

凡種子가其母樹의性質을遺傳的으로繼受ᄒᆞᄂᆞ니造林者가十分注意ᄒᆞ야種子를取홀지라種子ᄂᆞᆫ其性이熟ᄒᆞ고其形이大ᄒᆞ고其量이重ᄒᆞᆫ거시最宜ᄒᆞ니形狀이扁

片ᄒᆞ며或細長ᄒᆞᆫ거ᄉᆞᆫ不宜ᄒᆞ도다經驗上으로論ᄒᆞᆯ진ᄃᆡ其實를切斷ᄒᆞ여其仁이充滿ᄒᆞ고其色이光澤ᄒᆞ고香氣와汁液等이有ᄒᆞᆷ을要ᄒᆞᆯ지라 （未完）

史傳

페수다롯지傳

一笑生

獨立自由 實踐躬行 愛國愛人等數語로銘肝自警ᄒᆞ야近代敎育界에明星을作ᄒᆞᆫ人物은瑞西國페수다롯지氏가其人이라

페수다롯지氏의祖先은伊太利의人으로宗敎改革亂에際ᄒᆞ야瑞西國에避居ᄒᆞ야氏를生ᄒᆞ엿시니即西曆一千七百四十六年이라

페수다롯지氏가六歲에父를喪ᄒᆞ고慈母의게見育ᄒᆞ야忍耐와勤勉의慣習을十分養成ᄒᆞᆫ지라

彼家에一女婢가有ᄒᆞ니彼父在時에精을勵ᄒᆞ야分을竭ᄒᆞᄂᆞᆫ故로彼父가極히撫愛ᄒᆞ더니及其臨終에女婢를喚ᄒᆞ야老妻와幼兒를依囑ᄒᆞ다此婢가遺囑을受ᄒᆞᆫ後에知遇의恩에感激되여心力을專盡ᄒᆞ야家事에服從ᄒᆞ며節約을嚴守ᄒᆞ야非時의供과無用의費ᄂᆞᆫ毫釐를不消ᄒᆞ고忠良의德을發揮ᄒᆞᄂᆞᆫ故로페수다롯지氏가此女婢의게感化된바가亦不少ᄒᆞᆫ지라氏의晩年著書에云호ᄃᆡ余의一生事業이悉是慈母의温良純粹와女婢의忠信勤儉ᄒᆞᆫ德에셔基因홈이라ᄒᆞ다

氏가幼時에同國小學校에入學ᄒᆞ야普通學을修了ᄒᆞ엿시ᄂᆞ一般遊戲에極히拙劣ᄒᆞ야一技도通ᄒᆞᆷ이無ᄒᆞᆫ故로小兒輩의啞笑好材가되여外貌만取ᄒᆞ고內心을不知ᄒᆞᄂᆞᆫ同學小兒輩가居常에氏의게綽名을付ᄒᆞ야白痴「롯지」라呼ᄒᆞᄃᆡ氏가自若不介ᄒᆞ더라學科中에重要ᄒᆞᆫ諸點만取ᄒᆞ야敏捷히了解明記ᄒᆞ고枝末細葉에ᄂᆞᆫ深究留意치아니ᄒᆞᄂᆞᆫ故로各科目에對ᄒᆞ야儕輩中에出拔ᄒᆞᆫ點과反此ᄒᆞᆫ點이相半되ᄂᆞᆫ지라

又宗敎에入力ᄒᆞ야多大ᄒᆞᆫ感化ᄅᆞᆯ受ᄒᆞ고法律ᄅᆞᆯ研究ᄒᆞ야法理ᄅᆞᆯ通解ᄒᆞᆫ故로其時政治와宗敎의騷亂을盡力救濟ᄒᆞ야大勳을垂ᄒᆞ니라

後十數年來로氏가國民敎育에犧牲을供ᄒᆞ야歐羅巴諸國의敎育制度ᄅᆞᆯ問到視察ᄒᆞ고自己의經驗意見을參加ᄒᆞ야敎授法을發明ᄒᆞ고職工學校ᄅᆞᆯ完全組織ᄒᆞ야經濟界에拿破崙을作ᄒᆞ엿도다 (未完)

觀日光山記（續）

尹定夏

二、日光社殿

日光驛에서下車ᄒᆞ야西方으로日光町의中央大道ᄅᆞᆯ通過ᄒᆞ야町의西端에至ᄒᆞ면一大金欄의虹橋가有ᄒᆞ니即大谷川中流에架設된바神橋（一名은山菅橋ᄯᅩᄂᆞᆫ蛇橋）라同橋의起源을畧述ᄒᆞᆯ진ᄃᆡ稱德日皇 時代에僧勝道 가日光山을開拓코져ᄒᆞ야此處에來ᄒᆞᆯ時에兩岸絕崖에大谷의水勢가激揚冲天ᄒᆞ야不可跋涉이라躕躇長嘆ᄒᆞᆯ際에偶然深砂大王이自現ᄒᆞ야手裏의持來ᄒᆞᆫ青赤兩蛇ᄅᆞᆯ大谷川의南北兩岸에橫架ᄒᆞ니直一條의長橋가成ᄒᆞᆫ지라然이나其狀이悽愴魑怪ᄒᆞᆷ으로勝道가敢히前進치못ᄒᆞᆯ時에ᄯᅩ一神童이出來ᄒᆞ야山菅이란草ᄅᆞᆯ刈取ᄒᆞ야蛇背에散布ᄒᆞ고勝道ᄅᆞᆯ前導ᄒᆞᄂᆞᆫ故로勝道가踏橋而去ᄒᆞ야回首而瞻ᄒᆞᆫ즉雲霧ᄂᆞᆫ暝々ᄒᆞᆫᄃᆡ但慈悲鳥의聲ᄲᅮᆫ이라仍ᄒᆞ야此ᄅᆞᆯ山菅의蛇橋라命名ᄒᆞ얏ᄂᆞᆫᄃᆡ其後二百六十七年을經過ᄒᆞ고明治三十五年九月頃에至ᄒᆞ야 大水로因ᄒᆞ야落橋되고同四十年九月에更히新

造ᄒᆞᆫ者이今日의所謂神橋인ᄃᆡ廣이三間、長이八間으로셔欄干은擬寶珠를附ᄒᆞ고總히塗朱鍍金ᄒᆞ얏스며橋柱는石材를用ᄒᆞ야長久히支撐케되얏는ᄃᆡ前後로朱柵을設ᄒᆞ고門扉를鎖ᄒᆞ야每年二月二十參日과參月二日外에는一般의通行을禁止ᄒᆞ더라神橋下에在ᄒᆞᆫ日光橋를渡ᄒᆞ야좀左進ᄒᆞᆯ진ᄃᆡ右便에斜長ᄒᆞᆫ一坂이有ᄒᆞ니此長坂을旋登ᄒᆞ면終點의廣路가即輪王寺後門前으로通ᄒᆞ나니即滿願寺란處라此寺院은故日光御門主라稱ᄒᆞᆫ輪王寺宮의殿跡인ᄃᆡ其前에는頗히美麗ᄒᆞᆫ殿閣이더니自今三十九年前에火災에燒失되야只今은一寺院의移築ᄒᆞᆫ者뿐으로美麗치는아니나古器物과畫屛風等의藏置가有ᄒᆞ고滿願寺의北에三佛堂이有ᄒᆞ니日光中의第一大建築이라千手觀音、彌陀如來、馬頭觀音의三大佛을安置ᄒᆞ고또勝道僧의木像이有ᄒᆞᆫ處요後面의西에銅製圓柱의相輪塔이有ᄒᆞ니高가四丈二尺이라塔의正面의門을出ᄒᆞᆯ진ᄃᆡ即東照宮의大門이라

東照宮을觀覽코져ᄒᆞᆯ진ᄃᆡ몬져石門으로조차入ᄒᆞ나니門內의左便에總高十丈五尺되는朱色의五重塔이有ᄒᆞ고門의正面에在ᄒᆞᆫ石階로昇進ᄒᆞᆫ즉左便에入場券을販賣ᄒᆞ는表番所가有ᄒᆞ니此處에觀覽票一枚(每名에二十錢)를買得ᄒᆞᆫ後에表門으로入ᄒᆞᆫ즉右에三神庫와齊淨이前後로有ᄒᆞ고左에槇木(三代將軍의手植ᄒᆞᆫ木)과木製의御廐(猿猴의彫物을置ᄒᆞᆷ)와內番所等이次第로有ᄒᆞ며其次에는御手洗屋의彫物이有ᄒᆞᆫᄃᆡ水盤은花岡石製로셔盤底에셔泉水가湧出ᄒᆞ고其前에는

唐門이孤立ᄒᆞ얏ᄂᆞᆫᄃᆡ其左方에二重建의輪藏이란堂內에童子의木像을置ᄒᆞ고其銅門을通過ᄒᆞ야石階를登ᄒᆞᆫ즉左右의石柵에有名ᄒᆞᆫ飛越獅子를刻立ᄒᆞ얏고또右便에ᄂᆞᆫ鐘樓와朝鮮鐘(此ᄂᆞᆫ我國서寄附ᄒᆞᆫ鐘이라ᄒᆞ나年代ᄂᆞᆫ未詳ᄒᆞᆷ)과蓮燈籠이有ᄒᆞ고左便에ᄂᆞᆫ鼓樓와廻燈籠(此亦我國서附與ᄒᆞᆫ者라ᄒᆞᆷ)과釣燈籠(荷蘭國의所贈)이며藥師堂이란神院이有ᄒᆞᆫ지라此를一々히巡覽ᄒᆞ고更히石段을登ᄒᆞ야陽明門으로入ᄒᆞ면門墀의左右에廻廊이連接ᄒᆞ얏고正面에ᄂᆞᆫ唐門이兀立ᄒᆞᆫ지라唐門으로부터東照宮拜殿에至ᄒᆞᆫ즉殿內殿外에草木禽獸의彫刻美術과間東間西에靑紅黑白의圖書彩色이人目을眩荒케ᄒᆞ고陽明門內의東便에ᄂᆞᆫ神樂堂、西便에ᄂᆞᆫ神輿舍가有ᄒᆞ며神樂堂과社務所의間을過ᄒᆞ야鐵門(一名은不開門)으로向ᄒᆞᆫ즉廻廊承塵上에眠猫의彫物이有ᄒᆞ니此를過ᄒᆞ야鐵門으로入ᄒᆞ면層々의石階가凡二百段의長登ᄒᆞᆫ處라最終點의坂上에至ᄒᆞ면拜殿의一宇가有ᄒᆞ고其後面에石의玉垣이有ᄒᆞᆫᄃᆡ垣內를見ᄒᆞᆯ진ᄃᆡ石築ᄒᆞᆫ高處에銅製의寶門이有ᄒᆞ야其下에ᄂᆞᆫ將軍의屍体를藏置ᄒᆞ얏다ᄒᆞ더라

二荒神社ᄂᆞᆫ東照宮前卽五重塔의側으로부터西折ᄒᆞ야進行ᄒᆞ면銅製의大華表가有ᄒᆞᆫ지라此를過入ᄒᆞ면前面에朱塗美麗ᄒᆞᆫ建物인ᄃᆡ國幣中社에列ᄒᆞ고舊日光三社大權現이라稱ᄒᆞᄂᆞᆫ有名神社라此에서轉ᄒᆞ야南坂으로下ᄒᆞᆯ진ᄃᆡ正面에常行堂과法華堂의二堂이有ᄒᆞ니此ᄂᆞᆫ大猷院의初入이라二堂前에서右로直進ᄒᆞ건ᄃᆡ二

王門으로入ᄒᆞᆫ處라門內에ᄂᆞᆫ水屋이有ᄒᆞ고南折ᄒᆞ야石階를登ᄒᆞᆫ즉二天門에出ᄒᆞ고更히石階에上ᄒᆞᆫ즉皷樓와鐘樓가其狀이東照宮과同ᄒᆞ고또石段이有ᄒᆞᆫᄃᆡ其上에ᄂᆞᆫ夜叉門과또石段上에ᄂᆞᆫ唐門이有ᄒᆞᆫ지라唐門으로入ᄒᆞ면拜殿과本殿이有ᄒᆞᆫᄃᆡ本殿에ᄂᆞᆫ大猷公의座像을安置ᄒᆞᄂᆞᆫ處요皇嘉門을入ᄒᆞ야石階를登ᄒᆞᆫ즉大猷公의靈屋과梶氏의墓가有ᄒᆞᆫ地라

以上은東照宮、二荒社、大猷院、滿願寺等의社殿에就ᄒᆞ야略述ᄒᆞᆫ者로서此外에도數三의神社가有ᄒᆞ나別노有名치아니ᄒᆞᆷ으로써玆에省略ᄒᆞ노라 (未完)

詞藻

日比谷公園晚春

蓮史生 李恩雨

城上凝雲懶不開 開襟一嘯思悠哉
風花四月今將盡 春草東瀛又未回
何事烟塵催薄暮 太平歌管在高臺
天際故人觴咏地 異時樽酒復誰來

同

秋觀生 高元勳

櫻花寂々草華輕 四月江鄉黃鳥聲
野橋人散遊塵在 濠樹烟空夕氣淸
有史不忘高麗國 傷心獨對德川城
惆悵歸來春送罷 滿山佳木綠陰生

江戶謾興

朴海遠

江戶春光畵面開 彫墻紛壁亦奇哉
當年莫說携金擲 他日難期完璧回
一院落花紅點地 千家垂柳綠生臺
異鄕佳節無窮恨 到處風烟滿目來

和日置禪師演說

唯心生

扁舟載月泊中流 徹底慈腔普濟愁
棹歌一曲天花落 無數魚龍亂點頭

小金井觀櫻

蓮史生 李恩雨

多摩川水帶花長　不識仙源在是鄉　春風酒暖都人醉　細雨塵晴野草香
十年遠客來相忘　半日浮生謾欲狂　品竹評絲無限地　旗亭甲乙易斜陽

同

듸버山人　李承瑾

三島重々一路長　周遊忘却幷州鄉　招賢誰可當齊寶　遯世人多伴楚狂
芳草堪憐一夜雨　名花不絕四時香　何年醒罷孤舟夢　雲樹蒼々漢水陽

同

秋觀生　高元勳

曇天風日釀閑長　麗水明山第一鄉　隔葉鶯愁家在濕　憶花蝴夢枕凝香
歌亦滄浪君是癖　詩將淸雅我非狂　酒罷茶醒櫻謝盡　晚春前路又斜陽

同

金晉庸

歷盡山回與水長　轉來金井即仙鄉　故人對酌襟懷濶　遊子穿林屐齒香
千絲柳綠鶯聲滑　十里花紅蝶舞狂　挽我風光如有意　慇懃前路駐斜陽

次蓮史日比谷公園韻

秋濃生　趙南稷

曾聞江戶德川開　豈是山河儘美哉　日進無休今世界　天然不改古城臺
市街車馬雷相鬪　工廠烟雲海與回　萬事皆從勤苦得　循環理氣暗中來

次秋觀小金井觀櫻韻

仝人

扶桑春日抵年長　隔葉鶯聲似故鄉　萬戶樹陰連海碧　四時花氣滿城香
通觀大界誰非夢　細數平生我亦狂　對酒當歌從古恨　吾人到處易斜陽

深夜獨坐

S W

正義로城을삿고、熱血노못을파셔。二千萬維新豪傑、爲鐵爲血ᄒᆞ여보면。
아모리狼貪鷙攫、이城이야。

雜纂

觀留學生界有感（寄書）

朴聖會

蓋人心之感於物而動觸於物而傷古往今來鐵限這理想也余雖不敏亦四海同胞之一分子也故概論人心之方向抑先有譬諭焉木性至靜而遇風則撓水性至緩而遇石則激以若至靜至緩之物猶有所遇則有搖颺焉有激盪焉矧人心之於動物最虛靈知覺也耶職是之故伯牙學成連而化琴調之峩洋荆卿遇漸離而泣釰市之朝暮此皆異譜而同情耳余今有所觀而有所感卽何物也只以泊董之學枵虛之識猥從事於教育曾有年所矣每於閑暇接讀大韓學報幾編聲々是愛國句々是獎學未嘗不掩卷而三歎也遽爾有決然之志東渡玄海暫寓下宿其翌日訪大韓興學會事務所者適我大韓留學生監督部內靑年學院開演壇也得許其傍聽而千言萬語想皆載於學報則不容贅陳大抵五大學々生諸氏各披蘊奧舌撼山岳氣呑江海聽之不覺眉飛而肉舞也乃自語於心曰耳目口鼻人皆相似何獨留學生諸氏拔乎萃出於類耶是乃學之精養之浩矣豈其特別異常的人者也噫我關北　太祖高皇帝龍興之基而碩儒名宰往々

輩出地靈之毓精人才之發達莫者不後於人而奚但留學生起送之說寥々而沉々乎惟幸明川郡有二學生奮然前進者比諸西南列郡雖曰無矣亦可也而演說聽終一層激傷潛然自涕而已于時滿庭列樹着々開花艷姸奇態足以使人彷徨然如不結果而夕萎則不如無花而晩翠者也活動哉學生界團結哉學生界在內地同胞皆擬之以先天碩果則復陽之理專在乎此猶可屈指而待耳余亦非愛其爛熳花色直俟其花之結果也區々蕪說或不浼於高眼明鑑耶雖曰不文感於物而動庶幾有似乎心々相孚之理歟且有項祝焉留學生諸氏善養垂天大翼克遂桑弧遠志願將山斗高名永垂竹帛靑史時維大韓隆熙三年四月十八日也

留學生同胞의教育과學會의耳聞目擊 (寄書)

金永默

國先教育이면民智文明ᄒᆞ고民必團合이면國力興隆ᄒᆞᄂᆞ니教育은團合의原素요團合은教育의結果라教育團合이如影隨形ᄒᆞ야善教育이有ᄒᆞᆫ後에好團合을結ᄒᆞᆷ은蓍龜를不問ᄒᆞ고衆所共判인바本郡成禎洙氏가隣里同胞로此土留學이僅至半周라가夏期休學의暇隙을乘ᄒᆞ야前年七月頃에本家還來ᄒᆞᆫ다ᄂᆞᆫ音耗를側聞ᄒᆞ미黑暗界에未脫ᄒᆞᆫ遐隅에서一靑年의出谷遷喬ᄒᆞᆷ을慰賀ᄒᆞᆯ뿐不是라海外留學ᄒᆞᄂᆞᆫ屢百同胞가閱歷星霜ᄒᆞ며忍耐寒暑ᄒᆞ야忠愛目的에焦心熱誠ᄒᆞᆷ을幷欲攢頌ᄒᆞ야

余起身委訪에叙禮茶罷ᄒᆞ고怡然靜坐ᄒᆞ야留學生의教育程度가何樣進就이며教育界에學會組織이何樣完全인지實地眞相을請一詳演ᄒᆞ라ᄒᆞ니該氏答曰教育의成績은政治法律과農鑛商工의百科程이倍日前進ᄒᆞ고學會의名稱은大韓太極과共修硏學의四會團이分區對峙라ᄒᆞ거ᄂᆞᆯ余聞此良久에喜懼交集이요疑信并切이라內地社會의性質을溯究ᄒᆞ면黨分朋裂의惡慣痼習이印腦膠腸ᄒᆞ얏스니此等缺點의矯革ᄒᆞᆷ도文明界에新空氣吸收ᄒᆞᄂᆞᆫ諸學生의게專擔顒望ᄒᆞ얏드니教育의發展이라ᄒᆞᆷ은喜且信也어니와學會의分立ᄒᆞᆷ은是何誤着고常自大懼深疑러니人類의職務를效倣키爲ᄒᆞ야稚息의留學을注意ᄒᆞ고業已渡此ᄒᆞ얏스나一子教務ᄂᆞᆫ不足忙急이요滿心積鬱은卽留學同胞의學會周察也라歇館幾日에學會現況을口採目擊ᄒᆞ니百川末流가同歸一海ᄂᆞᆫ天然常理라前年度四學會가衆口一聲에大唱合會ᄒᆞ야名之曰大韓興學會라ᄒᆞ고屢開議會에儀節正大ᄒᆞ며新刊月報에趣旨深奧ᄒᆞ고各學會의小團體로大學會를完成ᄒᆞᆷ이各學校의小教科로大學校에陞遷ᄒᆞᆷ과階級相同ᄒᆞ야條理不紊ᄒᆞ며鍛鍊ᄒᆞᆫ心力과淬礪ᄒᆞᆫ精神이有進無退ᄒᆞ고有合不離ᄒᆞ니及今思惟에轉疑爲信이요反懼作喜라豈不大賛成大欽服ᄒᆞ오며前只云學會라가今特曰興學會라ᄒᆞ니興之一字가非比至寶ᄒᆞ야興國家興人民ᄒᆞ며興教育興富强ᄒᆞ야興千歲興萬世에永興無廢ᄒᆞᆯ意로敬告我留學生同胞ᄒᆞ노니益相勸奬ᄒᆞ며倍加飭勵哉ㄴ저

日本文明觀(續) 崔錫夏

(臨時停載)

我國溫突의利害 韓興敎

大凡吾人々類ᄂᆞᆫ生物學上溫血動物(卽魚類와如혼冷血動物에對ᄒᆞ야稱홈)의一에居혼지라故로常에全身血液循環作用을普通溫度三十六度乃至三十七度(攝氏)로써營爲ᄒᆞᄂᆞ니萬一、이原定혼度에超過或太히不及홀境遇에ᄂᆞᆫ該當人體가疾病或死亡을免치못홀지라然혼즉吾人々體에一秒라도可缺치못홀것은오작溫이니라

今에漠然히最上古時代의穴에居혼理由를想像컨ᄃᆡ地中이地上보다溫暖홈을取홈이오其次엔稍々進步ᄒᆞ야木을搆ᄒᆞ야巢를作홈은곳外氣寒冷을防遮홈이오又中古엔漸大進化ᄒᆞ야宮室을作홈에바야흐로吾人의體溫과밋室溫을共有ᄒᆞ얏거니와其後世界가益々文明홈에至ᄒᆞ얀그外에又一層加設ᄒᆞ니卽西洋의煖爐와我邦의溫突과其他火爐等類와如혼것인ᄃᆡ就中溫突은我二千萬兄弟姊妹가모다襁褓中으로부터今日ᄭᆞ지生長혼一大機關이됨으로綿密히硏究홀必要가有ᄒᆞ나그由來ᄂᆞᆫ未詳혼고로後日高明혼人士를待ᄒᆞ야說明을要홀것이오이제余의管見

으로논다만그比較的方面과밋經驗的方面으로利害를講究ᄒᆞ기爲ᄒᆞ야此題를特揭ᄒᆞᆷ이니左갓치利를先言ᄒᆞ고害를後에ᄒᆞ노라

第一은溫突의利(經驗的方面)

(가)溫은全身血液循環을催進ᄒᆞᄂᆞᆫ功用과消化作用을迅速케ᄒᆞᄂᆞᆫ効果가有ᄒᆞ니라

(나)疾病治療時에發汗作用을完全히ᄒᆞᄂᆞᆫ고로如干感疾은限一夜間만調攝ᄒᆞ야도直히効를奏ᄒᆞᄂᆞ니라 (或云日本脚氣病도溫突에서治療ᄒᆞ면不幾日에奏効ᄒᆞᆫ다ᄒᆞᆷ)

(다)我邦은大陸性氣候를因ᄒᆞ야寒節을當ᄒᆞ면頗히堪耐키難ᄒᆞᆷ으로閭巷寒士가此溫突을賴ᄒᆞ야凍死를免ᄒᆞᄂᆞ니라

(라)溫突의材料ᄂᆞᆫ土石에不過ᄒᆞᄂᆞᆫ고로비록極貧ᄒᆞᆫ人이라도廉價로家屋을搆成ᄒᆞ기가容易ᄒᆞ니라

(마)溫突을設備ᄒᆞ기爲ᄒᆞ야家屋의堅固ᄒᆞᆷ을要ᄒᆞᄂᆞᆫ고로維持가永久ᄒᆞ고또ᄒᆞᆫ土石을混用ᄒᆞᆷ으로써火災蔓延의患이少ᄒᆞ니라

(바)朝夕炊爨ᄒᆞᄂᆞᆫ同時에室內가溫暖ᄒᆞᆷ으로써一擧兩得의効力이有ᄒᆞ니라

二、比較的方面

(사)溫突은大槪每日三回式만燃火ᄒᆞ면冬天雨雪中에七旬老人이바도寒苦를

感치아니ᄒᆞ거니와西洋煖爐와日本火爐或炬달（此를「고닷쥬」라稱ᄒᆞᆫᄃᆡ火爐와略似ᄒᆞ나陶器或木製의種類가有ᄒᆞ니大槪上渡邊通ᄒᆞᆷ으로衾褥中에設置ᄒᆞ야寒을禦ᄒᆞᆷ）의手勞回數는此에幾十倍나될지라故로人工上省略이有ᄒᆞ니라

（아）西洋煖爐와밋日本火爐等은炭素瓦斯（가수）가室內에充滿ᄒᆞᆫ고로人이直接으로害를受ᄒᆞ거니와溫突은此를缺ᄒᆞ니라

第二、溫突의害（經驗的方面）

（가）溫突은室內溫度가恒常適宜치못ᄒᆞᆫ고로初生兒가往々히皮膚의發疹을呈ᄒᆞ며血行을過히促進ᄒᆞᆷ으로써知覺神經이鈍痲키易ᄒᆞ니라

（나）室溫이過度ᄒᆞᆫ즉人의困睡를惹起ᄒᆞ는고로習慣性을困ᄒᆞ야맛ᄎᆞᆷᄂᆡ怠慢性을馴致ᄒᆞ니라

（다）室內空氣가太히乾燥ᄒᆞᆷ으로呼吸器의障害가되야往々히喉症及氣管支炎을生ᄒᆞᆯ뿐아니라夏節에는濕ᄒᆞ기易ᄒᆞᆷ으로痔疾이此에原因되며冬節엔熱히過多ᄒᆞᆷ으로眼病이流行ᄒᆞ는ᄃᆡ至ᄒᆞ고又此에加ᄒᆞ야風俗이溺江을房內에常置ᄒᆞᆷ으로써此尿의蒸發ᄒᆞᆫ「암모니아」瓦斯가室內에充滿ᄒᆞ여도此에汚染ᄒᆞᆫ人은門戶를深閉ᄒᆞ고鼻息이齁々ᄒᆞ니이갓치溫突이엇지衛生上大蟊賊이아니리오

(라)門窓이軒昂ᄒᆞ고房室이廣濶ᄒᆞ여야其中에서棲息ᄒᆞᄂᆞᆫ人으로ᄒᆞ여금爽快ᄒᆞᆫ感을與ᄒᆞ겟거ᄂᆞᆯ此溫突은地와連接치아니ᄒᆞ면溫을持久키難ᄒᆞ고ᄯᅩᄒᆞᆫ柴木上經濟를因ᄒᆞ야廣居키不能홈으로써一間房에二三人乃至四五人이寢食을共히ᄒᆞᄂᆞᆫ고로萬一其中一人이傳染病에罹ᄒᆞ면玉石俱焚의患이必有ᄒᆞ리니엇지可懼치아니ᄒᆞ라오

(마)溫突은其上에大槪油紙或草薦等을敷홈으로該當物이맛츰ᄂᆡ裂破ᄒᆞᆫᄃᆡ至ᄒᆞ야ᄂᆞᆫ微塵中으로細菌(病毒)이飛散ᄒᆞ다가人의呑ᄒᆞᆫ바되면病的外因을做成ᄒᆞᄂᆞᆫ고로其人이不知不覺中에疾患或死亡에陷ᄒᆞᄂᆞ니라 (微塵中에ᄯᅩᄒᆞᆫ蚤、蝎、蠅類의卵이包含되얏다가其適宜ᄒᆞᆫ溫으로써孵卵홈에及ᄒᆞ야甲의病菌을乙에傳染ᄒᆞᄂᆞ니라)

(바)何國人을勿論ᄒᆞ고他一國의文明을觀察ᄒᆞᄂᆞᆫᄃᆡ該人의眼光에先照홈은곳其國의山林이어ᄂᆞᆯ我國의山林에至ᄒᆞ야ᄂᆞᆫ外人은姑捨ᄒᆞ고自國의常眼으로觀ᄒᆞᆯ지라도山林이繁盛ᄒᆞ다고ᄂᆞᆫ못ᄒᆞᆯ지니如何ᄒᆞᆫ原因으로然ᄒᆞᆫ가常識이有ᄒᆞᆫ者ᄂᆞᆫ言論을待치아니ᄒᆞ야도可詳ᄒᆞ러니와余ᄂᆞᆫ一言으로뼈決ᄒᆞ건ᄃᆡ溫突의惡結果라ᄒᆞ노라何를謂홈이뇨古聖의云ᄒᆞᆫ바斧斤을時로써山林에入ᄒᆞ면材木을可히勝用치못ᄒᆞ리라ᄒᆞ얏스며我邦俚諺에曰호ᄃᆡ此山彼山이모다一竈口에犧牲된다ᄒᆞ얏스니此ㅣ엇지格言과善喩가아니리오然

ᄒᆞᆯ뿐아니라또ᄒᆞᆫ貧民과밋樵夫ᄂᆞᆫ樹木의穉老를不計ᄒᆞ고斧斤으로亂斫ᄒᆞ야朝夕의燃料供給에急々ᄒᆞ니엇지山林이長成ᄒᆞᆯ餘暇가有ᄒᆞ리오

二、比較的方面

(사)溫突은每日燃用量이西洋煖爐의石炭과日本火爐等의木炭量보다少ᄒᆞᆫ듯ᄒᆞᄂᆞ其害ᄂᆞᆫ甚大ᄒᆞ니何者를指稱ᄒᆞᆷ이뇨彼石炭은天産物이며木炭은長成ᄒᆞᆫ材料인고로其結果ᄂᆞᆫ經濟上大利益이有ᄒᆞ니라

(아)我國이家屋도此溫突을緣ᄒᆞ야西洋과日本갓치十數層或二三層된高樓巨閣을營建치못ᄒᆞ고大略矮小ᄒᆞᆫ平屋에生斯長斯ᄒᆞ니雄大ᄒᆞᆫ思想과轄如ᄒᆞᆫ度量을抱有ᄒᆞᆫ男兒가엇지輩出ᄒᆞ기를期ᄒᆞ리오

〔附錄〕

(ᄆᆞ)衛生上豫防法

(一)溺江을室內에一切置치못ᄒᆞᆯ事

(二)房內에盛水器를置ᄒᆞ야水蒸氣를放散케ᄒᆞᆯ事

(三)床壁門窓을時々灑掃ᄒᆞᆯ事

(四)朝夕으로門戶를廣開ᄒᆞ야新鮮ᄒᆞᆫ空氣를流通케ᄒᆞᆯ事

(五)或病人이居ᄒᆞᆫ室은即時消毒ᄒᆞᆯ事

(ᄂᆞ)經濟上豫防法

(六)石炭或柴草(國內産物을指홈이오價의高下는不計홈)를積置ᄒᆞ얏다가
隨時採用홀事
(七)國內山林培養法을實施홀事

余는温突을絕對的反對ᄒᆞ는者는아니언마는以上約述ᄒᆞᆫ바利害의輕重을比較ᄒᆞ건ᄃᆡ國의文明과經濟上에第一重大ᄒᆞᆫ關係를有ᄒᆞᆫ山林이오직温突을因ᄒᆞ야滅亡홀證兆가目下에現出ᄒᆞᆫ지라換言ᄒᆞ면萬一此温突이不亡ᄒᆞ면山林이亡홀地境에陷ᄒᆞ리라故로相互間에勢가兩立치못홀것은智者를不待ᄒᆞ야도明確홀지라그러나古로붓허只今ᄭᆞ지慣用ᄒᆞᆫ器關을一朝一夕에遽然히廢止키難ᄒᆞ니國內同志諸君子는自今爲始ᄒᆞ야温突改良法을着々講究치아니치못홀지어다

世界奇聞

具滋鶴選

木으로붓터新聞紙

米國의셔木으로붓터新聞紙되는時間을計ᄒᆞ니午前七時三十七分에木을伐ᄒᆞ야製紙工場의로보ᄂᆡ면九時三十四分에는紙를成ᄒᆞ고此紙를全速力의自動車로二哩外에在ᄒᆞᆫ新聞社에送ᄒᆞ면十時에는新聞을印刷ᄒᆞ야各處에分傳ᄒᆞ니木을伐홈으로붓터新聞이讀者의手에至ᄒᆞ기ᄭᆞ지大略二時二十分이더라

英佛瑞의燐寸

英國에서每日燐寸(셩냥)五億本을消費ᄒᆞ니即一人一日平均十二本이라其材木의重量이大略九十噸이니一年이면三百萬噸이라若一日에燐寸을一本도消費치아니ᄒᆞ면長이一萬五千哩에達ᄒᆞ깃시며

佛國은住民一人외平均四片(一片我國新貨四錢)의稅을課ᄒᆞᄂᆞᆫ故로消費高가各國中에最少ᄒᆞ고瑞西諸威ᄂᆞᆫ燐寸制造가最務ᄒᆞᆫ國이오每年에二千萬五千噸을輸出ᄒᆞ더라

酒의害

昨年伯林에서酒室防遏會第二十回總會을開ᄒᆞ얏ᄂᆞᆫᄃᆡ會長스도오우쓰氏의報告를據ᄒᆞᆫ즉軍人의規則違犯이三八%家庭紊乱이五五%風俗壞乱이八四%鐵道遭難이四%放火犯이三四%自殺이四四%癲癇이三〇%精神病이五〇%船上에서災難을受ᄒᆞᆫ者ㅣ五〇%輕懲役의處ᄒᆞᆫ者ㅣ七七%子을孤兒院에入送ᄒᆞᆫ者ㅣ七〇%이니此皆酒로因ᄒᆞ야起ᄒᆞᆫ罪惡이더라

아다무의酒罰

瑞西國에、아다무、시유루게라稱ᄒᆞᄂᆞᆫ女人이有ᄒᆞ야非常히酒를飲ᄒᆞ다가西曆一千七百四十年의死ᄒᆞ얏ᄂᆞᆫᄃᆡ近年에其子孫의現狀을調査ᄒᆞᆫ즉合數가八百三十四人인ᄃᆡ其經歷을確知ᄒᆞᄂᆞᆫ者七百九人中에百六人은私生兒오百四十二人은乞食生活ᄒᆞ고六十四人은公의救助을受ᄒᆞ고百八十四人은密媱賣로營業ᄒᆞ고七十六

人은罪人인듸其中七人은殺人犯에犯ᄒᆞ얏시니此는該女人의過飮ᄒᆞᆫ餘罰이더라

韓人의昧利

日本製皮會社長某氏가韓人의昧於利端ᄒᆞᆷ을笑曰호듸日本에셔外國輸入品中에牛皮가多大ᄒᆞᆫ金額을占ᄒᆞ는中其價額의十分의七은韓國에셔輸入ᄒᆞ는지라然而皮에毛의有無는價額에關係가無ᄒᆞ고毛ᄅᆞᆯ除置ᄒᆞ얏다가ᄯᅡ로放賣ᄒᆞ면不少ᄒᆞᆫ價額을得ᄒᆞ거ᄅᆞᆯ韓人은此ᄅᆞᆯ不知ᄒᆞᆫ다ᄒᆞ며

米商某氏曰호듸韓國輸出品中에米가最多額이오其品質도良好ᄒᆞ거늘다만沙礫과石稷、折米等이小々混入ᄒᆞ야價額을大減ᄒᆞ니若打租時에地上에蓆을敷ᄒᆞ야砂礫의混入을防遏ᄒᆞ며作米後에石稷과折米等을除去ᄒᆞ면價額의增加ᄒᆞᆷ이時間과耗額의減縮ᄒᆞᆷ보다數十培가되깃거ᄅᆞᆯ韓人은此ᄅᆞᆯ實行치못ᄒᆞᆯ뿐아니라其容量의少加ᄒᆞᆷ을取ᄒᆞ야故意로混合ᄒᆞ니可謂自斧打足이로다ᄒᆞ더라

日英의電郵

日本에셔電郵發信ᄒᆞ는實數ᄅᆞᆯ調査ᄒᆞᆫ즉郵便物은內外發信을合ᄒᆞ야人口一에對ᄒᆞ야平均二十個以上이니即英吉利의五分一이오電信은人口一에對ᄒᆞ야英國의七分一인듸東京은一人一年百個以上郵便을發送ᄒᆞ더라

○五大聯合　隆熙三年四月十八日에五大學聯合演說會를麴町區監督部內에開催ᄒᆞᆯ식是日也에天朗氣晴ᄒᆞ고日暖風恬이라欵々奇鳥은隔葉送語ᄒᆞ니無管絃而是何音樂이며蒼々脩竹은滿地透出ᄒᆞ니非崑岡而抑何瑯玕고洋杖和襟이一塲幷聚ᄒᆞ야沒數爲靑邱器物이로다上午時鍾이九點을旣報에司會李承瑾氏가隨起登壇ᄒᆞ야開會趣旨를向衆陳說ᄒᆞ고各校辯士가次第登壇ᄒᆞ야痛快言論으로激切敷演ᄒᆞ니其悲劇也樂觀也가雖是昇平歲月이라도足動其覽物懷故之感이어던況復海外羈窓에當此競爭劇烈時代之我靑年乎아于時滿塲景況이有時而秋氣가慘澹이라가有時而春風이和暢ᄒᆞ며刹那焉凍雪이霏々라가刹那焉薰風이融々ᄒᆞ야一塲之內와一日之間에四時之景色이不同이로다逺至下午五點ᄒᆞ야喝采聲裏에依次閉會ᄒᆞ고各以歡談情話로任其餘興ᄒᆞ다

五大學選出辯士氏名如左　(가나다順)

演題

明治大學校

蔡　基　斗氏…(二十世紀의將來)

金　晋　庸氏…(法律은我韓의急務)

法政大學校
韓　溶氏…(獨立心을養成ᄒᆞ는指南)
金顯洙氏…(自由在於自得)

日本大學校
金永基氏…(旭日青邱)
姜敬燁氏…(我等의目的은不平을征服홈에在홈)

早稻田大學
鄭廣朝氏…(未定)
金昌洙氏…(國家興廢는在於國民愛國心如何)
李恩雨氏…(人의價値)

中央大學校
洪淳亨氏…(國民의聲)

○苦生公德　吾人이此人類社會에存在홈以上에는個人方面으로觀察ᄒᆞ던지國家方面으로觀察ᄒᆞ던지其主義의方向如何는且置ᄒᆞ고卓然獨存홀志를立치아니ᄒᆞ면不可ᄒᆞ고粹然嶄新혼學을修치아니ᄒᆞ면亦不可ᄒᆞ니此志를立ᄒᆞ며此學를修ᄒᆞ는者는現今文明國民의常習이며義務어니와此에反ᄒᆞ는者는野蠻民族의自亡의禍를招ᄒᆞ는懶習이며弱腸이로다噫라同是人類로ᄃᆡ其志의立與不立과其學의修與不修를因ᄒᆞ야畢竟國家로ᄒᆞ여금文野의別를劃ᄒᆞ며人格으로ᄒᆞ여금龍猪의

異를判ᄒᆞ나니大哉라立志修學의影響이여本會々員中苦學生諸氏가積年殊邦에各自忍耐力奮鬪力으로萬難을打破ᄒᆞ고且働且學ᄒᆞ야特立不回ᄒᆞᄂᆞᆫ거ᄉᆞᆫ已是一般學界에悉知共見ᄒᆞᄂᆞᆫ바라今般渡航ᄒᆞ신觀光團諸氏가該苦學諸氏의忍耐自勉ᄒᆞᄂᆞᆫ狀況을且憐且感ᄒᆞ와日貨五千圓을捐助ᄒᆞ엿ᄂᆞᆫᄃᆡ同學生中에尹泰英、柳晩秀、兪一煥、金思國、等諸氏가不謀同聲호ᄃᆡ我等의五官이俱與人無減ᄒᆞ며我等의四肢가亦依舊尙健ᄒᆞᆫ즉此是我等의第一資本이라我等이此를依ᄒᆞ야食ᄒᆞ며此를賴ᄒᆞ야學ᄒᆞ야素志를達ᄒᆞᆷ은可ᄒᆞ거니와觀光團諸氏의不贍旅費에特捐義金을無名消費ᄒᆞᄂᆞᆫ거ᄉᆞᆫ決코不可ᄒᆞᆫ지라此金은紀念으로立本殖利ᄒᆞ야或苦學諸君中에萬不得已ᄒᆞᆫ境遇가有ᄒᆞ거든此를用ᄒᆞᆷ이可타ᄒᆞ니于時諸氏가一致幷和ᄒᆞ야苦學生懇親契를更新組織ᄒᆞ고倍前勉强이라偉哉라苦學諸氏의高潔氣槪와普及公德이여彼力足財饒ᄒᆞ고蟄伏自棄ᄒᆞ야志不立學不修ᄒᆞᄂᆞᆫ者ᄂᆞᆫ是誠何心인고

○元老奬學　五月一日下午一時에觀光團元老諸氏가麴町區監督部에齊臨ᄒᆞ와親切ᄒᆞᆫ情調과感激ᄒᆞᆫ言辭로써一般學生의게學業을勸奬ᄒᆞ다

○光團義俠　今般渡日ᄒᆞᆫ觀光團諸氏가豁俠ᄒᆞᆫ高義로學業을奬勵ᄒᆞ기爲ᄒᆞ야日貨百圓은大韓興學會로二百圓은東洋學生會로五十圓은靑年學院으로五十圓은大韓基督敎靑年會로五十圓은普興義塾으로五十圓은苦學生의게捐助로ᄒᆞ엿다더라

○從師千里 本會々員鄭民煥氏ᄂᆞᆫ養蠶學을研究ᄒᆞ기爲ᄒᆞ야月前에遠州小笠郡으로發往ᄒᆞ다

○全快也近 本會々員金晉庸、金載熙兩氏ᄂᆞᆫ胃腸을因ᄒᆞ야四月下旬에東京胃腸病院에入院治療ᄒᆞᄂᆞᆫᄃᆡ醫士의言에曰兩人이俱是過勉不攝生ᄒᆞᆫ徵症인즉不遠間에全快ᄒᆞ겟다더라

○退院遠足 本會々員朴成九氏ᄂᆞᆫ胃病을因ᄒᆞ야三月上旬에東京胃腸病院에서治療ᄒᆞ더니四月下旬에漸次退院ᄒᆞ야攝養ᄒᆞ기爲ᄒᆞ야福島縣으로發往ᄒᆞ다

○昌原喜報 慶南昌原郡鄭德天氏ᄂᆞᆫ素是章甫의領袖로서時勢를猛省ᄒᆞ고同志의게博謀ᄒᆞ야普通學校를設立ᄒᆞ고舊慣를一變ᄒᆞ야獻身的精神으로青年教育에熱心從事ᄒᆞᄂᆞᆫᄃᆡ此熱心은永續不變ᄒᆞᆯ熱心이라ᄒᆞᄂᆞᆫ稱頌이有ᄒᆞ더라

○彰東日新 平北鐵山郡紳士吳熙源氏ᄂᆞᆫ彰東學校를設立ᄒᆞ고英才養成에心力을傾注ᄒᆞ야生徒가益增ᄒᆞ고校況이日新ᄒᆞ니同郡의文明은該氏로由ᄒᆞ야一層發展되깃다더라

○順天可興 全南順天郡紳士金貞鉉氏ᄂᆞᆫ時勢의變遷ᄒᆞᆷ을明察ᄒᆞ고民智의未開ᄒᆞᆷ을痛歎ᄒᆞ야自己의財産을損助ᄒᆞ야測量學校와日語學校를組織ᄒᆞ고少年子弟를養成ᄒᆞᆫ다ᄒᆞ니順天의勃興은該氏의熱心으로써可期ᄒᆞ깃다더라

○玄孃歸朝 前參將玄暎運氏의令孃鶴子氏ᄂᆞᆫ七年前에渡航ᄒᆞ야東京高等女學院

에入學ᄒᆞ엿더니本年四月日에卒業歸國ᄒᆞ얏는ᄃᆡ該氏의智識의擴充과書數의優越은我韓女子界에足히大模範을作ᄒᆞ겟더라

◯菩薩感應　東萊釜山面佐二里崔召史念佛華氏는當年이八旬이요家計가清貧ᄒᆞᆫᄃᆡ本會에對ᄒᆞ야熱心贊成ᄒᆞ는意로義捐金一圜과學報代金十五錢을送致ᄒᆞ엿ᄉᆞ니該氏의慈善은令人可感이러라

◯女子界盛事　去四月二十八日에大韓婦人會、慈惠婦人會及韓日婦人會와各女子學校가聯合ᄒᆞ야米國서留學ᄒᆞᆫ朴에ᄉᆞ터河蘭史及日本서留學ᄒᆞᆫ尹貞媛三女史에對ᄒᆞ야歡迎會를開ᄒᆞᆷ에當日出席ᄒᆞᆫ淑女紳士及女學生이七八百餘라主客의祝辭와答辭가有ᄒᆞᆫ後右三氏에게紀念章을贈呈ᄒᆞ얏는데참未嘗有ᄒᆞᆫ盛事라고稱讚이嘖々ᄒᆞ다더라

◯裴氏의長逝　該氏는英國人이니大韓每日申報社前社長으로在任ᄒᆞᆯ時에讜言直筆이一世를聳動ᄒᆞ야國民精神界에幾多의影響을普及ᄒᆞᆷ은吾人의共知ᄒᆞ거니와日前에因病卒逝ᄒᆞ엿다니驚愕ᄒᆞᆷ을不禁ᄒᆞ노라

會錄

第四回定期總會

隆熙三年四月四日上午十時麴町區中六番町本會事務所에서開會ᄒᆞᆯ식會長蔡基斗氏가陞席ᄒᆞ고書記가會員을點檢ᄒᆞ니出席員이六十五人이라因ᄒᆞ야開會ᄒᆞ다

會長이說明호ᄃᆡ今回ᄂᆞᆫ便宜ᄅᆞᆯ從ᄒᆞ야新制定ᄒᆞᆫ本會細則을首先通過ᄒᆞ자ᄒᆞ야異議가無ᄒᆞ기로細則制定委員文尙宇氏가細則을朗讀ᄒᆞ야承認되다

運動部長尹冀鉉氏提請호ᄃᆡ今般春期運動費로支出金이五十圜이나六十四圜을加用ᄒᆞ얏다ᄒᆞ미韓文善氏가依數支出ᄒᆞ기로動議ᄒᆞ고文尙宇氏再請이有ᄒᆞ야問可否可決되다

上午十二時에暫時休憩ᄒᆞ고同下午一時에繼續開會ᄒᆞ야總任員選擧式을依規則擧行ᄒᆞ니被選任員이如左ᄒᆞ다

會長　文尙宇

副會長　金志侃

總務員　朴容喜　崔昌朝

評議長 柳承欽
評議員 崔　麟 朴炳哲 劉泰魯 金洛泳 李恩雨 金鴻亮
韓　溶 鄭廣朝 金晉庸 高元勳 洪淳亨 蔡基斗
金載熙 李寅彰 鄭世胤 崔鳴煥 趙鏞殷 尹定夏
南宮營 李豐載 金淇驩 李鳳九 李得年 朴相洛

新會長文尙宇氏가登壇後에書記가前回會錄을朗讀承認되다
會計部長李康賢氏가報告ᄒᆞᄃᆡ現在金이七百十一圜十二錢五厘라ᄒᆞ다
出版部員高元勳氏提議에機關報第一號印刷ᄒᆞᆫ거시二千部인ᄃᆡ尙且五百部가不足ᄒᆞ니五百部를增刊ᄒᆞ자ᄒᆞᄆᆡ崔昌朝氏가該案은評議會에委任ᄒᆞ기로動議ᄒᆞ고李寅彰氏再請으로問可否可決되다
同下午五時에閉會ᄒᆞ다

第四回定期評議會

隆熙三年四月四日下午六時에議長柳承欽氏가陞席ᄒᆞᆫ后臨時書記金洛泳氏가會員을點檢ᄒᆞ니出席員이十九人이라因ᄒᆞ야開會ᄒᆞ고任員을選擧ᄒᆞ니被選員이如左ᄒᆞᆷ

書記員 金壽哲 朴允喆 李承漢

幹事員 河熙源 金致鍊 張淳翊 柳世澤 洪鑄一
會計部 李康賢 尹豊鉉 金淵穆 閔正基 金局泰
編纂部 金永基 高元勳 李承瑾 姜 荃 文一平 金基敬
朴海遠 具滋旭 洪命憙 尹炳喆
出版部 朴炳哲 金鉉軾 金顯洙 金尙沃 尹台鎭
教育部 陳慶錫 高宜煥 具滋鶴 李完鍾 朴相順
討論部 李允燦 姜敬燁 朴春緖 吳政善 姜麟祐
司察部 李寅彰 朴準大 崔浚成 全永植 元勳常 柳晩秀
崔元植
運動部 李得煥 安希貞 尹喆重 尹冀鉉 柳東秀 韓相愚
李漢卿 林 彪 盧聖鶴 全 豹
商學界編纂 尹定夏 全 豹 金致鍊

前總會에서委任ᄒᆞᆫ機關報五百部增刊案은否決되다下午九時에閉會ᄒᆞ다

第五回定期評議會

隆熙三年四月二十五日下午二時에定期評議會를本事務所에開ᄒᆞᆯ식臨時議長朴炳哲氏가陞席ᄒᆞ고書記가人員을點檢ᄒᆞ니出席員이二十八人이라依規則開會

호다

總務員朴容喜氏가報告호되義州支會에支會印章을刻送호고本國紳士李鳳來氏還國時에總代名義로新橋ᄭᅡ지餞送호얏다호며會計部長李康賢氏가報告호되現存金額이六百〇一圜九十錢九厘라호고編纂部長金永基氏와討論部長姜麟祐氏와司察部長李寅彰氏가依次報告호다

各部辭任任員은依願許遞호고補缺選擧를擧行호니被選人員이如左호다

編纂部員尹炳喆氏辭任에趙南稷氏로出版部員朴炳哲金顯洙尹台鎭三氏辭任에金鴻亮姜邁趙鏞殷三氏로運動部員尹冀鉉韓相愚兩氏辭任에金鉉軾曹秉浩兩氏로會計部員金局泰氏辭任에高元勳氏로敎育部員具滋鶴氏辭任에宋旭鉉氏로司察部員全永植辭任에尹定夏氏로幹事部員河熙源氏辭任에朴元景氏로補選호다

文尙宇氏提議호되事務執行任員會를增設호자호미朴海遠氏動議와金鴻亮氏再請이有호야問可否可決되다

討論部員朴春緖氏가討論部規則을朗讀后에改正承認되다文尙宇氏動議호되本會報八十頁數內에四十頁로制限호고其餘四十頁는中學雜誌를發刊호자호미朴春緖氏의再請이有호고趙鏞殷氏의異議에崔鳴煥氏의再請이有호야問可否可決되다

朴容喜氏特請호되今年夏期休暇를利用호야京城에夏期講習會를開호자호미異

議가無ᄒᆞ기로承認되다
崔浚晟氏動議ᄒᆞ되本會細則의各部々長選擧에關ᄒᆞᆫ規定은評議會에서最高點當選員으로ᄒᆞ기로ᄒᆞ자ᄒᆞ미朴容喜氏再請이有ᄒᆞ야問可否可決되다
同下午七時에閉會ᄒᆞ다

本會々員錄(續)

朴性穆 申厚永 具 岡 金淇溢 金相烈 金志侃 李東薰
李泰熙 徐承孝 柳晩秀 朴容璡 申東熙 具滋鶴 金圭植
金思國 金商瑾 李顯基 宋旭鉉 柳東秀 李圭珽 劉泰魯
申錫雨 具滋旭 金英濟 金光一 李謙承 李儿衡 宋秉用
金永基 申相武 權泰佑 金河球 金濟煥 南宮營 李海忠
李鍾殷 劉 銓 李昶鎔 李泰英 沈英澤 金泳恩 金漢松
權寧求 朴勝洪 申 德 南基允 兪萬兼 劉德俊 薛鳳翼
李康賢 兪一煥 安暎洙 李殷德 李益烈 盧聖鶴 金源極
權 潤 申泳均 金炳協 李勳榮 李相鎭 金榮起 金 一
郭漢倬 申熙珽 朴秉鎬 林景燁 安希貞 李相旭 羅弘錫
安炳烙 李相穆 李炳雁 金應律 金啓昌 李悅雨 尹台鎭

張壬淳 崔浩承 朴㤇永 姜麟祐 金顯洙 金炳敎 趙章鎬
洪鑄一 尹敎重 金商七 羅景錫 李昌秀 李膺茂 (未完)

支會々員錄

永柔支會 金善奎 金志璜 李相王 崔 烈 李治魯 金斑琪 金利燮
金鍾國 李寅昇 金達弘 文完英 金日鉉 車濟重 金志健 金命俊
金贊楨 金信坤 金鳳天 鄭日温 金喆善 白樂善 羅義坤 (未完)

龍義支會 白鎭珪 崔仁廷 鄭濟原 白元默 崔善王 白廷珪 金應禧
李仁廸 林英俊 文精華 鄭尙默 白運昊 白愼默 車得煥 金龍壽
金濬浩 金濬禧 韓道郁 金禎湜 林昌峻 金定坤 白鏞一 白學龍
李基淳 鄭尙益 李世勳 獨孤橚 張致鏞 鄭成海 張寅燮 (未完)

成川支會 韓昌殷 朴斑洪 朴在淑 朴相奎 朴用淵 朴範壽 金舜鏞
朴在恒 朴斑恒 朴冕熙 朴承夏 馬應三 金麟祐 金永珣 鄭基用
朴相駿 朴尙穆 金贊聲 朴正熙 朴在能 全錫禧 朴在善 韓正述

義州支會 李昇根 李致儉 洪鍾得 田迺中 張基煥 金基一 獨孤楹
朴楨欽 金時稷 李重善 文星郁 金益坤 白寅善 朴承孝 金文典
韓承烈 朴世中 白廻源 金時健 金載俊 金斗衡 尹榮祚 (未完)

永興支會 高膺瑚 梁昌錫 桂奉瑀 許 善 崔齊京 姜鳳源 魯鎭堯
文承烈 林秉薰 林宗稷 梁元常 李命燮 崔貞錫 崔鉉國 李宗根
高膺現 張鳳仁 梁承烈 文承祐 邊永錫 方貞成 朴東奎 (未完)

第三回會計部廣告

本會에對ᄒᆞ야贊成金、學報代金을現金으로送致ᄒᆞ신 僉君子ᄂᆞᆫ會計部廣告欄을自第一回會計部廣告로브터考覽ᄒᆞ시와萬一漏記가有ᄒᆞ거든本會事務所로通知ᄒᆞ야中間遺失의弊가無케ᄒᆞᆷ을敬要

今般廣告ᄂᆞᆫ自本年四月十日로至五月十七日ᄭᆞ지收入ᄒᆞᆷ을記載ᄒᆞᆷ

贊成金秩

孔址洙氏 五圓 鄭錫迺氏 五圓 金準錫氏 五圓 李熙廷氏 一圓
義州養實學院中學部 五圓 崔召史念佛華氏 一圓
姜永鈺氏 一圓 觀光團 一百圓

學報代金秩

申尙敏氏 一圓 簡秉濟氏 四十八錢 鄭雲奎氏 八十錢
金準錫氏 五元 權泰悅氏 一元五十五錢 李 彬氏 八十錢
朴振采氏 六十錢 朴鶴采氏 六十錢 徐丙龍氏 八十錢
李揆百氏 四十五錢 金命世氏 壹圓 金文王氏 七十二錢 崔召史念佛華氏 十五錢

以上 但商學界收入金은商學界에揭載ᄒᆞᆷ

●學報定價

一部（郵並）	拾五錢
三個月（上仝）	四拾錢
半年分（上仝）	八拾錢
一年分（上仝）	一圜五拾五錢

●廣告料

半頁	金參圜
一頁	金五圜

編輯人 姜荃
日本東京市麴町區中六番町四十九番地

發行人 高元勳
日本東京市麴町區中六番町四十九番地

印刷人 金源極
日本東京市麴町區中六番町四十九番地

發行所 大韓興學會事務所
日本東京市麴町區中六番町四十九番地

印刷所 大韓興學會出版部
日本東京市麴町區中六番町四十九番地

廣告

（明細書는本部에
請求ᄒᆞ면即送홈）

本部에셔內國學生諸君의夏期休學의餘閑ᄒᆞᆫ時日을利用ᄒᆞ야特別히
夏期講習會를開ᄒᆞ니志願諸君은本部로申請ᄒᆞ심을要홈

一學科　物理、化學、幾何、代數、算術

一講習處所　京城（校舍는新聞에
臨時廣告함）

一授業（自本年七月三日
至同年八月卅一日）

一申請期限　六月十五日

一月謝　不要홈

隆熙三年五月　日

在日本東京市麴町區中六番町四十九番地

大韓興學會教育部

大韓興學報第參號

隆熙三年三月廿八日
明治四十二年三月廿八日　第三種郵便物認可

隆熙三年五月二十日
明治四十二年五月二十日　發行（每月一回發行）

隆熙三年三月廿八日
明治四十二年三月廿八日 第三種郵便物認可

大韓興學報

隆熙三年（日本明治四十二年）六月二十日發行（每月一回）

在日本東京
大韓興學會發行

第四號

廣告

◉本報를購覽코자ᄒᆞ시난이난本發行所로居住姓名을詳細히記送ᄒᆞ시며代金은郵便爲替로交付ᄒᆞ심을要ᄒᆞᆷ

◉本報를購覽ᄒᆞ시ᄂᆞᆫ諸氏ᄂᆞᆫ住所를移轉ᄒᆞ시거든移轉處所를本發行所로通知ᄒᆞ심을要ᄒᆞᆷ

◉本報ᄂᆞᆫ有志人士의購覽의便宜를供ᄒᆞ기爲ᄒᆞ야出張所及特約販賣所를如左히定ᄒᆞᆷ

皇城中部長通坊洞口越便

朱翰榮書舖

北美國桑港韓人國民會舘內

金永一住所

會員注意

夏期休暇에還國ᄒᆞ거나地方에旅行ᄒᆞ시ᄂᆞᆫ會員은本國住所又ᄂᆞᆫ地方旅所를本事務所로通寄ᄒᆞ시와學報發送時困難이無케ᄒᆞ심을

投書의注意

本報는帝國同胞의學術과知德을發展케ᄒᆞᄂᆞᆫ機關이온즉惟我　僉位會員은本報를編纂ᄒᆞᄂᆞᆫ데十分方便의　另念을特加ᄒᆞ오셔每月三十日以內作文原稿를編纂部로送交ᄒᆞ심을敬要ᄒᆞᆷ

○原稿材料　論說　學術　文藝　詞藻　雜著

○用紙式樣　印刷紙　縱十行　橫二十字

○精寫免誤　楷書

○通信便利　姓名　居住

○編輯權限　筆削　添補　批評　停載

○送呈規例　會員外에ᄂᆞᆫ該投書揭載ᄒᆞᆫ當號一部式送呈

特別注意

本會에對ᄒᆞᆫ義捐金、學報代金을送致ᄒᆞ신諸氏의게ᄂᆞᆫ學報現金收入欄內에揭載도ᄒᆞᆯ뿐더러본다시大韓興學會會計部章이라ᄂᆞᆫ實印을捺ᄒᆞ야領受証一枚式進呈ᄒᆞ깃사오니萬一此領證의交付가無ᄒᆞ거나揭載의漏闕이有ᄒᆞ거든本會事務所에通知ᄒᆞ시와中間에遺失ᄒᆞᄂᆞᆫ廢가無케ᄒᆞ심을敬要

大韓興學會會計部 告白

大韓興學報第四號目次

祝　辭

演　壇

學　海

史傳

文苑

詞藻

祝辭

崔 錫 夏

我의最敬最愛ᄒᆞᄂᆞᆫ同學諸君이여吾儕가晝夜로夢想ᄒᆞ고希望ᄒᆞ던留學生의大團結이成立ᄒᆞ얏스니何言으로써祝賀ᄒᆞᆷ이可ᄒᆞᆯ고曰我도大韓人! 君도大韓人! 我도大韓에서生ᄒᆞ야大韓에서死ᄒᆞᆯ것이오君도大韓에서生ᄒᆞ야大韓에서死ᄒᆞᆯ것이라然則始와終이一處에歸ᄒᆞ거ᄂᆞᆯ何故로中間에서橫路를作ᄒᆞ야無限ᄒᆞᆫ困難과險危와煩悶을自招ᄒᆞ야同一히彼岸에到達ᄒᆞᄂᆞᆫ時間을相左케ᄒᆞ라오아ㅣ吾儕가確然大悟! 是以로是言이有ᄒᆞ노라

祝辭

徐 晪 淳

子曰十室之邑에必有忠信을如丘者언마ᄂᆞᆫ不如丘之好學者라ᄒᆞ엿시니盖勉進後學之義而實罕有絕無之歎辭라當時도猶然커던今我遊學諸氏여萱闈斜照와蘭庭朝旭에雁叫琴咽을可忍而閉目充耳ᄒᆞ고駕海萬里에呵寒呼飢ᄒᆞ며刺股懸髻을多

至十載오少不下三五星霜者는無他라我韓三千里山河活動影子를丹心上點印ᄒᆞ야文明學程에執鞭先驅를如鄭弧登城ᄒᆞ며韓幟立壁ᄒᆞ니何其壯哉며何其偉哉오異日國家幸福을可執契而待矣리니如畊者는可云坐僧一鉢로同享其福矣로니欲謝則慚이오至感成淚라畊今杖鄕之年이라不得從諸君子之後일셔耘耕之暇에輒到愛讀

貴會月報之友人家ᄒᆞ야參聽則堂々諸論이激烈明亮ᄒᆞ야如水遇石燭導衢ᄒᆞ야殊使夜夢者로醒ᄒᆞ고醒者로起케ᄒᆞ야我二千萬同胞가將且明煌々ᄒᆞᆫ卓午昭臺에登ᄒᆞᆯ줄은如我懦夫에取證ᄒᆞᆯ지니諸君子는實노夫子의許與ᄒᆞ심을受ᄒᆞ엿도다其欣忭感謝ᄒᆞᆷ을心으로나獻賀ᄒᆞᆷ을不禁ᄒᆞ와祝辭를奉呈ᄒᆞ나이다

敬呈　學會　僉公

大邦維新諸公之任　衆庶嗤々迷信則識　懿我先覺智舟巨浸　勿躓勿蹶時饔時枕

祝大韓興學會

義州府養實學院中學部生徒一同

敝校之讀報者由來數種惟今於大韓興學報一倍祝賀此非獨愛學議之宏博言論之慨切而已以賀其共同團体之全力以愛其一般興學之苦心以祝其忠愛祖國之血誠也苟無此三者縱以剞劂千言萬語廣布全世界此非所以祝賀者也

更祝　大韓興學會而賀曰壯歟團体之全力兮稱今之世曰競爭而必勝者力也有力者莫如團体之熱而曰太極學會也曰共修學會也曰大韓學會也曰研學會也合群團体之力不謀自生組織此總團体而命名大韓興學會以今四會之團力可勝時代之競爭是其所以賀讀也猗歟興學之苦心兮夫報紙之發行于世者有基金之資主筆之人各專其任猶患財政窘拙事務煩劇今海外留學不贍之資撙節義捐造成此學報而其著述則分擔義務下學之暇孜々編纂者也諸他報其所困難果何如也哉以若之興學可期將來之文明是其所以愛讀者也猗歟忠愛祖國之扶持兮以肩擔興復的義務胸抱拯濟的思想離親戚之愛於數千里外而不之念甘羈旅之苦於屢年間而不之顧然百折而不屈萬亂而不撓此尤斷々一心指天爲誓者是豈可得也以若之冒險猛進自在今日之獨立也是其所以祝讀者也夫如是則

貴報之比他報一倍祝賀者必有以也玆欲表祝賀之忱將贊成金五元忘些奉呈　想

其同情幸爲收容謹祝

大韓興學會萬歲珍重

祝韓大興學會

高原　朴　日　燦

夫水之始流也其源泉潺湲而百川聚會然後可以成大海也木之始生也其萌芽顚晦而群幹繁茂然後可以成森林也然則以寡成衆以細成巨奚獨水木也社會之活潑民

心之團結亦莫大於是固理也勢也近得學報拭目覩之日本遊學生諸氏閱歷風霜披露肝膽熱心俠氣挽回幾傾之棟梁疾聲大呼研圖獨立之基礎欲罷同胞之鼾睡太極共修研學諸會各相對峙分立久矣何幸知識之發展學術之開悟逐日進步而一唱百和一大團體於是乎組織可期華盛頓之獨立快勝意太利之統一凡我同胞之圓顱方趾者孰不景仰孰不讚頌乎豪傑之雲集不問可想志士之風起推此可想也雜刊學報叢狐之史不獨專美於古司馬之文奚云達觀於前也興學興學自此會始萌獨立獨立從此報爲原惟願　大韓興學會學力日進實力月長使我同胞弟兄安樂乎千萬斯年之盤石太極國旗輝揚于二十世紀之大陸敢此獻祝畧表微誠

祝大韓興學會

江西　鄭　泰　胤

有史以來로洋之東西를勿論ᄒᆞ고其國이盛ᄒᆞ며其國이衰ᄒᆞᆷ은即其國民의團合與否에在ᄒᆞ다ᄒᆞᆯ지로다過去歷史上數個證據를擧ᄒᆞᆯ진ᄃᆡ

紀元前第五世紀頃에亞細亞西部에在ᄒᆞ야四隣를蹂躪ᄒᆞ며陸海軍의赫々ᄒᆞᆫ兵力으로도希臘의一小邦아데네를征服지못ᄒᆞᆷ은何에在ᄒᆞᆫ고該國々民의精神이力를同一히ᄒᆞ며心志를同一히ᄒᆞ야對敵行動의同進同退ᄒᆞ야敵으로ᄒᆞ야곰我의虛實를窃窺치못ᄒᆞ게ᄒᆞᆷ에在ᄒᆞ다ᄒᆞᆯ지라然則團合二字은强大ᄒᆞᆫ兵力과銳敏ᄒᆞᆫ兵器라도敗北에皈ᄒᆞ야스니偉哉라團合力이여紀元後十五十六兩世紀頃에權利가歐洲

에隆々ᄒᆞ든羅馬法王의勢力를打破ᄒᆞ고宗教界의一大革新를主唱ᄒᆞᆫ말틴루ㅣ텔新教派ᄂᆞᆫ不過數百人의小數로도如斯ᄒᆞᆫ事業를成立ᄒᆞ야現今二十世紀에最優ᄒᆞᆫ宗教를遺傳ᄒᆞ야스니壯ᄒᆞ다團合力이여眞可謂萬夫不當之勇를持ᄒᆞ얏도다

我의最敬ᄒᆞ고最愛ᄒᆞᄂᆞᆫ海外萬里에留學ᄒᆞᄂᆞᆫ諸氏여諸氏ᄂᆞᆫ古今歷史上事實과現今列强의形態를觀察ᄒᆞᆺ스大旱에甘雨와重病에良藥과死地에生道를求홈과如ᄒᆞᆫ保種保國의最優策를發起ᄒᆞᆺ스內地二千萬同胞로同聲相應ᄒᆞ야帝國의將來와我韓族族에活路를講究케ᄒᆞ셧ᄉᆞ오니壯哉快哉라諸氏의誠心이여余ᄂᆞᆫ肉體로內地同胞게ᄒᆞᆫ번揖ᄒᆞ고두번절ᄒᆞ며精神으로ᄂᆞᆫ東天를向ᄒᆞ야余의最敬ᄒᆞᄂᆞᆫ大韓興學會의千々萬歲를祝ᄒᆞ노라

祝賀大韓興學會

殷栗 李基豐

夫文詞ᄂᆞᆫ言論을著載ᄒᆞ고言論은心志를發表ᄒᆞᆫ者ㅣ라僕이日本留學生諸公에對ᄒᆞ야幾人外엔一面의舊가無ᄒᆞ되每月一回로諸公의熱心壯志를讚頌ᄒᆞ며嘉言正論을感服ᄒᆞ야衽席間에面陪홈과如ᄒᆞᆫ바ᄂᆞᆫ惟一法人이文詞로紹介ᄒᆞᄂᆞᆫ大韓興學會의功이라此法人이何로從來ᄒᆞᆫ고竊聞컨ᄃᆡ曾前學生界에對峙倂立ᄒᆞ엿던大韓太極共修硏學等會가團結親合ᄒᆞ야隆熙三年一月良辰에此를生産ᄒᆞ니四體活動ᄒᆞ고精神完全ᄒᆞᆫ지라此가장차祖國歷史를擔負ᄒᆞ고同胞義務을先導ᄒᆞ야獨立旗

自由鍾으로世界競爭場에橫行ᄒᆞ리니凡我大韓人士ㅣ誰가膜拜攢賀치아니ᄒᆞ리오僕이年來로太極報를購覽ᄒᆞ야學生界의光大ᄒᆞᆫ氣象과親愛的主旨ᄂᆞᆫ稔知ᄒᆞ여ᄉᆞ나但各會가分立ᄒᆞᆷ에對ᄒᆞ야ᄂᆞᆫ遺憾이不無ᄒᆞ더니乃者諸公의學識이進就ᄒᆞᆯᄉᆞ록思想이愈高ᄒᆞ야千人一心으로團體를組織ᄒᆞ고大韓興學會라命名ᄒᆞ니此를推擴ᄒᆞ면將來二千萬大團體의基礎라大抵心志의團合이必要ᄒᆞ고言論만은無效ᄒᆞ거든況僕의觀感ᄒᆞᄂᆞᆫ바月報의文詞而已로엇지內容의萬一을確透ᄒᆞ리오마ᄂᆞᆫ存乎中者誠實ᄒᆞ면發於外者慨切ᄒᆞᄂᆞ니是以로其文其言을見聞ᄒᆞ고其心을忖度ᄒᆞ야國權을挽回ᄒᆞᆯ鐵籠이오民生을拯濟ᄒᆞᆯ寶筏로認定ᄒᆞ야大韓興學會萬歲을恭祝ᄒᆞ며大韓興學會發展을謹賀ᄒᆞ노라

祝大韓興學會

鄭均爽

嗚呼諸公有志士兮國民望之如大旱甘霈也朝家當危急存亡兮做業爲國先進好模範也各會之枝分派殊兮久分則必合也粤自隆熙三年一月兮永結團合之目的也大韓太極共修研學四會兮圓滿無缺情洽骨肉也標準國家義務兮實地學問與日進步也德業相勸患難相救兮前會後會少無分岐也學界諸公至剛至大至能兮實爲英雄材格也頂天立地兮誰敢侮予也禀賦自由權兮何人迫辱節制也衆心如城興學爲本兮至億萬年無窮也瞻望東瀛兮竊爲同胞再拜獻賀也

敬呈大韓興學會

黃海道安岳郡靑龍面金山里文新學校

敬啓者는生이貴會僉氏에게替進暫達ᄒᆞ올것은感謝與不感謝ᄒᆞᆯ것三이有ᄒᆞ니第一은自檀君四千年來에上帝에愛ᄒᆞ신鴻恩를賴ᄒᆞ야祖與父々與子々與孫々之又孫이寔至于今히繼々承々ᄒᆞ온것은足히感謝할것이로되諸君의殊鄕萬里에冒寒耐苦ᄒᆞ며披險踏戟ᄒᆞ야雄詞憤筆로愚人를智케ᄒᆞ며朦人를明케ᄒᆞ며頑陋를革新케ᄒᆞ며懶弱를强毅케ᄒᆞ며其他條々件々과秩々別々에血點은다諸君에義務라ᄒᆞᆯ지언정無足感謝이옵고其二는東國人西國人과南國人北國人이同是人同是族이로되幸吾諸君으로亞東半島에同衣服同言語와又同情誼ᄒᆞᆫ것은惟足感謝이오되此盛彼衰와彼强此弱은天然公理에善賞惡罰이니孰怨孰仇라ᄒᆞ야進無退折不撓와挫無縮抑不拉ᄒᆞ는것이며此外正々方々과活々潑々ᄒᆞᆫ勇氣는다諸君에正道라ᄒᆞᆯ터인즉何足感謝이오며其三은回顧四面에狐鳥는赤黑ᄒᆞ고踽踽月下에樹雲은渺漠ᄒᆞᆫᄃᆡ一夢蝴蝶은不入自家之私累ᄒᆞ고三寸셤염은尙掉祖國之公正ᄒᆞ야利害得失은度外置之ᄒᆞ고以爲今日不成이어던期以明日ᄒᆞ고今年不成이어던期以明年으로乃至十百年도可也요自身不成이어던期之於子ᄒᆞ고子猶不成아어던期之於孫으로乃至孫之孫도可也라ᄒᆞ야必成乃已ᄒᆞ며有始克終ᄒᆞᆯ高尙ᄒᆞᆫ志操는實焉感

謝이오되來頭光景生覺ᄒᆞ면生存競爭天演中에汶陽舊田恢復ᄒᆞ야五洋六洲一等國에太極旗號두럿ᄒᆞᆯ재泛舟遊於漢陽江은獨立歌를자랑ᄒᆞ고長安萬戶擣衣聲은歡迎曲를불너닐제倚門倚閭우리父母怡々悅々無窮ᄒᆞ고前襟後裾니에兄弟喜々樂々有餘ᄒᆞ며億千萬々萬歲에無盡亨福밧를것은丈夫에快情이오英雄에常事인즉又無足感謝이오니此則不必加言이오나第已上에陳ᄒᆞᆫ바歡迎二字에對ᄒᆞ야更以一言으로懇誠讚助ᄒᆞᆸ나니諸君이여諸君이여諸君歡迎之日은卽何日이며何日이卽諸君歡迎之日고歡迎之中에有眞歡迎ᄒᆞ고有假歡迎ᄒᆞ니諸君은欲爲眞歡迎乎잇가欲爲假歡迎乎잇가眞歡迎者ᄂᆞᆫ猶可歡ᄒᆞ고假歡迎者ᄂᆞᆫ不可歡ᄒᆞᆯ것은無言是證이요不見所睹이오며吾人에게歡迎를受ᄒᆞᆯ者도諸君이오吾人에게歡迎를授ᄒᆞᆯ者도諸君이니壯哉라歡迎이며勗哉라歡迎인저生之以若拙文荒詞와管見淺思로敢焰盛會ᄒᆞᄂᆞᆫ것이禮에ᄂᆞᆫ不可타ᄒᆞᆯ지연장此亦二千萬衆一分子인즉義에ᄂᆞᆫ不可타ᄒᆞᆯ슈업ᄂᆞᆫ줄노思ᄒᆞ오며太山를挾ᄒᆞ고北海를超ᄒᆞᄂᆞᆫ것은力不贍이지氣不足ᄒᆞᆫ것은아니요十年를磨ᄒᆞᆫ霜刄엣劍은無用處ᄒᆞᆫ것은아니오未嘗試ᄒᆞᆫ것이니世之古今과人之古今이彼一時此一時며彼丈夫我丈夫즉豈特奇異哉며又何奇異哉리오望須　僉員諸氏ᄂᆞᆫ勿以言責人ᄒᆞ시며勿以人廢言하시고生透情死透魂에有始克終ᄒᆞᆸ기를千萬頓祈顒祝

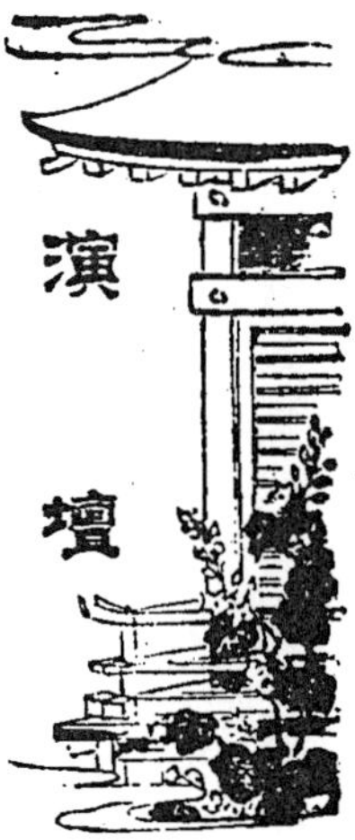

學生論(上)

嘯印生

知識과經驗이俱備ᄒᆞᆫ先輩는學生問題에對ᄒᆞ야可히論ᄒᆞᆯ權利가잇는故로從ᄒᆞ야可히觀ᄒᆞᆯ價値가잇거니와萬一年淺學微ᄒᆞᆫ一個學生이此問題를揭ᄒᆞ면讀者는이ㅣ言論의趣旨와性質如何를밋쳐見解키前에應當히冷嘲妄評을亂下ᄒᆞ리로다그러나自己를知ᄒᆞᆯ者는自己와如히明確ᄒᆞᆯ者이少ᄒᆞ며現在를知ᄒᆞᆯ者도現在人과如ᄒᆞᆯ者이無ᄒᆞᆯ지라故로學生을知ᄒᆞᆯ者는學生에及ᄒᆞ리少ᄒᆞ고現在學生을知ᄒᆞᆯ者도現在學生以外에鮮有ᄒᆞᆯ지니過去學生이엇지未來學生을知ᄒᆞ고未來學生이엇지現在學生을論ᄒᆞ리오비록知識과經驗이幷備ᄒᆞᆫ先輩라도今日學生의內情을知키는今日學生自身에及치못ᄒᆞ리니余는一學生이나오히려學生論을唱道ᄒᆞᆯ權能이自在ᄒᆞᆷ으로玆에學生에關ᄒᆞᆫ管見으로暫論코져ᄒᆞ노니

甲、學生의價値

華盛頓이歸ᄒᆞ면鄰坤이來ᄒᆞ고俾士麥이老ᄒᆞ면比有魯가進ᄒᆞᄂᆞ니今日國家는엇지

過去學生의國家가안이며將來國家는엇지今日學生의國家가안인가實로學生이란것은燈下에老ᄒᆞᆫ愚物이안이라他日激烈ᄒᆞᆫ國際競爭에出ᄒᆞᆯ預備軍이며案前에一童子가안이라他日國家를代擔ᄒᆞᆯ候補者ㅣ라맛당히自保自重ᄒᆞ야兒戲를作ᄒᆞᆯ바이안이오ᄯᅩ先輩도此를相當히尊敬ᄒᆞᆯ지며愛護ᄒᆞᆯ지며褒揚ᄒᆞᆯ지어늘大部分을占領ᄒᆞᆫ我韓思想界는學生이라ᄒᆞ면거의無知沒覺四字의代名詞로認定ᄒᆞ야動必曰學生이何知오學生이何關고ᄒᆞ야不惟不愛護라反히此를排斥ᄒᆞ며不惟不尊敬이라反히此를蔑視ᄒᆞᄂᆞ니此輩는문득學生의價値를知코然홈인가未知코然홈인가吾儕는此로慨歎치안이코차라리一笑에付코져ᄒᆞ노니

試聞ᄒᆞ라韓土에照臨ᄒᆞ신上帝의言을

「上帝若曰咨爾靑年有衆아若建立新韓이어든爾作基礎오若破壞舊韓이어든爾作斧鉞이니欽哉有衆아各敬爾儀어다」

懼홉다上帝의言이여吾儕學生은實로如彼히懇篤ᄒᆞ신大命을受ᄒᆞᆯ權利가有ᄒᆞ며如彼히激逼ᄒᆞ신大旨를對揚ᄒᆞᆯ義務가確存ᄒᆞ도다然則吾儕는엇지國家의原動力이안이며國民의中心點이안인가故로大政治家는鄰國에入ᄒᆞ야有國將來의興亡을卜ᄒᆞᆯ때에當局政治家의賢否를視치안이코當國醫農工商의完否를察치안이코人口衆寡와地疆廣狹을顧치안이코惟獨有國靑年學生을觀察ᄒᆞ야國家前途를斷言ᄒᆞᆫ다ᄒᆞ니果然所以가有ᄒᆞᆫ지라優ᄒᆞᆫ學生의國은前途를樂觀ᄒᆞᆯ지며劣ᄒᆞᆫ學生의

國은前途를悲觀홀지며愛國心으로涵養훈學生國은中興홀特色이오奴隷心으로同化훈學生國은滅亡홀徵占이니敎育의自由를有훈면理想的國民이可히來훈고此에反훈면理想的國家는去홀지며讀書의制限이無훈면理想的國民을可히期훈고此에反훈면理想的國家는去홀지니限中에國家를置코誰가敎育을制限훈며心中에國民을存코誰가讀書의自由를禁훈느뇨此에到훈야上帝의言을三復훈고一塲慟哭을禁치못훈다가다시莞爾히笑훈야曰十二金人이能히函谷關을護衛치못훈얏고挾書律이敢히二世를保護치못훈얏느니吾等은다ㅣ만上帝의訓命을日로誦훈고時로詠훈야우리價値의大홈만自覺홀지로다

乙、學生과理想

非常훈價値를抱훈者는重大훈責任을負홀지며重大훈責任을負훈者는高尙훈理想을養홈이當然훈理라矧彼蠢々훈動物이라도網羅를張코默坐經綸훈는蜘蛛가有훈고塵烟을超훈야徘徊觀察훈는鶻鷹이有훈거든而況群物中靈物로經國濟世홀無限훈將來를有훈靑年이오엇지朦々치々히今日에今日을是事훈고明日에明日을是作훈야汲々히情欲에身을捧훈고陶々히俗累로心을縛훈되終日無思에頓然漠々훈야一世의痴漢을自作훈고오히려自稱曰人이라훈며自稱曰學生이라훈면顧건뒤禽獸에愧홈이無훈가嗚呼라高尙훈理想이라야바야흐로우리의高尙훈希望을作홀지며高尙훈希望이라야비로소우리의高尙훈生命을賜훈리니時로反省

ᄒᆞ야曰爾의任이重타ᄒᆞ며日로反省ᄒᆞ야曰爾의責이大타ᄒᆞᆯ지어다萬一爾의責은大ᄒᆞ고爾의量은小ᄒᆞ며爾의任은重ᄒᆞ고爾의心은陋ᄒᆞ야爾의責任과爾의理想이調和를失ᄒᆞ고比例를反ᄒᆞ면爾의家에엇지ᄒᆞ며爾의國에엇지ᄒᆞᆯ가모름직이遠大ᄒᆞᆫ排布와絶倫ᄒᆞᆫ經營으로淺薄卑劣ᄒᆞᆫ思想을退ᄒᆞ고平凡賤陋ᄒᆞᆫ心事를祛ᄒᆞᆯ지나一隅를固執ᄒᆞᄂᆞᆫ偏性을作치말고虛荒ᄒᆞᆫ妄念으로空想을貪치말지니大抵穩健ᄒᆞᆫ理想은能力을超越치안으며圓滿ᄒᆞᆫ理想은進步를無視치안ᄂᆞ니此에注意ᄒᆞ야圓滿ᄒᆞᆫ人格下에完美ᄒᆞᆫ理想을具ᄒᆞ면그ㅣ責任의重ᄒᆞᆷ과價値의大ᄒᆞᆷ이何이我에有ᄒᆞ리오

丙、學生과歷史及先輩

大凡人性은外界의感化를受ᄒᆞ야可히優ᄒᆞ며可히劣ᄒᆞᆯ지니滿天下學生諸君은直接으론現代師標的先輩를模倣ᄒᆞ며間接으론過去歷史에標準을求ᄒᆞᆯ지니試觀ᄒᆞ라唐宋에碩學名儒가輩出ᄒᆞᆷ은엇지當時一二先輩의感化가안이며日本現政界의中心으로處ᄒᆞᆫ鹿兒島人物은엇지當地一二先輩의薰陶의力이안인가大ᄒᆞ도다先輩感化의力이여小人感化下엔小人이多ᄒᆞ고君子感化下엔君子가多ᄒᆞ며文章下엔文章이出ᄒᆞ고英雄下엔英雄이出ᄒᆞᄂᆞ니此에不可不感化를受ᄒᆞᆯ者ᄂᆞᆫ感化를賜ᄒᆞᆯ先輩의性格과才能을講究斷判치안이치못ᄒᆞ리로다然則我韓現時先輩中에可히吾儕의儀範을作ᄒᆞ고標準을視ᄒᆞᆯ者이幾人이有ᄒᆞ고我韓에果然大事業家와大

政治家가有ᄒᆞ며大道德家와大宗敎家가有ᄒᆞᆫ가吾儕ᄂᆞᆫ此에記憶ᄒᆞᆯ지어다過去三十年間에國事를爲ᄒᆞ야血을流ᄒᆞ고國事를爲ᄒᆞ야骨을曝ᄒᆞᆫ大忠魂大義魄을一這間過程을追憶컨ᄃᆡ일즉國家存亡의秋를際ᄒᆞ야猛烈ᄒᆞᆫ志慨로革新을夙圖ᄒᆞ고一片丹誠으로社稷을匡扶키로自負自任ᄒᆞᆯᄉᆡ에一身一家를顧치안이코國家犧牲에供코자ᄒᆞ더니惡風魔雨에猛獸毒龍이戲舞ᄒᆞᄂᆞᆫ지라於是乎俄京에走ᄒᆞᆫ須泰仁과英京으로逃ᄒᆞᆫ康有爲가踵을接ᄒᆞ야顯ᄒᆞ얏시니吁嗟悲夫라彼의堂々ᄒᆞᆫ口로天下大勢를唱치못ᄒᆞ얏고彼의堂々ᄒᆞᆫ筆로萬古大義를檄치못ᄒᆞ엿고彼의魁傑ᄒᆞᆫ性格으로竟히海外孤燈에老케ᄒᆞ며彼의偉大ᄒᆞᆫ手腕으로漫히千里暮雲을望케ᄒᆞ얏시니上下千載에一大恨事가안인가而今吾等이彼의事實은慕ᄒᆞᆯ것이안이라彼의慷慨ᄒᆞᆫ一掬熱涙를慕ᄒᆞᆯ지며彼의不運逆境을傚ᄒᆞᆯ것이안이라彼의守死不變ᄒᆞᄂᆞᆫ一片丹心을愛ᄒᆞᆯ而已며彼의心을엇지愛ᄒᆞᆯ뿐이리오我의骨이四千載歷史的骨이라宜當히彼의心으로我의心을作ᄒᆞ야有事其秋에此의心으로三千里에布케ᄒᆞᆯ지며彼의涙를엇지慕ᄒᆞᆯ뿐이리오我의血이亦四千載歷史的血이라宜當히彼의涙로我의涙에和ᄒᆞ야當事其日에此의涙로二千萬에灑ᄒᆞᆯ것이니이엇지今日韓國에生ᄒᆞᆫ靑年丈夫의天職이안이며義務가안이며誓死一試ᄒᆞᆯ一大快事가안이리오吾儕ᄂᆞᆫ不可不彼先輩諸公의心으로我의心을勵ᄒᆞ고彼의氣로我의氣를養ᄒᆞ야此로希望을作ᄒᆞ고此로前途를定ᄒᆞᆯ지라目前의悲劇으로엇지望을落ᄒᆞ야無用ᄒᆞᆫ歎辭와卑

怯ᄒᆞᆫ態度를作ᄒᆞ리오現代慘狀과壓迫이一度를加ᄒᆞ면我의膽은一度를冏케ᄒᆞᆯ而已며急激과危機가一尺을進ᄒᆞ면我의氣는一尺十尺을猛進케ᄒᆞ는反動이來ᄒᆞᆯ而已라如此히浩然ᄒᆞᆫ氣慨와藹然ᄒᆞᆫ理想이日進無已ᄒᆞ고月新不弛ᄒᆞᆯ것이니此는直接上先輩의感化로可히理想을修養ᄒᆞᆯ거이어니와此를間接으로歷史에求ᄒᆞᆯ진ᄃᆡ古今治亂盛衰의原因及結果와東西勝敗興亡의目的及手段을明々昭々히我의頭에貯ᄒᆞ야甲國이乙國에對ᄒᆞᆫ目的如何로態度如何를推究ᄒᆞ며態度如何로手段如何를豫占ᄒᆞ고手段如何로結果如何를前斷ᄒᆞᆯ것이니若是히國際上에甲對乙의目的手段如何를因ᄒᆞ야乙國의興亡이判決되는理由와實證은오직公平ᄒᆞᆫ歷史가有ᄒᆞ야丁寧히吾人에게示告ᄒᆞᄂᆞ니譬如英對印度와法對安南의手段如何로印度安南의存亡이定ᄒᆞᆫ바事實은至今이라도英法當局者에게問ᄒᆞ면必然코道德範圍內에셔答ᄒᆞᆯ而已오政策上狡猾ᄒᆞᆫ內情은明言치안으리니함을며政策進行ᄒᆞᆯ當時에야別々奸凶ᄒᆞᆫ饒舌로托左托右에推東推西ᄒᆞ야그ㅣ無知ᄒᆞᆫ人民과無能ᄒᆞᆫ政府를瞞着ᄒᆞ고籠絡ᄒᆞ야自然히醉케ᄒᆞ며化케ᄒᆞ엿실지로다如此히强國對弱國의內幕에非常ᄒᆞᆫ隱諱와許多ᄒᆞᆫ秘密이被明々ᄒᆞᆫ神聖ᄒᆞᆫ歷史中에셔비로소明確細鎖히綻露ᄒᆞ야不平ᄒᆞᆫ吾人으로知케ᄒᆞ는도다

以上은國際上歷史研究의必要로論ᄒᆞᆷ이어니와其他許多ᄒᆞᆫ方面으로天下萬理를諄々히吾人에曉諭ᄒᆞ리니政治文物과典章法度의變遷을此에能히觀ᄒᆞᆯ지며凡夫

318

俗客과英雄豪傑의岐點을此에可히察ᄒᆞᆯ지니吾人은須臾라도案頭에列國史乘을離치못ᄒᆞᆯ지니尤況本國歷史리오此를다시論ᄒᆞᆷ은讀者에對ᄒᆞᆫ無禮妄說이라不必重言이어니와大抵古語에云호ᄃᆡ殷의史ᄂᆞᆫ周의鑑이라ᄒᆞ엿시니周의史ᄂᆞᆫ周以後人의鑑이오昨日以前의史ᄂᆞᆫ今日以後人의鑑을作ᄒᆞᄂᆞ니自古로鑑을對치안이ᄂᆞᆫ美人이無ᄒᆞ고史를讀치안인ᄂᆞᆫ偉人이鮮타ᄒᆞ얏시니校科數書에心力을殫費ᄒᆞᆯ뿐안이라上下古今에師標와儀範을求ᄒᆞᆫ然後에야學ᄒᆞᆫ바才能과科學을能히他日活社會에出ᄒᆞ야遺憾읍시應用ᄒᆞᆯ것이오此에反ᄒᆞ면비록水素酸素와正數負數를誠實히修得ᄒᆞ엿실지라도將來一個活字典을免치못ᄒᆞ야必竟은學問의奴隷를作ᄒᆞᆯ而已니可히懼치안인가學校敎科書를讀習ᄒᆞᄂᆞᆫ同時에東西古今史乘을間々이閱覽ᄒᆞ면有時乎靑年血氣를抑止ᄒᆞ고有時乎萎靡懦弱ᄒᆞᆫ態를去ᄒᆞᆯ지며有時乎平々凡々ᄒᆞᆫ俗態를愧ᄒᆞ고有時乎磊々落々ᄒᆞᆫ大心를修ᄒᆞᆯ지라若是히間接直接으로先輩及歷史에서靑年學生의淳樸ᄒᆞᆫ性質과銳敏ᄒᆞᆫ頭腦를向上的으로修養ᄒᆞ면於是乎天地에充滿ᄒᆞ고宇宙를包括ᄒᆞᆯ高尙ᄒᆞᆫ理想과遠大ᄒᆞᆫ思索이不知不識間에我頭로來宿ᄒᆞ리로다

(未完)

天下의最慘最痛ᄒᆞᆫ境遇ᄂᆞᆫ絕望에在ᄒᆞᆷ

徐承孝

夫絕望의絕은即斷絕의絕이是也오絕望의望은即希望의望이 也니即亞歷山大

王이波斯를遠征홈에當ᄒᆞ야其所有의珍寶를盡斥ᄒᆞ야其群臣ᄒᆞ與거놀은其羣臣曰然則王은何를有乎아ᄒᆞᆫᄃᆡ曰我ᄂᆞᆫ一이有ᄒᆞ니卽希望이是也라ᄒᆞ던希望이是也라

凡天下之境이有二ᄒᆞ니一曰現在오一曰未來니現在의境은狹而有限ᄒᆞ고未來의境은廣而無窮ᄒᆞᆫ지라所以로英儒碩德이有言호ᄃᆡ凡事를做去홈에當ᄒᆞ야過去及現在ᄂᆞᆫ一過渡의方便又ᄂᆞᆫ法門에不過ᄒᆞᄂᆞ니故로現在者ᄂᆞᆫ現在를爲ᄒᆞ야存홈이아니오未來를爲ᄒᆞ야存ᄒᆞᆫ者라ᄒᆞ니夫希望者ᄂᆞᆫ卽未來的의目的으로現在의活動又ᄂᆞᆫ勤勞를務盡케ᄒᆞᄂᆞᆫ者라故로英人은急激을不喜ᄒᆞᄂᆞᆫ民族이언만大憲章의爭抗과國會의改革을期ᄒᆞ야紛擾가不息數世ᄒᆞ얏시며法人이革命을惹起ᄒᆞᆫ者ㅣ三次에屢仆屢起ᄒᆞ야擾亂이亘數十載ᄒᆞ얏시니蓋其當時의狀況을推究컨ᄃᆡ紛擾의數世와擾亂의數十載에眠不得其所ᄒᆞ며食不得其時ᄒᆞ야居不得其安은事實上必然의事라不遑拖長이어니와劍戟矢石에屍積如山인덜何其無也며硝烟彈雨에血流成川인덜何其無也ᄒᆞ얏시리오然則其個人의現在慘酷은此에셔甚홈이無ᄒᆞ건만固其共同의自由와共同의民政의偉大ᄒᆞᆫ目的이未來에在ᄒᆞᆫ故로現在를以ᄒᆞ야未來를求홈에何오大抵世의古今과洋의東西를不問ᄒᆞ고曰聖賢曰豪傑曰忠臣曰烈士라ᄒᆞ며曰宗敎家曰政治家曰發明家曰冒險家의宇宙를震撼ᄒᆞ며世界를創造ᄒᆞ야不朽의偉業을建ᄒᆞ야千百世歷史上에光輝케ᄒᆞᄂᆞᆫ所以ᄂᆞᆫ莫不以此希望而得

其然者也라

緬仰彼古컨딕盖世功名이曾不足以當其一盼ᄒᆞ던信陵이封邑에退隱ᄒᆞ고項羽가垓下에悲歌ᄒᆞ며統一寰宇가曾不足以滿其志願ᄒᆞ던亞剌飛가錫蘭에竄身ᄒᆞ고拿破倫이厄蔑에見幽ᄒᆞ야撫髀悲音에神氣가頹唐ᄒᆞᆫ所以ᄂᆞᆫ誰使其然也오吾必曰絶望이使其然也ᄒᆞ노라方其希望이遠大ᄒᆞᆯ時에在ᄒᆞ야ᄂᆞᆫ如彼其勇壯也며如彼其英雄也러니及其希望이旣絶則心死志餒ᄒᆞ며氣索才盡ᄒᆞ야其勇壯이不復其勇壯이며其英雄이不復其英雄인所以라然則絶望者ᄂᆞᆫ英雄을病死케ᄒᆞᄂᆞᆫ毒藥이라言ᄒᆞᆯ지오瑪志尼ᄂᆞᆫ帝政과教政의壓抑이如彼其酷ᄒᆞ던時에在ᄒᆞ야祇以空拳으로突起以來獨立ᄒᆞ야卒能墺人의壓制를脫ᄒᆞ야新羅馬의名邦를建ᄒᆞᆫ所以ᄂᆞᆫ其意太利統一의希望의不絶이使其然也오華盛頓이突起抗英ᄒᆞ야血戰八年에伏屍가百萬이오聯合諸州가數十度라卒能母國을脫離ᄒᆞ야如彼의完全ᄒᆞᆫ共和新國을建ᄒᆞ야天下의首倡이된所以ᄂᆞᆫ美國獨立의希望의不絶이使其然也오句踐은一降王에不過ᄒᆞ얏건만五千의甲士를驅ᄒᆞ야夫差를儞東에困케ᄒᆞᆫ所以ᄂᆞᆫ報吳의希望이不絶ᄒᆞᆫ故오申包胥ᄂᆞᆫ一逋臣에不過ᄒᆞ얏건만能히吳寇를卻敗ᄒᆞ야已燬의郢都를復ᄒᆞᆫ所以ᄂᆞᆫ存楚의希望이不絶ᄒᆞᆫ故라然則不絶望者ᄂᆞᆫ英雄을造成ᄒᆞᄂᆞᆫ原料라ᄒᆞᆯ지라是以로人皆爲絶望之人이면國亦遂以爲絶望之國ᄒᆞ고爲不絶望之人이면國亦遂以爲不絶望之國ᄒᆞᄂᆞ니嗚呼라今日吾同胞ᄂᆞᆫ其果絶望之同胞乎아其果絶望之同胞

也된待死以外엔는誠無他策이오今日吾國은其果絕望之國乎아其果絕望之國也된待亡以外에는誠無他道어니와其果非絕望之同胞也며其果非絕望之國乎아其果非絕望之同胞며其果非絕望之國也된吾人의日月이方長ᄒ고吾人의志願이正大ᄒ며三千里河山이重重ᄒ고二千萬同胞가泱々ᄒ며方今旭日이方東에曙光이能々ᄒ되前程은泰山이오河海라醒哉며進哉어다何其奄々然ᄒ고寥々然也哉아

論歐東與亞東之關係（寄書）

清國浙江人 柴 宗 형

自十九世紀以來 爲世界最大問題者 其亞東與歐東乎 亞東問題在中韓 而歐東問題則在土耳其 其初以爲視同秦越 利害無關 不知世界日進 交通日便 强隣環列 虎視耽々 一二國際之關係 無不動及全局 諺云 銅山西崩 洛鍾東應 莫謂歐東之風雲 無影響於亞東也

今者保爾加利宣告獨立矣 塞爾維亞修繕戰具矣 俄人有乘間南下之勢 推其原因 無非土耳其不自振興所致 夫土耳其於十七八世紀之頃 已據巴尼幹半島 斯時不特爭雄于歐東 抑亦爲世界之强敵 乃曾幾何時 卒因政治紊乱宗敎固執之故 而起亂蕭墻 國土分裂 亦不待列强之見迫 其不國也已久 噫是誰之故而致於此

吾嘗深思而得其故矣 以言語不同宗敎不同習俗不同嗜慾不同之異族 而結合一國之中 其互相猜疑 互相嫉視者 亦一自然之公理 土耳其計不及此 處此優勝劣敗競爭最劇之世界 猶恃其謨漢麥德之舊敎 以爲雄視世界鞭策國民而有餘 乃不旋踵而希臘叛離 孟的尼哥 塞爾維亞 羅馬亞又告獨立 即波士尼及希遮格威奴二州 亦均爲奧大利所占領 雖保加利亞依伯林公會之結果 尙稱爲土之屬邦 亦得享有自治 嗚呼 河山破碎 荊棘叢生 回憶曩時隆盛 不覺起今昔之感矣

夫希臘之離土獨立者 實因有國家思想所致 而其自治之能力 亦爲土耳其國民所不能望其肩背 蓋希臘爲古代文明之淵藪 徒以武力不足 受土耳其羈絆者垂三百餘年 然其志士仁人 無不以滿腔熱血 號呼於國中 或以筆或以舌 務喚醒國民之長夢 以恢復祖國之文明 拯救同胞於塗炭爲己任 父詔其子 兄勉其弟

數百年莫敢忘 故用能毅然以敵愾之精神 獨立之氣概 於千八百二十一年召集國民議會組織新政府 以輝揚希臘之國光故國重興 山河猶在 回憶昔日全盛之時 又不覺唏噓流涕者久也 是故爲異種敎之所排擠 爲虐政所羈絆 縱一時受其壓制 然皆足以促其反動力之發生 當土耳其志高氣揚之日 正希臘臥薪嘗膽之時 希臘之禍 亦正希臘之福也 雖然 希臘之復興 實露西亞助其成 有露西亞爲犄角之勢 而使土耳其有所牽制 不致集全力于希臘 露之有德於希臘 不可不謂深且厚 雖然 露何愛於希臘 其爲自謀耳 亞力山大利用神聖同盟之主義 聯合

各國以排斥土耳其 以爲土耳其係回敎之國 혀之於土 殊有氷炭不相容之勢 凡奉希臘敎諸邦 當協力以助希 蓋露外挾其異敎之名義 內誘其人民之渙散 其綜呑蠶食之目的 已非一朝一夕 自奄里奴勃法約以來 於政治上有 塞爾維亞及摩他威々勤西之保護權 於經濟則有土耳其領土內及裏海自由通航貿易之權 若有非取摩他威々勤西及保爾加利歸之于已不可 非通行達々尼爾海峽不止之慨

對此歐東問題 使俄人不敢南下 而其權力足以抗衡者 惟一英吉利耳

夫土居歐洲之東 英在歐洲之西北 誠風馬牛不相及者 然而土耳其之存亡 實與英關係最重 俄既得志于土 長驅直入 而印度亦瀕於危險 英縱深於保守觀念 亦不欲作壁上觀也 其餘若德若法若奧 亦無不欲染指其間 而均分其杯羹 徒以國勢不同 地位不同 利害不同 故其所用之方法 所施之手段 亦因之以不同耳

歐人之進攻亞洲者 土耳其實當其衝 而土耳其之苟延殘喘者 實因各國之抗露 伯林條約 其有利於土者 非淺鮮矣 露人既不能達其南下之策 而幷呑巴爾幹半島 於是易其欲通行達々尼爾海峽之目的 一轉而欲 伸勢力於黃海 其希望非僅併滿洲呑朝鮮而已 乃不圖於東方占天然之位置 對此利害最多關係最重者之日本 抑其東而遏其進行 是曾露所不及料也 日本以區々三島 控制遠東 非充其勢力于滿韓 不足以雄長于亞東 擴張其疆土 況于滿洲韓國 垂涎已久 中日之役 日本以保全韓國獨立爲名 其終也 據遼東半島 卒因露佛獨三國之抗議

不得不暫爲 退讓而其 深恨露人之心 己久 固不俟滿韓交換問題起 不惜竭全國之力 以一決其雄雌矣

由是觀之 近世紀起最大之問題 其一亞東 其一歐東 推其原因 何莫非露西亞所致 因助希臘獨立爲名 而構成一八二八年俄土之戰 因割摩他威威勒西及保爾加利爲目的 遂成古里米之役因希波二州之乱 再演出一八七七年俄土之爭於是 露人欲以數百年之計畫 一旦收其効果 而碍於各國之抑制 不得逞其野心

俄旣不利於西介 不得不伺隙於東方 故一變而侵入于滿洲 再逼韓國 而演出日露之戰爭 其影響之大 昭々在人耳目 固不待煩言而解 惟英以印度殖民地之關係 扼其西 日本以韓國保護之利害控其東 使俄人坐困其間 而制其蠶食鯨呑之欲 今者露人乘巴爾幹半島有事之秋 又將施其舊日之雄圖 露若得志於歐東則世界之國際政局 又將一變 而其影響不及於亞東不止也

吾於此而重有慨焉 日本之扶助韓國 頗似露西亞之扶助希臘 然희臘之離土 尙能獨立而恢復舊時之榮光 增進國民之幸福 而韓國則如何乎 世變茫々 方興未已往者可鑒 來日方長 予當引領望之矣

立憲世界

金振聲

蓋今日之世界는專制立憲兩政体新陳嬗代之時也라公理를試接컨딘兩種反比例

之事物이必有爭ᄒᆞ야爭則新者必勝ᄒᆞ고舊者必敗故로地球上各國이必一切同歸於立憲而後의乃已矣리로다

夫立憲者ᄂᆞᆫ不啻人民之幸福이라亦皇家之永久不變也니何謂也오君主ᄂᆞᆫ有君主之特權ᄒᆞ고政府ᄂᆞᆫ有政府之權限ᄒᆞ며人民은有人民之權利ᄒᆞ야人民은服從政府之命令ᄒᆞ며政府ᄂᆞᆫ保護人民之權利自由가一大原則也로다君位之承襲과主權之統治가皆有定規ᄒᆞᄂᆞ니豈有乘隙爲奸者乎며官吏之進退ᄂᆞᆫ亦由民心之所向然後의任免ᄒᆞᄂᆞ니豈有乱臣賊子가能坐於其位乎며且君主가發一政施一命에因國民休戚ᄒᆞ야經議院之協贊而行之ᄒᆞᄂᆞ니雖至天崩地坼이라도國民의愛國心이愈熱ᄒᆞ니豈有國內動乱之憂乎며民間의有疾苦之事면提訴議院ᄒᆞ야隨其便利而處置ᄒᆞᄂᆞ니豈有民之怨其上者乎아然則立憲은可謂國家億萬年永久基礎也로다嗚呼라憂國者孰不探其政体乎며人民者孰不渴求者哉아故로十八世紀佛國大革命이忽焉爆裂에聲振天地ᄒᆞ야人權宣言論을爭唱에全歐列國이以萬死一生之力으로渴求立憲者ᄂᆞᆫ現天下文明各國이皆然也요目下土耳其帝國之政變으로論之則二十世紀立憲의大革命이라謂ᄒᆞᆯ만ᄒᆞᆫ青年土耳其黨이青天雷聲과如히起ᄒᆞ야放廢舊王ᄒᆞ고立新皇ᄒᆞ며打破舊政黨ᄒᆞ고立新政黨ᄒᆞ야首府君斯坦丁堡之內의血川骸城으로建設萬世無强之新帝國은即立憲을堅固케ᄒᆞᆷ이라現代青年의可謂國家精神的模範이되리로다且清國으로論之則文明制度가漸進ᄒᆞ고人民覺醒이日就ᄒᆞ

야先光緖皇帝之遺詔卽九年後憲法發布之事로憲法研究委員을差定ᄒᆞ야草案이脫稿되엿고選擧區調査는方今準備ᄒᆞ니將來淸國에立憲帝國을創設ᄒᆯ거ᄉᆞᆫ吾人의目睹ᄒᆯ비라多言을不要ᄒᆞ거니와爲其隣國人民者孰不欣羨ᄒᆞ며爲其東洋民族者孰不贊賀乎아且以立憲之效力으로論之則現世界牛耳를執ᄒᆞᆫ者皆立憲也며現天下所謂文明國云者는皆立憲也로다以日本論之則所謂西歐文明을輸入ᄒᆞᆷ이日本의特色이됨은吾人所共知어니와其主要ᄒᆞᆫ거ᄉᆞᆫ亦立憲制度를模範ᄒᆞᆷ에不過ᄒᆞ엿도다日本之憲法發布가至今二十年에其二十年前之國勢民情과二十年後之國勢民情이果何如乎아以彈丸小島로强大ᄒᆞᆫ淸露兩國을擊退ᄒᆞᆫ거ᄉᆞᆫ卽立憲的統治로人民의權利를尊重히ᄒᆞ며個人의自由를保護ᄒᆞᆷ으로人民은愛國心이益固ᄒᆞᆫ效力이라可謂ᄒᆯ지로다故로立憲은文明富强之主物也요文明富强은立憲之從物也라以此觀之則所議國名을保全ᄒᆞᆫ國은皆求立憲ᄒᆞᆷ이如斯ᄒᆞᆫ理由라故로不幾年의世界全球가一致同歸於立憲은理勢之必然也로다然이나未開之國家에立憲的思想이缺乏ᄒᆞᆫ國民의게는立憲政治를施行키不可能ᄒᆞᆫ者ㅣ有ᄒᆞ니

噫라二十世紀之人民으로立憲的思想이缺乏ᄒᆞᆫ國家는其國獨立을維持키難ᄒᆞ며墮落ᄒᆞᆫ國權을回復키難ᄒᆞ며將來世界舞臺上에活動키難ᄒᆯ지로다

嗚呼라惟我半島國民이며晨夕으로頭腦에不可離者는獨立回復之最大目的이나然이나立憲的思想이無ᄒᆞ면獨立을回復키難ᄒᆞ며獨立을回復ᄒᆯ지라도千秋享福

327

키難ᄒᆞᆯ지라勉之哉어다同胞諸君이여將來二十世紀舞臺上의셔活動ᄒᆞᆯ材料는即立憲的準備인져

國家種類의大略

朴 海 遠

他國境에入홀時에먼저其國의大禁을問홈은古代에一人行色도尙然ᄒᆞ얏거든自由政策이니保護政策이니稱ᄒᆞᄂᆞᆫ國際的競爭이劇甚ᄒᆞᆫ今日이리오是以로世를濟ᄒᆞ고邦을經코자ᄒᆞᄂᆞᆫ者ᄂᆞᆫ外勢를察ᄒᆞ며內政을修ᄒᆞᄂᆞ니浩瀚ᄒᆞᆫ史乘에歷々히徵考홀지라管仲은諸侯를九合ᄒᆞ고天下를一匡ᄒᆞ야齊國에覇業을成ᄒᆞ얏고加富爾ᄂᆞᆫ英國에서講究ᄒᆞᆫ自由貿易政策으로伊太利에獨立基礎를樹ᄒᆞ야스니此ᄂᆞᆫ天下大勢를善察ᄒᆞᆫ結果로不世勳業을成就ᄒᆞ얏도다

嗚呼라吾人의地位ᄂᆞᆫ何에在ᄒᆞ며所求ᄂᆞᆫ何에在ᄒᆞᆫ고萬一東西洋狀態를推究치안이ᄒᆞ면昏衢에坐홈과如ᄒᆞ야其國을失홀뿐안이라其身도保키難홀지라高遠를致코자홀진ᄃᆡᆫ卑邇로始ᄒᆞᄂᆞ니此ᄂᆞᆫ理의常則이라余가國家種類의概畧을譯述홈도此에不過ᄒᆞ리로다

第一 聯邦

聯邦이라홈은多數ᄒᆞᆫ國家가集合ᄒᆞ야 一國家를成立ᄒᆞ고此를組織ᄒᆞᆫ各國家

는各々自國의主體가된同時에國際法上에도主體가되는故로聯邦를組織ᄒᆞᆫ各國家에는반다시共通ᄒᆞᆫ事項이有ᄒᆞ야其事項의만主權이合一되야外國에對ᄒᆞ야行動ᄒᆞ고其共通ᄒᆞᆫ事項에範圍를違越ᄒᆞ야各國家에主權을侵害ᄒᆞᆷ을不得ᄒᆞᆷ이라

(按)此等國制度는東洋史에未見ᄒᆞ얏고但히事實上으로觀ᄒᆞ면西洋에獨逸國(德國)이有ᄒᆞ도다獨逸聯邦를代表ᄒᆞᆫ者는即獨逸帝인ᄃᆡ또普漏西王이되야外國에公使를派遣ᄒᆞ고接受ᄒᆞᆷ이라獨逸를組織ᄒᆞᆫ各國家도各々外國公使를接受ᄒᆞ는權利가有ᄒᆞ되但히領事를派遣ᄒᆞ는權利는獨逸帝게만在ᄒᆞᆷ이라由此觀之컨ᄃᆡ其聯邦을組成ᄒᆞᆫ各國家의主權을獨逸國이侵害치못ᄒᆞᆷ을可知ᄒᆞ겟도다

第二　君合國

君合國이라ᄒᆞᆷ은二箇以上의國家이同一ᄒᆞᆫ君主를戴ᄒᆞᆯ뿐이오他事項에는關連됨이無ᄒᆞ야國際法上에其人格을喪失치안이ᄒᆞ고또稱號와政體를異케ᄒᆞ야도無傷ᄒᆞ고其中에一國이他國과條約를締結ᄒᆞ야도但히締結ᄒᆞᆫ一國만拘束되고他國의는影響이不及ᄒᆞᆷ이라

(按)此亦東洋에는未有ᄒᆞ고西洋에白耳義國王이亞弗利加에在ᄒᆞᆫ公果自由國王를兼ᄒᆞᆫ事實이有ᄒᆞ고箇中에愈奇ᄒᆞᆫ事는君合國를組織ᄒᆞᆫ各國家는君主만

同一ᄒᆞᆯ뿐이오內政上이던지國際上에各々自由로行動ᄒᆞ고關涉를受치안ᄂᆞ니라

第三　政合國

政合國이라ᄒᆞᆷ은二箇以上의國家이政治上에關ᄒᆞᆫ部分的事項만合同ᄒᆞ야外國에對ᄒᆞ야行動ᄒᆞᆷ이라此種의國家ᄂᆞᆫ國際法上에만同一ᄒᆞᆫ君主를戴ᄒᆞ고國內法上에ᄂᆞᆫ各々主權이有ᄒᆞ고共同ᄒᆞᆫ關係가無ᄒᆞᆷ이라

(按)此亦東洋에ᄂᆞᆫ有ᄒᆞᆷ을未聞ᄒᆞ고西洋에政合國으로著名ᄒᆞᆷ은墺地利、匈牙利兩國인ᄃᆡ此兩國은外務 軍務 財政ᄭᆞ지만共同ᄒᆞ고此外事項에ᄂᆞᆫ關係가無ᄒᆞ도다然이나政合國을組織ᄒᆞᆫ一國이他國과交戰ᄒᆞᆯ時ᄂᆞᆫ關係가無ᄒᆞᆫ國도交戰國으로同視ᄒᆞᄂᆞ니라　(未完)

原子分子說

欲愚生　譯抄

第一　原子分子說

原子分子說은物質搆造에關ᄒᆞᆫ想像說이라假定이라도現今은有力ᄒᆞ니라

原子說은古代希臘學者류ㅣ시파스、더모그리타싀等이唱道ᄒᆞᆫ비나前世紀初에英人다루톤伊人아오싸도로等이化學量定律의起因을說明ᄒᆞ랴原子說를復唱ᄒᆞ고此에分子說를添加ᄒᆞ얏ᄂᆞ니라

一物質의固有性質를不失케ᄒᆞᆯ限에達토록其物質를分割ᄒᆞᆫ細粒이有ᄒᆞ야同物質은性狀大小가等一ᄒᆞᆫ細粒이集成ᄒᆞ고異物質은性狀이殊異ᄒᆞᆫ細粒이集成ᄒᆞᄂᆞ니此細粒을分子라稱ᄒᆞ며分子ᄂᆞᆫ至微至細ᄒᆞᆫ原子라稱ᄒᆞᄂᆞᆫ粒子若干個가集合ᄒᆞᆫ비라單体의分子ᄂᆞᆫ同種의原子로成立ᄒᆞ고化合物의分子ᄂᆞᆫ二種以上의原子가結合ᄒᆞᄂᆞ니라原子ᄂᆞᆫ物理學과化學上手段으로破壞치못ᄒᆞᆯ거시고分子ᄂᆞᆫ打激磨碎等機械的手段으로ᄂᆞᆫ破壞치못ᄒᆞ나化學變化에ᄂᆞᆫ分解되야其固有ᄒᆞᆫ性質를見失ᄒᆞ고其分子에셔散逸ᄒᆞᆫ原子ᄂᆞᆫ他物質의原子와結合ᄒᆞ야新分子를生ᄒᆞᄂᆞ니라

固體와液體에ᄂᆞᆫ諸分子가緻密히集合ᄒᆞ고氣體에ᄂᆞᆫ甚히隔離ᄒᆞᄂᆞ니아오싸드로氏의假說에同溫同壓等體積인氣體中分子數ᄂᆞᆫ相等ᄒᆞ다ᄒᆞᄂᆞ니라

原子分子說의眞否ᄂᆞᆫ容易ᄒᆞᆫ問題가아니나此說로數多ᄒᆞᆫ物理化學上事實을說明ᄒᆞ면快刀로亂麻를截ᄒᆞᆷ과無異ᄒᆞ니라

第二　原子分子說應用

一、此假定說에依ᄒᆞ면化學變化라ᄂᆞᆫ거슨舊分子가破壞ᄒᆞ미其原子가新原子와結合ᄒᆞ야新分子를生ᄒᆞᄂᆞᆫ現象이니라

二、原子ᄂᆞᆫ化學上手段으로破壞치못ᄒᆞᆯ粒子임으로元素不滅法則과質量不變定律의起因을理解키無難ᄒᆞ니라

三、原子ᄂᆞᆫ更히分割키不能ᄒᆞᆷ으로化學變化에原子ᄂᆞᆫ一個二個三個等一般整數

의幾個가結合ᄒᆞᆯ지니그럼으로二種以上元素가化合ᄒᆞᆯ時의質量은其原子重量에比例ᄒᆞᆯ지라完比例、倍比例、當量의定律은自然히解釋될지니라

四、諸氣體가同温同壓에體積이相等ᄒᆞ면其中의包有ᄒᆞᆫ分子數가等一ᄒᆞᆷ으로諸氣體分子의重量은其氣體比重의比와等ᄒᆞ고分子量의比와同一ᄒᆞ니케류ㅣ삭그의氣體反應定律도此說를根據삼으면容易히說明ᄒᆞᆯ지라

五、數多ᄒᆞᆫ物理現象에도此說를應用ᄒᆞᄂᆞ니分子說를據컨ᄃᆡ氣體의分子ᄂᆞᆫ非常ᄒᆞᆫ大速度로四方에運動ᄒᆞ고此無數ᄒᆞᆫ飛動分子가替代로容器壁에衝突ᄒᆞ야反撥ᄒᆞᄂᆞ니此衝突을壓力이라稱ᄒᆞᄂᆞ니라

氣體가熱를受ᄒᆞ면分子의運動에넬기가增加ᄒᆞ야分子의速度가大加ᄒᆞᆷ으로壓力은自然增加ᄒᆞᄂᆞ니라

液體의蒸發은其分子가表面부터次第로飛出ᄒᆞ야氣體로化ᄒᆞᄂᆞᆫ理象이라此에熱를加ᄒᆞ면分子의激動을增加ᄒᆞ야其逸出을速케ᄒᆞᆷ으로蒸發도容易ᄒᆞ니라

熱이라ᄂᆞᆫ거ᄉᆞᆫ物體分子의不規則的振動이라此振動을吾人의觸覺이熱로感ᄒᆞ고空中分子의規則的波動은耳官에서音으로感ᄒᆞᄂᆞ니物體에熱를加ᄒᆞᆷ은其分子의振動을迅速케ᄒᆞᆷ이니라

物體가打擊을受ᄒᆞ야熱이生ᄒᆞᆷ은打擊의運動에넬기가物體分子의運動으로

變홈이니라

以上陳述(其外에도分子說의應用이多홈)홈과如히原子分子說로數多훈事實과法則의起因를說明호면甚히明快호나原子分子라稱호는微粒은吾人의感官으로知覺치못호는想像物이니吾人이此說를心裏에默會호야諸事實를理解코記憶호는幇助를삼으면已矣어니와假說를事實로誤認호야過重케알음은不可호니라

元素不滅定律를否認호는元素進化論者는現今化學의元素라고認定훈七十餘種은物質終局의元素가아니ㅣ오此보담更히單純훈若干元質의集合이라그름으로所謂原子는絶對的으로細分치못홀性質인거슨아니라호나니此說은前日에는一架空想像에不過훈듯호얏스나近年에라줨ㅣ金屬이헤ㅣ룸ㅣ元素로變호는事實이發見되야此說이大助力을得훈지라最後勝利는何說에在홀고

쇼ㅣ펜하워氏의倫理說一班

秋塘 朴繹

Auther Schopenhauer 은西紀一七八八年二月二十二日에獨逸 Danjix 市에서誕生호야一世를鳴動훈哲學者文學者ㅣ라氏의倫理說一班를左에紹述호노라

Schopenhauer 의倫理道德說은宇宙意思論(吾人은自己內心을類推호야宇宙萬物의本體를理會홈을得훈다氏가主張훈言論)에서出來호얏는딕結歸훈바는欲을制호고己를克홈에在호니라

氏ᄂᆞᆫ人生을道德的方面으로相對實踐的性格과絕對理性的性格의二種을觀察ᄒᆞ얏ᄂᆞ니相對實踐的性格은時間、空間、原因、結果、等形式에支配되고絕對理性的性格은此等形式에超越ᄒᆞᆫ다ᄒᆞ니라相對實踐的性格은三種의原動力이有ᄒᆞ니一은利己心이오二ᄂᆞᆫ害惡心이오三은同情心이라

利己心은自己의利益幸福을求ᄒᆞᆷ이오害惡心은他人을害ᄒᆞ고他人의不幸을喜悅ᄒᆞᆷ이오同情心은他人의安寧幸福을祈祝ᄒᆞᆷ이라第三同情은倫理道德의基礎가되ᄂᆞ니氏云ᄒᆞ되生物에對ᄒᆞ야無限ᄒᆞᆫ同情은道德的行爲의擔保責任者ㅣ라此同情을有ᄒᆞᆫ者ᄂᆞᆫ是非善惡의訓戒를要치아니ᄒᆞ며他人을害치아니ᄒᆞ고他人에對ᄒᆞ야ᄂᆞᆫ寬容大量으로拯濟救助ᄒᆞᆷ을務圖ᄒᆞ야擧手投足ᄒᆞᆷ도正義博愛ᄒᆞᆷ에自適ᄒᆞᆫ다ᄒᆞ고又古代印度에서願以此功德平等施一云々의祈禱게文이流行ᄒᆞ야演劇의大團도此로結末ᄒᆞ얏다ᄂᆞᆫ것은實노稱善咨嗟ᄒᆞᆯ만ᄒᆞᆯ思想이라고云々ᄒᆞ얏스며假令惡人을對ᄒᆞ야셔도吾人은惻隱ᄒᆞᆫ同情을吝惜치말지니氏云ᄒᆞ되他人과結交ᄒᆞᆯ時에其人의邪惡을咎치말며其智慮의頑迷ᄒᆞᆷ과其觀念의背理ᄒᆞᆷ을責치말나邪惡ᄒᆞᆷ을目覩ᄒᆞᆯ時에ᄂᆞᆫ憎惡이生ᄒᆞ고頑迷背理ᄒᆞᆷ을心思ᄒᆞᆯ時에난侮蔑이生키容易ᄒᆞ나其時에난親愛心、同情心을振起ᄒᆞ야憎惡侮蔑을變ᄒᆞ야惻隱으로發現케ᄒᆞᆯ지니此난福音에일은바愛의宴(Agape)이니라云々又吾人은仁心을推ᄒᆞ야人類以外動物에도及ᄒᆞᆯ지니氏云ᄒᆞ되動物에對ᄒᆞᆫ同情은性格의善美와密接ᄒᆞᆫ關係가有ᄒᆞ니

動物에對ᄒᆞ야殘忍ᄒᆞᆫ者난決코善美ᄒᆞᆫ人은아니라云々ᄒᆞ얏ᄂᆞ니라
以上은但히相對實踐的性格을畧述ᄒᆞᆯ뿐이니絕對理性的性格을繼述ᄒᆞᆯ지로다吾人은生存的慾望이有ᄒᆞᆷ의苦痛은免치못ᄒᆞᄂᆞ니此를解脫코자ᄒᆞᆷ은吾人의理性的性格이라그런즉吾人은解脫키爲ᄒᆞ야自斃ᄒᆞᆷ을可라ᄒᆞᆯ가死滅ᄒᆞᆷ을可타ᄒᆞᆯ가自殺은解脫ᄒᆞᄂᆞᆫ道가아이오且肉体死滅의苦痛을免치못ᄒᆞᆷ이라大盖吾人를苦惱케ᄒᆞᄂᆞᆫ것은肉体가아니ㅣ오意思ㅣ라理性으로意思를制裁ᄒᆞ야人欲에接近치아니코生死를認識치아니ᄒᆞᆯ지니所謂佛陀가涅槃에住ᄒᆞᆷ은眞個解脫이니라云々
世人은氏를評ᄒᆞ되厭世主義ㅣ오佛教의小乘을知ᄒᆞ고大乘을知치못ᄒᆞ얏다ᄒᆞ나氏가相對實踐的性格을說ᄒᆞ얏스니灰身滅智만求ᄒᆞᆷ은아니고暗々裏에大乘과融合ᄒᆞᆫ비有ᄒᆞ니라

地文學 (地球運動續)

洪鑄一

地球運動의結果로左의現狀을生ᄒᆞᄂᆞ니라
(一)晝夜(二)晝夜의長短(三)氣候帶(四)季節

◎晝夜◎ 地球ᄂᆞᆫ球形인故로一時에其半面만太陽의光線을受ᄒᆞᆷ으로벼表面이光線을受ᄒᆞᄂᆞᆫ處ᄂᆞᆫ晝가되며不受ᄒᆞᄂᆞᆫ處ᄂᆞᆫ夜를生ᄒᆞ고又自轉에依ᄒᆞ야暗明의境界가常移動ᄒᆞ야晝夜의交代를成ᄒᆞᄂᆞ니故로甲乙丙三人이一地點에서實驗을施ᄒᆞᆯ시丙은本地에在ᄒᆞ고甲은東向

336

乙은西向出發ᄒᆞ야各々同速度로地球를一週ᄒᆞ고三人이同時에更히本位에相值ᄒᆞ야其間日數를計算ᄒᆞᆷ의丙은眞日數를計ᄒᆞ고甲은一日을加計ᄒᆞ고乙은一日을減計ᄒᆞ엿다ᄒᆞ니此ᄂᆞᆫ非他라甲은地球와同方向을進ᄒᆞᄂᆞᆫ故로每日幾十分式促ᄒᆞ야一日의加를生ᄒᆞ얏고乙은反對方面을進ᄒᆞᆷ으로每日幾十分式延ᄒᆞ야一日의減을生ᄒᆞ얏나니由此觀之ᄒᆞ면地球上에晝夜의境界가漸次移動不息ᄒᆞᆷ을可知로다

晝夜의長短 地球公轉ᄒᆞᆯ際에地軸은軌道에對ᄒᆞ야垂直線이아니요二十三度半의傾斜를成ᄒᆞ얏고且其方向이常變不息ᄒᆞᆷ으로吾人이太陽을望ᄒᆞᆷ의或時ᄂᆞᆫ高(長日)ᄒᆞ고或時ᄂᆞᆫ低(短日)ᄒᆞᆷ을從ᄒᆞ야日射時間이常異ᄒᆞ나니라故로三月二十一日은太陽이赤道上에直射ᄒᆞᆷ으로晝夜의長短이相等ᄒᆞ니此日을春分이라名ᄒᆞ고春分日以後ᄂᆞᆫ太陽의行路가日々北進ᄒᆞ야北半球ᄂᆞᆫ晝가次第로長ᄒᆞ고南半球ᄂᆞᆫ此에反ᄒᆞ다가六月二十一日이면太陽이北緯二十三度半에直射ᄒᆞᆷ으로北半球ᄂᆞᆫ晝가最長ᄒᆞ고南半球ᄂᆞᆫ晝가最短ᄒᆞᆯ지라此日을夏至라名ᄒᆞ나니此日노始ᄒᆞ야日々南進ᄒᆞ야九月二十三日을當ᄒᆞ면又赤道上에直射ᄒᆞᆷ으로晝夜가平均ᄒᆞ야春分日과同ᄒᆞ나니此日을秋分이라名ᄒᆞ고又此日브터行路가日々南進ᄒᆞᆷ을依ᄒᆞ야北半球ᄂᆞᆫ晝가次第로短ᄒᆞ고南半球ᄂᆞᆫ此에反ᄒᆞ다가十二月二十一日이면太陽이南緯線二十三度半에直射ᄒᆞᆷ으로北半球ᄂᆞᆫ晝가最短ᄒᆞ고南半球ᄂᆞᆫ晝가最長ᄒᆞᆷ을見ᄒᆞ나니此日을冬至라名ᄒᆞ고又此로브터太陽은更히北進을始ᄒᆞ나니라如此히

晝夜長短을成홈으로써北半球에晝가長ᄒᆞᆯ時ᄂᆞᆫ北極圈內ᄂᆞᆫ夜가無홈과如히거의半年의晝를成ᄒᆞᄂᆞᆫ處가有ᄒᆞ며南半球ᄂᆞᆫ此에反ᄒᆞ야거의半年의夜를成ᄒᆞᄂᆞᆫ處가有ᄒᆞ나니라故로南半球晝長을成ᄒᆞᆯ時ᄂᆞᆫ此에反ᄒᆞ나니라

◎氣候帶及季節區別의標準◎　夏至日頃은太陽이夏至線(北回歸線)上에直射ᄒᆞᄂᆞᆫ故로南緯六十六度半以外ᄂᆞᆫ全히太陽을未見ᄒᆞ나니此線ᄂᆞᆫ南極圈니라云ᄒᆞ고又冬至日頃은太陽이冬至線(南回歸線)上에直射ᄒᆞᄂᆞᆫ故로北緯六十六度半以外ᄂᆞᆫ全히太陽을未見ᄒᆞ나니此線을北極圈니라云ᄒᆞ야此二至線과二極線에依ᄒᆞ야地球表面을三帶에分ᄒᆞ나니라

◎三帶及季節의寒溫熱原因◎　凡地球上에寒溫熱의狀態를生케홈은太陽의遠近에ᄂᆞᆫ關係가無ᄒᆞ고受ᄒᆞᄂᆞᆫ太陽光線分量의多少에基因ᄒᆞᆫ지라故로日氣가溫暖홈을從ᄒᆞ야太陽이吾人의頭上에進來ᄒᆞ고寒冷홈을從ᄒᆞ야吾人의頭上을移ᄒᆞ야南方으로退去ᄒᆞ나니吾人의頭上에來ᄒᆞ야直射ᄒᆞᆯ時ᄂᆞᆫ光線의分量이多홈으로熱을生ᄒᆞ고南으로退去ᄒᆞ야斜射ᄒᆞᆯ時ᄂᆞᆫ光線의分量이少홈으로寒을生ᄒᆞ나니故로一日之間이라도朝夕과午의間에寒暖의差異를生홈은亦直射斜射의原因이니라

(未完)

史傳

마제란傳

岳裔

距今四百年前北葡萄牙뷔라리루地方에마재란이라云ᄒᆞᆫ一豪族이有ᄒᆞ니흴난마제란은其嫡子라幼時로붓터遊獵을好ᄒᆞ야險山窮谷에野猪를逐ᄒᆞ고미鹿을羣ᄒᆞ야曉出暮歸홈으로一快樂을삼더라마제란所居數里許에오폴릐라云ᄒᆞᄂᆞᆫ地ᄂᆞᆫ太西洋를濱ᄒᆞ야大河口를接ᄒᆞᆫ港口이니大船巨舶은蟻集林立ᄒᆞ야交通의門戶를作ᄒᆞ고建築雕裝은華美壯麗ᄒᆞ야人物이繁盛ᄒᆞᆫ處이라마재란이每出遊홀ᄉᆡ船長水夫中에知己를始得ᄒᆞ야航海事情을稍通ᄒᆞ며골놈부스의新大陸發見ᄒᆞᆫ事와바스코다카마의東印度航路發見等의談話를聞ᄒᆞ고天性이勇敢ᄒᆞᆫ彼마재란이孜々ᄒᆞᆫ冒險的勇氣를能히自禁치못ᄒᆞ야自思曰驕奢安逸ᄒᆞ야日月를徒費홈은男子의所恥라野獸를逐ᄒᆞ고山賊을戰홈이快則快矣로ᄃᆡ白帆를長驅ᄒᆞ야航海發見홈만不如ᄒᆞ고早에鬪牛를視ᄒᆞ고暮에宴會를設홈이樂則樂矣로ᄃᆡ골놈부스와바스코다카마의樂만不如ᄒᆞᆫ지라丈夫맛당히갈지어다大洋의怒濤와異域의蠻族이於我에何哉리요遂此意로써其父에게告ᄒᆞ야曰兒ᄂᆞᆫ不平ᄒᆞᆫ者오不滿ᄒᆞᆫ者라鬪牛盛宴

이兒志에不滿ᄒᆞ고遊獵快樂이兒心에不適ᄒᆞ니願컨ᄃᆡ今日로부터航海術에從事ᄒᆞ야男子의大事業과大目的을成就코자ᄒᆞ노라ᄒᆞ거ᄂᆞᆯ其父良久에徐答曰吾兒가汝의好ᄒᆞᄂᆞᆫ바를行ᄒᆞ라트라소스몬뎨스도汝의安ᄒᆞᆯ비아니오폴레도汝의英氣功名心를滿足키不能ᄒᆞ니汝先王宮에前往ᄒᆞ야이마누엘陛下에게謁見ᄒᆞ라陛下도반다시汝와如ᄒᆞᆫ快活한靑年을寵愛ᄒᆞ시리니若然則後日大目的을達ᄒᆞᆯ機會를得ᄒᆞ리라ᄒᆞ거ᄂᆞᆯ마재란이其父의賛成를得ᄒᆞ고飛躍的大喜ᄒᆞ야遂是日에其父를辭ᄒᆞ고리스폰王宮下에到ᄒᆞ야(葡萄牙國王土)當在야侍間侍從의知己者를因ᄒᆞ야王에게謁見호ᄆᆡ王이大奇之ᄒᆞ야官을賜ᄒᆞ고寵愛日深ᄒᆞ니庶幾乎英雄의素志를成就ᄒᆞᆯ者有ᄒᆞ더라然이ᄂᆞ一朝에王寵이遽衰ᄒᆞ야마참ᄂᆡ西班牙로ᄒᆞ여금此를利用ᄒᆞ야實利를收케ᄒᆞ엿스니葡萄牙을爲ᄒᆞ야可惜ᄒᆞ도다

是時에葡國有名ᄒᆞᆫ發見家바스코카마가東印度新航路를發見ᄒᆞ야印度에葡萄牙領地를置ᄒᆞᆫ後에名將후란시스코、달다이싸가印度總督을被任ᄒᆞᆫ지라마제란이亦從官으로隨行ᄒᆞ니時年이卄四러라이리스폰을發ᄒᆞᆫ지數月에亞弗利加東岸을歷ᄒᆞ야印度마라발에達ᄒᆞ야쿠람을의堅城을攻取ᄒᆞ고무루人을戰破ᄒᆞ야葡國領地의基礎를鞏固케ᄒᆞ다一五七年九月에마제란이七隻의戰艦과五百의兵士를率ᄒᆞ고무스灣을襲取ᄒᆞ니自是로威名이大振ᄒᆞ더라其後에將軍알추케루와쇼아事件를因ᄒᆞ야相容치못ᄒᆞ야不幸히其地位財產을失ᄒᆞᆫ지라印度에久留키不能ᄒᆞᆷ으

로北亞弗利모로코에渡ᄒᆞ야葡萄牙遠征軍에投ᄒᆞ야軍隊司令官이되다是時에야라바아人及믜루人과交戰ᄒᆞ다가毒矢여中ᄒᆞ야一脚을傷ᄒᆞ니跛將軍의名이有더라蓋마재란이믜스폰宮廷을辭ᄒᆞ고遠洋에出ᄒᆞ야艱難辛苦를嘗ᄒᆞ고於陸於海에數十回를轉戰ᄒᆞ되恒常念頭에斷々不忘홈은老父前에셔快言한바와갓치世界大發見家가되야其一大目的을達코ᄌᆞ홈에在ᄒᆞ더라

文苑

觀日光山記(續)

尹定夏

三、日光名所와勝景

外山、神橋셔右折ᄒᆞ야日光學校의後路로부터稻荷川을渡ᄒᆞ야興雲津院前으로向치말고直左折ᄒᆞ야三十分間으로登ᄒᆞᄂᆞᆫ嶮岳이라山頂에至ᄒᆞᆫ즉北東에雞頂山과右便에不二山、羽黑山이目에當ᄒᆞ고西方에筑波峰과左便에加波山이며또北西를回顧ᄒᆞᆫ즉男体山、大眞那山、小眞那山、赤薙山、女体山等이次第로兀立ᄒᆞ야四方의眺望이頗美ᄒᆞ고

小倉山、은外山과連亘ᄒᆞᆫ草山이라格別ᄒᆞᆫ景色은無ᄒᆞ다日光町으로面ᄒᆞᆫ丘陵에噴水의裝置가有ᄒᆞ고夕陽이山의게隱蔽되야納凉ᄒᆞ기ᄂᆞᆫ最宜ᄒᆞᆫ處라

霧降瀑、은神橋로부터小倉山麓을旋回ᄒᆞ야東北方으로或登或下ᄒᆞ야約十里半을往ᄒᆞ면忽然山頂에出ᄒᆞ나니此山上에셔北望ᄒᆞᆫ즉絶壁에셔飛流ᄒᆞᄂᆞᆫ瀑布라此瀑은山頂에서十四五丈을降ᄒᆞ야一段이되고更하十二三丈을下ᄒᆞ야二段이되야

ᄂᆞᆫᄃᆡ上段은廣이十四五尺이오下段의廣ᄒᆞᆫ處ᄂᆞᆫ約四十尺餘라其垂流ᄒᆞᄂᆞᆫ波勢난中央處에二派로分ᄒᆞ야岩石에觸散ᄒᆞᄂᆞᆫ水沫은霧天과恰似ᄒᆞᆫ지라故로霧降이라名稱ᄒᆞ다ᄯᅩ此瀑의上流二馬塲되ᄂᆞᆫ處에胎內瀧이란瀑布가有ᄒᆞᆫᄃᆡ高가五丈廣이十三四尺되ᄂᆞᆫ者로서霧降瀑과恰似ᄒᆞ야도좀小ᄒᆞ고瀑落處ᄂᆞᆫ井과갓치深ᄒᆞ야人身이可沒ᄒᆞ깃더라此近傍에ᄯᅩᄒᆞᆫ滑川瀧(霧降下流의小百村)素麵瀧(鳴蟲山北麓)寂光瀧(若子神社西北의岩角)相生瀧(若山神社의東倉下山)七瀧(赤薙山中腹)等의瀑布가有ᄒᆞ나格別ᄒᆞᆫ名이無ᄒᆞ니라

裏見瀑、은日光原町서西方으로田母澤의橋를渡ᄒᆞ야村路로入ᄒᆞ면裏見瀧에至ᄒᆞ나니日光서凡十五里라此瀧은大眞那山麓의盤石에飛下ᄒᆞᄂᆞᆫ瀑布로서其高八九丈其幅六七丈되ᄂᆞᆫ大瀧이라瀧裏에ᄂᆞᆫ岩石이有ᄒᆞ야其上에廣四尺餘의小道가通ᄒᆞᆷ으로ᄡᅥ觀覽客이隨意로通涉ᄒᆞ야瀧의裏面을探知케되얏고ᄯᅩ此水를溯上ᄒᆞ야十里假量되ᄂᆞᆫ處를往ᄒᆞᆫ즉山間에慈觀瀧이有ᄒᆞᆫᄃᆡ瀑上에一大平石이橫連ᄒᆞ야瀑水가此石上으로流來ᄒᆞ야凸凹ᄒᆞᆫ鼻端에서幾派로分流ᄒᆞ니其奇異ᄒᆞᆫ狀은實노人目을驚動케ᄒᆞ더라

含滿淵、은神橋서大谷川을沿ᄒᆞ야西方으로約五里되ᄂᆞᆫ處에在ᄒᆞᆫᄃᆡ電燈會社와太谷海衣製造所가有ᄒᆞ고慈雲寺와納骨塔이有ᄒᆞ야ᄯᅩᄒᆞᆫ一覽ᄒᆞᆯ處라此를觀覽ᄒᆞ고更히西進ᄒᆞ다가淸瀧村에至ᄒᆞ야淸瀧神社와淸瀧觀音堂을歷觀ᄒᆞ고又少進ᄒᆞ면

馬返이란村에到達ᄒᆞ나니此地로부터漸次山岳으로登去ᄒᆞᄂᆞᆫ道路인ᄃᆡ道路ᄂᆞᆫ廣坦ᄒᆞ다ᄒᆞ나徒步前登ᄒᆞ기에미우折骨ᄒᆞᆯ處라劒峰의中腹에至ᄒᆞᆫ즉茶店이有ᄒᆞᆫᄃᆡ茶店에셔北便을望ᄒᆞᆫ즉方等瀧과般若瀧이落來ᄒᆞ고茶店을離ᄒᆞ야左便으로坂路에達ᄒᆞᆫ즉巓路가甚히急斜ᄒᆞ야中宮祠去路中第一難處라此嶺을登涉ᄒᆞ랴면急喘아닌者ㅣ絕無ᄒᆞ나니山頂과山根의距離ᄂᆞᆫ約七馬塲이라凡一時間을費ᄒᆞ고嶺上에達ᄒᆞᆯ진ᄃᆡ太平이란平地가出ᄒᆞ나니此에셔左折ᄒᆞ야急坂으로約一馬塲을下ᄒᆞ면忽然瀑聲이入耳ᄒᆞ야도瀑水ᄂᆞᆫ難見이라少進ᄒᆞ야谷에臨ᄒᆞᆯ진ᄃᆡ日光中에有名ᄒᆞᆫ

華嚴瀑이有ᄒᆞᆫᄃᆡ此瀧은中宮祠湖水로부터落來ᄒᆞ야絕壁을飛下ᄒᆞᆷ이七十餘丈이오廣이十五尺餘라瀧邊에셔約百五十尺되ᄂᆞᆫ東便에茶店이有ᄒᆞ고華嚴瀑에至ᄒᆞᄂᆞᆫ途中에高三十丈廣四十餘尺되ᄂᆞᆫ白雲瀑이有ᄒᆞ며瀑의中央에烏鵲橋를架設ᄒᆞ야通行ᄒᆞ기에甚便ᄒᆞ더라

中禪祠와中禪祠湖　華嚴瀑에셔西으로約三馬塲行進ᄒᆞ건ᄃᆡ中禪祠가有ᄒᆞ야數個의寺院과十餘의族館等이極히華嚴宏大ᄒᆞ고其前面에日本湖水中最高ᄒᆞᆫ中禪祠湖(海面에셔四千三百七十尺(日本尺)　가有ᄒᆞᆫᄃᆡ東西의長이三十里요南北의廣이十里라其水ᄂᆞᆫ淸ᄒᆞ야魚產이多ᄒᆞ고夏季에ᄂᆞᆫ游泳ᄒᆞ기甚便ᄒᆞᆷ으로ᄡᅧ來賛行客이連絡不絕ᄒᆞ더라

男体山、은黑髮山、補陀洛山、二荒山、日光山、이라도稱ᄒᆞᄂᆞᆫᄃᆡ此山을登ᄒᆞ랴면二荒山奥院에在ᄒᆞᆫ登口門으로從ᄒᆞ나니其高가八千二百五十尺假量인ᄃᆡ此를登ᄒᆞ야觀ᄒᆞᆯ진ᄃᆡ四方의眺望이極히佳絶ᄒᆞ다稱ᄒᆞᄂᆞ니라

湯本과湯湖 中禪祠에셔湖畔을沿ᄒᆞ야西北方으로約十里를往ᄒᆞ면小橋를渡ᄒᆞ야右便에地獄茶店（此ᄂᆞᆫ茶店의東卽二荒山의麓에地獄갓ᄒᆞᆫ深穴이有ᄒᆞᆷ으로써世人이地獄茶店이稱ᄒᆞᆷ）이有ᄒᆞ고左便에ᄂᆞᆫ龍頭瀑이有ᄒᆞ나그러케有名치ᄂᆞᆫ아니ᄒᆞ며此에셔白樹林中道로從ᄒᆞ야坂頭에達ᄒᆞᆫ즉北方에一大平野가有ᄒᆞ니此ᄂᆞᆫ中古에足利와南朝의戰爭이有ᄒᆞ다ᄒᆞ야戰場原이라稱ᄒᆞ다此戰原을通過ᄒᆞ야또西北間으로向上ᄒᆞᆫ즉湯湖에셔落下ᄒᆞᄂᆞᆫ湯瀧의上部가뵈이고湯瀧의北坂으로從上ᄒᆞᆫ즉山上에一湯湖가有ᄒᆞᆫᄃᆡ東西ᄂᆞᆫ約二里요南北은約三里半이라湖水의北에湯煙의上昇ᄒᆞᄂᆞᆫ處ᄂᆞᆫ即湯本이라ᄒᆞᄂᆞᆫ村인ᄃᆡ中禪祠에셔約三十里요湯生處ᄂᆞᆫ東山의際에十餘坪假量이有ᄒᆞᆫᄃᆡ最有名ᄒᆞᆫ者ᄂᆞᆫ河原湯、純子湯、姥湯、瀧湯、中湯、笹湯、御所湯、自在湯等이라浴室內에ᄂᆞᆫ다分析表를揭在ᄒᆞ고湯直으로써人家十一戸가有ᄒᆞᆫᄃᆡ季候가比他尤寒ᄒᆞᆷ으로써陰曆四月八日부터九月八日ᄭᆞ지浴室을開放ᄒᆞ나니避暑養病ᄒᆞᄂᆞᆫ人의게ᄂᆞᆫ實노無比ᄒᆞᆫ沐浴湯이오前山은白根山이라稱ᄒᆞᄂᆞᆫᄃᆡ中夏라도白雪이猶在ᄒᆞ다더라

名所에就ᄒᆞ야ᄂᆞᆫ大畧上陳과如ᄒᆞ거니와更히筆頭를轉ᄒᆞ야日光의勝景을槪寫ᄒᆞᆯ

진ᄃᆡ小倉春曉、鉢石炊烟、含滿驟雨、寂光瀑布、大谷秋月、鳴虫紅楓、山菅夕照、黑髮晴雪等即日光八景이라稱ᄒᆞᄂᆞᆫ景致가有ᄒᆞ고其外華嚴、霧降、裏見等의諸瀑布와男体、白根、庚申의諸山岳과中宮祠、湯本의湖水와足尾의銅山等의景槪ᄂᆞᆫᄯᅩᄒᆞᆫ其名이特著ᄒᆞ니라

四、日光産物

製造品、은細工物에漆器類、尺類、房具、玩具、栗杓子、木鉢、曲桶等인ᄃᆡ漆器의産額은頗多ᄒᆞ야明治十八年調査에一萬四千九百四十圓이라ᄒᆞ고其外高卓子類와花鳥草木等의彫刻物이며ᄯᅩ輸出品에有名ᄒᆞᆫ者ᄂᆞᆫ羊羹(菓子類)苦椒漬、海衣、毛皮等이라

天産物、鳥類에鳩、駒鳥、岩燕、山鳴、慈悲心鳥、山鷄、鶺鴒等이며魚類에鰥、鱒、岩魚、鮎、鯉、鰷、山生魚等이며植物類에白根葵、白根蘭、白根人參、雪割草(似櫻艸)、苦桃(酸味草)、岩千鳥(似蘭有莖)、岩鏡(岩間草)、岩蓬(如梅松)、岩櫻(花櫻葉梅)、婿菜(土人의食用)、岩澤瀉(如苔生岩)、石楠花(如枇杷)、肉蓯蓉、日光蘭、熊谷草、敦盛草、緋櫻、白檜、姬小松、虎尾草、沙羅樹等이며食用類에岩草、獅子茸、椎茸、松茸、栗、胡鬼子、蕃椒、唐辛(苦草)、羊羹等이라

附記

日光遊覽ᄒᆞᆯ人의參考로爲ᄒᆞ야紙尾에附記코져ᄒᆞᆷ은即往復費用의幾何라物

價의高下로由ᄒᆞ야一定키는難ᄒᆞ나他途를迂回치아니ᄒᆞ고日光서各瀑布各神社의觀覽과湯本温泉의行을作ᄒᆞ고東京으로回還ᄒᆞ라면約一週間에十二圓으로二十三圓假量이면可用ᄒᆞᆯ지나同行이多ᄒᆞ면勿論隨減ᄒᆞᆯ지오또ᄒᆞᆫ節用ᄒᆞᆯ진ᄃᆡ一人에六七圓假量으로도足히往復ᄒᆞᆯ지며其外別노히用ᄒᆞᆯ것은轎子나人力車로써中宮祠往復이二圓二十錢、湯本이三圓八十錢、霧降、裏見、이七十五錢假量이나此를徒步로代ᄒᆞᆯ진ᄃᆡ此額은利가되나니라

弔裵公文

姜　邁

嗚呼、裵公已沒耶、公之沒後、越三十有二日、韓國人姜邁、謹具辨香、遙拜于公之靈曰、嗟呼、邁之耳公之名久矣、目公之文多矣、嘗欲一借前席、縱談天下之大事、聞一言以自壯然后、可以無憾矣、惟是跡阻涯角、落々難合、恒語于中曰、昔者裵公處西海、而邁處東海、特風馬牛之不相及焉爾、及乎公之抱壯志而東來也、竟如一國一家之人、愛吾韓人莫裵公若焉且、裵公之春秋未邵、邁亦時於丁年、則安知無后日、成其所願乎、以是自慰而自解矣、豈意裵公之遽棄我而去耶、人之生固若是芒乎、於人或有不芒者、而獨於裵公若是之芒乎、嗟呼、適來夫子、時也、適去夫子、順也、人之生世也、與死俱生、奚必有生之喜、而有死之慼耶、此古達人之所以抑情性之感、而歸乎天理之常也、邁亦誦是言久矣、今者裵公之歸天、獨不禁哀感之情、有時乎、泣然流涕、有時乎黯然如有所失、哭之、慟之、傷之、惜之、邁之所感自若、此豈無其故而然哉、其必公之愛人以正、而人之感于公者深故也、嗟呼、如公之性格之嚴正而死焉、直史健筆、誰將書之、如公之爲燭爲筏而死焉、昏衢迷津誰將導之、如公之危言讜論而死焉、社會之精神、誰將皷之乎、嗟呼、如公之英邁剛毅、今雖歸天、亦必異於凡常、其必不止於黯然隨化而已、在天則必爲列星、在地則必作喬嶽、將照我八方而奠我萬姓、此則質諸公之平生、而昭々然可知者也、然則裵公之於平生、生亦韓國、死亦韓國也、嗚呼、其爲韓人者、可悲也耶、可不悲也耶、惟公明靈、欽此徵誠◎

追悼裵公文

崔浩善

炳然如日月之明坦然如大道之平行乎天下無往而不順傳之後世愈久而愈彰者世界之公義也秉世界之公義者威武不能屈其志禍難不能挫其氣四海畏其威公賊屏其跡大哉世界之公義也是故春秋作而亂臣賊子懼魯連踏海强秦不敢肆其暴蓋其公義所到功烈之足以勸懲當時模範後世者良如此也嗚呼我大韓每日申報社長裵說公英國人也西曆一千九百四年東渡我韓察生民之淪溺痛時機之艱難代表我韓創設報館由來六年之間以直筆正詞闡明公義於天下之耳目鼓吹文明於半島江山屹然爲頹破之砥柱炳然作昏衢之明燭向所謂春秋魯連之義雖所處之時不同所行

有功之異事遇烈之偉大豈有古今之異哉嗚呼裵公眞可謂秉世界之公義者也卒遇奇禍流謫上海未幾歸韓屹然小不爲挫嘗語人曰我爲韓國冒險吾之天職也吾將獻身於韓國嗚呼裵公何其志之堅也何其氣之壯也威武不能屈禍難不能挫吾於裵公見其人也嗚呼皇天不祐善人西曆一千九百九年裵公因病長逝享年三十七嗚呼裵公何其命之短如是也自公去後布公論於天下者誰也行高義於半島者誰也嗚呼裵公以他邦之人爲天下之公義愛我韓國如彼其深且切也生於韓國食韓食而衣韓衣者視其祖國之存亡如越視秦瘠者抑獨何心哉嗚呼惟吾同胞體裵公之心明目張膽淬神勵精拯生民於塗炭奠宗社於磐石以慰裵公在天之靈也嗚呼裵公嗚呼裵公

詞藻

精神詞

李寅銖

四千年檀箕舊域 錦繡江山三千里라 二千萬우리同胞 國家生脉分明ᄒᆞ다
아마도食息顚沛잇지못할거 「愛國精神」
歐雲美雨大作ᄒᆞᆫᄃᆡ 何處狂風尤甚ᄒᆞ다 狂風아부지마라 너의技倆슬대읍다
勁草에야엇지ᄒᆞᆯ고 「自由精神」
太平洋너른물도 造船ᄒᆞ면건너가고 釰閣山險ᄒᆞᆫ길도 棧道노면올나간다
우리도비와다리되야前進하세「進步精神」

和秋觀日比谷韻

蓮湖生 金永默

絕域相逢誼不輕 牽襟緩步踏車聲 旅人胸海留風棹 志士心臺有鐵城
滿院櫻花紅雨歇 一庭槐樹綠陰淸 應知故國將回泰 學界陽春漸發生

弔裴公文

欲愚生 洪命憙

歲在己酉月維暮春 代謝景物好生感人 嗚呼裵公奄與世辭 薪已窮矣火將安之
窮泉窅々大塊茫々 一聆公訃我心孔傷 欲祖其行遙酹一觴 附大蔑小擧世皆然
國異民殊人情恝然 唯我裵公靡介超然 爰將白面盡瘁靑邱 日邁月徂屢易春秋
不顧孤々欲折狂瀾 迺筆迺口晨夕靡安 董生可畏行人寔難 余於疇昔呼公以愚
人畏公直我愛公愚 愚哉々々匪公誰愚 深目一閉其愚已遐 公志不了人多咨嗟
余之弔公弔公之愚 靈而有知昭余之愚

又

朴聖會

嗚呼哀些公之逝矣 眞的假的是不是 皆知直硬春秋筆 落在大韓申報紙已矣乎
願將二千萬人悲痛歌 哀些大招魂兮漢陽城 更將二千萬人血淚釀爲酒 公之柩
前滿一酬 哀些公死兮豈徒吾人恨 艸木山川也有愁

又

岳裔

笑指六洲來亞東 秉公健筆吐霓虹 壯年大志身何死 楚月吳雲恨不窮
楊花津上傑人墓 吊客千秋血淚紅 大義扶來爲己任 半生豪俠莫如公

又

듸빅山人

太平洋점은비에 떠나가는져윤선아 거긔잠간멈을너라 나의한말부쳐보세

셰상만ᄉ허탄ᄒ다 졈은날孤島中에英雄은발셔가고
찬바람여水上에壯士는오지안네
南山에슬히우는져두견아
우드리도
상치말아 청구일월이빗치는다
肉體는가더리도 精神二字不滅이오 白骨은스러져도 靑史百世유젼일세
楚水吳山가는길에
너부딕
뉘가혹裵公消息뭇거든
韓半島져江山에 死而不死라고만

又

金聖睦

嗟矣裵公何處歸 此身萬里淚沾衣 快論暗夜光明透 高義雲霄一羽飛
環顧東亞惟勢趨 廣求今古寔儔稀 他年更待昇平日 慰賀英魂是好機

又

申東熙

裵公本意渡鷄林 獨保平和達古今 風塵誰有尊周義 宇宙能將向楚忱
蒼天亦吊無窮恨 紅日長知不死心 可憐東土人々淚 春雨年々漢水深

又

裵公當日秉公來　直筆無私報舘開　遽然一夢風燈夕　爲吊靈魂酹我盃
回首東天哭再三　孤城殘月悵難堪　芳草王孫皆不返　從今斯界幾英男

李大容

又

英西義俠渡韓東報語申々每日通一鐸警醒長夜夢新雷勞破萬家聾石井洞深春草
在楊花江咽暮雲空烟沼未消人已去斜風血淚滿襟紅
大義如公罕與儔而今遠作王京遊東風不盡楊花落空使英雄淚涕流

雲樵生 池成沇

又

一問上天英士裵彼蒼無語月徘徊佐韓五歲聲何壯赴海三週志不摧森嚴秉筆春秋
直懇篤論人耳目開離々青草楊花渡酹酒酬懷淚滿盃

挽洋生 韓興敎

又

嗚呼英雄去世兮使吾感傷功及東亞兮何可暫忘孔耶沒兮德尙在公雖逝兮猶有未
亡杖釵東來兮原有志秉筆春秋兮五星霜行李倉皇兮就仙途灑淚望兮天一方

淸國人 張積仁

又

金永默

涉歐留亞已多年天壽難逃竟化仙想世義談窮益切警人誠血死猶鮮腥風落日禽聲
咽淚雨離亭柳緒連公名不朽還將慰銅像千秋報舘前

又 洪思軾

堂々西曆二千年何幸裵公降自天世界開明眞獨步文章道德又兼全生靈賴力稍醒
夢造物猜功忽化仙今日一般東渡客長歌短律共悽然

雜纂

懷我墨西兄弟(閱新韓民報有感)

高元勳

現今世界에國家가獨立이無ᄒᆞ고國民이自由를失ᄒᆞᆫ者ᄂᆞᆫ第一韓國이오第二韓民이라韓國에生ᄒᆞ야韓民이된者ㅣ其情景의可憐ᄒᆞᆷ이孰重孰輕의差異가無ᄒᆞ나就中最切迫ᄒᆞᆫ境遇에在ᄒᆞᆫ者ᄂᆞᆫ卽墨西哥에留ᄒᆞᄂᆞᆫ兄弟姊妹가是이라去光武十年에設立되얏든所謂大陸殖民會社ᄂᆞᆫ人의自由를奪ᄒᆞ야奴隷삼고人의生命을買ᄒᆞ야犧牲삼ᄂᆞᆫ不道德不人情ᄒᆞᆫ行爲를目的ᄒᆞ든者인ᄃᆡ其時該社主幹者窮凶極惡ᄒᆞᆫ大庭貫一(日人)의賣人肥己ᄒᆞᄂᆞᆫ手段에陷入ᄒᆞ야我數千人自由民族으로ᄒᆞ야금萬劫地獄에落在ᄒᆞ야悲慘ᄒᆞᆫ歲月를戴ᄒᆞ고憔顔憂淚로四個星霜을經過케ᄒᆞ엿드라此를救濟ᄒᆞᄂᆞᆫ方策에對ᄒᆞ야韓國을憂ᄒᆞ고韓民을愛ᄒᆞᄂᆞᆫ者ㅣ誰가同情의淚가無ᄒᆞ며誰가長夜의夢을醒치아니ᄒᆞ엿스리오마ᄂᆞᆫ다만虛心空想이라實績을奏치못ᄒᆞ엿드니我至仁至惠ᄒᆞ신皇天이墨西兄弟의게黑暗生活를脫ᄒᆞ고光明世界에引導ᄒᆞᄂᆞᆫ一大指南을賜ᄒᆞ엿도다去四月七日에國民會에서刊行ᄒᆞᆫ新韓民報를閱ᄒᆞᆫ

즉國民會諸氏의苦心血誠으로救濟方策을研究ᄒᆞᆫ結果로黃思溶方化重兩委員을墨西哥에派送ᄒᆞ엿다ᄒᆞ니本記者ㅣ此報를對ᄒᆞ야一讀에墨西哥兄弟의前途를祝賀ᄒᆞ며再讀에國民會諸氏의正義를敬服ᄒᆞ며三讀에本留學生界의責任未盡ᄒᆞᆷ을愧歎ᄒᆞ노라因ᄒᆞ야此救濟方策으로費脣憂慮ᄒᆞ든志士의苦心을慰勞ᄒᆞ고同胞를虐待ᄒᆞ며公德心이薄ᄒᆞᆫ者로ᄒᆞ여금國民會를鑑戒ᄒᆞ기爲ᄒᆞ야玆에數語로眞正ᄒᆞᆫ事實를紹介ᄒᆞ고方化重黃思溶兩氏의게一言으로贈ᄒᆞ노니單純ᄒᆞᆫ我墨西哥數千兄弟로ᄒᆞ야금個々이張仁煥田明運갓ᄒᆞᆫ義士養成ᄒᆞ기를望ᄒᆞ노라

生物이오自護的本能을不具ᄒᆞᆫ者ㅣ無ᄒᆞᆷ

韓興教

長堤十里에春風은袖를薰ᄒᆞ고百花는芳을競ᄒᆞ는ᄃᆡ蝴蝶은空中에서舞ᄒᆞ고倉庚은樹間에서歌ᄒᆞ는지라詩人은是를吟ᄒᆞ며畵工은是를寫ᄒᆞ야平和的一面春光을賞ᄒᆞ는도다千々萬々不知不覺中에花間에서戲ᄒᆞ든蝴蝶의背後에는蜘蛛가巧히網을張ᄒᆞ야此를捕獲코자ᄒᆞ며梢ㅣ에서囀ᄒᆞ던鳥雀의頭上에는鷹鸇이目을怒ᄒᆞ야此를睨視ᄒᆞ는지라

嗚呼라彼微物의運命은岌々ᄒᆞ고業々ᄒᆞ는ᄃᆡ詩人과밋畵工과는徒然히這般生物노더부러平和의天地에逍遙ᄒᆞ야悠然히自然을樂ᄒᆞ는것에不過ᄒᆞ나그러나是

는畢竟片時春夢과如ᄒᆞᆫ空想에止ᄒᆞᆯᄯᆞ람이라

大蓋生物界는一刹那이로ᄃᆡ平和安樂으로做成됨이아니오同種이셔로爭鬪ᄒᆞ며異族이셔로殺戮ᄒᆞᆷ으로ᄡᅥ自己의生存을保全케ᄒᆞᆷ이라그러나生物이그生命을維持ᄒᆞ고種族을繼續ᄒᆞ랴ᄒᆞ는自然的本能을完全히保有케ᄒᆞᆷ에는반다시外敵에對ᄒᆞ야能히抵抗ᄒᆞ며能히防禦ᄒᆞ는裝置가不無ᄒᆞᆯ지라故로介蟲類의硬殼을被ᄒᆞᆷ과爬蟲類의毒液을分泌ᄒᆞᆷ과烏賊의墨汁을吐ᄒᆞᆷ과（此는自己口中으로墨汁을吐出ᄒᆞ야水을濁케ᄒᆞᆷ으로ᄡᅥ敵을避ᄒᆞ니라）豪猪의全身에刺棘을生ᄒᆞᆷ과猛虎의爪牙를具ᄒᆞᆷ과요魚의電氣를發生ᄒᆞᆷ으로ᄡᅥ（此는自己腹中으로電氣를放ᄒᆞ야敵을眩惑케ᄒᆞᆷ이라）모다是를徵ᄒᆞ니라

所謂天地間萬物의靈長이되야優秀ᄒᆞᆫ智力과敏銳ᄒᆞᆫ感覺을有ᄒᆞᆫ우리人生이야엇지自働的保護를營爲치못ᄒᆞ고ᄎᆞᆷ아被働的保護를甘受ᄒᆞᆯ者ㅣ有ᄒᆞ리오

今에假令一牧人이有ᄒᆞ야牛羊을飼養ᄒᆞ되朝々暮々로極力保護ᄒᆞ는目的은그乳와밋毛과를取ᄒᆞ야利益을占ᄒᆞᆷ에有ᄒᆞ다가萬一、一朝에其人이必要ᄒᆞᆫ境遇에迫ᄒᆞ야는彼等을犧牲에供ᄒᆞ는日이맛ᄎᆞᆷᄂᆡ不無ᄒᆞᆯ지라

恐ᄒᆞ건ᄃᆡ斯와如히今日一甲國이某乙國을保護ᄒᆞ는政策도ᄯᅩᄒᆞᆫ此에不外ᄒᆞ리라ᄒᆞ노니江湖同志諸君은모롬직이透明有光ᄒᆞᆫ雙眼中水晶体를相照ᄒᆞ야十分猛省ᄒᆞ기를萬千熱望ᄒᆞ노라

春夢（寄書）

西北協成學校生 尹 鑑

今時何時掛壁册曆式日一張式已翻一百六十餘張卽五月日也萬物生光之佳辰余豈以無情送了卽起拂帽子緩步徐行登鍾南山項轉目探景百花爭姸春色滿山訪花吸香與蝶同忙前日霧眼明瞭乎今日之花色前日塵腦爽快乎今日之風香仍脫帽掛松枕石委臥既而傍有一學生一年長者之相對其縮眉嚬唇殆令人懵憧年長者愀然謂學生曰子竊觀今日我韓之形便焉維持獨立者爲誰保全生命者爲誰吁殖産日縮國步日退然惟恃一線脉於學生界注一點希望於學生界父母叔伯傾其資産供給學費任員講師勞其心神牖啓學識然而噫彼愚者遠慮都乏利欲心脹膨誠實都空求譽心熱烝乃自想卒何學問則爲紳士而得名譽做何事業則衣厚祿古套而冠高帽子乎昨日修學于此學校今日應試于彼學校今年入學于彼學校明年又移于他學校安擇學校忍耐性是無於焉間既經數年未得普通科卒業證書一枚而乃曰余齡已高莫若入學于實業速成學校云又入于實業亦彷徨未定豈不痛歎哉故我韓之一線生脉一點希望亦難信於學生界學生聽罷喟然良久曰誠如先生之言然先生請垂聽生言今學生膨脹的利欲心熱烝的求譽心從何以生者蓋上流濁則下流亦濁前軌覆則後軌亦覆今暗觀社會當局者的之行動不勝寒心者多矣彼當以獻身思想務圖社會之進化必以冒險的熱誠力拯國家之艱難噫此不能爲而崇虛名固無實踐一言一笑

一動一默皆欲沽名見勝己者則百方철肘使至顚倒又或以肥己的利欲着手于實業終不如意則反潛行于權力家勞心于名利搗互相缺裂彼此傾軋如此而焉能維持獨立享得安樂上流之社會旣濁下流之學界豈淸前軌之當局旣覆後軌之學生豈完可痛哉歐風美雨吹灑我東者業有年所矣尙無進棹之㨾馴致退步之狀者其由不外乎沽名騙利之惡性也年長者噓唏無言本記者於是握學生之袖曰君之所言正是也盖松栢經風寒霜雪然后始有松栢之名利器破盤根錯節然后始得利器之名吾人亦然經千變萬刼之危險立空前絶后之事業然后始聞其名昔華盛頓之名加富伊之譽豈偶然者哉容易不得者名譽是也噫現時我韓誠英雄輩出之秋也立非常之勳得不朽之名者爲誰忽然醒覺擧首四顧精神慌惚是醉中歟是夢中歟南門外汽笛聲亂叫

春日遊園有思

韓光鎬

故國山河를拜別ᄒᆞ고釼을杖ᄒᆞ야海를渡ᄒᆞᆫ지가倏々히春을當ᄒᆞᆫ지라閑餘를傍得ᄒᆞ야公園(日比谷公園)에步ᄒᆞᆯ식萬樹ᄂᆞᆫ靑을染ᄒᆞ고百花ᄂᆞᆫ美를爭ᄒᆞᄂᆞᆫ지라此地에蝶은舞ᄒᆞ고鳥ᄂᆞᆫ歌ᄒᆞ며詩人은詠ᄒᆞ고畵家ᄂᆞᆫ繪ᄒᆞ며老夫와老婦ᄂᆞᆫ稚兒을抱或負ᄒᆞ며男々女々히伴을作ᄒᆞ야往々來々ᄒᆞ며或坐ᄒᆞ야茶를굴더굴더飮ᄒᆞ며菓子를ㅣ바ㅣㅣ속바속嚼ᄒᆞᄂᆞᆫᄃᆡ人生의眞味를可히賞讚ᄒᆞᆯ만ᄒᆞ도다是를目ᄒᆞ고皮相의感念이湧出ᄒᆞ야少許 默慮ᄒᆞᆫ즉決斷코世間은無事平穩ᄒᆞᆫ것이안이로다鳥의歌

ᄂᆞᆫ今日사지數千萬의虫을殺充ᄒᆞᆫ結果어ᄂᆞᆯ尙且微虫의命을不仁코져ᄒᆞ며蝶의舞ᄂᆞᆫ幾百萬의花를切食ᄒᆞᆫ結果어ᄂᆞᆯ當且美花의香을吸收코져ᄒᆞ니食지안니ᄒᆞ고生長ᄒᆞᄂᆞᆫ物은今世界ᄂᆞᆫ無ᄒᆞ도다(後世界ᄂᆞᆫ斷言키難)然이나噫라彼邊樹枝에ᄂᆞᆫ蝴蝶을探取ᄒᆞ기爲ᄒᆞ야巧妙히綱絲를設ᄒᆞ고苦待ᄒᆞᄂᆞᆫ蜘蛛가有ᄒᆞ며此處木末에ᄂᆞᆫ小鳥를捕得ᄒᆞ기爲ᄒᆞ야豆와如ᄒᆞᆫ圓目을張ᄒᆞ고縮坐ᄒᆞᆫ鷹이有ᄒᆞ니蝶의命과鳥의命이實로風前에燈과如ᄒᆞ도다一次狙結ᄒᆞ면彼物의餌가되ᄂᆞ니此意를含有ᄒᆞ고觀寒ᄒᆞᆫ즉蝶의舞와鳥의歌가一個悲觀에不過ᄒᆞ도다噫라快樂이遊息ᄒᆞᄂᆞᆫ彼人生은果何時인고今世界ᄂᆞᆫ弱者의悲場이오强者의舞臺라誰가此理를不知ᄒᆞ리오嗚呼라知者ㅣ果誰오

卒業生祝賀式

李承漢 筆記

張膺震、趙東熙、劉永熙、李赫、尙允植諸氏가壯志를抱ᄒᆞ고日本에留學ᄒᆞᆫ지已有年이라別項에記載ᄒᆞᆷ과如히是歲春에各其一定ᄒᆞᆫ科를畢修ᄒᆞ고將次歸國의途에登ᄒᆞᆯ식其偉大ᄒᆞᆫ學業을讚賀ᄒᆞ기爲ᄒᆞ야麴町區留學生監督部內에서祝賀式을開催ᄒᆞ니是日은即隆熙三年四月十六日이라會長文尙宇氏가登壇施禮ᄒᆞ고開會辭를說明ᄒᆞᆫᄃᆡ本日은本會創立以來第二回卒業生祝賀會日이라美國의獨立紀念日에ᄂᆞᆫ全國々民의게法律施行을權停ᄒᆞᄂᆞᆫ것과如히本會의法律은即規則이니今日은臨時停止ᄒᆞᄂᆞᆫ거시亦是此卒業諸氏를由ᄒᆞ야我韓獨立紀念日의端緖가될줄確證ᄒᆞᄂᆞ니다大抵우리가海外에留學ᄒᆞᄂᆞᆫ거시最近目的은卒業에在ᄒᆞᆫ바라今回卒業諸氏가積年忍苦ᄒᆞ야一團熱誠으로學術를精究ᄒᆞ야當初渡航ᄒᆞ던目的을達ᄒᆞ얏시니此에對ᄒᆞ야十分感謝ᄒᆞᆫ意를表ᄒᆞ며且本會의祝賀ᄒᆞᄂᆞᆫ精神은何에在ᄒᆞ뇨ᄒᆞ면將來大韓民族이諸氏를由ᄒᆞ야自由가될거시며大韓獨立이諸氏를因ᄒᆞ야鞏

固홀것인즉此에對ᄒᆞ야祝賀홈이나是本會의今日祝賀式를開催ᄒᆞᆫ바이라ᄒᆞ다

祝辭總代姜麟祐氏가繼發陳述호ᄃᆡ諸君、本日祝賀會에本人을命ᄒᆞ야祝辭總代로定ᄒᆞ심은本人에게對ᄒᆞ야非常ᄒᆞᆫ光榮으로思ᄒᆞ노라然ᄒᆞᆫᄃᆡ余ᄂᆞᆫ몬저血誠二字로써誓言코저ᄒᆞ노니무릇國際에戰爭이이러ᄂᆞᆫ數十萬健兒로ᄒᆞ야금犧牲을供ᄒᆞ고大勝利를占得홈도即國民의血誠에由ᄒᆞ며內治를修明ᄒᆞ고外務을伸張ᄒᆞ야뻐國家百年大計에新面目을保維홈도即政治家의血誠에由ᄒᆞ며우리學生으로言홀지라도外國에出留ᄒᆞ야異域에艱險을不顧ᄒᆞ고閙々一心이期於히目的地에達코저홈도即我學生의血誠으로由홈이니然則今에祝賀라홈은過去時代에紅牌白牌와如ᄒᆞ다홀가曰否ㅣ라우리卒業生諸氏에게對ᄒᆞ야祝홀것이오또ᄒᆞᆫ大韓將來에對ᄒᆞ야홀賀지로다

大抵學生과國家ᄂᆞᆫ恒常密接ᄒᆞᆫ關係가잇슴으로學生의有能無能홈은即國家消長에影響이及홈은必然ᄒᆞᆫ正理라그러므로百餘年前에希臘이土耳其의領土로其時에青年輩들이國勢의淪沉홈을一便痛歎激勵히녀여外洋에出留ᄒᆞ야智識과學問을輸入ᄒᆞ야民智의蒙昧홈을開導ᄒᆞ고政治의橫暴홈을革制ᄒᆞ야內外相應에擧國一致로맛참ᄂᆡ國權를挽回ᄒᆞ야드듸여希臘天地로ᄒᆞ야금獨一無二ᄒᆞᆫ極樂國을作ᄒᆞ얏도다

嗟홉다우리大韓帝國은目下現狀이何境에際ᄒᆞ얏ᄂᆞ뇨安危存亡이焦眉에迫ᄒᆞ얏

거은樂觀으로아ᄂᆞᆫ者多ᄒᆞ나엇지吾輩青年의失聲鳴咽홀바아니리오然則從來精神界의腐敗와物質界에委縮을刷新矯正ᄒᆞ랴면最大急務될者青年의教育이라何幸今番諸氏가師範也ㅣ實業也를精修畢業ᄒᆞ얏시니我韓將來에莫大ᄒᆞᆫ慶幸일셔此에對ᄒᆞ야祝意를表ᄒᆞ고또諸氏의活動舞臺에身體를健康이ᄒᆞ시기를同時切祝ᄒᆞᄂᆞ니다

卒業生張膺震氏答辭

諸君　今日貴會에셔我卒業生幾人을爲ᄒᆞ야如此盛大ᄒᆞᆫ祝賀會를開ᄒᆞ여쥬신것은吾儕에게對ᄒᆞ야이만ᄒᆞᆫ光榮이無ᄒᆞ옵고吾儕ᄂᆞᆫ衷心으로感謝를呈ᄒᆞ옵ᄂᆞ이다然이나至今貴會々長과總代게오셔吾儕의게過度ᄒᆞᆫ讚辭를쥬옵시고또兼ᄒᆞ야歸後의責任을一層더重大케ᄒᆞ옵시니本人이自己의資格을도라보건ᄃᆡ自恥의情과惶悚의心을不勝ᄒᆞ옵ᄂᆞ이다

諸君　諸君이今日此處에如此盛大히來會ᄒᆞ신것도卒業生祝賀式을爲ᄒᆞᆷ이요吾儕가今日此에來參ᄒᆞᆫ것도亦是卒業生의名色으로來ᄒᆞ엿ᄉᆞᆸ나이다然이나諸君所謂卒業이라ᄂᆞᆫ거시何者이뇨吾儕가偉大ᄒᆞᆫ學問家가됨도아니오非常ᄒᆞᆫ政治法律家가됨도아니오完全ᄒᆞᆫ教育家實業家가됨도아니오다못卒業이라ᄒᆞᄂᆞᆫ거슨學校의一定ᄒᆞᆫ期限을修畢ᄒᆞᆫ記號에不過ᄒᆞᆫ거시라然則吾儕ᄂᆞᆫ此所謂卒業이라ᄂᆞᆫ거ᄉ

로써滿足ᄒᆞᆯ것도아니오此로成功을視ᄒᆞ야無上의光榮을삼을것도아니옵고古語에世界ᄂᆞᆫ大學校라ᄒᆞᄂᆞᆫ言이有ᄒᆞᆫ則吾儕ᄂᆞᆫ今日此大學校一年生에처음으로入學ᄒᆞᄂᆞᆫ者이옵ᄂᆞ이다　世人의俗言과先輩의經驗을聞ᄒᆞ니此世界大學校의課程에至ᄒᆞ야ᄂᆞᆫ吾儕가修了ᄒᆞᆫ學校課程에比ᄒᆞ면幾千百倍나一層複雜ᄒᆞ고困難ᄒᆞᆫ試驗이多ᄒᆞ다ᄒᆞ옵나이다그러나余ᄂᆞᆫ思惟ᄒᆞ기를吾人이旣以此世에生ᄒᆞᆫ以上에ᄂᆞᆫ비록如何ᄒᆞᆫ困難의激浪이當途ᄒᆞᆯ지라도奮鬪치아니치못ᄒᆞᆯ運命을持ᄒᆞ엿ᄉᆞ온즉研究에研究를不怠ᄒᆞ고鍛鍊에鍛鍊을繼續ᄒᆞ야奮鬪의生活로一平生을孜々勤勉ᄒᆞ야小ᄒᆞ면一家族의義務를盡ᄒᆞ고大ᄒᆞ면一國民과人類社會의義務를盡ᄒᆞ다가人生의職分을버서놋코吾人이此世를辭別ᄒᆞᄂᆞᆫ日에야吾人은비로소學生의資格을免ᄒᆞᄂᆞᆫ줄ᄉᆡᆼ각ᄒᆞ옵나이다

諸君　今日此世態를바라보니世人中에ᄂᆞᆫ無數히驕慢ᄒᆞᆫ者이多ᄒᆞ외다學問이多ᄒᆞ노라고學問으로驕慢ᄒᆞᆫ人도多ᄒᆞ고財産으로驕慢ᄒᆞᆫ人도多ᄒᆞ고權力으로驕慢ᄒᆞᆫ者도多ᄒᆞ고名譽나腕力으로驕慢ᄒᆞᆫ者도多ᄒᆞ고其他種々色々으로驕慢ᄒᆞᆫ者이多ᄒᆞ옵나ᄂᆡ다此ᄂᆞᆫ個人々々뿐만아니라今日國家와國家間에도如此ᄒᆞᆫ者이多々ᄒᆞ옵ᄂᆡ다今日國家國家間에人道가何에在ᄒᆞ며正義가何에在ᄒᆞ며道德이何에在ᄒᆞ뇨ᄒᆞ면所謂今日의文明이라ᄒᆞᄂᆞᆫ것은物質의文明이오形式의文明이라萬一上帝의慈悲ᄒᆞ신大眼으로下瞰ᄒᆞ시면一種兒戲의類에不過ᄒᆞᆯ것이오이다吾人이平

心叙氣ᄒᆞ야此宇宙의無限히嚴莊ᄒᆞ고無限히奧妙ᄒᆞ고無窮히豊富ᄒᆞ고無窮히宏大ᄒᆞ고無量히華麗深遠ᄒᆞᆫ거ᄉᆞᆯ생각ᄒᆞ면此宇宙下에어ᄃᆡ學者가在ᄒᆞ며어ᄃᆡ財產權力이在ᄒᆞ며어ᄃᆡ腕力이在ᄒᆞ오리ᄭᅡ此世上의所謂最高ᄒᆞᆫ學者의智識으로써도宇宙의無窮히深奧ᄒᆞᆫ듸比ᄒᆞ면萬頃滄波에一滴의比가되지못ᄒᆞᆯ줄상각ᄒᆞ압ᄂᆡ다故로余ᄂᆞᆫ思惟ᄒᆞ기를二十世紀以後人類의事業은正義의刄으로ᄡᅥ今日假面의文明을打破ᄒᆞ고眞面의文明을發揮ᄒᆞ야地球上에永遠ᄒᆞᆫ平和의樂園을建設ᄒᆞᄂᆞᆫ거시眞正ᄒᆞᆫ宗教家와教育家와學者의天職인줄상각ᄒᆞ읍ᄂᆡ다

諸君 我國이外國과交通ᄒᆞᆫ지卅年이오外洋에留學生이有ᄒᆞᆫ지가卄餘年에其結果가如此히微々ᄒᆞᆷ은何를緣ᄒᆞᆷ인고諸君今人으로ᄒᆞ여곰前人은嘆息케ᄒᆞ엿거니와後人으로ᄒᆞ여곰다시今人을嘆息케ᄒᆞ면此가엇지吾輩의忍爲ᄒᆞᆯ바이오릿가近來或言者가傳ᄒᆞ기를今日吾人의情境을當ᄒᆞ야時局을洞見ᄒᆞᄂᆞᆫ者의多少失望落膽ᄒᆞᄂᆞᆫ거시無理가아니라ᄒᆞ며或은失望落膽ᄒᆞᆫ結果로自暴自棄ᄒᆞ야熱誠으로事業에忠實ᄒᆞᆫ人을還笑ᄒᆞ며如此ᄒᆞᆫ世上에人에거ᄉᆞᆯ奪食치못ᄒᆞᄂᆞᆫ거시도로여病身이라ᄒᆞ야我의兄弟를奴隷로賣ᄒᆞ며我의土地를他에게賣渡ᄒᆞ야一身의酒色淫佚로滔々自得ᄒᆞᄂᆞᆫ類ᄂᆞᆫ其實은時局을洞見ᄒᆞᆫ者가아니라다못一定ᄒᆞᆫ主義가無ᄒᆞᆫ懶怠奸惑의奴隷가名을失望에藉托ᄒᆞ고自己의私欲을充ᄒᆞᆷ에不過ᄒᆞ압ᄂᆞ이다또或者ᄂᆞᆫ言ᄒᆞ기를我國의情境은無底의囊橐과恰如ᄒᆞ야如何히注入ᄒᆞᆯ지라도効力

은少無ᄒᆞ고徒勞에歸ᄒᆞᆯ뿐이라ᄒᆞ니是何狂言고余가至今此壇上에立ᄒᆞ야高聲說去ᄒᆞ면余의氣力이空然이消滅ᄒᆞᄂᆞᆫ거시아니라余의聲帶에出ᄒᆞᆫ音聲이音波를作ᄒᆞ야空氣中으로永遠히擴散ᄒᆞᄂᆞᆫ거시며至今余가拳에力을加ᄒᆞ야床을치면余의力은空然히消滅되ᄂᆞᆫ거시아니라余의力이一部分은熱도되여一部分은音도되야다못余의力이形体만變ᄒᆞᆯ뿐이오消滅ᄒᆞᆫ것은아니라此와갓치物理學上精力不滅의理로依ᄒᆞ면此世上에凡百事物은原因이有ᄒᆞ면반다시此에相應ᄒᆞᆫ結果가生ᄒᆞᄂᆞᆫ것이오結果가有ᄒᆞ면ᄯᅩᄒᆞᆫ반다시此에相當ᄒᆞᆫ原因이無ᄒᆞᆯ슈업ᄂᆞᆫ것이오이다故로吾人이一分의力을用ᄒᆞ면一分의効力이반다시何處던지落ᄒᆞᆯ거시오十分百分의力을用ᄒᆞ면亦是十分百分의結果가何方面으로던지現出ᄒᆞᆯ거슨理의當然ᄒᆞᆫ바이옵나이다故로精力은空然히消滅ᄒᆞᄂᆞᆫ法이決無ᄒᆞᆫ것을此人은確信ᄒᆞ오며ᄯᅩᄂᆞᆫ諸君이西人의發明ᄒᆞᄂᆞᆫ談話를聞ᄒᆞ여슬듯ᄒᆞ옵니다學者가奧妙ᄒᆞᆫ新學理와或奧妙ᄒᆞᆫ新機械를發明코져研究ᄒᆞᆯ時에ᄂᆞᆫ비록家產을傾敗ᄒᆞ며世人의嘲笑를受ᄒᆞᆯ지라도決코中途에挫折ᄒᆞᄂᆞᆫ氣色이少無ᄒᆞ고寢食을忘ᄒᆞ고研究에研究를繼續ᄒᆞ야萬一自己當代에發明을未果ᄒᆞ면子孫의代로傳續ᄒᆞ고子孫의代에서萬一ᄯᅩ發明을未果ᄒᆞ면傳子傳孫ᄒᆞ야幾代만에던지此를發明ᄒᆞ고야乃已ᄒᆞᆫ다ᄂᆞᆫ傳言이有ᄒᆞ니今日萬頃滄波에日駛千里ᄒᆞᄂᆞᆫ輪船이有ᄒᆞ고陸에ᄂᆞᆫ日行千里ᄒᆞᄂᆞᆫ滊車가有ᄒᆞ고空中에ᄂᆞᆫ羽翼이無ᄒᆞᆫ吾人이能히飛行ᄒᆞᆯ만ᄒᆞᆫ飛行機가發明되엿스며其他吾人

의今日々用ᄒᆞᄂᆞᆫ事物이大部分은다如此ᄒᆞᆫ忠實ᄒᆞᆫ學者의誠實ᄒᆞᆫ研究와積久ᄒᆞᆫ經驗을從ᄒᆞ야來ᄒᆞᆫ거시옵니다故로余ᄂᆞᆫ상각ᄒᆞ기ᄅᆞᆯ吾人이萬一誠心으로不屈不折ᄒᆞ고精力을盡竭ᄒᆞ면汎濫ᄒᆞᆫ言이될ᄂᆞᆫ지ᄂᆞᆫ不知ᄒᆞ건이와此世上에셔人의作爲ᄒᆞᄂᆞᆫ事ᄂᆞᆫ人이作爲치못ᄒᆞᆯ거시決無ᄒᆞᆫ줄상ᄀᆞᆨᄒᆞ옵나이다

諸君　今日如此ᄒᆞᆫ時代ᄅᆞᆯ當ᄒᆞ야不完全ᄒᆞᆫ資格이余와갓한사람이諸君보다몬져歸國ᄒᆞ게되엿ᄉᆞ오니來頭의方針을想到ᄒᆞ면다리(股)가戰慄ᄒᆞ고毛髮이悚然ᄒᆞ옵ᄂᆞ니다그러나我의故國은生ᄒᆞ여도故國이오死ᄒᆞ여도故國이오喜ᄒᆞ여도故國이오喜ᄒᆞ여도故國이오悲ᄒᆞ여도故國이온즉此人은不完全ᄒᆞᆫ資格일지라도歸國ᄒᆞᆫ後에自己의微誠을다ᄒᆞ야目的定ᄒᆞᆫ範圍內에셔活動을試ᄒᆞ랴自思ᄒᆞ옵ᄂᆞ이다望ᄒᆞ건ᄃᆡ諸兄씌오셔ᄂᆞᆫ一層身體ᄅᆞᆯ더健强히ᄒᆞ옵시고精神을一層더鍛鍊ᄒᆞ시고學問을一層더研究ᄒᆞ옵셔成業歸國ᄒᆞ시ᄂᆞᆫ時에今日과如히다시握手相會ᄒᆞᄂᆞᆫ日이有ᄒᆞᆯ것을余ᄂᆞᆫ屈指期期ᄒᆞ깃솝나이다(滿場喝采)

其次에趙東熙　李赫　尙允植諸氏가次第登壇ᄒᆞ야各其高尙ᄒᆞᆫ言論과懇懃ᄒᆞᆫ勸勉이有ᄒᆞ고其他諸氏가互相出演ᄒᆞ야賀意ᄅᆞᆯ表ᄒᆞᆫ後에紀念品으로撮影ᄒᆞ고因ᄒᆞ야閉會ᄒᆞ니時ᄂᆞᆫ下午六點鍾이러라

○兄弟團欒　米國桑港國民會에셔ᄂᆞᆫ墨西哥에在ᄒᆞᆫ兄弟ᄅᆞᆯ慰諭ᄒᆞ기爲ᄒᆞ야方化重黃思溶兩氏ᄅᆞᆯ委員으로派送ᄒᆞ엿더라

○墨西衢歌　寒退陽生은天道의常理오苦極甘來는人事의自然이라슬프다우리同胞千餘人이往在四五年前에外人의詐欺로墨西哥에賣身ᄒᆞᆫ비되여無限ᄒᆞᆫ苦楚를經ᄒᆞᆯ식幕天席地에飢寒이砭骨ᄒᆞ고衝雪冒雨엔笞鞭酷手라物換星移에楚囚泣西ᄒᆞ고風急天高에越鳥戀南이라如是而一年二年에天時人事가自然循環ᄒᆞ야何幸乎過去千九百○九年五月十二日은即我同胞의奴隸契約解免之日也ㅣ라互相慶賀ᄒᆞᆯ식自去自來에籠鳥得脫이오不息不止에源泉이盈料라美山之草木이亦當欣榮이오大洋之魚鳥가從此咸樂이라暝々氛침져江山에우리兄弟二千萬도어셔밧비라ᄒᆞ엿더라

○一椎警鍾　京城大韓協會에서는有志紳士諸氏가駸々然暗黑世界에在ᄒᆞᆫ維我同胞의昏夢을驚破ᄒᆞ기爲ᄒᆞ야大韓民報를每日發刊ᄒᆞ야警世鳴鍾을作ᄒᆞ더라

○妙年秀才　現今在日本國東京大成中學校五年生洪命憙氏는「年二十二」才高品端ᄒᆞ야多年該校에서學績이居優ᄒᆞᆫ故로我留學生界에稱頌이喧嘩ᄒᆞᆯ뿐不啻라至於外國人ᄒᆞ야도其特秀ᄒᆞᆫ才謂를亦多讚賞ᄒᆞ야日前東京萬朝報에撮影載績ᄒᆞ야稱揚崇拜ᄒᆞᆷ을不已ᄒᆞ얏더라

○茶會懇話　東京에在留中學部次官俵孫一氏는我留學生百餘人을本監督部內에請邀ᄒᆞ야茶菓會를開ᄒᆞ고一場懇話를穩討ᄒᆞ얏더라

○志固成大　在日本國東京留學生李鍾大氏는學海游泳에風霜을最히閱歷ᄒᆞ얏

시나百折不屈ᄒᆞᄂᆞᆫ其志로써今年春期의日本大學法科에優等으로卒業ᄒᆞ얏더라

會錄

第五回定期評議會々錄

隆熙三年四月廿五日下午二時에代理理議長朴炳哲氏가登席ᄒᆞᆫ后書記朴允喆氏가人員을點檢ᄒᆞ니出席員이二十八人이라依規則開會ᄒᆞ다

本日評議會ᄂᆞᆫ規則에依ᄒᆞ야執行任員도評議員과同等權이有ᄒᆞᆷ을議長이說明ᄒᆞ다

書記가前會評議會々錄을朗讀ᄒᆞ미無異議承認되다

各任員報告如左ᄒᆞᆷ

總務員朴客喜氏報告內開

一 義州郡支會에印章刻送ᄒᆞᆫ事

二 李鳳來氏還國時總代로新橋々지餞送ᄒᆞᆫ事

三 觀光團東京到着時總代朴海遠李恩雨陳慶錫三氏를新橋에派送迎接ᄒᆞ

고其後朴海遠朴炳哲李恩雨三氏를旅舘에派送ᄒᆞ야慰問ᄒᆞᆫ事

會計部長李康賢氏報告內開

一現存金六百一圓九十錢九厘

出版部員金鉉軾氏報告內開

一本月學報ᄂᆞᆫ八十頁이오二十六日로畢刊ᄒᆞᆫ事

討論部長代理朴春緖氏報告內開

一神田區에支部設置ᄒᆞᆫ事

司察部員李寅彰氏報告內開

一其間還國ᄒᆞ얏던金鴻亮氏가今番渡來時에新學生三人을同伴ᄒᆞᆫ事

會計檢查委員尹定夏氏報告內開

一會計文簿를調査ᄒᆞᆫ結果相左가無ᄒᆞᆷ을證明ᄒᆞᆫ事

出版部及運動部檢査委員金淵穆氏報告內開

一出版部器物을別錄으로報告

二運動部物品을別錄으로報告

其外他部ᄂᆞᆫ執行ᄒᆞᆫ事務가無ᄒᆞᆫ事

以上各部報告가無異議承認되다

辭任任員은依願許遞ᄒᆞ고補缺選擧를擧行ᄒᆞ니

被選人員이左如ᄒᆞᆷ

部別	許遞ᄒᆞᆫ任員	補缺當選된任員
編纂部	尹炳喆	趙南稷
出版部	朴炳哲	金鴻亮
同	金顯洙	姜　邁
同	尹台鎭	趙鏞殷
運動部	尹冀鉉	金鉉軾
同	韓相愚	曹秉浩
會計部	金局泰	高元勳
敎育部	具滋鶴	宋旭鉉
司察部	全永植	尹定夏
幹事員	河熙源	朴元景

各部員이部長을選擧ᄒᆞᆫ后如左히報告ᄒᆞ다

會計部長	李康賢
編纂部長	金水基
討論部長	姜麟祐
出版部長	姜　邁

司察部長　李寅彰氏

新議案

文尙宇氏가執行任員會을設置ᄒᆞ기로提議ᄒᆞ미朴海遠氏動議와金鴻亮氏再請으로十分討論ᄒᆞᆫ后問可否可決되다

舊學報를內地各支會々員에게發送ᄒᆞ자고崔昌朝氏特請에無異議通過되다

討論部員朴春緖氏가討論部々則을朗讀后改正通過ᄒᆞ다

文尙宇氏가本會機關報ᄂᆞᆫ四十頁로制限ᄒᆞ고其餘四十頁로中學界雜誌를發刊ᄒᆞ자고動議ᄒᆞ미朴春緖氏再請이有ᄒᆞ고趙鏞殷氏가中學界를發刊ᄒᆞ되機關報에合部ᄒᆞ자고段議ᄒᆞ미崔鳴煥氏再請으로問可否可決되다

朴容喜氏가今年夏期休暇를利用ᄒᆞ야京城에夏期講習會를開ᄒᆞᄂᆞᆫᄃᆡ費用이二千元可量을支出ᄒᆞ자고特請ᄒᆞ미無異議通過되다

崔浚晟氏가本會細則에部長을評議會에서最高點當選員으로ᄒᆞ기로改正ᄒᆞ자고動議ᄒᆞ미朴容喜氏再請으로問可否可決되다下午七時에閉會ᄒᆞ다

第五回定期總會々錄

隆熙三年五月二日上午十時에麴町區中六番町本會事務所에會集ᄒᆞ야會長文尙宇氏가登壇ᄒᆞᆫ后書記李承漢氏가人員을點檢ᄒᆞ니出席員이四十五人이라因ᄒᆞ야

依規則開會ᄒᆞ다

書記가前回會錄을朗讀ᄒᆞᆫ後改正承認되다

書記가任員選擧評議會々錄과定期評議會々錄을朗讀ᄒᆞᆫ後改正承認되미因ᄒᆞ야規則改正委員을崔昌朝　李恩雨　金洛泳三氏로會長이自辟ᄒᆞ다

各任員報告如左

會計部長李康賢氏가財政出納을報告ᄒᆞᆷ의現存金額이五百四圓九十錢九厘이라

其外任員의報告는第四回定期評議會々錄에揭載ᄒᆞᆫ것과無異ᄒᆞᆷ으로疊載치아니ᄒᆞᆷ

副會長金志侃氏辭免은許遞ᄒᆞ고投票選擧로補選ᄒᆞᆫ結果韓溶氏가當選되다

評議員柳承欽　蔡基斗　趙鏞殷三氏의辭免請願에對ᄒᆞ야許遞ᄒᆞ고投票式으로補選ᄒᆞᆫ結果陳慶錫　朴尙純　金顯洙三氏가被選되다

評議長을投票式으로選擧ᄒᆞ미崔麟氏가當選되다

特別債務督刷委員韓溶氏가尙今畢刷치못ᄒᆞᆷ을報告ᄒᆞ미陳慶錫氏特請으로任務期限을來總會ᄭᅡ지伸長ᄒᆞ고期於히畢捧ᄒᆞ기로委任ᄒᆞ다

高元勳氏特請에明日還國ᄒᆞ는觀光團諸氏의게總代를派送ᄒᆞ야新橋停車場에셔餞別ᄒᆞ자ᄒᆞ미無異議通過되고因ᄒᆞ야餞別總代를朴海遠陳慶錫兩氏로選定ᄒᆞ다

下午一時에閉會ᄒᆞ다

第一回臨時評議會々錄

隆熙三年五月八日臨時評議會를本事務所에開ᄒᆞ고評議長代理鄭廣朝氏가登席ᄒᆞᆫ后書記가人員을點檢ᄒᆞ니出席員이十六人이라因ᄒᆞ야議長이開會ᄒᆞᆫ理由를如左히說明ᄒᆞ다

　月前兪常兼氏가留學次로東京에渡來ᄒᆞ얏는ᄃᆡ十餘日前브터肺病에罹ᄒᆞ야幾至死境이압기善後方針을討論ᄒᆞ기爲ᄒᆞ야招集ᄒᆞ얏다云々

此件으로十分討論ᄒᆞᆫ後崔昌朝氏가還國旅費로二十圓을義捐ᄒᆞ자고動議ᄒᆞ고陳慶錫氏再請으로問可否可決ᄒᆞ다

崔昌朝特請으로監督에게摠代를派送ᄒᆞ야本會議決ᄒᆞᆫ事項을通知ᄒᆞ고旅費不足金幾許를補助ᄒᆞ게ᄒᆞ자ᄒᆞ미異議가無ᄒᆞᆷ으로文尙宇氏가摠代의名義로前往ᄒᆞ다

次에　崔昌朝氏가如左히提議ᄒᆞ다

　龍義支會長白鎭珪氏의報明書內開에學會令實施에對ᄒᆞ야請願與否를回答ᄒᆞ라ᄒᆞ니此事件에對ᄒᆞ야十分討論ᄒᆞ자云々

各自히意見을陳述ᄒᆞᆫ後請願ᄒᆞᆷ이無妨ᄒᆞ다고支會에回牒ᄒᆞ기로議決ᄒᆞ다

同八時에閉會ᄒᆞ다

隆熙三年六月內賛成금收入秩

李章雨　參圜　東萊府香面學生親睦會　拾圓
趙有人　壹圓四十五錢　文新學校　貳圓
崔亨瑞　壹圓　김亨鍾　貳圓
李基豐　參圓　金永默　五圓　李鍾浩　壹百圓
金商壎　參圓　張昌斌　參圓

以上

學報代金收入秩

一元五十五錢　丕有人
二元三十八錢　前太極學報代　李基豐
一元　商學界代　韓重銓
一元五十五錢　韓重銓
一元四十四錢　前太極學報代　韓重銓
一元　商學界代　朴性穆
一圓五十錢　具昌植
九十六錢　前大學會月報代　吳弼殷
四十錢　安子慶

一元五十五錢 史秉哲

會員錄

(編纂上不得已ᄒᆞᆫ事가有ᄒᆞ야次號에讓ᄒᆞᆷ)

●學報定價

一部(郵並) 拾五錢
三個月(上仝) 四拾錢
半年分(上仝) 八拾錢
一年分(上仝) 一圜五拾五錢

●廣告料

半頁 金參圜
一頁 金五圜

編輯人 李承瑾
日本東京市麴町區中六番町四十九番地

發行人 高元勳
日本東京市麴町區中六番町四十九番地

印刷人 姜邁
日本東京市麴町區中六番町四十九番地

發行所 大韓興學會出版部
日本東京市麴町區中六番町四十九番地

印刷所 大韓興學會印刷所
日本東京市麴町區中六番町四十九番地

廣告

商學界

定價（郵稅並）
零售 金十錢
六朔先金 五十五錢
壹年先金 壹圜

本誌는實地와理論을網羅ᄒᆞ야我
商業界의莫皷辰鐘을期홈

日本東京麴町區中六番町四十九番地
發行所 大韓興學會出版部

隆熙三年三月廿八日
明治四十二年三月廿八日 第三種郵便物認可
隆熙三年六月二十日
明治四十二年六月二十日 發行 （每月一回）
大韓興學報第四號

隆熙三年三月廿八日
明治四十二年三月廿六日
第三種郵便物認可

隆熙三年七月二十日發行（每月一回）
日本明治四十二年

大韓興學報

在日本東京
大韓興學會發行

第五號

廣告

●本報를購覽코자ᄒᆞ시난이난本發行所로居住姓名을詳細히記送ᄒᆞ시며代金은郵便爲替로交付ᄒᆞ심을要ᄒᆞᆷ

●本報를購覽ᄒᆞ시ᄂᆞᆫ諸氏ᄂᆞᆫ住所를移轉ᄒᆞ시거든移轉處所를本發行所로通知ᄒᆞ심을要ᄒᆞᆷ

●本報ᄂᆞᆫ有志人士의購覽의便宜를供ᄒᆞ기爲ᄒᆞ야出張所及特約販賣所를如左히定ᄒᆞᆷ

皇城中部長通坊洞口越便
朱翰榮書舖

北美國桑港韓人國民會舘內
金永一住所

會員注意

夏期休暇에還國ᄒᆞ거나地方에旅行ᄒᆞ시ᄂᆞᆫ會員은本國住所又ᄂᆞᆫ地方旅所를本事務所로通寄ᄒᆞ시와學報發送時困難이無케ᄒᆞ심을

投書의注意

本報ᄂᆞᆫ帝國同胞의學術과知德을發展ᄒᆞᄂᆞᆫ機關이온즉惟我 僉位會員은本報ᄅᆞᆯ編纂ᄒᆞᄂᆞᆫᄃᆡ十分方便의 另念을特加ᄒᆞ오셔每月二十日以內作文原稿ᄅᆞᆯ編纂部로送交ᄒᆞ심을敬要ᄒᆞᆷ

● 、原稿材料 論說、學術、文藝、詞藻、雜著

● 、用紙式樣 印刷十文紙、縱行三十四字、橫行十七字

● 、精寫免誤 楷書

● 、通信便利 姓名、居住

● 、編輯權限 筆削、添補、批評、停載

● 、送呈規例 會員外에ᄂᆞᆫ該投書揭載ᄒᆞᆫ當號一部式送呈ᄒᆞᆷ

特別注意

本會에對ᄒᆞᆫ義捐金、學報代金을送致ᄒᆞ시는諸氏의게는本報現金收入欄에揭載도ᄒᆞᆯ뿐더러반다시大韓興學會會計部章이라는實印을捺ᄒᆞ야領受証一枚式進呈ᄒᆞ깃사오니萬一此領證의交付가無ᄒᆞ거나揭載의漏闕이有ᄒᆞ거든本會事務所에通知ᄒᆞ시와中間에遺失되는弊가無케ᄒᆞ심을敬要

大韓興學會會計部 告白

中央大學經濟科
優等卒業生 李恩雨

中央大學法科三年級
優等生 崔昌朝

明治大學法科二年級
優等生 朴海克

明治大學法科
優等卒業生 高運河

中央大學經濟科三年級
優等生 洪淳亨

中央大學經濟科三年級
優等生 鄭敬潤

卒業生一覽

氏名	年齡	原籍	渡日年月(光武年月)	卒業한學校
韓 溶	三六	漢城	九、五	法政大學法科
金顯洙	三五	仝	○	同
尹擧鉉	三七	安山	八、二	早稻田大學政治經濟科
金昌洙	三〇	公州	七、二	同
尹喆重	二五	漢城	八、九	同
羅弘錫	二三	水原	一一、九	同
李完鍾	二三	漢城	○	同
鄭海鎔	三五	龍仁	九、四	明治大學法科
高運河	三六	鐵原	九、二	同
柳承欽	三四	咸興	八、一〇	同
崔 麟	三二	仝	仝	同
林英贊	三〇	東萊	○	同
蔡基斗	二七	洪州	八、一〇	同
高宜煥	二九	石城	九、六	同
千경植	二六	漢城	九、二	同

孫榮國	二九	平壤	○	同
韓　儆	○	漢城	○	同
吳政善	二九	全州	九、四	同
韓相愚	三四	咸興	八、一○	中央大學經濟科
李恩雨	二九	河東	九、三	同
李漢卿	三一	漢城	九、五	同
金志侃	○	永柔	九、二	農科大學農科
元勛常	二九	溫陽	八、一○	同
李鍾大	二四	東萊	九、三	日本大學法科
李勳榮	二四	博川	九、一○	同
尹定夏	三一	康津	九、一	高等商業學校
張弘植	二八	龍仁	五、九	同
盧庭鶴	二三	公州	○	蠶業學校

●以下는春期卒業生

張膺震 三○ 長連 高等師範學校　趙東熙 二五 漢城 東京主計學校

李　赫 ○ 全州 畜産學校　劉永熙 ○ 漢城 畜産學校

●備考—「○」은未詳을意함 ◎寫眞을未得하야寫眞欄內에未揭하니도有함은頗히遺憾되난바이로다

卒業生諸君의게望ᄒᆞᄂᆞᆫ바

高元勳

歲隆熙三年度卒業生의多數가三十人에達ᄒᆞᆷ은日本國에我留學生歷史가有ᄒᆞᆫ後未曾有ᄒᆞᆫ盛事라此에對ᄒᆞ야過去의苦楚을慰問ᄒᆞ며未來의幸福을祝賀ᄒᆞᆷ은人情의常例라多言을不要ᄒᆞ거니와本記者ᄂᆞᆫ本會의單純ᄒᆞᆫ目的과本報의眞正ᄒᆞᆫ機關을代表ᄒᆞ야諸君의게可히希望할만ᄒᆞᆫ者又ᄂᆞᆫ諸君의行ᄒᆞ기可能ᄒᆞᆫ者를擧ᄒᆞ야數言으로贈코자ᄒᆞ노라

生存競爭은自然界의一大事實이니人力으로制裁키不能ᄒᆞᆫ宇宙間原則이라吾儕가祖國을離ᄒᆞ고利害가不同ᄒᆞᆫ殊邦異域에來ᄒᆞ야或十數星霜或八九春秋를經ᄒᆞᆷ은抑何故焉고亦自然界事實의不得已ᄒᆞᆫ바요宇宙間原則의背馳치아니ᄒᆞᆫ所以라然이나競爭의熱이過度에達ᄒᆞ면恒常措施가其宜를失ᄒᆞ야所厚者에薄ᄒᆞ고所薄者에厚ᄒᆞ며公義에輕ᄒᆞ고私利에重ᄒᆞᆷ으로十數年來에多少ᄒᆞᆫ卒業生이不無ᄒᆞ엿스나至今ᄭᆞ지事實上好成績이未有ᄒᆞ고批評家의好題目을得지못ᄒᆞ엿더라今에諸君의게希望ᄒᆞ고寄贈할바ᄂᆞᆫ如何ᄒᆞᆫ事物과如何ᄒᆞᆫ言論이時宜에適合ᄒᆞ고實際에可能ᄒᆞ깃ᄂᆞᆫ지此ᄂᆞᆫ歸者의第一立脚地오送者의第一注意點이라容易히說去키不能ᄒᆞ도다國家가世界上에如何ᄒᆞᆫ位置에在ᄒᆞᆷ과政府가外人保護下에立ᄒᆞ야如何ᄒᆞᆫ得失이有ᄒᆞᆫ것은吾儕의附耳相聽ᄒᆞ며掩口相告ᄒᆞᆫ바已決問題에屬ᄒᆞᆫ者인즉

다시금論及할必要가無할뿐아니라且本報의境遇와事情의不相容홈을因ᄒᆞ야議論的虛文을除却ᄒᆞ고事實上可能할만ᄒᆞᆫ諸君의行動과諸君의精神에對ᄒᆞ야我韓에流行ᄒᆞᄂᆞᆫ數種의熱病을擧ᄒᆞ야諸君의參考를供ᄒᆞ노라

第一都會熱이니都會ᄂᆞᆫ生活上競爭이劇烈홈으로此에住ᄒᆞᆫ者ᄂᆞᆫ自然히人情에輕薄ᄒᆞ고利得에만着眼ᄒᆞ야悖德背倫과破廉沒耻ᄒᆞᆫ事가比較的地方보다甚홈은都會의特色이라然이나都人의性質이惡ᄒᆞᆫ것이아니라不農不織ᄒᆞᄂᆞᆫ長安大道上에供給이消費에不及ᄒᆞ고遊食者가恒産이無ᄒᆞ니卒歲의策은詐欺取財라도含忍可行이오中夜無眠에暗々考案者ᄂᆞᆫ다만生活問題가是이라然則都會의短處ᄂᆞᆫ多辯을不待ᄒᆞ거이와政策으로觀할지라도國民의知識이程度가現殊ᄒᆞ고生活의階級이不同ᄒᆞ면到底히平等主義를實行키不能ᄒᆞ거ᄂᆞᆯ地方에ᄂᆞᆫ完全ᄒᆞᆫ中學校가無ᄒᆞ고所謂大學專門學校等은다ㅣ京城에設立ᄒᆞ엿스니地方에서ᄂᆞᆫ如何ᄒᆞᆫ英敏少年이出할지라도知識이普通에不過할지니此ㅣ都人의鄕士를侮視ᄒᆞᄂᆞᆫ一大原因이요且生活程度ᄂᆞᆫ奴主가懸殊ᄒᆞ고商工業上設備及交通으로言ᄒᆞ면巧拙이不同ᄒᆞᆫᄃᆡ況政令所出ᄒᆞᄂᆞᆫ政治의中心이該地에在ᄒᆞ니엇지平等國民을養成할餘地가有ᄒᆞ리오昔에華盛頓이米京百里內에ᄂᆞᆫ學校와工商業大設備場等을禁制홈은即此를先見홈이라今에諸君의게此를勸告홈은絕對的으로京城은不可近이라홈이아니오且鄕里에歸ᄒᆞ야祖先의傳來職業에從事ᄒᆞ라ᄂᆞᆫ것이아니라各其所修ᄒᆞᆫ學術

에依ᄒᆞ야京城을離ᄒᆞ면所學을實行키不能ᄒᆞᆫ者ᄂᆞᆫ地方으로向할必要가無ᄒᆞ나可及的各地方小都會에赴ᄒᆞ야適宜ᄒᆞᆫ職業에着手ᄒᆞ야全國民으로하야금知識과生活程度를平等ᄒᆞ기ᄒᆞᆷ을望ᄒᆞ노라

第二仕환熱이니此ᄂᆞᆫ一個人에만不利益ᄒᆞᆫ流毒이及할ᄲᅮᆫ아니라我韓言論家의所云亡國者賣國漢이다ㅣ此熱이極度에達ᄒᆞᆫ者를指ᄒᆞᆷ이라中葉以來로名利에汨沒ᄒᆞᆫ者가蠅營狗苟ᄒᆞ야日夕所求者ㅣ卽仕환熱의所使라國家의興替와人民의休戚如何를不問ᄒᆞ고自己의位置를保全ᄒᆞ며自己의俸給이增加ᄒᆞ면第一能事로認ᄒᆞ야北村某大監宅에晨昏待令ᄒᆞ든餘習이未祛ᄒᆞ야近日에ᄂᆞᆫ南山洞某官邸에十往一見ᄒᆞ면大榮光으로思ᄒᆞ야人을對ᄒᆞ면權門出入을誇張ᄒᆞ고名利家의奴隷을作ᄒᆞ되其耻를不知ᄒᆞ니此ᄂᆞᆫ仕환界의一大痼疾이라今에諸君의게此를勸告ᄒᆞᆷ은絕對的으로仕환을否認ᄒᆞᆷ이아니라官職이知識에相孚ᄒᆞ고出處가神祇에無愧ᄒᆞ면ᄒᆞᆫ갓否認아니할ᄲᅮᆫ아니라國家의前途와諸君의運命을爲ᄒᆞ야祝賀할바라ᄒᆞ노라然이나前說과如히某官邸出入으로出處가不分明ᄒᆞ든지或은官職과資格이不相孚ᄒᆞ면個人의身分에不適當할ᄲᅮᆫ아니라國家의登庸失人ᄒᆞᆷ에大影響이有ᄒᆞ니此를戒愼ᄒᆞ고且自己一身이官職에在ᄒᆞᆫ것과民間에在ᄒᆞᆫ것이國家에對ᄒᆞᆫ利益如何를計算ᄒᆞ야取捨를決할지어다仕환界에大改革을行ᄒᆞᆷ도亦諸君의責任이라ᄒᆞ노라

第三朋黨熱이니後世에大韓亡國史를讀ᄒᆞᄂᆞᆫ者ㅣ반다시掩卷長歎ᄒᆞᆯ處ᄂᆞᆫ朋黨의慘禍史에在ᄒᆞ리로다五百年以來로政變이라士禍라云ᄒᆞᄂᆞᆫ것은다ㅣ老少論과南北人의朋黨是非에不過ᄒᆞᆫ지라吾黨이아니면其人의才德과知識이社會와國家에如何ᄒᆞᆫ利益이有ᄒᆞᆫ者라도搆虛誣實ᄒᆞ야其人으로하야금生前에天日不見ᄒᆞᄂᆞᆫ寃抑을做ᄒᆞ고死後에剖棺斬尸ᄒᆞᄂᆞᆫ惡刑을施ᄒᆞ고도猶爲未足ᄒᆞ야其人의子孫과其人을崇奉ᄒᆞ고其人을從師ᄒᆞ든一般人士의게ᄭᆞ지慘禍가及ᄒᆞ니亡國의原因이多種이有ᄒᆞ지마ᄂᆞᆫ朋黨熱이其中에最大ᄒᆞᆫ者라蘇墻之內에서兄弟相鬩ᄒᆞ다가萬里城外로부터殊種異族이國의自伐을乘機ᄒᆞ고人의嫉妬를利用ᄒᆞ야 드듸여外人이仲裁機關이되야朋黨을制裁도ᄒᆞ고教唆도ᄒᆞ야今日에至ᄒᆞ엿거ᄂᆞᆯ積世痼疾이快祛키不能ᄒᆞ야形式으로觀ᄒᆞ면多少間改革이有ᄒᆞ나內容을觀察ᄒᆞ면依然히黨派의勢力을相樹ᄒᆞ니即某會某團과曰西曰南이라ᄒᆞᆷ이是이라父가其子를教ᄒᆞ고兄이其弟를勸ᄒᆞᄂᆞᆫ故로留學生界에도多少間影響을受ᄒᆞ얏스나諸君은破格ᄒᆞᆫ男子오健全ᄒᆞᆫ少年이라先輩의傳來ᄒᆞ든舊習의非ᄒᆞᆷ을快悟ᄒᆞ야互相扶護ᄒᆞᆫ結果에本會의圓滿ᄒᆞᆫ團體를組成ᄒᆞ엿스니然則諸君의게團體가必要ᄒᆞ다ᄂᆞᆫ것은勸告를不待ᄒᆞ거니와다만我全般國民으로ᄒᆞ야금朋黨熱에罹치아니케ᄒᆞᆷ을望ᄒᆞ노라

第四開化熱이니此ᄂᆞᆫ外國留學生이內地社會에對ᄒᆞ야信用을失ᄒᆞ고依望을絶케ᄒᆞᆫ第一原因이라開化云者ᄂᆞᆫ所謂「開物成務化民成俗」의意義를指稱ᄒᆞᆷ이어ᄂᆞᆯ近

來學生이字義를誤解ᄒᆞ야實質的開化를研究치아니ᄒᆞ고다만形式的(皮開化)으로外人의粧飾을效嚬ᄒᆞ야手에洋製短杖을揮ᄒᆞ며眼에塗金陝鏡을掛ᄒᆞ고鄕里父老를對ᄒᆞ미飮酒吸烟은現世通例라ᄒᆞ야老少를不拘ᄒᆞ고同窓舊友가時事를問ᄒᆞᆫ즉掩目冷笑ᄒᆞ여曰余와如ᄒᆞᆫ新學問이富ᄒᆞᆫ者가아니면時事를言키不能ᄒᆞ니君等의게ᄂᆞᆫ言ᄒᆞᆯ必要가無ᄒᆞ고假令言ᄒᆞᆯ지라도君等의게ᄂᆞᆫ不適當ᄒᆞᆫ言論이라ᄒᆞ야却ᄒᆞᄂᆞᆫ者ㅣ滔々皆是라故로全國父老가子弟를敎ᄒᆞ여曰新學問은倭學이오是學을學ᄒᆞᆫ者ᄂᆞᆫ便是倭漢이라ᄒᆞ야차라리無識ᄒᆞᆫ朝鮮人이될지언정有識ᄒᆞᆫ倭國漢을做치마라ᄂᆞᆫ決心으로人々相傳ᄒᆞ고家々相守ᄒᆞᆫ結果로通商三十年에國民의大部分은保護國의性質如何와保護條約의效力如何를不知ᄒᆞ여ᄒᆞᆫ갓不知ᄒᆞᆯ뿐아니라互相慰勞ᄒᆞ여曰現今外人이我韓에來ᄒᆞᆫ것은一時的亂離에不過ᄒᆞ니萬一天運이復還ᄒᆞ야鷄龍山鄭道領이出ᄒᆞ면彼輩ᄂᆞᆫ自然退去ᄒᆞ고我韓은家々讀書聲과年々科擧業으로太平世界를復見ᄒᆞ리라ᄂᆞᆫ愚夫愚婦의迷信에至ᄒᆞ엿도다此에對ᄒᆞ야ᄂᆞᆫ其咎가何에在ᄒᆞ뇨余ᄂᆞᆫ外國留學生이浮虛無實ᄒᆞᆫ結果로內地社會에信用을失ᄒᆞᆫ所以라ᄒᆞ노라諸君은此에注意ᄒᆞ야全國父老의疑惑을打罷ᄒᆞᆯ지어다

以上四個條ᄂᆞᆫ諸君의早先憂慮ᄒᆞ든바라愚者의勸告를不待ᄒᆞᆯ듯ᄒᆞ오나다만一方으로本會의諸君의게希望ᄒᆞᄂᆞᆫ眞情을表ᄒᆞ고一方으로諸君의決心을一層堅固키ᄒᆞ기爲ᄒᆞ야右와如히多少陳述ᄒᆞ노라

大韓興學報第五號目次

破壞的時代의精神을論홈

李承瑾

近日新聞雜誌上에往々時代精神或社會精神이라云ᄒᆞᆫ者ᄂᆞᆫ何를謂홈인고是ᄂᆞᆫ即一形容詞ㅣ라單히一社會一時代의一般人々의精神을集合ᄒᆞᆫ總名에不過ᄒᆞ니此를分析ᄒᆞ야見ᄒᆞᆯ진ᄃᆡ社會精神時代精神이라云홈은即個人의意識의總計에不外ᄒᆞᆫ지라然則個人의精神은單獨孤立的精神이오社會의精神은數多의個人과個人의經驗이或衝突ᄒᆞ고或融合ᄒᆞ며或同和ᄒᆞᆫ結果가言語及文字의力을借ᄒᆞ야次時代에普汎的으로傳播ᄒᆞ고共通的으로流行홈이니此精神이即其時代多數人의思想에一致符合이될ᄲᅮᆫ아니라過去時代의經驗ᄒᆞᆫ結果를受ᄒᆞᆫ바이라故로個人的精神이漸々發達ᄒᆞ야共同人에波及ᄒᆞ고其共同人의思想이漸々社會上에廣布ᄒᆞ야一時代의思潮를代表ᄒᆞ나니故로一個人의精神이一家族의精神을作ᄒᆞ고一家族의精神이一社會의精神을作ᄒᆞ고一社會의精神이一國家의精神을作ᄒᆞ고一國家의精神이一時代의精神을作ᄒᆞ나니然則其精神이能히其時代의要求에應ᄒᆞᆯ價值

가有ᄒᆞᆫ然後에少數로公衆에及ᄒᆞ고單純으로共通에化ᄒᆞᄂᆞᆫ지라自古로完全ᄒᆞᆫ思想家ᄂᆞᆫ恒常時代風潮를細鎖히觀察ᄒᆞᄂᆞ니此ᄂᆞᆫ時代와思想을一致適合케홈이라萬一建設ᄒᆞᆯ時代에破壞를主唱ᄒᆞ고破壞ᄒᆞᆯ時代에建設을唱道ᄒᆞ면이ᄂᆞᆫ夏裘冬葛의弊를免치못ᄒᆞ리로다大抵人類社會의成立으로붓터上下幾千載와國家의組織됨으로붓터東西幾百代에其盛衰의變과興亡의蹟이復雜混亂을極ᄒᆞ야全盛時代의峻宇雕牆과典章文物이忽然히凄風悲雨의慘憺ᄒᆞᆫ幻像으로宛然히伊太利大地震의悲觀을呈ᄒᆞ얏시니其故ㅣ何에在ᄒᆞ고此莫非破壞的時代精神의作用ᄒᆞᆫ바이로다其例를擧ᄒᆞᆯ진ᄃᆡ第一의派ᄂᆞᆫ宗教改革의時代가是也라當時에마ㅣ틘루ㅣ텔一個人의思想이歐洲全世界의思想을幻作ᄒᆞ야三十年間火砲소ᄅᆡ에大陸山川이崩裂되얏시니이ᄂᆞᆫ即一個人의精神이一時代의精神에應ᄒᆞ야破壞ᄒᆞᆫ것이오第二의派ᄂᆞᆫ佛國大革命이是也라當時自由平等의新思想으로階級을打破ᄒᆞ고貴族僧侶의跋扈를制裁ᄒᆞ야其影響을全世界에震動케ᄒᆞᆫ者ᄂᆞᆫ루ㅣ쇼一個人의主唱ᄒᆞᆫ精神이即一時代의要求에應ᄒᆞ야破壞ᄒᆞᆫ것이오第三의派ᄂᆞᆫ佛國大革命의影響이歐羅巴以外即天의一方에ᄭᆞ지及ᄒᆞ야北米合衆國의人心을刺激ᄒᆞ야七年間苦戰의結果로獨立宣言을天下에檄布ᄒᆞ야英吉利의羈絆을脫ᄒᆞ엿스니이ᄂᆞᆫ헨리ㅣ一個人의精神이其全國一時代의要求에應ᄒᆞ야能히破壞ᄒᆞᆫ것이오滿洲大野에外軍이雲集ᄒᆞ야宮闕을侵凌ᄒᆞᆯᄉᆡ氛침이冥々ᄒᆞ고人心이恟々ᄒᆞ야一大修羅塲을作ᄒᆞ엿

스니이ᄂᆞᆫ卽某一個人의思想이其時代의要求ᄅᆞᆯ滿足키應치못ᄒᆞᆫ結果에出ᄒᆞᆫ바이오百日孤島에英雄이沉沒ᄒᆞ야世界風雲이忽然飄覆에大事去矣라맛참ᄂᆡ海外孤魂을作ᄒᆞ엿스니이ᄂᆞᆫ卽一個人의思想이一時代의要求에違背ᄒᆞᆫ바이라然則大哉라應時的精神의能히時代精神을喚醒ᄒᆞ야破壞ᄒᆞᄂᆞᆫ力이여비록帝王의權威로도能히抑壓키難ᄒᆞ고列强의氣勢로도또ᄒᆞᆫ莫敢誰何ᄒᆞ야劒戟鎗礮의利器와虎豹犀象의凶獰이敢히其害ᄅᆞᆯ加ᄒᆞ며其毒을肆치못ᄒᆞᄂᆞᆫ지라故로其精神의向ᄒᆞᄂᆞᆫ바에ᄂᆞᆫ能히全世界ᄅᆞᆯ破壞ᄒᆞ고또ᄒᆞᆫ一國家ᄅᆞᆯ滅亡或興復케ᄒᆞᄂᆞ니此ᄂᆞᆫ無他ㅣ라破壞的手段의如何로事業의成敗ᄅᆞᆯ定ᄒᆞᆷ이니自古로穩健ᄒᆞᆫ破壞ᄂᆞᆫ完美ᄒᆞᆫ結果ᄅᆞᆯ奏ᄒᆞ엿스나過激ᄒᆞᆫ破壞ᄂᆞᆫ恒常一塲悲劇을演出ᄒᆞᆯ뿐이오完全ᄒᆞᆫ事業은期치못ᄒᆞᄂᆞ니佛國革命이當塲好果ᄅᆞᆯ收치못ᄒᆞᆷ과土國靑年黨의屢次失敗ᄅᆞᆯ招ᄒᆞᆷ이是也ㅣ라그러나此ᄂᆞᆫ破壞的思想의罪가아니라다ㅣ만其手段方法의急激穩健如何에由ᄒᆞᆷ이니嗚呼ㅣ라今日破괴的時代에國을存ᄒᆞᆫ思想家아東西史乘에參證比較ᄒᆞ야感興ᄒᆞᆯ바이有ᄒᆞᆯ디어다

國民必究의國際急先務

金淇驩

獨逸을中興ᄒᆞᆫ大宰相俾士麥이嘗히普國議會院에臨ᄒᆞ야曰獨逸國民의利權을束縛ᄒᆞᆫ繩索은火鐵을(卽銃砲劒戟을謂함)不用ᄒᆞ고ᄂᆞᆫ斷截키難ᄒᆞ다云々ᄒᆞ야火鐵

的主義로軍制를擴張ᄒᆞ야聯邦을統合ᄒᆞ고破壞勝佛ᄒᆞ야中興覇業을成ᄒᆞ얏시니今日我韓도火鉄的主義로我의自由를束縛ᄒᆞᆫ繩索을斷截ᄒᆞ깃나냐曰火鐵的主義ᄂᆞᆫ何國을勿論ᄒᆞ고自國의利權保衛의正當條件이라我韓도火鐵的準備를忽諸에付키ᄂᆞᆫ不可ᄒᆞ거니와今日焦眉의急務ᄂᆞᆫ國際法觀念을國民腦髓에注入ᄒᆞᆷ이라ᄒᆞ노라何者오此法이果是我를束縛ᄒᆞᆫ繩索을脫却ᄒᆞᄂᆞᆫ最先手段일가噫라我邦三千里內에外人과利權相爭ᄒᆞᄂᆞᆫ同胞가抑幾十萬이在ᄒᆞ며上而政府와下而地方官吏의日夕相對ᄒᆞᄂᆞᆫ者ㅣ半是他色人種이오且東亞風雲에世界列强의鷲張虎視가韓清兩國으로燒點을殆作ᄒᆞᆫ지라然而國際的觀念은暗々昏夜에舊夢이依々ᄒᆞ니其可乎아盖古昔人智朦昧ᄒᆞᆫ時代에ᄂᆞᆫ他人의權利를無視ᄒᆞ고自己의存在ᄒᆞᆷ만是認ᄒᆞ야他人을歐之打之에其衣食을掠ᄒᆞ고其生命을奪ᄒᆞᆷ이恰然히野獸가山林에相會ᄒᆞ야搏噬戕害에弱肉强食ᄒᆞᆷ과如ᄒᆞ더니文明이漸啓에人智가從而開進ᄒᆞ야他人과互相翼助ᄒᆞ야自己의生存을保全ᄒᆞᄂᆞᆫ理法을解悟ᄒᆞ야비로소人類各自의平和的棲息은利害共通에根基됨을知ᄒᆞ고玆에法律를制定ᄒᆞ야各自의思想發表을制限ᄒᆞ야底止가無ᄒᆞᆫ惡利惡慾을排斥ᄒᆞ얏도다이러ᄒᆞᆫ故로泰西法律家이에링크氏法律을定義ᄒᆞ야曰法律은人類團體의生存을護全ᄒᆞᄂᆞᆫ規矩準繩이라ᄒᆞ얏시니此意味를伸長ᄒᆞ야ᄒᆞᆫ갓國內法에만局束치말고大히國際法卽萬國公法에求ᄒᆞ야도亦然ᄒᆞ도다噫라世界의甲國乙邦과丙强丁弱이利益의相濟치못ᄒᆞᆷ과權力의相

均치못홈을由ᄒᆞ야彈雨砲烟에彼死我生은原則을作ᄒᆞ고玉帛樽俎로酬情酌交ᄂᆞᆫ返히例外에歸ᄒᆞ야自의利益은他의不利益됨을不顧ᄒᆞ고自의不利益은他의利益範圍에入홀가是忌是憤ᄒᆞ야外國의權利를無視ᄒᆞ고蹂躪殺伐이悲慘ᄒᆞᆫ境에至더니萬國公法의令이一出홈으로부터利益의共通을圖ᄒᆞ기로國際關係의目的을定홈에到達ᄒᆞ얏도다是故로無論某國ᄒᆞ고國際公法을遵守치아니치못ᄒᆞ야於是乎外交失敗ᄒᆞ야各國의同情이皆我를謝ᄒᆞ고他에及ᄒᆞ야終乃孤立의狀態에陷ᄒᆞ며或制裁를不可不受홈이至ᄒᆞᄂᆞ니大槪國際法의必要ᄒᆞ고重大홈이此와如ᄒᆞᆫ지라吁라强國의國民된者ㅣ可不講乎며弱國의國民된者ㅣ可不究乎아或曰國際法은法律이아니라反駁ᄒᆞ야曰萬國公法이大砲一門만不如ᄒᆞ다ᄒᆞ며又曰萬國公法은特定ᄒᆞᆫ立法者가無ᄒᆞ니法律이아니라ᄒᆞ며適用ᄒᆞᄂᆞᆫ機關이乏ᄒᆞ다ᄒᆞ며又完全ᄒᆞᆫ最大權威가無ᄒᆞ니誰가能히萬國을指揮ᄒᆞ야國際公法에服從케ᄒᆞ리오寧히自助의力을借홈만不如라ᄒᆞ니蓋自助云者ᄂᆞᆫ決鬪를依ᄒᆞ야勝者敗者生者死者의게是非曲直을臆決ᄒᆞ고善惡邪正을强斷홈이오誰善誰惡과孰是孰非ᄂᆞᆫ不問ᄒᆞᄂᆞᆫ비라故로勝者ᄂᆞᆫ常善ᄒᆞ고不勝者ᄂᆞᆫ雖無惡이나死傷의慘刑을當ᄒᆞ나니此를名ᄒᆞ야曰天助自助라即自助의力을天이助ᄒᆞ신다ᄒᆞ나余ᄂᆞᆫ此說에服從키不能이라今에列强의國際間公法現行을察ᄒᆞ건ᄃᆡ其終局에至ᄒᆞ야ᄂᆞᆫ不可不戰爭을依ᄒᆞ야勝敗를決ᄒᆞ야써自助의手段으로萬事를處理ᄒᆞᄂᆞᆫ前例도雖多ᄒᆞ나又正々當々ᄒᆞᆫ條例로

萬國의公理公法을依賴ᄒᆞ야明其爲敵에敵迺可服홈도古史에證諸ᄒᆞ면前例가還多홀뿐不啻라況今日世界에萬國公法의發達이烝々日上ᄒᆞ야己焉問仲裁機關이設立ᄒᆞ고又着々前進ᄒᆞᄂᆞᆫ者乎아然則我의利益을彼의게不奪홀先抗論은斯國際法을捨ᄒᆞ고何에求ᄒᆞ리오故로曰我의束縛된自由ᄂᆞᆫ火鐵的手段銃砲鎗劒이아님은아니로되火鐵的手段은天助自助의源根이며基臺라그러ᄒᆞ나今日의急先務ᄂᆞᆫ國民上下가國際的의關係와條理를明瞭케知悉ᄒᆞᄂᆞᆫᄃᆡ在ᄒᆞ다ᄒᆞ노라蓋國家間孰尊孰卑의階級을論홀진ᄃᆡ曰文明國未開國이니曰大國小國이니曰强國弱國이니曰王國帝國이니ᄒᆞ나國際公法上으로觀ᄒᆞ건ᄃᆡ皆平等의權을享有ᄒᆞᆫ지라大抵國際公法이라ᄒᆞᄂᆞᆫ意味ᄂᆞᆫ卽各國이併立홈을謂홈이니故로或一强國이實力으로써戰爭을開코져홀지라도世界의輿論을不從ᄒᆞ고ᄂᆞᆫ不可ᄒᆞ며又或暴邪不測ᄒᆞᆫ國家가暗弱ᄒᆞᆫ國家를武力으로勒劫ᄒᆞ야臆約을締結홀지라도엇더ᄒᆞᆫ境遇에ᄂᆞᆫ該條約이成立되ᄂᆞᆫ수가有ᄒᆞ다主張ᄒᆞᄂᆞᆫ者有ᄒᆞ니此를由ᄒᆞ야보건ᄃᆡ國家ᄂᆞᆫ皆平等이라云홈이或虛言이아닌가曰否ㅣ라國家ᄂᆞᆫ平等이오主權은同等이라決코其國家를勒劫홈이아니오其主權을威嚇홈이아니라卽其國家의一私人을勒劫홈이니 (例如甲國이乙國大臣을威嚇ᄒᆞ야條約을調印) 萬若其一私人이死로ᄡᅥ爭ᄒᆞ면其國權은不可犯이라國家嚇劫과主權威嚇은戰爭뿐이오外에ᄂᆞᆫ勒劫威嚇이絕對的無ᄒᆞ며又戰爭도勒劫威嚇의名義로ᄂᆞᆫ世界萬國의輿論에不許ᄒᆞᄂᆞᆫ비라是故로脅迫

의條約은彼此의意思一致의契約이아니라萬國公法에無効로認定ᄒᆞ얏ᄂᆞ니昔에那破崙이西班牙王을脅迫ᄒᆞ야王位를廢ᄒᆞ얏시나國際上에無效가되엿나니라又自古以來로條約을締結ᄒᆞᆫ國家가該條約을履行ᄒᆞ기爲ᄒᆞ야皇親으로써交質ᄒᆞᄂᆞᆫ수가有ᄒᆞ니即春秋에周鄭이交質ᄒᆞ고孟嘗君平原君이爲質於秦ᄒᆞ고凶奴遣子入質於漢이라ᄂᆞᆫ事例가古史에도有ᄒᆞ도다然이나此ᄂᆞᆫ野蠻時代의行爲라個人의自由를束縛ᄒᆞ야條約의履行을期待ᄒᆞᆷ은엇지今日文明世界에容納ᄒᆞ리오故로十八世紀에ᄂᆞᆫ英佛兩國間에人質이有ᄒᆞ다가今은絶無ᄒᆞ다云ᄒᆞ나國際法을不知ᄒᆞ고ᄂᆞᆫ偏信ᄒᆞᆯ수가無ᄒᆞ며又以上小々히論述ᄒᆞᆫ바와及其他多數의國際上必要ᄒᆞᆫ問題ᄂᆞᆫ何國을勿論ᄒᆞ고不可不講이라日露戰爭에露國軍艦이上海에逃入ᄒᆞᆫᄃᆡ對ᄒᆞ야日本朝野의名士가더욱더욱國際法硏究의必要ᄒᆞᆷ을覺ᄒᆞ고맛참ᄂᆡ此問題를解釋ᄒᆞ야淸國으로ᄒᆞ여금二十四時間以內에該軍艦退港을請求ᄒᆞ고萬若不應ᄒᆞ거든武裝을解除ᄒᆞ라ᄒᆞ야遂히此問題를解決ᄒᆞᆫ지라此를보건ᄃᆡ武力이日本과如ᄒᆞ고도國際法을不知ᄒᆞ고ᄂᆞᆫ不可ᄒᆞ거든況我帝國은外人의治外法權領事裁判權ᄭᆞ지撤退치못ᄒᆞᆫ國의國民이야더욱엇더타云ᄒᆞ리오竊維國民上下ᄂᆞᆫ速々히急先務된國際法을講究不怠ᄒᆞ야我의束縛에應急方針을求ᄒᆞᆯ지어다

教育方針에對ᄒᆞᆫ意見

朴聖會

現今世界는一學海也ㅣ라大風高潮의狀態無窮ᄒᆞᆫ者도此에驅入ᄒᆞ며涓滴細流의科坎至淺ᄒᆞᆫ者도此에注進ᄒᆞᄂᆞ니巨鯨老蛟는可히吹噓ᄒᆞ려니와偏鰕屈鮭가敢히游泳ᄒᆞ리오且長時雲霧가渺々茫々ᄒᆞᆯ際에雖善能ᄒᆞᆫ百千艦長이有ᄒᆞᆯ지라도前程의抵向을知치못ᄒᆞᆯᄉᆡ方針이無ᄒᆞ고야엇지可東可西와之南之北을敢히指定ᄒᆞ리오嗚呼ㅣ라教育家는學海에一艦長이니風潮雲霧에抵向을知치못ᄒᆞ며方針을施치못ᄒᆞ다가畢竟暗礁에觸犯ᄒᆞ거나尾閭에沈沒ᄒᆞ면數多ᄒᆞᆫ青年才子와自家의身命을拯救가無路ᄒᆞ리니教育家여毛骨이聳凛ᄒᆞ며心膽이戰慄ᄒᆞᆫ處이로다余도教育家에一部分으로有年從事ᄒᆞᆫ故로意見을略表ᄒᆞ야左에揭ᄒᆞ노라

大抵太極肇判에一陰一陽은東西古今의不易ᄒᆞᆫ理想이라是로因ᄒᆞ야男子教育이有ᄒᆞ면女子教育도有ᄒᆞᆯ것이어늘我韓現狀을觀ᄒᆞ면教育熱이奮發ᄒᆞ야郡々에學校를建設ᄒᆞ고村々에義金을捐出ᄒᆞᄂᆞ니此에對ᄒᆞ야感祝ᄒᆞ고此에依ᄒᆞ야崇拜ᄒᆞᆯ디이나然이나男子教育으로論ᄒᆞ라면教鞭을執ᄒᆞᆫ者ㅣ先에德과智를說明ᄒᆞ고次에體를活潑케ᄒᆞ야越王句踐의十年教訓을口頭에茶飯ᄒᆞ고孔子大聖의民不教戰이면無與爲義란垂訓을腦裏에印着ᄒᆞ야大韓青年으로廿世紀大劇場高舞臺에隨意活動ᄒᆞᆷ을指定ᄒᆞᆯ바어늘內而家庭으로外而校舍ᄭᆞ지胎教와遊戲에純良치못ᄒᆞ며

完備치못ᄒᆞ야基本的思想은培養치안코外慕的光線을注視케ᄒᆞ니長々如斯ᄒᆞ면教育界에悲觀을呈ᄒᆞᆯ가恐ᄒᆞ노라

私立은間或善良ᄒᆞᆫ教師와聯絡ᄒᆞᆫ方針이有ᄒᆞ야一言에一事가成ᄒᆞ고一聲에一步가進ᄒᆞ건니와除是以外는極的妨害가層生疊出ᄒᆞ야目不忍覩ㅣ로다所謂聘員이란것은吾人職任의行動을糾察ᄒᆞ다가奴顔婢膝이少怠ᄒᆞ면怒目絶叫를惹起ᄒᆞ야儼然히教室內에警察司法으로自處ᄒᆞ니互相背馳ᄒᆞ야兒童教育이遽然墮落ᄒᆞ고女子教育으로論ᄒᆞ라면我國에頑習이女子는不出門外ㅣ라ᄒᆞ야深黑閨房으로一個監獄을做出ᄒᆞ고學校는往時教坊으로認定ᄒᆞ더니挽近大都列港에는文明風氣가最先輸入ᄒᆞ야진首蛾眉로挾册把筆ᄒᆞᆫ者ㅣ兩三來往ᄒᆞ나此亦方針이盡善純良치못ᄒᆞ도다何則고文法書畵에만優賞批評이加進ᄒᆞ고體操手工은非汝所知로瞞過ᄒᆞ니如是ᄒᆞ고야엇지印度非洲의以石壓首와支那의纏足幽囚에稍優ᄒᆞ리오嗚呼ㅣ라一般有志諸氏는至急改良ᄒᆞᆯ지어다西曆紀元前八百五十年수파루타之리쿨코스의尚武的教育이아니면忍耐剛勁等事가何에서胚胎ᄒᆞ며又當時에一婦人이有ᄒᆞ야其子를戰場에送ᄒᆞᆷ의楯를授ᄒᆞ야日만일此楯을持ᄒᆞ고歸치못ᄒᆞ거든此楯에屍를載ᄒᆞ야歸ᄒᆞ라ᄒᆞ엿스니此를由ᄒᆞ야觀ᄒᆞ건ᄃᆡ男女教育이齊驅並進ᄒᆞ여야墮損ᄒᆞᆫ國威와泯沒ᄒᆞᆫ國光을可히興復ᄒᆞ며可히宣揚할지니當局教育家는學海上文明艦에男女學徒千々萬々을滿載ᄒᆞ고九萬里地球上에凌駕雄飛ᄒᆞ야大風高

潮와亂雲怪霧를撞着ᄒᆞ여도沈沒의患과顚倒의慮가無케ᄒᆞ여야林々總々ᄒᆞᆫ幾千萬同胞兄弟姊妹가次第로苦海迷津을超過ᄒᆞ고檀君樂土에安棲ᄒᆞ리니第一着方針을善能히研究ᄒᆞ야文明界의暗礁와敎育塲의尾閭를眼釘갓치愼察ᄒᆞ고背荆갓치拔去ᄒᆞ여第二着手段을廓揮ᄒᆞ야家庭也와學校也와社會也와國際也에百折不屈ᄒᆞ며一呼群起ᄒᆞᄂᆞᆫ精神을從容團結ᄒᆞ기를血乞々ᄒᆞ노라

農村과都會를論홈

金河球

天運이循環ᄒᆞ야無往不復일ᄉᆡ春三月에
聖天子親畊于東籍田ᄒᆞ시고繼之
皇后陛下親蠶於宮中ᄒᆞ시니農桑은天下之大本이라愛民如傷ᄒᆞ시ᄂᆞᆫ 聖意가先出乎務玆稼ᄉᆡᆨᄒᆞ샤躬親行之ᄒᆞ시니凡我率土의民이孰不感戴 聖意乎아然而農村과都會의關係가國家消長에影響이有ᄒᆞᆫ故로比較的槪論코자ᄒᆞ노라

都會ᄂᆞᆫ其土地의面積보담多數ᄒᆞᆫ人이集合居住ᄒᆞ니其業務의基礎ᄂᆞᆫ政治와經濟의中心이오行政과商工業의機關이完備ᄒᆞᆫ바이오又地理의基礎ᄂᆞᆫ交通運輸의便宜ᄒᆞᆫ바이며且人種의基礎ᄂᆞᆫ官吏와商工業者及此에關係가有ᄒᆞᆫ業務者의集合生活ᄒᆞᄂᆞᆫ處所이니我國은漢城仁川釜山元山平壤等處가是也ㅣ라今日文明各國에都會의膨脹繁榮홈이何等關係가有ᄒᆞᆫ뇨即左와如ᄒᆞᆫ狀態가出現홈

一都會는國民의墓地　人의生活에必要ᄒᆞᆷ은空氣、光線、食物의新鮮ᄒᆞᆷ이나然而都會는人口가稠密ᄒᆞ고建築의障壁으로天與의要素를拒絕ᄒᆞ는弊害가有ᄒᆞ야奇麗ᄒᆞᆫ空氣에沐ᄒᆞ며新鮮ᄒᆞᆫ光線에曝ᄒᆞᆷ을不得ᄒᆞ고且生存競爭이劇烈ᄒᆞᆫ處라工場의煤烟과汽船火車의笛聲이人의神經을狂亂케ᄒᆞ야壽命을短縮케ᄒᆞᆫ다ᄒᆞᆷ이過言이아니로다但其都會의美觀과衣食의奢麗와居住及諸般設備의便利가無ᄒᆞᆷ은아니나其得失이相償치못ᄒᆞᆫ지라英國學者云ᄒᆞ되三代相承ᄒᆞ야倫敦에居住ᄒᆞ면無病健全ᄒᆞᆫ一個人도不得見이라ᄒᆞ고佛國學者는田舍의居民이都會에移住ᄒᆞ면必也肺病에罹ᄒᆞᆫ다ᄒᆞ얏고日本則都會及田舍人의死亡率이千人에對ᄒᆞ야都會에二三、三田舍에一七、六이라ᄒᆞ니都會는人類의墳墓됨이明確ᄒᆞ도다都會에一代二代를居住ᄒᆞ면其種族이衰滅치아니면必也思想이腐敗ᄒᆞ거나體力이軟弱ᄒᆞ거나性質이惰怠ᄒᆞᄂᆞ니我國은各都會中에此等弊況이最高ᄒᆞᆫ處는漢陽中央이라斷言ᄒᆞ리로다

二都會는大火事場　火事場이라云ᄒᆞᆷ은物를消燼ᄒᆞ는意味라家와道具도無ᄒᆞ고金錢도無ᄒᆞ고但殘存ᄒᆞᆫ者는丸裸의人體뿐이라其故가安在오即生存競爭이甚激ᄒᆞ고優勝劣敗가頗烈ᄒᆞ야其成敗가迅速ᄒᆞᆷ으로一朝失業者로喪家人을作ᄒᆞ야社會에不好果를呈ᄒᆞᄂᆞ니此等失業者는國民의義務를履行치못ᄒᆞᆯ뿐아니라反히我國家의生命을危險케ᄒᆞ는一太疾患이로다

三都會는罪惡製造場　都會는空氣가窒ᄒᆞ고日光이暗ᄒᆞᆷ으로黴菌이繁殖ᄒᆞ야物의腐敗는毋論이고人의精神에病菌이侵染ᄒᆞ며人의身體에惡虫이附着ᄒᆞ야最히花柳病에罹ᄒᆞᆫ者多ᄒᆞᆷ은何哉오其淳朴節儉의心이乏少ᄒᆞ고巧滑奢靡의情이闖發ᄒᆞᆫ所以라其實地犯罪者의數爻로論ᄒᆞ야도日英兩國의統計表에都會의犯罪者가田舍보담二三倍以上이라ᄒᆞ얏스니此를觀ᄒᆞ야도都會는人을墮落케ᄒᆞ며腐敗케ᄒᆞ며罪惡을釀造ᄒᆞ는場所로다

斯와如히論ᄒᆞ면都會는三錢의價値가無ᄒᆞᆫ듯ᄒᆞ나都會가엇지偶然히成ᄒᆞᆫ者리오國家隆盛을隨ᄒᆞ야都會의壯觀을飾ᄒᆞᄂᆞ니故로도會는國의花라此花를善發케ᄒᆞ랴면其根을肥培ᄒᆞ며畊耘ᄒᆞ야完全히生育ᄒᆞᆷ과如히今에健全ᄒᆞᆫ도會를成코자ᄒᆞ면先히健全ᄒᆞᆫ農村을造成ᄒᆞᆯ지로다

農村者는卽農業을營爲ᄒᆞ는農民이居住ᄒᆞ야衣食住其他人類의必要ᄒᆞᆫ生産物를造出ᄒᆞ는處所라其構成의要素는農業農民農地이니不可缺一者라農民은天然ᄒᆞᆫ土地에從事ᄒᆞ며氣候의制裁를受ᄒᆞ는故로一種特質를習成ᄒᆞᄂᆞ니라

一農村은國家의基礎　今日世界國家는卽府縣郡市町村의制로組成ᄒᆞ야農村도組成의一分子나其國家의基礎됨은一定ᄒᆞᆫ區域內에勞力으로生産品을造出ᄒᆞ는多數農民이住居ᄒᆞ는所以로다若農村이疲弊ᄒᆞ거나或衰頽ᄒᆞ면國家에元氣된分子가瓦解ᄒᆞ야其國家를保全치못ᄒᆞᆯ지라故로世界有國者는農民을極히保

護ᄒᆞᄂᆞ니其正直히國稅를負擔ᄒᆞ든지忠順히國事를任務홈이彼都會人보다特異ᄒᆞᆫ點이多有ᄒᆞ니即國家經用의徵稅ᄂᆞᆫ多數農民의게間接直接으로納稅케ᄒᆞ고且國土를保守防禦홈에도身體壯健ᄒᆞᆫ農民이아니면戰場에勇赴ᄒᆞᆯ者ㅣ無ᄒᆞᆫ故로農村은忠君愛國ᄒᆞᄂᆞᆫ人이居住ᄒᆞᄂᆞᆫ處所이오强兵을生產ᄒᆞᄂᆞᆫ本場이라此와如히農村은國家에大關係가有ᄒᆞᆫ故로今日文明諸國은農村을尊重히ᄒᆞ며其設備에盡力ᄒᆞᄂᆞ니라

二農村은國家에精華　農民의思想은單純不貳ᄒᆞ야一朝에急事가有ᄒᆞ면義勇奉公ᄒᆞ야天壤無窮ᄒᆞᆫ國運을扶翼ᄒᆞᄂᆞᆫ至誠을致ᄒᆞ며其平時에도國家에獻身的觀念이不絶ᄒᆞ며且移住不遷ᄒᆞ고血統이純正홈으로世襲子孫이間斷업시相續ᄒᆞ야一部落을自成홈으로家庭의團欒은農村과如홈이無ᄒᆞ며或云皇族貴族은皇室의藩屛이라ᄒᆞ나彼ᄂᆞᆫ勢利를隨ᄒᆞ야個人主義를取홈으로種々國家에體面을汚損홈이有ᄒᆞ나農民은我國　皇室의第一藩屛이라快言할지로다農民은君主라云ᄒᆞ면天神갓치敬畏ᄒᆞ며　皇上陛下라言ᄒᆞ면父母갓치尊重ᄒᆞ야赴湯蹈火라도我君主를推戴ᄒᆞᄂᆞᆫ心은我國農民의特性이로다試問ᄒᆞ라彼都會中에衣冠이鮮明ᄒᆞᆫ者의게國事를論及ᄒᆞ면多少間怨悔의聲氣가有ᄒᆞ나我農民은感慨悲憤ᄒᆞ야　皇上게셔一時震慮ᄒᆞ심을極히痛泣ᄒᆞ야向上의誠은他時보다倍切ᄒᆞ니國恩을不忘ᄒᆞᄂᆞᆫ人은農村에在ᄒᆞ도다

三農村은國家의病院　彼都會의人民은凡百行動이爲己는無ᄒᆞ고爲人만有ᄒᆞᆫ故로衣食이라도蔽體充腹은不爲ᄒᆞ고但時體流行에陷ᄒᆞ야往々奢靡의結果로健康을害ᄒᆞ야生産力을減殺ᄒᆞ며且貧富懸隔과階級層節노秩序를紊亂케ᄒᆞ며虛榮心이日長ᄒᆞ야罪惡이日增ᄒᆞᄂᆞ니此를救療ᄒᆞᄂᆞᆫ病院은即農村에在ᄒᆞ도다夫人이尋常ᄒᆞᆫ病氣에罹ᄒᆞ야도即時病院에入ᄒᆞ든지溫泉에湯治를試ᄒᆞ든지或風光이明媚ᄒᆞᆫ山水에俗塵을避ᄒᆞ야攝養ᄒᆞᆷ은時日이急ᄒᆞᆫ비어든況國家病根의治療ᄒᆞᆷ을엇지講究치아니리오是以로農村은即國家의避病院이오湯治場이니國民의健康을維持ᄒᆞ며健康을回復ᄒᆞᆯ바ᄂᆞᆫ此處外에他處가更無ᄒᆞ며國民의罪惡을治療ᄒᆞ며秩序를回復ᄒᆞ기便宜ᄒᆞᆫ바ᄂᆞᆫ此處보담優勝ᄒᆞᆫ處가更無ᄒᆞ도다然則農民은國民의母라健康淳朴ᄒᆞᆫ人民은農村에서産出ᄒᆞᄂᆞᆫ도다

以上所陳ᄒᆞᆷ은世界列國의都會와農村의共通ᄒᆞᄂᆞᆫ利害得失의批評인바我國은世界에農國이오純實ᄒᆞᆫ人民은擧皆農村에在ᄒᆞ고都會의腐敗ᄂᆞᆫ去益尤甚ᄒᆞᆫ中에開港或市場에ᄂᆞᆫ商農이並行ᄒᆞᄂᆞᆫ地方도有ᄒᆞᆷ으로過度ᄒᆞᆫ弊況은少ᄒᆞ나但漢城一局은都會의特色도無ᄒᆞ고第一頹落ᄒᆞᆫ處라政治界ᄂᆞᆫ固有ᄒᆞᆫ權을被失ᄒᆞᆯ뿐아니라積極的作爲ᄂᆞᆫ無ᄒᆞ고經濟的商工界에도亦外人競爭場裏에幼稚不振ᄒᆞ니此에不必煩說ᄒᆞ고但一言코자ᄒᆞᆷ은敎育界라近日漢城은學校中心點으로地方青年이輻湊並進ᄒᆞ나其完全ᄒᆞᆫ目的은達치못ᄒᆞ리니何哉오漢城에學校位置로言ᄒᆞ면三角山

腹이나北漢城頭에建設ᄒᆞ기前에ᄂᆞᆫ新鮮廣濶ᄒᆞᆫ處所가無ᄒᆞ고但現今畧存者ᄂᆞᆫ即或人의舍廊別墅가아니면市街中에在ᄒᆞᆫ公廳私廨라運動塲一處도濶步ᄒᆞᆯ餘地가無ᄒᆞ며教師로言ᄒᆞ면若干學術은有ᄒᆞ나青年의模範的人格이乏少ᄒᆞ고其教育家ᄂᆞᆫ學生을犧牲으로供ᄒᆞ야自己의地位를鞏固코자ᄒᆞᄂᆞᆫ一手段으로利用ᄒᆞᆷ이卑劣ᄒᆞᆫ野心이種々綻露ᄒᆞ니此豈教育의主義리오噫라我地方青年은此를十分審愼ᄒᆞᆯ지어다現今地方에도大邱及平壤에相當ᄒᆞᆫ小中學校가有ᄒᆞ야課程도俱備ᄒᆞ고其教育擔負者의血誠은足히青年의前導가되고其位置ᄂᆞᆫ勿論便利ᄒᆞ야達城之野와大同之江은我青年의胸襟을快豁케ᄒᆞ며其山水의明媚ᄒᆞᆷ은愛國心이自然感發ᄒᆞᄂᆞ니此亦一教師보다勝ᄒᆞ도다然而舊來習慣으로京城을崇拜ᄒᆞᄂᆞᆫ故로言語衣食의制度라도此를模倣ᄒᆞᆷ이맛치日本人이唐物或西洋品이라ᄒᆞ면皆曰善이라ᄒᆞᆷ과如ᄒᆞ도다且京城人은地方에移住ᄒᆞᆷ을稱曰落鄉이라ᄒᆞ야蕩敗ᄒᆞᆫ結果에大羞恥로認知ᄒᆞ고地方人이면必코慢侮ᄒᆞ야自己의受學ᄒᆞᄂᆞᆫ師라도待遇가冷淡ᄒᆞ야羅馬人이希臘人을教僕으로使用ᄒᆞᆷ과如ᄒᆞ더니近日은風潮가一變ᄒᆞ얏도다

然而都會의腐敗ᄂᆞᆫ先天的으로遺傳ᄒᆞᆷ인가此則不然ᄒᆞ니即習慣은萬王이라因風成俗ᄒᆞᆷ이니假令地方人이라도都會에移住ᄒᆞ면自然傳染되고都會人이라도地方에移住ᄒᆞ면必將興復ᄒᆞᄂᆞ니此ᄂᆞᆫ我國에特異ᄒᆞᆫ點이有ᄒᆞ니即地方人이京城人의言語行動을模倣ᄒᆞᄂᆞᆫ者면其人은必是奸詐無信ᄒᆞ고京城人이地方人과如ᄒᆞᆫ者ᄂᆞᆫ

眞實有德ᄒᆞ다ᄒᆞᆷ은此果格言이로다京鄕學童輩의勇敢懦弱ᄒᆞᆷ은其風土習慣을因ᄒᆞᆷ이오決코其知能性情에相違가有ᄒᆞᆷ은아니라故로都會가三百年만經過ᄒᆞ면必也腐敗ᄒᆞᆷ으로亞美利加大統領華盛頓이建國初에華盛頓都城百里以內에ᄂᆞᆫ大學校工塲商業의中心點을置치못ᄒᆞ게ᄒᆞᆷ이此에基因ᄒᆞᆫ理由로다余가此問題에對ᄒᆞ야充分ᄒᆞᆫ說明은不能ᄒᆞ나但要領은擇不處仁이면焉得知리오ᄒᆞ노라

東西古蹟의一班

M H 生

一、埃及의三角塔 (度量衡은日本現行制를從함이니以下는此를依倣함)

埃及은上古六文明國의一이오今日에는土耳古의附庸으로英國의監督을受ᄒᆞ는一個死國이라기졔ㅣ에屹立ᄒᆞᆫ三角塔은埃及의昔日面目를默示ᄒᆞ는도다

埃及首府카이로市西端나일河上에鐵橋(長이千二百尺)가有ᄒᆞ고此橋를渡過ᄒᆞ면電車停車場이有ᄒᆞ니其電車는나일河를沿ᄒᆞ야南行(五哩)ᄒᆞ야金字塔에至ᄒᆞ나니라

金字塔은丘陵上에在ᄒᆞ니其麓은一面平野라나일河가氾濫ᄒᆞ면此에至ᄒᆞ며塔의全數는七十九ㅣ니最大者는其麓이七百五十五尺이오其高가四百五十尺이오全容積이千五百萬尺이오其搆造의巧妙홈도比類가稀罕ᄒᆞ니라

此塔은埃及歷代帝王의墳墓라其最大者는第四朝第二王치오프스의陵墓니西紀前三七三三年에建築ᄒᆞᆫ者ㅣ라距今五千六百八十二年(我檀君建國前千四百四十

年)이니世界에無比ᄒᆞᆫ古物이로다此塔을建築ᄒᆞᆯ時에一日十萬人役夫를二十年使役ᄒᆞ엿다ᄒᆞ며石材ᄂᆞᆫ都是堅緻ᄒᆞᆫ花岡石(一個의高가三尺餘)이니十餘哩外에在ᄒᆞᆫ마카단山에서採掘ᄒᆞᆫ者ㅣ라石材運搬에十年를費過ᄒᆞ엿다ᄒᆞᆷ은헤로도타스(小亞細人이니希臘古代歷史家)의確言ᄒᆞᆫ비니라萬若此塔에石材로高五尺의石垣을築成ᄒᆞ면佛蘭西全國(面積約三萬四千方里)을圍匝ᄒᆞᆯ이라稱ᄒᆞ나니라

此塔은外部ᄂᆞᆫ一個石假山이나內部에ᄂᆞᆫ房室이有ᄒᆞ야死屍를安置ᄒᆞ엿나니空氣가腐敗ᄒᆞ야健康人도觀覽ᄒᆞ기困難ᄒᆞ다ᄒᆞ며外部ᄂᆞᆫ傾斜度가五十一度十分이라攀登ᄒᆞ기危險ᄒᆞ나絕頂에ᄂᆞᆫ平方六百尺의平面이有ᄒᆞ니라

金字탑은但히諸王의墳墓분아니라諸王의功德을勒刻(히ㅣ로그리푸라稱ᄒᆞᄂᆞᆫ形象文字를使用ᄒᆞ야)ᄒᆞᆫ好個紀念碑ㅣ오其外天體觀測ᄒᆞᄂᆞᆫ處所(觀象臺)로使用도ᄒᆞ엿다ᄒᆞᄂᆞ니라

大抵치오푸스가如此ᄒᆞᆫ無二ᄒᆞᆫ大尖탑을建築ᄒᆞᆫ것은當時宗敎와習慣의關係가不少ᄒᆞ나大部分은虛榮心이指使ᄒᆞᆫ비라可惜ᄒᆞ다치오푸스여若斯ᄒᆞᆫ非常ᄒᆞᆫ能力으로若斯ᄒᆞᆫ非常ᄒᆞᆫ勞力를費케ᄒᆞᆯ진ᄃᆡ사하라沙漠도可히開拓ᄒᆞ여슬지니若斯ᄒᆞᆫ非常ᄒᆞᆫ事業을成ᄒᆞ여드면非常ᄒᆞᆫ君主라稱ᄒᆞᄂᆞᆫ贊詞가幾千載下에紛々ᄒᆞ엿지可惜ᄒᆞ다치오푸스여

二、費府의獨立閣

自由를渴望ᄒᆞ고敬愛ᄒᆞ든米人의先祖가其自由를擁護ᄒᆞᆯ시死로衛卒를삼아나니世界ᄂᆞᆫ勇者의所有物이라西紀千七百七十六年七月四日에費府에서合衆國獨立(十三州)이宣言되야近世史上의陸離ᄒᆞᆫ大光彩가吾人의心目을驚異케ᄒᆞᄂᆞᆫ도다
費府ᄂᆞᆫ獨立當年에北米第一大都會로人口가三十萬이엿고今日에ᄂᆞᆫ大西洋面中部七州中一大雄府ㅣ오人口ᄂᆞᆫ百三十七萬이라車馬ᄂᆞᆫ絡繹ᄒᆞ고層屋은櫛比ᄒᆞᆫ大市中에矮小ᄒᆞᆫ獨立閣이市의過去歷史를代表ᄒᆞᄂᆞᆫ도다
獨立閣은狹小ᄒᆞᆫ煉瓦屋이니狹小ᄒᆞᆷ은舊形을仍存케ᄒᆞᆷ이라此閣은一七七六年六月에도마스、쩨파손 쪼ㅣ니、아담스等五人委員이獨立宣言書를起草ᄒᆞ든處所이고獨立戰爭七年間에米國議會를開ᄒᆞᆫ處所이며쪼ㅣ지 와싱톤이一七八九年에合衆國最初大統領으로被選ᄒᆞ야就任式을行ᄒᆞᆫ處所ㅣ라門口에서正面에一室이有ᄒᆞ야室內에自由鍾을存置ᄒᆞ엿스니此鍾은獨立宣言을公宣ᄒᆞ야北米合衆國이誕生ᄒᆞᆫ吉月令日에費府熱誠家의手를假ᄒᆞ야亂鳴ᄒᆞᆫ寶鍾이라其後에도國家의大事가有ᄒᆞ면打鳴ᄒᆞᆷ이慣例러니千八百三十五年에破裂되야一八四三年以後에ᄂᆞᆫ一個啞鍾이되야스나米人腦底에ᄂᆞᆫ鍾聲이永存ᄒᆞ리로다此室外에ᄂᆞᆫ一個層梯子가有ᄒᆞ고其傍壁上에ᄂᆞᆫ라파예트 (獨立戰爭에米人을援助ᄒᆞᆫ佛人)와싱톤、쪼ㅣ지三世(獨立戰爭時英國王)의肖像畵가有ᄒᆞ며門口에서左方에도一室이有ᄒᆞ니此室은當年米國政治家가獨立을討議ᄒᆞ든處所ㅣ라獨立宣言에署名ᄒᆞ든机案

이有ᄒᆞ고其傍에署名ᄒᆞᆯ時에使用ᄒᆞᆫ洋墨壺가有ᄒᆞ니라

大哉라華盛頓等諸人이建立ᄒᆞᆫ一個自由殿堂이今日世界에屈指ᄒᆞᄂᆞᆫ富强國이로다

三、巴里의凱旋門

吾人이近世英雄을歷數ᄒᆞᆯ진ᄃᆡ拇指ᄂᆞᆫ那翁에屈ᄒᆞᆯ지라골시카一男兒가風雲을呑吐ᄒᆞ야歐洲天地를掀撼ᄒᆞ던當年氣焰은後人으로도咋舌를效케ᄒᆞ난도다今日에佛國과大帝를談話ᄒᆞᄂᆞᆫ者ㅣ大槪巴里의凱旋門를提道ᄒᆞᆷ은此門이大帝의光譽를表示ᄒᆞ고佛人의精神을繫住ᄒᆞᆷ일식니라

此門은巴里中心에在ᄒᆞ니高가百六十尺이오廣이約百四十四尺이오壁厚가約七十七尺이오穹窿高가約九十三尺이라門柱에ᄂᆞᆫ大帝에關ᄒᆞᆫ戰爭畵를彫刻ᄒᆞ엿스며其裏面에ᄂᆞᆫ戰死將卒의氏名을列刻ᄒᆞ엿ᄂᆞ니라

此門에螺旋狀段層이有ᄒᆞ니段數ᄂᆞᆫ二百七十餘이오下段에셔頂上에至ᄒᆞ랴면數十分를費ᄒᆞᄂᆞ니라頂上에屹立ᄒᆞ야四方을瞰望ᄒᆞ면此門이中心이되고十二條大路가扇骨狀으로圍繞ᄒᆞ야高閣은縹々ᄒᆞ고綠樹ᄂᆞᆫ鬱々ᄒᆞᆫᄃᆡ人馬가其間에絡繹ᄒᆞ며靑天갓흔一路를隔ᄒᆞ야小凱旋門이眼下에入ᄒᆞᄂᆞ니此處ᄂᆞᆫ即루ㅣ불宮殿이라셔ㅣ느河ᄂᆞᆫ其傍에在ᄒᆞ니水色의空明ᄒᆞᆷ이一片明鏡이오추이레리ㅣ公園은其前에在ᄒᆞ니樹石의媚麗ᄒᆞᆷ이一幅活畵라美麗ᄒᆞ다巴里의街衢여白霧의倫敦을悲吗ᄒᆞ

고黃塵의紐育이啼哭ᄒᆞ여도爝火에日月이오時雨에浸灌이라巴里ᄂᆞᆫ卓然히世界의唯一이로다

頂上에서ᄂᆞᆫ繪葉書等物를賣斥ᄒᆞᄂᆞᆫ者ㅣ有ᄒᆞ고望遠鏡도行客의게貸與ᄒᆞᄂᆞ니라
西紀千八百六年十月二十七日佛軍이伯林을征服ᄒᆞᆯ時에부란드부ㅣ글凱旋門上의戰捷女神像을奪取ᄒᆞ엿슴으로其後에此頂上에裝置ᄒᆞ얏더니千八百七十年에普佛이干戈로相見ᄒᆞ야一八七一年一月二十八日에巴里가陷落되ᄆᆡ物이本主에歸ᄒᆞᆫ지라今日에ᄂᆞᆫ空濶ᄒᆞᆫ四角平面ᄲᅮᆫ이니라

此凱旋門은那翁이一八〇五年十二月二日에墺國오ㅣ스델리ㅌ에서墺帝프란시스二世와露帝아렉산다一世의聯合軍을擊破ᄒᆞᆫ紀念으로千八百六年에起工ᄒᆞ야一八三二年회리푸十八世時에落成ᄒᆞ엿ᄂᆞ니那翁의權威가中途의摧折ᄒᆞ야足跡이此頂上에到치못ᄒᆞ엿슴은엇지地下鬼雄의大遺恨이아니리오

四、倫敦의議事堂

英國은世界憲政의鼻祖라西紀一千二百十五年에大憲章이頒布되고一二六八年에國會가開設되고一三四一年에上下二院이確立되야立國의大本이一定ᄒᆞ엿더니졔ㅣ므쓰一世와카로々一世가主權神聖로第一革命一六四二ㅣ四九를惹起ᄒᆞᄆᆡ血雨腥風이愛蘇群島에彌滿ᄒᆞ야오리뻴、크름엘로一時共和政治를行케ᄒᆞ엿스나雨收ᄒᆞ면青天이오風定ᄒᆞ면白日이라一六六〇年에王政이復古되고一六八八

年名譽革命以後에ᄂᆞᆫ民權과國憲이確平不拔홈에至ᄒᆞ엿ᄂᆞ니後輩의게垂示ᄒᆞᄂᆞᆫ經驗과資格이巍偉ᄒᆞ고崇嚴ᄒᆞ도다

議事堂所在地ᄂᆞᆫ데ㅣ무스河邊이오워스트、미니스타橋畔이니와스트 미니스타宮殿舊基라一八三四年에回祿이怒犯ᄒᆞ야灰燼이遍地ᄒᆞ엿ᄂᆞ니現今거然히데ㅣ무스河畔에聳立ᄒᆞᆫ고식그式大建築은即再築ᄒᆞᆫ者ㅣ라基地ᄂᆞᆫ三萬二千三百七十三平方米이오十一의廣庭과百의제子와一千一百의室이有ᄒᆞ니라

上下二院이모다此中에在ᄒᆞ니獨佛에比ᄒᆞ면完全치못ᄒᆞ고米國에比ᄒᆞ면宏大치못ᄒᆞ니議場의椅子等諸具도皆是長椅子를兩側에段列ᄒᆞ야各人各個의所有가無ᄒᆞ며下院은尤甚ᄒᆞ야議長席도別般搆造가無ᄒᆞ며演壇도別般高處가아니오政府委員席은中央에在ᄒᆞ고新聞記者席과速記者席은議長席後面二層에在ᄒᆞ며萬若全議員이出席ᄒᆞ면坐處가無홈에至ᄒᆞᄂᆞ니狹窄홈은實노想像以外니라

議事堂이如斯히狹小ᄒᆞ나開會時에ᄂᆞᆫ秩序가整肅ᄒᆞ야一絲가不亂ᄒᆞ며私語者ᄂᆞᆫ低聲이오往來者ᄂᆞᆫ輕步ㅣ오出入時에ᄂᆞᆫ議長의게默禮를行홈이常例ㅣ며他人演說에ᄂᆞᆫ愚昧論과反對說를不論ᄒᆞ고「簡單」이라「無用」이라胡罵亂叫ᄒᆞᄂᆞᆫ惡風이絕無ᄒᆞ고肅然히恭聽ᄒᆞᄂᆞ니라

英人이虛飾을捨ᄒᆞ고實用을取ᄒᆞ며秩序를守ᄒᆞ고舊禮를重히ᄒᆞᄂᆞᆫ特色은一個議事堂으로도明證ᄒᆞ겟도다

五、京城의蠟石塔

京城塔洞에在ᄒᆞᆫ大理石十三層塔은城中의第一古物이오第一名物이라礎石의廣은東으로西에十二呎ㅣ오北으로南에十二呎ㅣ오塔의下六層은直線二十邊形이오上七層은四角形이니最下三層은高가一呎에不過ᄒᆞ나第四層부터三呎에過ᄒᆞ며各簷무의長은三呎六吋ㅣ오其表面의彫刻은大槪佛像이니下層은龍과蓮이니生氣가勃々ᄒᆞ야石面에躍動ᄒᆞᄂᆞᆫ듯ᄒᆞ도다然이나如斯ᄒᆞᆫ珍物이由來가未詳ᄒᆞ니엇지嗟惜ᄒᆞᆯ비아니리오此塔의製作年代가昭詳ᄒᆞ면其時代藝術의好模範이오其時文明程度도推測ᄒᆞ기無難ᄒᆞ렷만當時記錄은或何家何人이深々珍藏ᄒᆞ얏ᄂᆞᆫ지世間에傳布된것은一冊半卷가無ᄒᆞ고後人記錄은全無ᄒᆞᆷ은아니나足히置信ᄒᆞᆯ것은稀少ᄒᆞ도다

一、本邦人의記錄

(A)、金陵集高麗佛事탑記

金陵集(金陵은純祖朝宰相南公轍의號)十二卷에高麗佛事塔記一篇이有ᄒᆞ니

入京師北不十里舊有高麗浮圖寺寺之亡今四百年矣而塔尙存麗史記元順帝十一年忠順王女金童公主嫁於元順帝愛之甚爲公主舍施使工爲二塔具舟輸至遼東一置豐德之擎天寺一置漢陽之圓覺寺而元丞相脫々實主其事漢陽者其地志云高麗時屬府置太守今爲京師云塔凡二十四龕龕刻觀音菩薩皆道子

畵塔傍舊有碑記其事而碑久皆滅姓名不傳於時然其說也人皆疑之（下畧）

記事는綜詳ᄒᆞ나事實이麗史에無ᄒᆞᆷ은姑捨ᄒᆞ고元順帝十一年云々은十一年上에年號가無ᄒᆞ니此는即位十一年의意味라至正十一年은아닐것이니即位十一年即至正三年에는王女가元帝의게出嫁ᄒᆞᆫ事實이元史에도無ᄒᆞ고其時麗王은忠順이아니ㅣ오忠惠王이며（麗王에忠順王이라는名稱은史冊에不載ᄒᆞᆷ）右十一年上에至正二字를加入ᄒᆞ야도但麗王이忠穆王으로變ᄒᆞᆯ섇이고其外事實은毫無ᄒᆞ니大蓋南公은元史에事實이不傳ᄒᆞᆷ을根據삼아右傳說를否定ᄒᆞ랴ᄒᆞᆷ이라 그럼으로「史失其傳抑高麗自爲此塔元未嘗與之歟」云々으로結論ᄒᆞ얏스나其說의基礎가如斯히不完한지라置信치못ᄒᆞᆯ지로다萬一高麗時에自製ᄒᆞ얏다論定ᄒᆞᆯ確證이有ᄒᆞ면半島美術에如何ᄒᆞᆫ光輝가添加될가

（B） 大東金石書敬天寺塔記

大東金石書는編者가未詳ᄒᆞ고塔洞古塔에記事도無ᄒᆞ나豊德敬天寺塔은此塔과密接ᄒᆞᆫ關係가有ᄒᆞᆯ지니其說이一參考의價値는有ᄒᆞᆯ지로다其高麗部에

敬天寺塔 在豊德扶蘇山 敬天寺十三層塔記無名氏府院君姜融文、元順帝至正八年戊子立麗忠穆王四年也

其續篇部에

敬天塔在豊德扶蘇山書失名元順帝至正八年立麗忠穆王四年也

右와如히記載ᄒᆞ얏스나敬天寺塔記은今日에傳布ᄒᆞᆫ旨ㅣ無ᄒᆞ고其外ᄂᆞᆫ但設立年代뿐이라敬天寺塔도傳說과갓치元에셔輸入ᄒᆞ야ᄂᆞᆫ지或은高麗의自作인지査定ᄒᆞᆯ必要가읍자안토다

元에셔輸入ᄒᆞ얏다ᄂᆞᆫ傳說은證據가無ᄒᆞ고又元史本紀四十一卷、至正八年十一月條에高麗王女의事件이有ᄒᆞ나此ᄂᆞᆫ監察御史李泌이高麗奇氏(當時元皇后)를妃位로降黜ᄒᆞ자上言ᄒᆞᆷ뿐이ㅣ오高麗史至正八年條에도塔의事實은無ᄒᆞ니元에셔輸入ᄒᆞ얏다論定ᄒᆞᆷ은盲斷이라東國輿地勝覽豐德郡敬天寺條에「晉寧君姜融募元工匠造此塔」이라ᄒᆞ얏스니此說이正確ᄒᆞᆯᄂᆞᆫ지敬天寺塔의建立年代를了解ᄒᆞ고元에셔輸入ᄒᆞᆷ은아니라判完ᄒᆞᆯ지라도此材料ᄂᆞᆫ塔洞古塔을說明ᄒᆞᄂᆞᆫᄃᆡ補益이無ᄒᆞ도다

(C) 漢城坊里錄

此書ᄂᆞᆫ京城의古事를蒐輯ᄒᆞᆫ거시라其中에古塔에關ᄒᆞᆫ一口碑를收載ᄒᆞ야ᄂᆞᆫᄃᆡ

元世相之女齊國大長公主出嫁于高麗忠烈王之時奉蒙古塔二坐而來一置於遼東一寘於漢陽圓覺寺其後封莊穆王后生忠宣王

此ᄂᆞᆫ金陵集記事와正反對라今에元史를繙閱ᄒᆞ면本紀八卷世祖至元十一年五月條에左와如ᄒᆞᆫ記事를發見ᄒᆞᆯ지로다

丙申以皇女忽都魯揭里迷失下嫁高麗世子王愖

樵은諡의誤ㅣ니忠烈王의初諱라高麗史二十七卷元宗十五年五月條에도
丙戌世子諶尙帝女忽都魯揭里迷失公主
云々이라ᄒᆞᆫ記事가有ᄒᆞ니此公主ᄂᆞᆫ即長公主ㅣ라年前學部에셔編輯ᄒᆞᆫ世界年契元宗十五年條에「世子諶尙元長公主」라ᄒᆞ얏ᄂᆞ니라　（未完）

地文學（地球運動續）

洪　鑄　一

熱帶ᄂᆞᆫ二至線間에在ᄒᆞᆫ部分을謂ᄒᆞᆷ이니一年에二回式太陽光線이頭上에直射ᄒᆞᄂᆞᆫ지라晝夜의長短의差도甚少ᄒᆞ고季節의變更도少ᄒᆞᆷ으로乾候、濕候、雨季에分ᄒᆞ엿나니라

温帶ᄂᆞᆫ二至線과二極圈間에在ᄒᆞ야北温帶南温帶의別이有ᄒᆞ니温帶ᄂᆞᆫ一年에一回式直射ᄒᆞᄂᆞᆫ故로晝夜의長短도等異ᄒᆞ고季節의變更도多ᄒᆞᆷ으로四季에分ᄒᆞ엿나니라

寒帶ᄂᆞᆫ兩極圈內에在ᄒᆞ야北寒帶南寒帶의別이有ᄒᆞ니寒帶ᄂᆞᆫ一年에一回式斜射ᄒᆞᆯ섇인故로晝夜의長短의差가甚大ᄒᆞᆯ섇不啻라處所를隨ᄒᆞ야數日、數週、數月에亘ᄒᆞᄂᆞᆫ晝又夜를生ᄒᆞ고且季節의變更은少ᄒᆞ나差가甚大ᄒᆞᆫ故로夏冬二季에分ᄒᆞ엿나니라

四季温帶ᄂᆞᆫ一個年을春（自春分至夏至間）夏（自夏至々秋分間）秋（自秋分至冬

至間)冬(自冬至々春分間)의四季에分ᄒᆞ엿시되我國은特別히春(自立春至立夏間)夏(自立夏至立秋間)秋(自立秋至立冬間)冬(自立冬至立春間의四季에分ᄒᆞ엿나니然ᄒᆞ나北溫帶의春은南温帶의秋오北温帶의夏는南温帶의冬이니라

曆　曆은太陽曆太陰曆의二種이有ᄒᆞ니太陽曆은太陽年(回歸年)에基本ᄒᆞ야編制ᄒᆞᆫ曆이오太陰曆은太陰(月이地球를一公轉)에基本ᄒᆞ야編制ᄒᆞᆫ曆니라我國은古來로太陰曆을用ᄒᆞ다가甲午更張以後로太陽曆을用ᄒᆞᆫ다云ᄒᆞ엿시나其間은形式에不過ᄒᆞ얏고隆熙二年以來로實用ᄒᆞ나니라

太陽曆平年及閏年이니太陽年은三百六十五日五時四十八分四十八秒로成ᄒᆞᆷ으로便宜를取ᄒᆞ야端數를切去ᄒᆞ고三百六十五日노셔一個平年을定ᄒᆞ고其端數를集ᄒᆞ야每四年에二月末에加入ᄒᆞ야三百六十六日노셔一個閏年을定ᄒᆞ니一、三、五、七、八、十、十二月은大ᄒᆞ니三十一日이오四、六、九、十一、月은小ᄒᆞ니三十日이오二月은特別히平年은二十八日이오閏年는二十九日이니라

太陰曆平年及閏年이니太陰은地球에一衛星인故로地球의周圍를運行ᄒᆞ되常히東進ᄒᆞ야二十七日三分之一에舊位置에復皈ᄒᆞ기는ᄒᆞ나地球가太陽에對ᄒᆞ야自轉時間을少々히加要(現前節)ᄒᆞᄂᆞᆫ故로太陽에對ᄒᆞ야同一ᄒᆞᆫ舊位置에復皈ᄒᆞ라면大約二十九日半을要ᄒᆞ나니此가卽眞太陰曆의一個月니라然ᄒᆞ나便宜를取ᄒᆞ야端數를加減ᄒᆞ야大月은三十日小月二十九日노定ᄒᆞ야十二個月노셔平年을定

호고每四年에一日의閏과剩餘의日을合算호야一個閏月을加入호야十三個月노셔閏年을定호니此亦一年에凡十一分十二秒가眞太陽年보담進홈으로每四百年三日除去홈은此理由니라

人爲的保護淘汰로養蠶의原因을論홈

愼 尙 翼

養蠶의方法을論홀진딘먼져蠶兒飼育의起原과爾後沿革을考察호야蠶兒의習性이如何호며現行호눈飼育法이如何히由來홈을講究홈이必要호도다何則고家蠶은元來野産의昆虫으로太古數千年에山野에自生호야野桑에捿息홈이今日에野蠶과恰似호야時人이繭巢을紡績호여衣帛의料에供호며纖維의纖麗홈이甚히輕暖홈으로或은野外에셔繭을收集호며或은卵을採호고蠶을拾호야桑樹에放養홈이現時野蠶(天蠶柞蠶)飼育으로髣髴호더니後에絹糸의需要가增加호야蠶種製造法을講호며室內飼育호눈同時에品質良好홀桑樹栽培홈을企圖호며蠶具을考案호여溫暖育으로移호며折衷育에轉호야今日現象에在호도다此間數千年以來로人爲的保護養育홈에勉勵호눈同時에吾人의需要홈도膨脹홈에至호눈도다然호면淘汰選擇호家蠶은太古野生時代에比호면其性質이如何히變化호엿스며變化홈으로由호所以와變化의狀態을深究호야家蠶의習性을細察호며飼育法의基礎을定호야將來改善의方法을加호기에最要호다홀지로다

太古野生時代의蠶은野蠶과同祖라ᄒᆞ야其棲息ᄒᆞᄂᆞᆫ狀態도同ᄒᆞ며成繭의形狀品質도또ᄒᆞᆫ現時野蠶에相近ᄒᆞᆫ지라要컨ᄃᆡ現今豊大美麗ᄒᆞᆫ繭을結ᄒᆞᄂᆞᆫ家蠶도飼育의方法이疎忽ᄒᆞ며蠶兒繭及蛾等의選擇陶汰을加치아니코蠶種을製造ᄒᆞᆯ진ᄃᆡ數年에不過ᄒᆞ야化性을變ᄒᆞ며成繭品質은劣等이될지오更히放任ᄒᆞ면現時의野蠶으로相距不遠ᄒᆞ야劣等種에化ᄒᆞᆯ줄로信認ᄒᆞ리로다然ᄒᆞ나悠久數百千年間에彼ᄂᆞᆫ自然的陶汰을受ᄒᆞ엿ᄉᆞ며此ᄂᆞᆫ人爲的保護淘汰을加ᄒᆞᆫ結果가兩者의間에差異ᄒᆞᆷ이懸隔ᄒᆞ도다마ᄂᆞᆫ家蠶은吾人需要의焦點되ᄂᆞᆫ營繭에至ᄒᆞ여ᄂᆞᆫ頗히豊大ᄒᆞ며糸量富饒ᄒᆞ며糸縷纖麗ᄒᆞ야彼野蠶繭에比較ᄒᆞᆯ비아니로다家蠶의變化如斯ᄒᆞᆷ은何故인고無他라數百年以來로吾人의保護로써繭糸의豊肥ᄒᆞᆫ者을選擇ᄒᆞ야써原種에供ᄒᆞ며更히促進키爲ᄒᆞ야蠶兒生活要素를適宜히ᄒᆞᆷ에基因ᄒᆞᆷ이아닌가蠶種을製造ᄒᆞᆯ지나種繭에選擇을加ᄒᆞ며性質에劣等을除ᄒᆞ고蠶卵의保護貯藏等에至ᄒᆞ여氣候의如何을注意ᄒᆞ며溫濕의度을調和ᄒᆞ야其宜을得ᄒᆞ여健康을保ᄒᆞ고更히飼養에就ᄒᆞ여滋養의富ᄒᆞᆫ良桑을潤澤히與ᄒᆞ며空氣의流通과除沙分箔等에注意ᄒᆞᆷ으로彼衛生上障害됨을總히人爲로써保護適當ᄒᆞ야飼育ᄒᆞᆫ結果에不外ᄒᆞ도다만일家蠶에對ᄒᆞ야以上의保護을等閑에附ᄒᆞ면彼ᄂᆞᆫ其祖先에近ᄒᆞᆯ性狀을發現ᄒᆞ야野蠶에近ᄒᆞᆫ所謂劣等種에變化ᄒᆞᆷ은必然ᄒᆞᆫ理勢라吾人은往々히此ㅣ自明ᄒᆞᆫ理을無視ᄒᆞ고或은勞力을省減ᄒᆞᆫ다ᄒᆞ야保護을疎慢에附ᄒᆞᆷ은其謬ᄒᆞᆷ이甚大ᄒᆞ

도다勞力을減ᄒᆞ고保護을踈ᄒᆞ면반다시成繭의品質이惡變ᄒᆞᆷ을能히免치못ᄒᆞ리로다家蠶의今日에至ᄒᆞᆫ來歷과習性은畧論ᄒᆞ엿거니와吾人需要ᄒᆞᆯ方面에在ᄒᆞ여ᄂᆞᆫ發達進化ᄒᆞᆯ만ᄒᆞᆫ飼育方法을確明키아니치못ᄒᆞ리로다然ᄒᆞ나飼育方法으로單히蠶兒의生理衛生만基礎을定ᄒᆞᆯ빈아니라一方面으로ᄂᆞᆫ반다시經濟의調和ᄒᆞᆷ을圖치아니ᄒᆞᆷ이不可ᄒᆞ도다往昔養蠶業은愛翫的에不過ᄒᆞ여스며所獲은自家被服의資料에不出ᄒᆞ야利害得失을深히問ᄒᆞᆯ빈아니더니現時代ᄂᆞᆫ洋의東西을勿論ᄒᆞ고斯業의隆盛ᄒᆞᆷ이極度에達ᄒᆞᆷ으로純然ᄒᆞᆫ生産業이라ᄒᆞ야農家唯一의副業經營ᄒᆞᄂᆞᆫ今日에在ᄒᆞ야飼育의方法은一面으로蠶의生理衛生을案ᄒᆞ며他面으로ᄂᆞᆫ嚴密히收支得失을精査ᄒᆞ야써兩者로適當히調和ᄒᆞᆯ方法에依치아니치못ᄒᆞᄂᆞᆫ도다

往古及今에飼育法의來歷을採건ᄃᆡ蠶兒의生理衛生과經濟方面의調和如何ᄒᆞᆷ에興廢不少ᄒᆞᆷ은例想이라ᄒᆞᆯ지로다

我韓의淸凉育或은天然育이라ᄒᆞᆷ은自然의溫度에放任飼育ᄒᆞᄂᆞᆫ法이라往時에此法을廣히採用ᄒᆞᆫ바어니와一朝에人爲로써補溫法을按出ᄒᆞᆷ으로써比較的勞力을要ᄒᆞ고桑葉을浪費ᄒᆞᄂᆞᆫ不利이며年中의氣候如何ᄒᆞᆷ을依ᄒᆞ야豊凶不常의缺點으로ᄒᆞ여금此法을强行ᄒᆞᆫ바아니로다故로現今日本의飼育法을觀察건ᄃᆡ殆히此法을廢ᄒᆞ여스며高溫育으로써蠁蛆의被害을減ᄒᆞ며勞力을省ᄒᆞ고成繭의品質을豊美히ᄒᆞᆯ目的이蠶의生理衛生에不適ᄒᆞᆷ으로体質이一般虛弱ᄒᆞ야蠶病에侵入ᄒᆞᄂᆞᆫ

危險으로採用치아니ᄒᆞ며人工養蠶法이라ᄒᆞ야高温多濕ᄒᆞᆫ少裝置內에多數ᄒᆞᆫ蠶兒을虛弱에陷케ᄒᆞ야無事히發育ᄒᆞᆷ을未見ᄒᆞ고失敗에歸ᄒᆞᆷ이種々ᄒᆞ며또全芽育全葉育이라ᄒᆞᆷ이桑葉을剉切치아니코給與ᄒᆞᆷ에用桑及勞力에節減이될듯ᄒᆞ나此法은蠶室內의乾燥甚ᄒᆞᆫ境遇에適當이라ᄒᆞ며不然ᄒᆞᆫ境遇에ᄂᆞᆫ蠶의發育이不良ᄒᆞ며또ᄒᆞᆫ地方의適否一樣치아니ᄒᆞᆷ으로一般히普及키不能ᄒᆞ다ᄒᆞ니余ᄂᆞᆫ一言而蔽曰以上各種飼育法의利害得失이前揭ᄒᆞᆷ과如히其興廢의理自明타斷言키難ᄒᆞ나上ᄒᆞᆫ中에折衷育이라ᄒᆞᆷ은適當ᄒᆞᆫ火力을用ᄒᆞ야天候의不順ᄒᆞᆷ을補ᄒᆞ며또ᄒᆞᆫ能히히風土의缺點을代充ᄒᆞ여飼育室內温濕의適度을保ᄒᆞ야蠶의健康을全케ᄒᆞ며論成繭의美質을得ᄒᆞ여豊凶의差ㅣ少ᄒᆞ고地方의適否에도特殊ᄒᆞᆫ異狀이無ᄒᆞ여能經濟方面의調和와資金節約等에就ᄒᆞ야該法을廣行ᄒᆞᆯ만ᄒᆞᆫ줄로余深信ᄒᆞᄂᆞᆫ바이오余庸愚無恥ᄒᆞᆷ을拘치아니코他日의暇을得ᄒᆞ야斯業의前道을述코져ᄒᆞᆷ도此方面에不外ᄒᆞ리로라

史傳

具論衛乙의外交史略

研究生譯

夫大寒之餘에ᄂᆞᆫ春日이載陽ᄒᆞ야群生自樂ᄒᆞᄂᆞ니此ᄂᆞᆫ即天道의常理也오大亂之後에ᄂᆞᆫ大英雄이出ᄒᆞ야宇宙를吐呑ᄒᆞᄂᆞᆫ氣概와羣雄을涵蓋ᄒᆞᄂᆞᆫ手腕으로能히天地를掀動ᄒᆞ고世界를平復ᄒᆞᆷ은此ㅣ人事의壯觀也ㅣ라만일其人을論ᄒᆞᆯ진ᄃᆡ古洋今洋에歷々可記로다若夫希臘之波斯戰爭以後에ᄂᆞᆫ古今大政治家伯里具禮須(페리쿠레스)時代가古代文明의焦點이되고春秋戰國時代에ᄂᆞᆫ九合諸侯에一匡天下ᄒᆞᄂᆞᆫ管仲의鐵血政策이有ᄒᆞ고獨逸三十年戰爭終期에ᄂᆞᆫ當時歐洲에第一大政治家李修流(리슈류)의大活動이有ᄒᆞ고鷄林八年風塵以後에ᄂᆞᆫ柳西崖의泰平宰相이出ᄒᆞ고英吉利革命後十一年間共和政治時代에ᄂᆞᆫ具論衛乙(쿠론윌)의大人物이傑出ᄒᆞ야鐵騎隊로ᄡᅥ倫敦市中에서王軍을擊破ᄒᆞ고果斷抑壓의手段으로人民을統御ᄒᆞ야맛ᄎᆞᆷᄂᆡ外交의大成功을奏ᄒᆞᆫ지라其外交史를略論ᄒᆞᆯ진ᄃᆡ

當時歐羅巴人의海外貿易과밋拓地殖民事業은益々盛行ᄒᆞ야諸國이保護政策을

競爭奬勵ᄒᆞᆯ시其時西班牙葡萄牙兩國의海外事業은已矣라日이西山에傾ᄒᆞ고英吉利和蘭兩國의經營은遜矣라步를東天에出ᄒᆞᆯ시맛ᄎᆞᆷ英의平和事業은革命의沮害ᄒᆞᆫ바이되고惟獨和蘭이隆盛을極ᄒᆞ야世界의貿易을壟斷ᄒᆞᆷ에至ᄒᆞᆫ지라此時具氏가勢力을得ᄒᆞᆷ에至ᄒᆞ야保護政策으로ᄡᅥ海外貿易의利益를英吉利에全奪코져ᄒᆞ야一六五一年에國會의決議로航海條例를發表ᄒᆞ야英吉利本國과及其殖民地에輸入ᄒᆞᄂᆞᆫ貨物은一切英의船舶이나或貨物原産地의船舶이아니면不可ᄒᆞ다規定ᄒᆞᆫ지라是ᄂᆞᆫ分明히和蘭의海外貿易을妨害ᄒᆞᆷ인故로和蘭은一六五二年에開戰을公布ᄒᆞ엿스나맛ᄎᆞᆷ내英의軍勢大振ᄒᆞ야大勝利를得ᄒᆞ고一六五四年에곳和蘭으로ᄒᆞ야금航海條列를承認케ᄒᆞᆫ지라其翌年에具氏ᄂᆞᆫ南으로佛蘭西와同盟을結ᄒᆞ고西으로西班牙와交戰ᄒᆞ야西印度諸島中의紫痲伊加를奪取ᄒᆞ고또白耳義의坦啓爾久港을取ᄒᆞ고講和ᄒᆞᆫ지라如斯히具氏의威名이當時歐羅巴大陸에震動ᄒᆞ야其外交의大功을奏ᄒᆞᆫ故로英吉利의國威를世界에輝ᄒᆞ야今日에至ᄒᆞ니可히來者의模範이된다稱ᄒᆞ리로다伊國人痲其阿伯里(미기아페리)外交秘術에曰「外交之秘術은在於用猫之柔術行狐之狡猾宜逞權謀術數」라ᄒᆞ엿스니信哉斯言也ㅣ로다

마제란傳(續)

岳裔

마제란이아사물軍營에在ᄒᆞ야一日에自己目的ᄒᆞᄂᆞᆫ바前途를沉思ᄒᆞ다가邊戍小官이丈夫의容身ᄒᆞᆯ바ㅣ아니라東海中에在ᄒᆞᆫ모라트카라云ᄒᆞᄂᆞᆫ小島에金銀寶玉이多産홈을聞ᄒᆞ고新航路를發見ᄒᆞ야써東方諸島에達코자ᄒᆞ야於是에軍職을棄ᄒᆞ고리스폰에歸來ᄒᆞ야이마누엘國王을謁見ᄒᆞ고其來意及東海島航路의發見ᄒᆞᆯ目的과其利益의多少와計畫의如何홈을奏ᄒᆞ고國王의允可를得코자ᄒᆞ니王이不聽이어ᄂᆞᆯ마제란이其友추아레로로더부러葡萄牙故國을去ᄒᆞ고西班牙에到ᄒᆞ야國王차레스를說ᄒᆞ야其目的을達코자ᄒᆞ다

當時歐西의覇權을執ᄒᆞᆫ者ᄂᆞᆫ西班牙ㅣ니大陸의富源과東西의領地를占有ᄒᆞ고弱冠으로君臨ᄒᆞᆫ者ᄂᆞᆫ차레스王이是也ㅣ라王이早自航海術를奬勵ᄒᆞ야新領土增加를熱望ᄒᆞᆯ뿐더러其先王이콜놈푸스를助ᄒᆞ야新大陸發見홈을誇慕ᄒᆞ더니時에마제란의來홈을聞ᄒᆞ고引見厚遇之ᄒᆞ며其言을從ᄒᆞ야마재란으로ᄒᆞ여금遠征隊提督을삼아武裝과兵器食糧을滿載ᄒᆞ고모라트카探險道에登케ᄒᆞ니時ᄂᆞᆫ一五一九年八月이러라마재란이探險艦隊를搭乘ᄒᆞ고샌드류카港를出發ᄒᆞ야茫々洋々ᄒᆞᆫ太西洋으로將向ᄒᆞ니向ᄒᆞᄂᆞᆫ바處所와進ᄒᆞᄂᆞᆫ바方位ᄂᆞᆫ다마재란胸中에在ᄒᆞ더라盖其計畫은新大陸東岸으로南航ᄒᆞ야東으로太平洋을航ᄒᆞ야써마라트카美島에達

코지ᄒᆞᆷ이러라蓋我地球는球像이니假若舵를西으로向ᄒᆞ야太西洋을橫斷ᄒᆞ야新大陸의南端를通過ᄒᆞ야써東大洋에達ᄒᆞᆷ을得ᄒᆞᆷ은마제란의確信ᄒᆞ는바이나海洋은無涯ᄒᆞ고航路는不明ᄒᆞᆫ데數隻孤艦이萬疊海濤에危險을不顧ᄒᆞᆷ은其艱難辛苦ᄒᆞᆷ이當如何哉아或暴風怒濤에幾於顚覆ᄒᆞᆯ境遇도有ᄒᆞ고或無人孤島에接着ᄒᆞᆯ時도有ᄒᆞ며或荒凉險惡ᄒᆞᆫ島嶼에단船ᄒᆞ야食人種等의土人과奮鬪ᄒᆞᆯ時도有ᄒᆞ며或不平ᄒᆞᆫ船員의反謀를被ᄒᆞᆯ時도有ᄒᆞ야其困難의形情은可히勝言치못ᄒᆞᆯ者ㅣ有ᄒᆞ더라西班牙를出發ᄒᆞᆫ지歲余에亞弗利加南海中에到ᄒᆞ야마재란海峽을發見ᄒᆞ고살단河口에達ᄒᆞ니河口로부터太洋에突出ᄒᆞᆫ岬角이有ᄒᆞᆫ지라마재란이此를喜望峰이라名命ᄒᆞ다於是에마제란이海峽를出ᄒᆞ야大洋으로向ᄒᆞᆷ을得ᄒᆞ니歐船이印度洋을經ᄒᆞ야大平洋을航ᄒᆞᆫ者ㅣ此로써嚆矢를作ᄒᆞ고太平洋의命名도亦마재란의지은바이러라太平洋를航ᄒᆞᆫ지數旬에食糧이日乏ᄒᆞ고冬至線을歷ᄒᆞ야熱帶로入ᄒᆞ니炎熱이愈甚ᄒᆞ야船員의病死者ㅣ多ᄒᆞᆫ지라然이나마재란의堅忍不拔ᄒᆞ는氣力으로써船員를勸勵ᄒᆞ고或土人島에入ᄒᆞ야木實魚獸等의食料를纔得ᄒᆞ야써饑餓를免ᄒᆞ다今에는亞細亞東部에在ᄒᆞᆫ無數羣島를歷ᄒᆞ야一大羣島中에達ᄒᆞ니草木이鬱蒼ᄒᆞ고風景이可愛라마제란이此島를센트사라스라稱ᄒᆞ니卽今日非律賓群島ㅣ是也라마제란이居數日에非律賓을發ᄒᆞ니時는一五二〇年春이라炎熱이자못甚치아니ᄒᆞ고海面이平穩ᄒᆞ야航海의困難도無ᄒᆞ고島嶼가多在ᄒᆞᆷ으로食料

의缺乏의憂도無ᄒᆞ더라다시一島에至ᄒᆞ니此는매사뷔아라云ᄒᆞ는處인ᄃᆡ土人의酋長이有ᄒᆞ야國王이라自稱ᄒᆞ더라마재론이其國王과交好를修ᄒᆞ고其許可를得ᄒᆞ야마사뷔아로써西班牙領地라云ᄒᆞ는紀念碑를島中高峰頂上에立ᄒᆞ고十字架를設ᄒᆞ야後日의證據를作ᄒᆞᆷ을備ᄒᆞ되元來土人及國王은言語을深通치못ᄒᆞᆷ으로此等不敵의計畧은禁키不能ᄒᆞ엿나니라

세부島는마사뷔아之西數十哩許에在ᄒᆞ니群島中에가장豐穰富强ᄒᆞᆫ슴이라마제론이此島를征服ᄒᆞ야써西班牙의領土를삼고자ᄒᆞ야마사뷔사를離ᄒᆞ야세부에到ᄒᆞ니土人이皆畏怯逃避ᄒᆞ는지라마제론이船將二人을遣ᄒᆞ야세부酋王을見ᄒᆞ고來意로써通ᄒᆞ니酋王이天을指ᄒᆞ야欵意를示ᄒᆞ고（島俗에客을見ᄒᆞ고天을指ᄒᆞᆷ은歡迎ᄒᆞ는意를表ᄒᆞᆷ이라）來使를厚待ᄒᆞ더라翌日에酋王이亦使臣을마제란의게遣ᄒᆞ야謝意를表ᄒᆞ니라마제란이酋長과通商貿易을約ᄒᆞ고王宮附近에貿易場을開ᄒᆞ고多大ᄒᆞᆫ利益을得ᄒᆞ다酋王을說ᄒᆞ야基督敎를信奉ᄒᆞᆷ을勸ᄒᆞ니王이喜從之어늘마지론이吉日를擇ᄒᆞ야酋王으로더부러宮臣及土人을招會ᄒᆞ야써盛大ᄒᆞᆫ儀式을設ᄒᆞ고各々洗禮를授케ᄒᆞ니於是에세부全島가基督敎敎徒가됨에至ᄒᆞ다

마지론이세부를離코자ᄒᆞᆯ際에세북의屬島마단酋王이세북王의外人을接迎ᄒᆞ며外敎를信ᄒᆞᆷ을聞ᄒᆞ고大怒ᄒᆞ야土民을煽動ᄒᆞ야세북를來襲ᄒᆞ야마지론을擊退코ᄌᆞᄒᆞᆷ을聞ᄒᆞ고ᄆᆞ제란이드ᄃᆡ여軍裝을整頓ᄒᆞ야不意에다단을襲擊코ᄌᆞᄒᆞ야夜를

乘ᄒᆞ야ᄆᆞ단島에到着立니時에오히려天이未明이라土賊이마져론의來ᄒᆞᆷ을預知ᄒᆞ고防禦의準備不怠ᄒᆞ야木楯竹槍이星光下에動ᄒᆞᆷ을見ᄒᆞᆯ너라島天이既明에兩軍이相對ᄒᆞ니土賊은其數가數千에不下ᄒᆞ고마져론의所率은四十航客에不過ᄒᆞᆫ지라銃砲機械의利ᄒᆞᆷ은土賊의게不讓ᄒᆞᄂᆞ衆寡不敵ᄒᆞ니其勢岌嶪이라마졔란이部下를命ᄒᆞ야奮力々鬪ᄒᆞᄃᆡ勢無奈何라不幸ᄒᆞᄃᆡ跛足將軍이衆槍을多被ᄒᆞ야鮮血이滿身ᄒᆞᄃᆡ猶爲不屈ᄒᆞ고獨力으로奮戰ᄒᆞ야數賊을殺ᄒᆞ나맛참ᄂᆡ毒槍이飛來에右腕을失ᄒᆞ야更히鬪不能立不得ᄒᆞ고畢竟大發見家大探險家偉人힐ᄂᆞᆫ마졔란으로ᄒᆞ여금蠻人孤島에셔其禽을盡케ᄒᆞ니嗚呼ㅣ라時年四十一歲오其日은即一五二一年四月十七日也ㅣ러라　（未完）

文苑

咸鏡道壬辰義兵大捷碑文

嘯海 生 謄

此碑ᄂᆞᆫ我韓在昔龍蛇之亂에義兵將李붕壽及鄭文孚法公이敵兵을吉州에
서大破ᄒᆞᆫ事實을記載ᄒᆞ야后世에遺傳케ᄒᆞᆷ이니라距今六年前에日本人
池田○○이暗自偸來ᄒᆞ야彼國의靖國神社(我韓獎忠壇과如ᄒᆞᆷ)後院에移
置ᄒᆞᆫ故로此를見ᄒᆞᆷ이所感이有ᄒᆞ야此에謄載ᄒᆞᆷ

在昔壬辰之亂其力戰破敵雄鳴一世、水戰則有李忠武之閑山島焉、陸戰則有權元
師之幸州焉、有李月川之延安焉、史氏記之、遊談者稱之、不倦、雖然此猶有位地、
資於乘賦什伍之出也、若起卑微、奮逃竄徒、以忠義相感激、卒能用烏合取全勝、
克復一方者、關北之兵爲最、始萬歷中倭酋秀吉、怙强驁逆、規犯中國、怒我不與
假道、遂大入寇、長驅至都、宣廟旣西幸而列都瓦解、賊已陷京畿、其驍將二人、分
兵首兩路、行長行朝西、淸正主北攻其秋淸正入北道兵銳甚、鐵嶺以北無城守焉、
於是鞠敬仁等叛應賊、敬仁者會寧府吏也、素惡不率、及賊到富寧、隙危煽亂、執

王子及宰臣奔播者、並縛諸長吏與賊效欵、鏡城吏鞠世必其叔父也、及明川民末守木男、連謀相黨、幷受賊所署官、各據州城聲張勢立、殺脅惟所指、數州崩駭、人莫自保、 鏡城李鵬壽學氣士也、 奮曰縱國家創攘至此兇徒敢爾耶、 乃潛與崔配天、지達源、姜文祐、等謀起義兵、諸人地相夷、莫適爲將、評事鄭文孚、有文武才、無兵可戰、脫身匿山谷間、聞義兵起、欣然從之、遂推鄭公爲主將、鐘城府吏鄭見龍、慶源府吏吳應台、爲次將、歃血誓義、募兵得百餘人、時北虜又侵北邊、諸公使人誘世必、幷力禦北虜、世必許之、內義兵州城、明朝、鄭公建旗皷上南城樓、誘世必上알、時其入目文佑禽之、斬以徇、赦其脅從、即引兵南趣明川、又捕末守等斬之、會寧人亦討敬仁誅之、以應義兵、軍勢稍壯、來附者益衆、吉州人許珍、金國信、許大成、亦聚兵爲聲援、當是時、 淸正令褊將領精兵數千據吉州、 身率大軍屯南關以護之、十一月遇于加坡將戰鄭公副署諸將見龍爲中衛將、屯白塔、應台及元忠恕爲伏兵將、分屯石城、○會韓人濟爲左右衛將、 屯木柵、柳敬天爲右衛將、 둔○河、金國信許珍爲左右斥候將、○○○○○分屯臨溟方峙、賊狃勝不甚備、諸軍幷起撈擊乘銳蹙之、士無不疾呼先登者、賊敗走、縱兵追之殺其將五人、斬獲無數、盡奪其馬畜兵械、○○○遠近響震、○○應之、衆至七千餘人、賊遂入吉州城、窘不敢動、列伏于旁陿邀其出輒剿之、 已而城津賊大拔于臨溟、 率輕騎○○○倦其還、決擊大破之、又斬數百餘人、遂剖其腹臓暴之大路、於是兵聲大振、賊益畏之、

十二月又戰于雙浦、戰方合令褊將、引數騎橫衝迅如風雨、賊失勢不及交鋒、皆散走、乘勝又破之、明年正月、又戰于端川、三戰三勝、還屯吉州休士、旣而、淸正知軍不利、、遣大兵迎還吉州賊、我軍尾擊至白塔大戰又敗之、是役也、李鵬壽、許大成、李希唐、戰死、然賊遂退不敢復北、當是時◯◎明將李如松、亦破行長於平壤、鄭公乃使崔配天間行奏捷于行在、 上引見流涕贈鵬壽司憲府監察、 賜配天秩朝散、觀察使怒文孚不稟節度而疾義兵功聲出己、聞奏率以誣揜、 以故◯◯◯◯◯顯宗時、觀察使閔鼎重、 北評事李端夏、 聽於父老以實聞、於是贈文孚贊成、鵬壽持平、餘人贈官有差、又建祠鏡城、 ◯◯賜額曰彰烈、 今上庚辰昌大爲北評事、旣與義旅之子孫、訪聞前故、得事蹟爲詳、 然慨想諸公風、又常餘所謂◯◯觀其營辟戰陣之所、徘徊持顧不能去、語于長者曰、 島夷之禍烈矣、三島復而八路壞、諸公出萬死一生、提孤軍摧勁孑、使我國家興主舊地、卒免於在衽而邊塞之人、與於聽聞、効於忠義者、又誰之力也、幸州延安俱有碑碣、載事垂烈、東西瞻式、以關北之功之盛、而獨闕焉庸非諸君之恥歟、咸應曰然、惟鄙人志矧公之命、遂伐石鳩財以人來請文、辭非其人、又來曰斯役也公實首議、不得命、將綴、余乃叙其事繼之銘曰、

有盜自南　我王于藩　屹々北原　有蠢者氓
讋我大邦　以國受鋒　猘籍穴墉　不抗以從

血口胥吞 士也걸々 兵義莫利 既殲叛徒
湯毒以凶 崚群攸同 不屑戈了 孑莫我衝
武夫聲呼 師征孔赫 協底帝罰 北土既平
山攉海涵 厥酋崩惱 非私我忠 爾蠶我農
大君曰咨 贈官命祠 士風其烈 臨溟之垔
孰尙女功 光惠始終 民可卽戒 有石岺々
刻之誦詞
用眂無窮

北關大捷碑事件에對ᄒᆞ야我의所感

大抵凡物은久ᄒᆞ면死ᄒᆞ고久ᄒᆞ면廢ᄒᆞ고久ᄒᆞ면滅ᄒᆞᄂᆞ니此ᄂᆞᆫ古今에貫ᄒᆞ고東西에亘ᄒᆞ야共通ᄒᆞᆫ事實이라可謂ᄒᆞᆯ지나今에一種이有ᄒᆞ야死치도안이ᄒᆞ며廢치도안이ᄒᆞ며滅치도안이ᄒᆞ야ᄒᆞᆫ갓此와如ᄒᆞᆯᄲᅮᆫ不啻라久ᄒᆞᆯ수록新ᄒᆞ며久ᄒᆞᆯ수록光ᄒᆞ야國民된者로ᄒᆞ야금可히崇拜ᄒᆞ며可히謳歌ᄒᆞᆯ者ᄂᆞᆫ國粹的史筆이是也라昔에左史倚相이能이三墳五典九子八索을讀ᄒᆞ얏시매論者云호ᄃᆡ是ᄂᆞᆫ楚國의寶라稱ᄒᆞ얏고簪纓은小物이로ᄃᆡ孔子ㅣ此를愛惜ᄒᆞ셧거든ᄒᆞ믈며自國의歷史로自國의國粹가되야可히恭敬ᄒᆞ며可히愛重ᄒᆞ며可히欽仰ᄒᆞ며可히効則ᄒᆞᆯ者이리요然則上

下東西의何國을勿論ᄒᆞ고治亂이相乘ᄒᆞ고盛衰가相替ᄒᆞᄂᆞᆫ時를當ᄒᆞ야그ㅣ拔類超群ᄒᆞᄂᆞᆫ偉傑이往々世間에現出ᄒᆞ야勝亂誅暴의偉蹟과繼絶存亡의勳業이種々史冊에現耀ᄒᆞᆫ즉此ᄂᆞᆫ곳國家的思想을鼓吹ᄒᆞᄂᆞᆫ原動力이라然ᄒᆞ나此를保守ᄒᆞᄂᆞᆫ主權者ᄂᆞᆫ天地에委ᄒᆞᆷ도不可ᄒᆞ고神祇에託ᄒᆞᆷ도不可ᄒᆞ야即一定ᄒᆞᆫ土地와一定ᄒᆞᆫ國民으로一國家를組成ᄒᆞᆫ其人이擔負ᄒᆞᆯ責任이로다然則英國의國粹保守ᄂᆞᆫ英國人의擔負ᄒᆞᆫ者이오米國의國粹保守ᄂᆞᆫ米國人의擔負ᄒᆞᆫ者이오日本의國粹保守ᄂᆞᆫ日本人의擔負ᄒᆞᆫ者이오我大韓의國粹保守ᄂᆞᆫ我大韓二千萬民族의共通擔負ᄒᆞᆫ者이라今에或人이有ᄒᆞ야華盛頓의紀功碑와日本의西鄕隆盛의銅像과如ᄒᆞᆫ者를破碎ᄒᆞ거나或竊取ᄒᆞᆯ境遇이면其國은반다시傾國의力을盡ᄒᆞ야死로써爭ᄒᆞ리니此ᄂᆞᆫ無他라만약國粹를一失ᄒᆞ면其國은곳丘墟를化作ᄒᆞ야種族이淪亡ᄒᆞᄂᆞᆫ至慘極痛에遂至ᄒᆞᆷ이라嗟我大韓龍蛇의亂은尙忍言哉아宗社ᄂᆞᆫ綴유의形勢가有ᄒᆞ얏고種族은蹂躪의慘毒을被ᄒᆞ얏시나天이我韓을眷顧ᄒᆞ심으로偉傑이輩出ᄒᆞ야遂히克復平定ᄒᆞᆷ의至ᄒᆞ얏시니若李忠武의閑山島의戰과權元帥의幸州의戰과李月川의延安의戰에敵兵을大破ᄒᆞ야氣勢을頓挫ᄒᆞ얏고若此大捷碑ᄂᆞᆫ關北의義旗가高揭에四方이風動ᄒᆞ야吉州의敵을大破ᄒᆞ니此時를當ᄒᆞ야若李公鄭公及擧義諸公은元來乘賦의資力과官階의權能이毫無ᄒᆞ얏거ᄂᆞᆯ萬死一生의計와爲國効節의志로鈍兵을磨礪ᄒᆞ며孤軍을奮發ᄒᆞ야屍山血海에揮戟前進ᄒᆞ니天地도爲ᄒᆞ야震

怒ᄒᆞ고壯士도爲ᄒᆞ야飮泣ᄒᆞ야슬지로다其赫々ᄒᆞᆫ事實이日月로爭光ᄒᆞ야至今幾百有餘載의我韓民族이贊頌ᄒᆞ고瞻仰ᄒᆞ던비라今日에至ᄒᆞ야胡然히萬里滄溟의風濤를遠涉ᄒᆞ야此土에至ᄒᆞ얏ᄂᆞᆫ고余ᄂᆞᆫ此비를對ᄒᆞᆷ이舊蹟을感懷ᄒᆞ고時變을驚歎ᄒᆞ야怒髮衝冠의呑聲揮涕ᄒᆞᆷ을不禁ᄒᆞ얏노라嗟々我韓國의骨과韓國의血로韓土에生ᄒᆞ야韓粟을食ᄒᆞ며韓絲를服ᄒᆞ며韓家의國光을發揮코자ᄒᆞᄂᆞᆫ我韓國同胞兄弟姊妹諸氏여誰가此를奮歎痛罵치안이ᄒᆞ며또ᄒᆞᆫ誰가能히此等國粹를侮辱傷失케ᄒᆞᆫ大罪를能免ᄒᆞ리요然則此ᄂᆞᆫ我韓二千萬民族의頭腦를碎ᄒᆞ며肝膽을剖ᄒᆞᆯ지라도此에서寢ᄒᆞ며此에서食ᄒᆞ며此를念ᄒᆞ며此를思ᄒᆞ야越句踐의膽을嘗ᄒᆞ고蘇李子의股를刺ᄒᆞᆷ과如히時々刻々으로掩置키不可ᄒᆞᆫ者ㅣ라大抵日本은東洋의平和維持를唱道ᄒᆞᄂᆞᆫ國이안니며彼池田은即日本의臣子가안인가何故로隣邦의重器를敢히遷移ᄒᆞ야他人의國粹를磨滅코자ᄒᆞ야彼國의唱道ᄒᆞᄂᆞᆫ바東洋平和主義를破壞ᄒᆞᄂᆞᆫ고且其言에云호ᄃᆡ兩國의和意를損傷ᄒᆞᆯ가慮ᄒᆞ야移來ᄒᆞ얏다ᄒᆞ얏도다此ᄂᆞᆫ反히韓人의夙怨을惹起ᄒᆞ고新恨을催進케ᄒᆞᆷ이안이리요然則彼지田은我韓의公賊일ᄲᅮᆫ안니라또ᄒᆞᆫ彼國의罪人됨을免치못ᄒᆞᆯ지로다噫라一片의石은能히遷移ᄒᆞ얏시나其赫々ᄒᆞᆫ事實은二千萬頭腦에已刻ᄒᆞ얏시며國粹的史筆은萬古不渝ᄒᆞᄂᆞᆫ原則이自在ᄒᆞ니亦何益이有ᄒᆞ리요痛矣々々로다余ᄂᆞᆫ此一片石下에剖腹洒血ᄒᆞ야千古의班點을作ᄒᆞ기不能ᄒᆞ고空然히張皇ᄒᆞᆫ言辭로兄弟의目을眩케

ᄒᆞ며耳를聒케ᄒᆞᆷ은無他라夫人은自侮ᄒᆞᆫ后에人이侮ᄒᆞ며國은自伐ᄒᆞᆫ后에人이伐ᄒᆞᄂᆞ니만일我韓二千萬衆이時代의變遷을隨ᄒᆞ야國家的思想을頭腦에保有ᄒᆞ야二十世紀競爭場裡에昏々醉睡ᄒᆞᄂᆞᆫ狀態에墮落지안니ᄒᆞ엿시면비록狼貪虎視ᄒᆞ며狙虢鴟張ᄒᆞ야人道를破壞ᄒᆞ며壑慾을敢充ᄒᆞᄂᆞᆫ滿天下가皆敵國인들何로從ᄒᆞ야詭譎을弄ᄒᆞ리요然則自己의罪ᄂᆞᆫ自己가猛省亟改치안이ᄒᆞ면萬刼輪回를脫出ᄒᆞᆯ日이永無ᄒᆞ리로다엇지別人이有ᄒᆞ야我의罪를代償ᄒᆞ리요天은自助ᄒᆞᄂᆞᆫ人을助ᄒᆞᆫ다ᄒᆞ엿스니嗟我同胞ᄂᆞᆫ急速히민勉ᄒᆞ야精神을淬礪ᄒᆞ고志氣를奮發ᄒᆞ야往日의自侮自伐ᄒᆞ던罪를節々句々로思量反覆ᄒᆞ며徹頭徹尾에悔心訟愆ᄒᆞ야惡習은消去ᄒᆞ고德性언涵養ᄒᆞ야新韓國에新韓民을作ᄒᆞ야我의疆土ᄂᆞᆫ我가治理ᄒᆞ며我의業務ᄂᆞᆫ我가發達ᄒᆞ고我의敎育은我가擴張ᄒᆞ며我의權利ᄂᆞᆫ我가恢復ᄒᆞ면自然히國力도興隆ᄒᆞ고國耻도洗滌ᄒᆞ리니願컨ᄃᆡ留心靜思ᄒᆞ야興起ᄒᆞᆯ지어다惟我同胞姉妹아

送友歸京城

王吾生

不失我眞天　江山千古色　勸酒元無志　願將吾目的
海東憶仲連　花樹一時烟　和詩若有緣　萬世惟心傳

又

芹野

四十東遊海外天　道險有歌多白石　酒契丁寧留後約　稻乃勝事今如此
琴笙釵筑意相連　樹濃無處不青烟　詩媒惟可續前緣　歸去湖中莫浪傳

又

틔빅山人

蓬島重々海上天　小樓酒暖黃梅雨　雪岳多年經幾苦　此行豈爲一時樂
火輪浪船日相連　故國人歸綠樹烟　鵬程萬里有前緣　勝事聊令宇內傳

又

松泉

相尋日々洞中天 芹野松泉一路連
客去黃梅四月雨 夏生綠樹萬家烟
釰筑逢塲多意氣 詠觴半日亦奇緣
若問英雄歸後績 只今文武兩相傳

又 古泉

東亦有天西有天 一風一雨氣相連
觀海可量千派水 登程何妨一條烟
宇內氛祲應有限 客中送別奈無緣
湖南舊友如相問 為我平安二字傳

結婚ᄒᆞᆫ娘子의게與ᄒᆞᆫ書 (譯)

ᄃᆡ 빅 山 人

「我의게自由를與ᄒᆞ던지그러치아니ᄒᆞ면死를與ᄒᆞ라」고大演說을行ᄒᆞ야自由의旗를飜케ᄒᆞ야맛참ᄂᆡ米國今日의富强基業을完成ᄒᆞ게ᄒᆞᆫ有名ᄒᆞᆫ愛國家파토릭쿠、헨리ㅣ가其女의結婚에際ᄒᆞ야與ᄒᆞᆫ書一面이近頃에至ᄒᆞ야世에公行ᄒᆞ인지라故로左에其抄譯을揭ᄒᆞ노라

國을爲ᄒᆞ야死를不避ᄒᆞᄂᆞᆫ大愛國家도其愛女의結婚을際ᄒᆞ야그言辭의親切ᄒᆞᆷ이老婆보다도로혀極盡ᄒᆞᆫ지라將來人의良妻賢母될結婚前娘子의게向ᄒᆞ야不可不一讀케ᄒᆞᆷ이必要ᄒᆞᆫ故로維◎我◎ᄃᆡ빅山人이江戶書屋에셔學退를暇ᄒᆞ야此에譯載ᄒᆞ노라

愛ᄒᆞᄂᆞᆫ우리달ᄋᆞ、너의身은지금幸福인지悲哀間어ᄃᆡ던지遭遇ᄒᆞ야新生涯에入ᄒᆞ라ᄒᆞᄂᆞᆫ터이라此際를當ᄒᆞ야父가너의몸을爲ᄒᆞ야勸戒ᄒᆞ고십은것은他ㅣ아니라너의몸이勤愼ᄒᆞ고柔順ᄒᆞ게ᄒᆞ야變ᄒᆞᄂᆞᆫ心事ㅣ無케ᄒᆞ야너의夫를셤길지라공곰

생각컨ᄃᆡ 너의몸은지금다ᄒᆡᆼ이名譽가잇고才能이잇심으로써寬仁大度의心을有ᄒᆞᆫ男子를夫로定ᄒᆞᆷ을得ᄒᆞᆯ터이라그런故로너의身은家庭에在ᄒᆞ야充分ᄒᆞᆫ幸福을享受ᄒᆞᆷ을得ᄒᆞᆯ줄노思ᄒᆞ나父된나의마음은너의身을對ᄒᆞ야또一言이업지못ᄒᆞᆯ지로다

●夫를支配(管理之意)치말라 너의身이今後不可不守ᄒᆞᆯ第一要件은夫의言을反對ᄒᆞ고不愉快ᄒᆞᆫ色을示ᄒᆞ며或其他何等方法이던지怒氣를發現ᄒᆞ야夫를支配ᄒᆞ라ᄒᆞᄂᆞᆫ事이不可ᄒᆞᆫ지라謹愼ᄒᆞ야熱情에富ᄒᆞᆫ人은其妻의怒ᄒᆞᆫ顔色과態度로써反對ᄒᆞᆷ에對ᄒᆞ야能히耐過ᄒᆞᄂᆞᆫ者ㅣ少ᄒᆞ니라妻ㅣ되여如此ᄒᆞᆫ態度를示ᄒᆞ면夫의愛情의泉은突然이停止되고其戀愛의念은忽然이薄䟽ᄒᆞ게될지라夫ᄂᆞᆫ일노써非常ᄒᆞᆫ感情을生ᄒᆞ야妻를輕侮ᄒᆞᆯ念이猝然이動ᄒᆞᄂᆞ니라

●夫의妻의게對ᄒᆞᆫ要求 人의結婚ᄒᆞᄂᆞᆫᄃᆡ其人이善良ᄒᆞᆫ人이되라ᄒᆞᆷ은먼저其妻의게對ᄒᆞ야一種의信用을要求ᄒᆞᄂᆞᆫ者이라自己가一人男子ㅣ되여凡事를自己의判斷에依ᄒᆞ야自由로行動ᄒᆞᆷ을要求ᄒᆞᆯ뿐아니라또自己의謹愼ᄒᆞᆷ으로써人의게對ᄒᆞ면죰금도그릇ᄒᆞᄂᆞᆫ行動를ᄒᆞᄂᆞᆫ事ㅣ엽실뜻ᄒᆞᆫ信用을其妻의게得ᄒᆞᆯ事를要求ᄒᆞᄂᆞ니此點을充分이會得지못ᄒᆞ면大失敗를招ᄒᆞᆯ事ㅣ有ᄒᆞ니라

●些少ᄒᆞᆫ事故도家庭不和의原因 其次에不可不注意ᄒᆞᆯ者ᄂᆞᆫ些少의事故이라實際上으로觀ᄒᆞ면些少ᄒᆞᆫ事故이라도家庭에在ᄒᆞ야ᄂᆞᆫ時々도爭論의種이되ᄂᆞᆫ事ㅣ

有ᄒᆞ니그런故로如斯ᄒᆞᆫ때에ᄂᆞᆫ妻된者ᄂᆞᆫ決코此로뼈爭論의問題를짓지말고恒常愉快ᄒᆞᆫ念과愛情의笑(방긋、웃는、모양)로써夫의게對ᄒᆞᆷ이必要ᄒᆞ니라그리ᄒᆞ면夫와己의間에意見이相違됨은假令少有ᄒᆞᆯ지라도大困厄의基를思ᄒᆞ고平和安穩의樂土되ᄂᆞᆫ家庭의厄病神으로思ᄒᆞ야以上의注意를勿怠ᄒᆞᆷ이必要ᄒᆞ니라

●反對ᄂᆞᆫ愛情을失ᄒᆞᄂᆞᆫ基　夫人은其夫의게對ᄒᆞᆫ反對를因ᄒᆞ야如何ᄒᆞᆫ利益을得ᄒᆞᆯ고是ᄂᆞᆫ更히論述ᄒᆞᆯ必要ㅣ無ᄒᆞᆫ지라何等의利益도得ᄒᆞᆷ이無ᄒᆞ고夫人은此를因ᄒᆞ야도로혀夫의게輕侮를受ᄒᆞᆷ에至ᄒᆞ고그愛情을失ᄒᆞ야將來幸福의基礎를危케ᄒᆞ고悲哀痛歎의種子를줄々ᄲᅮ리ᄂᆞᆫᄃᆡ至ᄒᆞᄂᆞ니라

●年老ᄒᆞ야도夫의愛情를失치아니ᄒᆞᄂᆞᆫ法　然則夫의意情은如何히ᄒᆞ야不變ᄒᆞᆷ을得ᄒᆞᆯ고ᄒᆞ면다만그妻가心의奧底(衷心、츙심)로부터나ᄂᆞᆫ親切과愛嬌와謹愼과愛着의念에依ᄒᆞ야만此를維持ᄒᆞᆷ을得ᄒᆞᄂᆞ니라妻ㅣ되여恒常如此히ᄒᆞ면假令己의容貌ㅣ衰ᄒᆞ야額上幾線의波를漂揚ᄒᆞ고豊頰을空失ᄒᆞ야枯柳의幹에不異ᄒᆞᆷ에至ᄒᆞ야도오리려其夫의愛ᄂᆞᆫ不失ᄒᆞᄂᆞ니라(妙法)

●夫가夜間遲歸ᄒᆞᆯ時의注意　夫가外出ᄒᆞ야밤이오란지라己의豫期ᄒᆞ야잇ᄂᆞᆫ것보다더듸게不歸ᄒᆞᄂᆞᆫ事ㅣ有ᄒᆞ더레도其歸ᄒᆞᆯ際에ᄂᆞᆫ決코苦々ᄒᆞᆫ(잔득징그린모양)顔色으로迎接ᄒᆞᆷ이不可ᄒᆞ니반다시녀의親切ᄒᆞᆫᄆᆞ음과和順ᄒᆞᆫ顔色으로써欣迎ᄒᆞᆷ이可ᄒᆞ니라또裝飾品或器具等을夫가買來ᄒᆞᆯ際에ᄂᆞᆫ其物이假令己의預期ᄒᆞᆫ

바의良品이아니라도決코此에對ᄒᆞ야不滿足의色을表홈이不可ᄒᆞ니愉快ᄒᆞᆫ顏色으로써接홈이必要ᄒᆞ니라

●接待의準備가無ᄒᆞᆫ딕客來ᄒᆞᆯ時에ᄂᆞᆫ如何　永久ᄒᆞᆫ生涯之間에ᄂᆞᆫ或너의게豫知케ᄒᆞᆫ事ㅣ無ᄒᆞ고夫가朋友同僚를伴歸ᄒᆞᄂᆞᆫ事ㅣ有ᄒᆞᆯ지니如斯ᄒᆞᆫ際에라도決코不愉快ᄒᆞᆫ顏色으로迎接홈이不可ᄒᆞ니라ᄯᅢ로或接待의準備도無ᄒᆞᆫ딕如斯히客이入來ᄒᆞ야窘迫ᄒᆞᆯ일이有ᄒᆞᆯ듯ᄒᆞ나決코죠금치라도不平ᄒᆞᆫ容貌로써接迎ᄒᆞᄂᆞᆫ事ᄂᆞᆫ不可ᄒᆞ니愉快로써歡迎ᄒᆞ면假令接待ᄂᆞᆫ좀不足ᄒᆞᆯ지라도其來客은滿足히알것이오ᄯᅩ山珍海味로ᄲᅧ接待ᄒᆞ니보다도로혀愉快ᄒᆞ개感ᄒᆞᆯ지니라

●妻의行爲ᄂᆞᆫ夫의人望에影響　次에注意ᄒᆞᆯ것은너의身이夫의成功에利益이잇게用心ᄒᆞᆯ지라職業에잇ᄂᆞᆫ者의成功과不成功은人望의如何를因ᄒᆞ야分別ᄒᆞ나니其人望을得ᄒᆞ고不得홈은妻된者의行爲가影響을밋치ᄂᆞᆫ바이頗大ᄒᆞ니充分이此點에注意ᄒᆞᆯ지니라貧人을對ᄒᆞ던지富者를對ᄒᆞ던지親切ᄒᆞ게홈은勿論이어니와如何ᄒᆞᆫ자리에在ᄒᆞ던지決코傲慢ᄒᆞᆫ擧動을示홈은不可ᄒᆞ니라

●婢僕使喚法　婢僕으로ᄒᆞ야곰適當ᄒᆞ게家務를處理ᄒᆞ랴고思ᄒᆞ면決코此를輕侮ᄒᆞᄂᆞᆫ等의行爲가有홈은不可ᄒᆞ니라嘲笑怒罵等은ᄒᆞᆫ갓彼等으로ᄒᆞ야곰不滿의念을起케ᄒᆞ고忍耐ᄒᆞ야家務를處理ᄒᆞᆯ勇氣ᄂᆞᆫ缺케되나니다만穩和케ᄒᆞ야剛毅ᄒᆞᆫ行爲로彼等을引導홈이緊要ᄒᆞ니라

●小說을耽讀지말라　너는또너머小說를耽讀ᄒᆞᄂᆞᆫ等事ᄂᆞᆫ不可ᄒᆞ니라世上에往々道德上에有益ᄒᆞᆫ小說도업지ᄂᆞᆫ아니ᄒᆞᄂᆞ其太半은知力上의食物과갓치適當ᄒᆞᆫ것은無ᄒᆞ니라歷史、地理、詩、傳記、倫理書、旅行記、說敎集、列女傳等은너의놉의品性을陶冶ᄒᆞᄂᆞᆫ上에在ᄒᆞ야有益ᄒᆞᆫ書物이되나니餘暇잇거든恒常是等의書物를閱讀ᄒᆞᆷ이可ᄒᆞ니라

●困厄의際와宗敎心　宗敎上에一個의信仰을有치아니ᄒᆞᆫ婦人은道德上에在ᄒᆞ야安固ᄒᆞᆫ婦人이라云ᄒᆞᆷ을不得ᄒᆞᄂᆞ니라宗敎心이無ᄒᆞᆫ者ᄂᆞᆫ感情에馳ᄒᆞ야事를誤ᄒᆞᆷ이不少ᄒᆞ나니만일心의奧底에神을信ᄒᆞᄂᆞᆫ念이無ᄒᆞ면困厄의一家에襲來ᄒᆞᆯ際에能히安心立命의地를發見ᄒᆞ야適當케處理ᄒᆞᆯ事이困難ᄒᆞ니라

●夫婦間의謹愼　가장親密ᄒᆞᆫ朋友間에在ᄒᆞ야相互의謹愼이必要ᄒᆞᆷ과如히夫婦間에在ᄒᆞ야도미양相互의謹愼이第一必要ᄒᆞ니라謹신은交際上에在ᄒᆞᆫ油와類似ᄒᆞᆫ物이되여相互間의軋轢을防ᄒᆞᄂᆞᆫ者ㅣ되ᄂᆞᆫ故로此事ᄂᆞᆫ平生에充分이注意ᄒᆞᆯ지니라

終에至ᄒᆞ야너의身에特히警告ᄒᆞ고십은事이有ᄒᆞ니此ᄂᆞᆫ別件이아니라너의結婚後에在ᄒᆞᆫ幸福은決코富의如何에在ᄒᆞᆫ者ㅣ아닌一事이라以上此意로ᄡᅧ滿足히實行ᄒᆞ야生平을注意ᄒᆞᆷ이最是緊要ᄒᆞ니라　（完）

間島鑛産物

安鼎夏 抄譯

日本國農商務省地質調査所에서統監府囑託으로小川技師를出張케ᄒᆞ야再昨年七月以來로間島의地質及鑛山의調査에着手ᄒᆞ야昨年二月中旬에略査를結了ᄒᆞ고其後에地圖의調製를完了ᄒᆞ야間島의區域及廣袤地勢地質鑛産等에關ᄒᆞᆫ調査의結果를發表ᄒᆞ얏ᄂᆞᆫᄃᆡ鑛産의關ᄒᆞᆫ것이左와如ᄒᆞᆷ

間島의鑛産物에ᄂᆞᆫ金、銀、銅、鐵、石炭等이重要ᄒᆞᆫ者오金에ᄂᆞᆫ二種이有ᄒᆞ니砂金山金이是也라山金은蜂蜜溝附近片麻岩中에胚胎ᄒᆞᆫ石英脈으로부터採出ᄒᆞ나含金量이極少ᄒᆞᆷ

●砂金● 은其下流二道溝及三道溝에서一時盛大히採出ᄒᆞ야시나目下ᄂᆞᆫ休止ᄒᆞ고此外片麻岩地方溪谷에ᄂᆞᆫ尙今採出ᄒᆞᆯ만ᄒᆞᆫ地가有ᄒᆞ며銀銅鑛은布爾哈通支流와胡仙洞河上流에多出ᄒᆞᆷ

●天寶山鑛山● 此鑛床은花崗岩、內線岩、等噴出岩과石灰岩을挾ᄒᆞᆫ古生層과接觸ᄒᆞᆫ部分에胚胎ᄒᆞᆫ二鑛脈이有ᄒᆞ니一은輝銀鑛、方鉛鑛、黃銅鑛、閃鉛鑛을爲主ᄒᆞᆫ石英脈이오一은全혀黃銅鑛으로된扁豆狀의鑛塊라

前者ᄂᆞᆫ幅이二三尺或十尺假量膨大ᄒᆞ야北西로부터南東에走ᄒᆞ야殆히直立ᄒᆞᆫ지라此를採掘ᄒᆞ야支那式精煉法으로銀을收取ᄒᆞ얏슴으로銅은全혀鑛滓中에殘在

ᄒᆞ야銅의分留六分餘에達ᄒᆞ고鑛床의露頭로부터堅坑을掘下ᄒᆞ야採掘ᄒᆞᆫ지五六年이되야水準下에達ᄒᆞ야採掘에困難ᄒᆞᆫ結果로喞筒其他의機械를輸入ᄒᆞ며西洋式熔鑛爐를築造ᄒᆞ얏시나技術者를不得ᄒᆞᆷ으로失敗ᄒᆞ얏고義和團事變際에燒破된故로不得已ᄒᆞ야停止ᄒᆞ얏다가明治四十年에日淸兩國人의協同ᄒᆞ야同十月부터下底排水과採鑛의目的으로鑛坑을開掘ᄒᆞ얏시나外交上의關係로其進行을中止ᄒᆞᆷ

石炭 은쥬羅紀層中에夾在ᄒᆞᆫ一條가有ᄒᆞᆫᄃᆡ其厚가尺에達ᄒᆞ고目下老頭溝三道溝甑山銅等에ᄂᆞᆫ石炭이出ᄒᆞ나炭質이劣等인故로燒酎蒸溜用燃料에止ᄒᆞᆯ뿐이오販路가狹ᄒᆞ야事業이不振ᄒᆞᄂᆞᆫ지라將來間島地方에汽車通ᄒᆞᆯ時를當ᄒᆞ면機關車의共給ᄒᆞᆯ燃料에不過ᄒᆞ고三旂中生窪地의夾炭層은更히詳細ᄒᆞᆫ調査를行ᄒᆞᆯ必要가有ᄒᆞᆷ

世界의格言

具滋旭

◎敎育에關ᄒᆞᆫ 敎育의目的은兒童으로ᄒᆞ야곰自主自制의人物이되게ᄒᆞᆷ에在ᄒᆞ고人에게制御될人物이되게ᄒᆞᆷ에不在ᄒᆞ니라 스펜사ㅣ

敎育은人의性을變換ᄒᆞᆷ이아니오오쥭此를修養케ᄒᆞᆯ뿐 아리시토들

敎育은習慣으로써第一義를作ᄒᆞᆷ 롯크

女子의教育은或浮華에流ᄒᆞ며驕恣이陷ᄒᆞᄂᆞᆫ弊ㅣ不無ᄒᆞᄂᆞ니此弊ᄅᆞᆯ不矯ᄒᆞᆫ즉拙工의磨玉ᄒᆞᆷ과如ᄒᆞ야其光을不發ᄒᆞ고其質을反損ᄒᆞᄂᆞ니라　아티링

(不能)의語ᄂᆞᆫ다만痴人이字典中에셔見ᄒᆞᆯᄲᅮᆫ　나폴레온

◎文學、演藝에關ᄒᆞᆫ

文學의大洋에ᄂᆞᆫ限界가無ᄒᆞ니라　로듸쵸골드

詩人은自己도難解ᄒᆞᆯ大且賢의言을多發ᄒᆞᄂᆞ니라　훌라ㅣ트

文學라美術은人民의名譽와幸福에必要ᄒᆞᆫ者ㅣ니라　구리스우올드

繪畫ᄂᆞᆫ無言의詩學이니라　아이모니데스

音樂은精神의調和物이니라　스원반

演劇은人性의正當ᄒᆞᆫ想像됨을要ᄒᆞᆷ　도라이덴

識者ᄂᆞᆫ美術의道理를解ᄒᆞ고無識者ᄂᆞᆫ其愉快를感ᄒᆞᆯᄲᅮᆫ　권티릐인

美女ᄂᆞᆫ精神의地獄이며金錢의蟊賊也나兩眼에ᄂᆞᆫ極樂이니라　촌데렐

◎歷史에關ᄒᆞᆫ

歷史ᄂᆞᆫ實例에依ᄒᆞ야教授ᄒᆞᄂᆞᆫ哲學이니라　뵤ㅣ링부록

史家ᄂᆞᆫ能히듸ᄡᅥᆯ스戰爭을論ᄒᆞ며도로이의爭亂을記ᄒᆞ나自家墻內에起ᄒᆞᄂᆞᆫ事變은不知ᄒᆞᆷ이多ᄒᆞ니라　데、구쓰빗턴갤

歷史의大半은傲慢、大望、貪婪、復讐、色慾、謀叛、虛飾等無限의惡德과雜多의慾望으로生出ᄒᆞᆫ不幸의記事로成ᄒᆞᆫ者ㅣ니라　박크

歐洲의文明은(疑)의一字에基因ᄒᆞᆷ이니라　박구륵

◎演說、新聞等에關ᄒᆞᆫ　演說은行動의影子ㅣ니라　데모구리타스

演說은辯士에게ᄂᆞᆫ充分長ᄒᆞ게聽衆에게ᄂᆞᆫ充分短ᄒᆞ게ᄒᆞ기ᄅᆞᆯ不得ᄒᆞᄂᆞᆫ者ㅣ니라
헤리ㅣ

智識은雄辯의基礎ㅣ니라…………

文飾巧辯의感動은다만瞬間에止ᄒᆞ고論理靈辨의感動은永久ᄅᆞᆯ保ᄒᆞᄂᆞ니라
헤부레일

演說者ᄂᆞᆫ痴人의餘業이니라　세스막

新聞紙ᄂᆞᆫ世界의鏡也ㅣ니라　렙스레릐스

新聞記者ᄂᆞᆫ不平家、批難者、助言者、君主의攝生者國民의敎育者이니라
나호레온

政事家ᄂᆞᆫ國民을爲ᄒᆞ야考憲ᄒᆞ고新聞記者ᄂᆞᆫ政事家와國民을並爲ᄒᆞ야考惡ᄒᆞᄂᆞ니라　이、비、데ㅣ

今世社會ᄂᆞᆫ新聞記者의게强硬獨立의志操의有守ᄒᆞᆷ을要求ᄒᆞᄂᆞ니라
히ㅣ고두빈

四五의反對新聞은千數의銃槍보다一層可恐의物이니라　나츠레온

新聞記者資格中最先要ᄒᆞᆯ者ᄂᆞᆫ智識이나此ᄅᆞᆯ時事에適應케ᄒᆞᆯ力量을有ᄒᆞᆷ이其次ㅣ니라　ᄒᆞㅣ레스회잇트

◎勤儉에關ᄒᆞᆫ　節儉ᄒᆞᆷ은元來人의本性이아니오오쟉實例及思考의結果인ᄃᆡ要컨ᄃᆡ敎育과智識의所致라世人을試見컨ᄃᆡ苟有智識ᄒᆞ고少有省慮ᄒᆞᄂᆞᆫ境에至ᄒᆞ면必其需要를節減ᄒᆞᄂᆞ니故로匹夫匹婦로ᄒᆞ야곰勤儉케ᄒᆞ고자ᄒᆞ면其方法은智識을多與ᄒᆞᆷ에莫善ᄒᆞᆯ지니라　스마일스

財產을貯ᄒᆞᆷ에ᄂᆞᆫ所得을益코ᄌᆞᄒᆞᆷ보다寧히日用의浪費를節減ᄒᆞᆯ지니라
부린츄ㅣ리ㅣ

人이惰而侈ᄒᆞ면곳貧ᄒᆞ고力而儉이면곳富ᄒᆞᄂᆞ니라　管仲

世界貧民의亂倫無序ᄒᆞᆫ狀態ᄂᆞᆫ實로想像以外니殆히人類라稱키不得ᄒᆞᆯ者ㅣ有ᄒᆞᆫ지라社會主義者의最大急務ᄂᆞᆫ彼等의게富를分配ᄒᆞ기前에먼져彼等의性格을改良ᄒᆞ야人類를化作ᄒᆞᆷ에在ᄒᆞᆯ진져　카ㅣ네기

惰怠ᄂᆞᆫ貧窮의母니라

◎衛生에關ᄒᆞᆫ　健康은肉體의樂園也ㅣ니라　샌트、오들

健全ᄒᆞᆫ精神은健强ᄒᆞᆫ身體에宿ᄒᆞᄂᆞ니라　……

生理學은生命의科學이라斯學이無ᄒᆞ면健康의大法을悟了키不能ᄒᆞ고又健康의順要되ᄂᆞᆫ眞傳値를認得ᄒᆞ기不能ᄒᆞᆯ지니라　시、에、리이

食은ᄡᅥ生을養ᄒᆞ나도饕者ᄂᆞᆫ是로ᄡᅥ生을傷ᄒᆞ며藥은ᄡᅥ人을救ᄒᆞ나庸醫ᄂᆞᆫ是로ᄡᅥ人을殺ᄒᆞᄂᆞ니라　貝原益軒

吾ㅣ三養이有ᄒᆞ니一曰安分以養福이오二曰寬胃以養氣오三曰省費以養財니라

蘇 軾

◎外他諸事에關ᄒᆞᆫ

大事業은力量으로成ᄒᆞᆯ者아니오忽耐로成ᄒᆞᄂᆞᆫ者ㅣ니라

전스、라셀라스

高尙ᄒᆞᆫ德量이無한胸中에ᄂᆞᆫ謙遜이希有ᄒᆞ니라

골드、스미드

困難은ᄒᆞ야곰活動케홈이오失望케홈이아니니라

윌리임엘러리채닝

慈善은秘密을尙ᄒᆞ나니不然이면其美德될價値를失ᄒᆞ나니라

스ᄆᆡ일스

兵事의準備ᄂᆞᆫ平和保障의最良方策이니라

華盛敦

大凡事業은如何히ᄒᆞ야障礙를謀避ᄒᆞᆯ가ᄒᆞᄂᆞᆫ人에게ᄂᆞᆫ不成ᄒᆞ고如何히ᄒᆞ야障礙를打勝ᄒᆞᆯ가ᄒᆞᄂᆞᆫ人에게成ᄒᆞᄂᆞ니라

루스벨트

代卒業生ᄒᆞ야別芙蓉峰(山名卽富士)

듸빅山人

놉고놉흔저芙蓉아、 너부듸ㅣ잘잇거라
호々양々玄海우에、 淸秋昨件나ᄂᆞᆫ간다
武藏野닭이울고、 愛宕山달ᄯᅥ온다
新橋汽笛ᄒᆞᆫ쇼리에、 우리舊雨離別일셰
歲月이덧업도다、 學海游泳幾星霜에

與君同遊어졔러니、　孤舟一放故園心에
携手同歸오날일세、
綠樹秦京途에申포셔로同伴ᄒᆞ고、　秋風漢江上에祖젹이擊楫이라
九萬長天에ᄯᅥ나가ᄂᆞᆫ져鵬식야、　날과갓치짝을짓쟈、　너가난길나도간다、
匡山에磨져구을어재갓치보앗더니、　華表에題柱客이오날날이아닌가、
우예노(地名)샤구라(花名)야、　너부ᄃᆡ잘잇거라、　洛陽城桃李華에、
故國江山나도라간다、　長安을바라보니、　黃屋은놉하잇고、　家鄕을
싱각ᄒᆞ니、　白雲이깁허도다、　玉窓櫻桃불것ᄂᆞᆫᄃᆡ、　妻子가侯門이오、
蒼葭白露져문날에、　親朋이懷我로다
漁村에ᄆᆡ가직고、　遠峯에구룸덧다
秋風嶺아너잘잇더냐、　海外遊客이셰온다
釜山港에ᄇᆡ를미고、　艸梁驛에챠를타니
반갑다우리江山、　依舊히푸르도다
져山우에艸木이欣榮ᄒᆞ고、　이골물에魚龍이活약이라
의々홉다三逕竹은、　不改淸陰나오기만
문나니留學生아、　世界文明新空氣에
무삼精神슈養한고、

ᄐᆡ평洋녀른물도、 나의自由못막으며
蜀道之難險한곳에、 나의濶步구의ᄒᆞ랴
금고금은玄海水가나의ᄆᆞ음금케ᄒᆞᆯ가、
희고흰芙蓉雪이나의ᄆᆞ음갓치희다、

卒業祝賀式

(本會々舘內開催)

彙報

隆熙三年七月十六日은卽我帝國幾千萬同胞의晝夜로希望ᄒᆞ며要求ᄒᆞ고苦待ᄒᆞ는바大人物을選拔ᄒᆞ야送歸ᄒᆞ는日이라其喜也ㅣ欲狂ᄒᆞ고其樂也ㅣ欲極ᄒᆞ니可히吾人의最高無上ᄒᆞᆫ勝事ㅣ라謂ᄒᆞ리로다是日也에梅雨가初晴ᄒᆞ고槐陰이滿庭이라好鳥가喬木에遷ᄒᆞ매好音이幽谷에出ᄒᆞ고大鵬이碧天을圖ᄒᆞᆷ에大翼으로扶搖를搏ᄒᆞ는도다諸生의俊秀는다ㅣ惠連이되고吾人의盛會는엇지蘭亭에讓ᄒᆞ랴李슈류ㅣ가退ᄒᆞᆷ에周류코ㅣ進ᄒᆞ고비유로ㅣ去ᄒᆞᆷ에쾨ㅣ토만이來ᄒᆞ며今年卒業生이歸ᄒᆞᆷ에明年卒業生이送ᄒᆞ니此ㅣ今日二十世紀青年吾儕의活躍ᄒᆞ는新舞臺에勇往直前ᄒᆞ야新陳代謝ᄒᆞ는循理에在ᄒᆞᆫ바이라엇지賀祝의歡과去留의懷가此에無ᄒᆞ리요所以로本日本會々舘에셔式塲을大開ᄒᆞ고太極章을高掛ᄒᆞ니滿塲會員이數百에達ᄒᆞᆫ지라其盛況을畧論ᄒᆞᆯ진ᄃᆡ式塲正面卓上에甁花一叢이暗裡薰人ᄒᆞ고正席南面卒業生席에는堂々名士가整齊히羅列ᄒᆞ고別席側面에는來賓諸氏의幨帷를暫住ᄒᆞ고其外學生席에는青々子衿이濟々列坐ᄒᆞ고東壁漆板上에는卒業生氏名及祝 賀式 順序를特書高揭ᄒᆞᆫ지라 上午九點鍾聲이득ㅣ때려지ᄆᆡ會長

文尙宇氏가儼然登壇ᄒᆞ야開會辭를如左히陳述ᄒᆞ다
本日은本會成立後、第三回卒業生祝賀會라卒業生諸氏의氏名과祝賀順序ᄂᆞᆫ此에載揭홈과如ᄒᆞ니會員諸氏의各自注意홈을望ᄒᆞ노라
大抵우리가海外에渡來ᄒᆞ야許多星霜을閱ᄒᆞ고喫緊辛苦ᄒᆞᄂᆞᆫ目的은即卒業이是也라誰가滿腔의熱誠으로祝賀치아니리요만은本人은卒業生諸氏에對ᄒᆞ야敢히祝賀키不能ᄒᆞ노라
諸氏의過去를溯考ᄒᆞᆯ진ᄃᆡ經濟의窘乏이며病疾의侵厄홈은一般의魔障이라論ᄒᆞᆯ바이無ᄒᆞ려니와至若某年某事件은………………如是ᄒᆞᆫ悲慘의歷史가有ᄒᆞ며또ᄒᆞᆫ未來를像想컨ᄃᆡ諸氏의學識과技倆은우리의恒常崇拜ᄒᆞᄂᆞᆫ바이나大抵우리大韓社會란大海ᄂᆞᆫ暗黑浩蕩에際涯가無ᄒᆞ야波浪이激ᄒᆞᄂᆞᆫ海라萬一諸氏의一擧一動이其宜를得치못ᄒᆞ면彼岸에達ᄒᆞᆯ目的을期待키難ᄒᆞᆯ지라如是히諸氏의過去와未來를思之又思ᄒᆞ건ᄃᆡ余ᄂᆞᆫ차라리諸氏의게向ᄒᆞ야一掬의淚를寄ᄒᆞᆯ지언졍決코祝賀키ᄂᆞᆫ不能ᄒᆞ다ᄒᆞ노라
然이나諸氏의悲慘홈은國家의悲慘을救홈에在ᄒᆞ고諸氏의苦痛은民族의苦痛을救홈에在홈이라換言ᄒᆞᆯ진ᄃᆡ國家의悲慘도諸氏를依ᄒᆞ야可히救ᄒᆞᆯ지며民族의苦痛도諸氏를依ᄒᆞ야可히救ᄒᆞᆯ지라然홈으로諸氏의肉體와精神을供獻ᄒᆞ야苦心經營홈에對ᄒᆞ야ᄂᆞᆫ一掬의淚로同情을表ᄒᆞᄂᆞᆫ同時에우리國家와民族의將來에對

ᄒᆞ야ᄂᆞᆫ滿心의喜로祝ᄒᆞ고賀ᄒᆞ노니此ㅣ本會가祝賀會를開ᄒᆞᆫ精神이라云々

本會總代高元勳氏祝辭

今日에本祝賀會를開ᄒᆞᆫ것은會長의開會趣旨를說明ᄒᆞᆫ것과갓치我留學生界에最高無上ᄒᆞᆫ慶事ᄂᆞᆫ卒業이是이라然ᄒᆞᆫ데今年卒業生의多數가三十人에達ᄒᆞᆫ것은慶事中에大慶事오且優等卒業이有ᄒᆞ고各學校一二年級에도優等이四五人이有ᄒᆞ니此ᄂᆞᆫᄒᆞᆫ갓學生界의慶事가될ᄲᅮᆫ아니라國家의光榮으로思惟ᄒᆞ노라此에對ᄒᆞ야一方으로學生身分이有ᄒᆞ고一方으로國民義務를負ᄒᆞᆫ者가誰가欣感치아니ᄒᆞ며誰가祝賀치아니ᄒᆞ리오故로本人은言辯의拙ᄒᆞᆫ것을不拘ᄒᆞ고本會를代表ᄒᆞ야卒業生諸君의게滿腔熱誠을盡ᄒᆞ야祝辭를獻코자ᄒᆞ노라

諸者、此卒業生을祝賀ᄒᆞᄂᆞᆫ데對ᄒᆞ야如何ᄒᆞᆫ感情과如何ᄒᆞᆫ言論으로祝ᄒᆞᄂᆞᆫ것이適當ᄒᆞᆯ깃나뇨形式으로觀察ᄒᆞ면卒業生諸君이祖國을離ᄒᆞ고萬里殊邦에來ᄒᆞ야十數星霜或八九春秋를經ᄒᆞ되勇進無退ᄒᆞᆫ結果로一學業을成就ᄒᆞ엿스니是를祝賀ᄒᆞᆫ다ᄒᆞᆯ듯ᄒᆞ나本人은決코此와如히思惟치아니ᄒᆞ노라大蓋祝賀라ᄒᆞᄂᆞᆫ것은字義와如히人의慶事를祝賀ᄒᆞᄂᆞᆫ것인ᄃᆡ其事實의大小를隨ᄒᆞ야多少間性質의差異가有ᄒᆞ니譬컨ᄃᆡ殘微ᄒᆞᆫ國家가獨立을宣言ᄒᆞ고憲政을頒布ᄒᆞ든지或은開仗中에在ᄒᆞᆫ交戰國一方이最後勝利를得ᄒᆞ야軍旅를凱旋ᄒᆞᆯ時에ᄂᆞᆫ一般國民이圓滿ᄒᆞᆫ意

로該獨立首功者와凱旋元帥에對ᄒᆞ야祝賀ᄒᆞᄂᆞᆫ것은其事業이一國家에第一大事業이오其人의最後目的을達ᄒᆞᆫ所以라今日本會에서諸氏를祝賀ᄒᆞᄂᆞᆫ것은此와不同ᄒᆞ니諸君의一個卒業狀이最後目的物이아니라卒業이라云ᄒᆞᄂᆞᆫ것은最後目的을着手進行ᄒᆞᄂᆞᆫ手段方法에不過ᄒᆞ도다然則諸君은今日로부터비로소最後目的地를向ᄒᆞ야出發ᄒᆞᆯ터이니該目的은余의呶々陳述ᄒᆞᆷ을不待ᄒᆞ려니와本會의祝賀ᄒᆞᄂᆞᆫ精神은最後目的을達ᄒᆞᆫ것을祝ᄒᆞᄂᆞᆫ것이아니오他日에最後目的을達ᄒᆞ야一般國民의게圓滿ᄒᆞᆫ祝賀를受ᄒᆞᆯ것을預祝ᄒᆞ고一面으로ᄂᆞᆫ本會의希望을負치아니ᄒᆞ고期여히最後目的을成就ᄒᆞ라ᄂᆞᆫ勸告에不過ᄒᆞ라고思惟ᄒᆞ노라

然則最後目的을成就ᄒᆞᄂᆞᆫ것은各其所得ᄒᆞᆫ學識方面을隨ᄒᆞ야活動ᄒᆞᄂᆞᆫ것이大端히必要ᄒᆞ니今年卒業生에法律이十五人이오政治가五人이오經濟가三人이오商業이二人이오農業이二人이오蠶業이一人이오警察이一人이라精神的學問과實質的學問이右와如히俱備ᄒᆞ니諸君의所學으로一國家를組織ᄒᆞ드라도完全無缺ᄒᆞᆯ줄노思惟ᄒᆞ노라余ᄂᆞᆫ諸君의學ᄒᆞᆫ知識과我韓의現狀에對照ᄒᆞ야各其必要ᄒᆞᆫ點을擧ᄒᆞ야數言을陳述코자ᄒᆞ노라

第一은我韓이四千年長々歲月를專制政治下에在ᄒᆞ야民權이何如ᄒᆞᆫ지自由가何如ᄒᆞᆫ것인지不知ᄒᆞᆫ結果로所謂政府當局者와民間有志士가保護國의性質如何와保護條約의效力如何를不知ᄒᆞ고祖國을外人의게好意ᄊᆡ見奪ᄒᆞ엿스니此를救濟

ᄒᆞᄂᆞᆫ것은法律政治家의責任이라고思ᄒᆞ노라

第二은近日全國이經濟困渴中에在ᄒᆞ되如何ᄒᆞᆫ原因으로此境에至ᄒᆞᆫ것과東洋拓殖會社가我韓經濟界에對ᄒᆞ야如何ᄒᆞᆫ影響이有ᄒᆞᆫ것과第一銀行이面目을幻ᄒᆞ야中央銀行이되ᄂᆞᆫ것이我韓에對ᄒᆞ야利害如何ᄒᆞᆫ것을研究ᄒᆞᄂᆞᆫ者ᄂᆞᆫ無ᄒᆞ고다만經濟의恐慌을疾呼ᄒᆞ니此를救濟ᄒᆞᄂᆞᆫ것은經濟家의責任이라고思ᄒᆞ노라

第三은現今世界에國勢의優劣强弱이다ㅣ商業競爭에不過ᄒᆞ니國家와國家間에戰爭이라同盟이라談判이라ᄒᆞᄂᆞᆫ것이其內容을觀察ᄒᆞ면다ㅣ商業에原因ᄒᆞᆫ者ㅣ多ᄒᆞ니例擧컨ᄃᆡ英國이淸國香港을占領ᄒᆞᆷ은鴉片戰爭에勝利를得ᄒᆞᆫ結果오去年日米同盟은太平洋上商權을平均ᄒᆞ야互相保護ᄒᆞ자ᄂᆞᆫ意義에不過ᄒᆞ고庚寅年韓日談判은咸鏡監司趙秉式氏의防穀令을下ᄒᆞᆷ으로日本商民의貿穀이不自由ᄒᆞ야損害가不少ᄒᆞ다ᄒᆞ야도ᄃᆡ여國際問題가되야談判ᄒᆞᆫ結果에我政府에서十一萬元을賠償ᄒᆞᆫ事實이有ᄒᆞ니然則商業의競爭이即國家의興替에大關係가有ᄒᆞ거ᄂᆞᆯ我韓은다만商業은謀利輩即下等人의小々營業으로認ᄒᆞ고國際貿易이何等物인지아지못ᄒᆞ니此를發達ᄒᆞᄂᆞᆫ것은商業家의責任으로思ᄒᆞ노라

第四ᄂᆞᆫ我韓은農産國이라土地의所産이土民의消費를供給ᄒᆞᆯ뿐아니라外國에輸出ᄒᆞᆯ餘裕가有ᄒᆞ거ᄂᆞᆯ此를改良ᄒᆞ며發展ᄒᆞᄂᆞᆫᄃᆡ注意치아니ᄒᆞᆫ所致로山林川澤陳荒地가多ᄒᆞᆫ것을因ᄒᆞ야東洋拓殖會社가設立되야고且全國山川이無花草ᄒᆞᆫ胡地

와如히一片森林地가無ᄒᆞ니故로外人이韓人의國性을評ᄒᆞᄂᆞᆫ者ㅣ韓國山川에森林이無ᄒᆞ고平原曠野가多ᄒᆞᆫ故로韓人이深遠ᄒᆞᆫ思想과愛國의熱性이淺ᄒᆞ다ᄒᆞᄂᆞᆫ者ㅣ虛言이아니라此를發達ᄒᆞᆷ은農業家의責任으로思ᄒᆞ노라

第五ᄂᆞᆫ我韓養蠶界로言ᄒᆞ면다만閨中女子의一月農事로認ᄒᆞ야蠶業이國家의富强에如何ᄒᆞᆫ影響이有ᄒᆞᆫ것을不知ᄒᆞ도다日本의土産이外國에輸出ᄒᆞᄂᆞᆫ것이多種이有ᄒᆞ나生絲가第一多ᄒᆞ다ᄂᆞᆫ統計가有ᄒᆞ니然則日本의富强은蠶業의効果가無ᄒᆞ다고謂치못ᄒᆞᆯ지라此를發達ᄒᆞᄂᆞᆫ것은蠶業家의責任으로思ᄒᆞ노라

然이나國家의事情은少數人의智와力으로能히成就치못ᄒᆞᄂᆞᆫ것이라世界에專制로有名ᄒᆞ든土耳其가憲政을頒布ᄒᆞᆫ것은靑年土耳其黨의熱心에由ᄒᆞᆫ것이오六千年來寂寞ᄒᆞ든淸國이九年後에憲法發布ᄒᆞ기爲ᄒᆞ야各國에憲法調査委員을派遣ᄒᆞᆫ것은革命黨의激烈ᄒᆞᆫ反響을受ᄒᆞᆫ所以라

卒業生諸君은勿論同心相合ᄒᆞ려니와第一着으로二千萬義勇軍을募集ᄒᆞ야全國中央에總司令部를置ᄒᆞ고諸君이各々部分에司令官과指揮監督이되야國民의共同力을得ᄒᆞᆫ後에最後勝利를獲ᄒᆞᆯ지니然則本會에셔諸氏의게祝賀ᄒᆞᄂᆞᆫ것은大韓興學會小數者의祝賀가아니라他日獨立宣言後에一般國民의祝賀ᄒᆞᄂᆞᆫ것과差異가無ᄒᆞ다고思ᄒᆞ노라

余의私見으로多少間陳述코자ᄒᆞ나他日에言論ᄒᆞᆯ機會도有ᄒᆞ고或文字로發表ᄒᆞᆯ

餘地가有ᄒᆞᆯ듯ᄒᆞᆫ故로多舌을要치아니ᄒᆞ노라 終에一言으로諸君의게告ᄒᆞ고쟈ᄒᆞᄂᆞᆫ것은今年에祝賀를受ᄒᆞᄂᆞᆫ諸君은即去年에卒業生을祝賀ᄒᆞ든其人이오今日에卒業生을祝賀ᄒᆞᄂᆞᆫ吾濟ᄂᆞᆫ即明日의卒業生이라故로去年에祝賀ᄒᆞ든精神과今日에祝賀ᄒᆞᄂᆞᆫ精神이些少의差異가無ᄒᆞ도다然ᄒᆞᆫ즉祝賀ᄒᆞᄂᆞᆫ者와祝賀를受ᄒᆞᄂᆞᆫ者가精神이一致ᄒᆞᆯ것은多言을不要ᄒᆞ거니와諸君도亦平日에吾輩先進의不敏ᄒᆞᆫ結果로今日과如ᄒᆞᆫ慘境에至ᄒᆞ엿다ᄒᆞ야先進의不敏을怨望ᄒᆞ엿드니今에諸君이吾儕에先ᄒᆞ야歸國ᄒᆞ니他日後進된吾儕의게不敏ᄒᆞᆫ怨望을免케ᄒᆞ기를望ᄒᆞ노라

卒業生總代崔麟氏答辭

會長座下以下滿場諸君과監督長以外貴賓各位여吾等은今日敢히當ᄒᆞᆯ슈업ᄂᆞᆫ如此盛大ᄒᆞᆫ祝賀를受ᄒᆞᆷ은實노感謝ᄒᆞᆫ바오또ᄒᆞᆫ吾等의無上ᄒᆞᆫ光榮이라고상각ᄒᆞ압네다

諸君ㅣ諸君은何故로今日吾等을祝賀ᄒᆞᄂᆞ뇨吾儕ᄂᆞᆫ何時던지吾儕의共同目的과吾儕의最後目的을達ᄒᆞ기前에ᄂᆞᆫ決코慶賀ᄒᆞᆯ바이無ᄒᆞ다상각ᄒᆞ오吾儕ᄂᆞᆫ同舟遇風의境遇와如ᄒᆞ야彼岸에到着ᄒᆞ기前에ᄂᆞᆫ吾儕의所謂共同目的과最後目的을達ᄒᆞ엿다謂치못ᄒᆞᆯ지라掛帆解纜의途中一分事로何足相賀ᄒᆞ오릿가但吾等은今日

諸君과此學生塲裏에서最後告別ᄒᆞ기爲ᄒᆞ야臨席ᄒᆞᆷ을躕躇치아니ᄒᆞ엿노라
諸君ㅣ今日은吾等의意思를諸君에對ᄒᆞ야發表ᄒᆞ는것보담諸君의懇訓篤辭를마ㅣ니들어吾等前進의燈燭을作ᄒᆞ고져ᄒᆞᆷ으로余는多言을不吐ᄒᆞ거니와吾等의責任을一言코져ᄒᆞᆯ진ᄃᆡ所學이不同ᄒᆞ고能力이各殊ᄒᆞ야一括ᄒᆞ야言ᄒᆞᆯ슈不能ᄒᆞ나余의所見에는吾等歸國後言行一致로相呼相應ᄒᆞ야上下社會의一般風紀를改良ᄒᆞᆷ이最先急務라고ᄉᆡᆼ각ᄒᆞ오大抵今日此地球上에서生息往來ᄒᆞ는十五億人類中에吾儕는如何ᄒᆞᆫ地位에在ᄒᆞᆷ은余가今日諸君을對ᄒᆞ야言ᄒᆞᆯ바이아니어니와頭를擧ᄒᆞ여我의祖國을回顧ᄒᆞ면四千二百餘年의歷史를有ᄒᆞᆫ三千里疆土는厄日凶風에火刼을經盡ᄒᆞᆫ空墟와恰似ᄒᆞ야一草木의餘存이更無ᄒᆞ나다만吾等의愛之敬之ᄒᆞ고重之望之ᄒᆞ며吾等을愛之敬之ᄒᆞ고重之望之ᄒᆞ는我의二千萬神聖民族의精神一團뿐이라今日吾等의第一義務는此를保護ᄒᆞᆷ에在ᄒᆞ고吾等의急先責任은此를維持改良ᄒᆞᆷ에在ᄒᆞᆫ지라然我의諸般權利機關이他人掌中에移轉됨으로브터社會風紀가其惡風波의原因으로紊亂이極度에至ᄒᆞ야惶悚ᄒᆞᆫ言辭로謂ᄒᆞᆯ진ᄃᆡ店坂과雜技局과如ᄒᆞ야少長貴賤의秩序와君臣父子의倫綱이도로여前日未開時代만不如ᄒᆞ야以少淩長이爲一能事오犯綱亂倫을無所忌憚ᄒᆞ니然ᄒᆞ고엇지統一進步的民族이라謂ᄒᆞ며我의兄을對ᄒᆞ야我ㅣ不恭ᄒᆞ며我의尊長을對ᄒᆞ야我ㅣ不敬ᄒᆞ고엇지民族이다르고風習이다르고國家가다른者ㅣ我의父兄을歐打ᄒᆞ며我의尊長

을侮辱홈을禁止홀슈有ᄒᆞ리요吾等은我社會風紀改良의急務를今日諸君前에셔宣言홀뿐不啻라我故山에還歸ᄒᆞᆫ後同志를團合ᄒᆞ야千舌萬筆로我聖神民族의統一를絕叫코져ᄒᆞ노라滿腔無窮ᄒᆞᆫ心思를此短少ᄒᆞᆫ時間에吐盡不能ᄒᆞ거니와惟願諸君은我의祖國我의民族我의父兄을爲ᄒᆞ야各々健康을保重ᄒᆞ심을

監督中海永氏演說

諸君、本人이每年此時此席에셔卒業生諸氏와갓치意見을陳述홀機會를得홈은光榮이라思ᄒᆞ오然ᄒᆞᆫ데멀니海外에來ᄒᆞ야辛苦를備嘗ᄒᆞ고身體를健康케ᄒᆞ야各其一定ᄒᆞᆫ學業을맛치고今日祝賀會에團欒ᄒᆞ심은맛치花田에水를灌漑ᄒᆞ야쏫치피여爛熳ᄒᆞᆫ中에在홈과如ᄒᆞ오古人의言에花開傍樹猶生色이라홈과갓치本人이其中에處홈이自然有生色이요곳無異於나의庭園에滿開ᄒᆞ얏스니傍樹에有生色이아니라直接으로庭園主人이라ᄒᆞ깃노라이갓치年々歲々에쏫치피여爛熳ᄒᆞᆫ中에本人이임의三回來參ᄒᆞ얏스되今年에와셔ᄂᆞᆫ一品盛開ᄒᆞ얏스니可謂別有天地非人間이라ᄒᆞ깃쇼留學生代表로會長以下各卒業生諸氏의임의感激ᄒᆞᆫ말솜이有ᄒᆞ얏슴으로本人은張皇히홀必要가업스나已往此席에登ᄒᆞᆫ以上에ᄂᆞᆫ不可無言이요風霜을閱歷ᄒᆞ고苦心를備嘗ᄒᆞ야셔遠大ᄒᆞᆫ學問을修得ᄒᆞᆫ諸氏의게對ᄒᆞ야無限ᄒᆞᆫ懽喜之心이有홀뿐不啻라或은中途에셔風波를逢ᄒᆞ야千辛萬艱의境遇를不拘ᄒᆞ

고彼岸에達ᄒᆞᆫ일도잇셧스니우리가그러ᄒᆞᆫ卒業生諸氏의게一滴의淚를洒ᄒᆞ야餞別ᄒᆞᆺ깃스나將來國家에立脚ᄒᆞᆷ을爲ᄒᆞ며社會에活動ᄒᆞᆷ을爲ᄒᆞ야諸氏를對ᄒᆞ야滿腔喜心으로祝賀ᄒᆞ노라

諸君、大槪社會에나가셔活動ᄒᆞᄂᆞᆫ時에注意ᄒᆞᆯ要占이三이有ᄒᆞ니第一、自尊自在第二、誠心誠意第三、은統히合ᄒᆞ야品性이先於學問이라ᄒᆞ깃쇼、大抵學問이라ᄒᆞᆷ은譬컨ᄃᆡ조흔明玉寶物을所有ᄒᆞᆫ者가親히世人을向ᄒᆞ야來求ᄒᆞᆷ을得聞케ᄒᆞᆷ이아니라이갓치조흔寶物를所有ᄒᆞᆫ者ᄂᆞᆫ自然히聲價가穎脫되야世人의耳目을引線케ᄒᆞᄂᆞ니諸君은이藏玉者와갓치自尊自在ᄒᆞ야活動處身ᄒᆞ시기를바라오且又卒業이라ᄒᆞᆷ은門에初入ᄒᆞᆷ과ᄀᆞᆺᄒᆞᆫ즉아모조록幾多年을더研鑽ᄒᆞ야써活動ᄒᆞ시기를바라오以上二言을合ᄒᆞ야三에ᄂᆞᆫ品性이先於學問이라ᄒᆞᆷ은무릇青年時代에ᄂᆞᆫ每樣活動ᄒᆞᆯ적에學問이品性보ᄃᆞᆷ압셔々事爲上에見敗失德ᄒᆞᆷ이만ᄒᆞᆷ으로即今歐米諸國에셔ᄂᆞᆫ人을擇用ᄒᆞᆯ적에技術的學問보ᄃᆞᆷ品性的學問이有ᄒᆞᆫ者를擇ᄒᆞ야雇聘ᄒᆞᆫ다ᄂᆞᆫ말이잇슴과갓치아모조록社會에나셔品性과道德을高尙히ᄒᆞ야處身ᄒᆞ시기를바라오況且外國留學生이라면內地到處에셔ᄂᆞᆫ擯斥이莫甚ᄒᆞ니諸君들은此를沈思默考ᄒᆞ야셔此後로ᄂᆞᆫ此等事이更無케ᄒᆞᆷ을바라오就中日本에와셔留學ᄒᆞ시ᄂᆞᆫ이ᄂᆞᆫ如何ᄒᆞᆫ境遇와如何ᄒᆞᆫ地位를當ᄒᆞ야도다못學問이라ᄒᆞ면做心先修ᄒᆞᄂᆞᆫ同時에아모조록一定ᄒᆞᆫ方針을定ᄒᆞ셔々大抵國家가人民을待ᄒᆞᄂᆞᆫ야反ᄒᆞ야人

民이國家를待ᄒᆞᄂᆞ냐ᄒᆞ면우리大韓은우리留學生과一般人民을待홈을思以得見홀것이요、昔者에伊尹傳說부율이갓흔諸賢들도人民이國家를待ᄒᆞᆫ다ᄒᆞ야고或黨派의傾軋을不支ᄒᆞ고時局이不與ᄒᆞ야林泉에도라가遯世遠跡ᄒᆞ고烟霞에飽經ᄒᆞᄂᆞᆫ者들도輒曰人民이國家를待ᄒᆞᆫ다ᄒᆞ얏스나余ᄂᆞᆫ云ᄒᆞ되國家가人民을待ᄒᆞᆫ다ᄒᆞ오假量國家가滅ᄒᆞ야無홀지라도其中에存在ᄒᆞᆫ人民만能力이有ᄒᆞ면國家實權을挽回키容易홈은明確홀비라ᄒᆞ오第一本人이法律政治卒業ᄒᆞ신이만홈을賛賀홈은非他라國家의將來와當今의條約等事件을보면不可不法律이나政治를學ᄒᆞ신ᄂᆞᆫ이가만아셔事爲에實行ᄒᆞ야만必要ᄒᆞᆫ깃쇼最終에研究ᄒᆞ실것은國家가人民을待ᄒᆞᆫ즉아모조록諸君은事爲實地에對ᄒᆞ야少數를不拘ᄒᆞ고勇進從事ᄒᆞ시기를바라며아모조록遠程驅馳에無事히歸國ᄒᆞ셔々將來에一定ᄒᆞᆫ方針을定ᄒᆞ신后에身體를健康히ᄒᆞ야永遠히事業에淬勵精神을望ᄒᆞ노라 (拍手喝采)

○來賓演說　來賓金貞植、延俊兩氏가演辭를畢ᄒᆞᆫ后에卒業生中金志侃、李恩雨、高運河、李漢卿、尹定夏、吳政善諸氏가次第로滔々萬言의誠意를吐盡ᄒᆞᆫ後而已오夕陽이在山에萬樹蟬聲이라會席을閉ᄒᆞᆫ後紀念으로撮影ᄒᆞ고서即罷歸ᄒᆞ니下午五點鍾也ㅣ러라

○妙年才子　日本東京慶應義塾小學部五年級에在學ᄒᆞᄂᆞᆫ金夔龍氏(十二)ᄂᆞᆫ超越ᄒᆞᆫ才慧로學績居優ᄒᆞ고品性이端正ᄒᆞ야譽聲이籍々ᄒᆞ더니今番露國學生觀光團

歡迎會에서流暢ᄒᆞᆫ露語로歡迎辭一場에傍聲諸員이嘆賞不已ᄒᆞ얏다더라

○修業開式　在東京大韓基督敎青年學院에서修業式을擧行ᄒᆞ다ᄂᆞᆫᄃᆡ甲班修業生이朱榮泰、嚴相德、金泳恩三氏라더라

○卒業祝賀　本月十七日在東京大韓基督青年會에서今番卒業生二十九人을招請ᄒᆞ야卒業祝賀式을行ᄒᆞ얏다더라

○敎部活動　本會敎育部에서內國學生의夏期休暇를利用ᄒᆞ야講習所를漢城에設立ᄒᆞ얏ᄂᆞᆫᄃᆡ入學志願者가千餘에達ᄒᆞ미規定에依ᄒᆞ야選拔試驗으로甲種數理化學科에二百五十八、乙種數理化學科三百五十八을選拔ᄒᆞ야本月十二日에開學ᄒᆞ얏더라

○運部活躍　本會運動部에서內國學生諸氏의體育精神을皷動ᄒᆞᆯ目的으로今番夏期休暇에野球隊와庭球隊를組織ᄒᆞ야指揮官尹冀鉉氏ᄂᆞᆫ이믜內國에出張ᄒᆞ야漢城、開城、平壤各體育團에馳檄ᄒᆞ얏고各隊ᄂᆞᆫ今月十七日에隨後出發ᄒᆞ얏스니吾輩ᄂᆞᆫ蓄銳日久ᄒᆞᆫ諸士의捷報를豫期ᄒᆞ노라

○兩支合一　龍義、義州兩支會가同一ᄒᆞᆫ地方에同一ᄒᆞᆫ目的으로各自分會ᄒᆞᆷ이本會의團合主義에違反됨을遺憾이라ᄒᆞ야去五月二十九日에臨時總會를開ᄒᆞ고滿塲一致로合會ᄒᆞᆫ後에會名을

「大韓興學會龍義支會」

라命名ᄒᆞ얏다니此本會의發達ᄒᆞᄂᆞᆫ現象이라ᄒᆞ노라

○會員動靜　本會々員中今番夏期休暇ᄅᆞᆯ因ᄒᆞ야太半이나歸國ᄒᆞ고或은日本國內地에旅行ᄒᆞᆫ者ㅣ亦多ᄒᆞ야一々이記載ᄒᆞ기難ᄒᆞ나다健康ᄒᆞᆫ樣子ㅣ라云々

第六回定期評議會々錄

隆熙三年五月三十日下午二時에定期評議會를本事務所內에開ᄒᆞ고議長崔麟氏가有故缺席ᄒᆞᆷ으로代理議長朴炳哲氏가登席ᄒᆞᆫ后書記가會員를點檢ᄒᆞ니出席員이十四人이오有故未參員이七人이라因ᄒᆞ야前回會錄과第一回臨時評議會々錄를朗讀ᄒᆞ야錯誤가無ᄒᆞᆷ으로承認되다

代理議長朴炳哲氏가提議ᄒᆞ되今會々席에缺席員이不少ᄒᆞ니먼져議員定數를決定ᄒᆞ자ᄒᆞ미陳慶錫氏가出席員과有故未參員合半數以上되면開會ᄒᆞ기로ᄒᆞᆫ자ᄒᆞ야問可否可決되다

總務報告內事務所壁窓二部修繕費가十圓三十四錢이라ᄒᆞ미鄭祉胤氏가該修理費金額을會計部에셔支出게ᄒᆞ자고特請ᄒᆞ미異議가無ᄒᆞᆷ으로可決되다

其次에編纂部出版部敎育部長이次第報告ᄒᆞ다

編纂部員金永基敬趙南稷三氏는依願許遞ᄒᆞ고編纂部員姜荃氏는請願을繳還ᄒᆞ

고仍任ᄒᆞ기로可決되다
補缺當選된任員은如左홈
金河球　李大容　南廷圭　三氏
編纂部長은李承瑾氏가最高點으로被選되다
規則改正委員崔昌朝氏가改正規則을逐條朗讀ᄒᆞ야錯誤가無홈으로承認되다
新事項에至ᄒᆞ야ᄂᆞᆫ文尙宇氏가提議ᄒᆞ되今番夏期放學에還國ᄒᆞᄂᆞᆫ任員이多有ᄒᆞ야會務處理가末由ᄒᆞᆫ즉本會學報를八月만臨時休刊케ᄒᆞ자ᄒᆞ미十分確論後에休刊ᄒᆞ기로問可否可決되고連次文尙宇氏가提議ᄒᆞ되學報停刊된後에ᄂᆞᆫ印刷所事務員三人의糊口之策이末由則八月은其前月給의半額四圓式을每人의게支給케ᄒᆞ자ᄒᆞ미異議가有ᄒᆞ야互相討論ᄒᆞᆫ后에問可否可決되다
高元勳氏가
太皇帝陛下씌압셔我留學生界에　下賜ᄒᆞ신一萬圓이至于今韓一銀行에貯蓄되엿스니該金을本會에셔監督丈의게交涉ᄒᆞ야速々推來ᄒᆞ야一般留學生의聖恩을均霑ᄒᆞᆯ만ᄒᆞᆫ事에補用ᄒᆞ자고動議홈이李寅彰氏再請이有ᄒᆞ야問可否可決되엿스나其實行方針에對ᄒᆞ야候爲留案ᄒᆞ자고可決ᄒᆞ다
下午五時半에閉會ᄒᆞ다

第七回定期評議會々錄

隆熙三年六月二十七日下午二時에本事務所內에定期評議會를開홀시評議長崔麟氏가登席훈後에任員을點檢ᄒᆞ니出席員이十五人이오有故未無員이二人이기로開會ᄒᆞ다

書記가前會々錄을朗讀無誤홈으로承認되다

會長이報告ᄒᆞ되運動部에셔今番夏期休學을利用ᄒᆞ야本國에在훈各團體와競技ᄒᆞ깃다고金十圓을請求ᄒᆞ기에日字가急迫ᄒᆞ야勢不得已評議會를經由치못ᄒᆞ엿다ᄒᆞ미問可否承認ᄒᆞ다

文尙宇氏가報告ᄒᆞ되平安北道龍川支會와義州支會가合會ᄒᆞ고會名은龍義支會라ᄒᆞ엿다고會員名簿錄을添付以來라報告ᄒᆞ야承認되다

出版部長姜邁氏가報告ᄒᆞ되本月學報는業已出版되고商學界는方今出版中이고本部助役員兪一煥金형植兩人이有故辭免훈代에日本人及金昭漢兩人으로助役케ᄒᆞ엿다ᄒᆞ미承認되다

編纂部에셔는今月學報發行훈以外에는別無報告事項이라ᄒᆞ다

敎育部에셔報告ᄒᆞ되今番夏期講習所를本國에開設ᄒᆞ는바는一般共知ᄒᆞ시는바어니와入學請願人이三百人에達ᄒᆞ야頗히盛況을呈홀模樣이라ᄒᆞ다

司察部長李寅彰氏가報告ᄒᆞ되特別이報告ᄒᆞᆯ事項은無ᄒᆞ오나今月十三日金鴻亮金鉉軾兩氏가因事歸國ᄒᆞ얏다ᄒᆞ다

前回評議會에서可決된

太皇帝陛下씌옵서 下賜ᄒᆞ신一萬圓에對ᄒᆞ야崔鳴煥氏特請으로委員五人을選定ᄒᆞ야留學生監督部에交涉ᄒᆞ야

聖意를虛負치안키로可決ᄒᆞ고委員은金晉庸、鄭廣朝、朴海遠、高元勳、李得年氏等으로選定ᄒᆞ다

文尙宇氏가本會維持方針에對ᄒᆞ야提議ᄒᆞ기를本會財政不足ᄒᆞᆫ딕每朔二百圓可量을支出ᄒᆞᆫ즉現今本會財政으로視察ᄒᆞᆯ진딕每朔右金額을支出코ᄂᆞᆫ到底히本會를維持키難ᄒᆞ니學報張數를略六十頁로ᄒᆞ고且印刷機械를職工의게供給ᄒᆞ야本會에서ᄂᆞᆫ每朔三十圓式支出ᄒᆞ면本會財政도可保ᄒᆞ고機關報도發行이되깃다ᄒᆞᆷ의金顯洙氏가此에對ᄒᆞ야動議ᄒᆞ기를若學報가六十頁로減縮된時ᄂᆞᆫ商學界ᄂᆞᆫ勢不得已廢止될模樣이니文尙宇氏議案딕로決定될時에ᄂᆞᆫ商學界를停止ᄒᆞ자고ᄒᆞ미李豊載氏再請으로問可否可決ᄒᆞ다

高元勳氏特請으로七八兩朔評議會停會키로可決되다尹定夏氏商學界編纂請願辭免에對ᄒᆞ야向可否否決되다六時에閉會ᄒᆞ다

隆熙三年六月三十日臨時評議會々錄

同日下午二時에本事務所內에臨時評議會를開홀식議長崔麟氏가有故不參혼故臨時代理李恩雨氏가陞席後書記가點名ᄒᆞ니出席員이十五人이라議長이前評議會에서決議혼內下錢事에對ᄒᆞ야全權委員이監督丈의게交涉혼結果로開會혼趣旨를說明혼后委員高元勳氏報告內에此事件을監督部에交涉혼즉監督言內에此事에對ᄒᆞ야ᄂᆞᆫ本監督도亦是協贊ᄒᆞ야期於得成爲計나然而相當혼條件이無ᄒᆞ면到底히請求키不能혼즉該金額消費方法을明細報來혼然後에本監督이學部에報告ᄒᆞ야內下ᄒᆞ신聖意에無反이無ᄒᆞ고學生의希望ᄒᆞᄂᆞᆫ好果를得케圖ᄒᆞ깃노라고報告ᄒᆞ다

此事件에對ᄒᆞ야十分討論혼后高元勳氏가言ᄒᆞ되該金額消費方法에對ᄒᆞ야서ᄂᆞᆫ本人이監督丈의意見도大概推測ᄒᆞ엿실ᄲᅮᆫ不啻라且監督部에來혼學部訓令을槪聞혼즉該金額은一般留學生의永久히紀念홈오適當혼會館或學校를搆成ᄒᆞᄂᆞᆫ것이必要ᄒᆞ다ᄂᆞᆫ辭意에在혼지라然則本會에서此를請求ᄒᆞᄂᆞᆫ方法은第一學部와監督의意見에抵觸이無케홈이適當혼지라然則該金額으로會館兼學校를建設ᄒᆞᄂᆞᆫ것이請求方法에必要ᄒᆞ다動議ᄒᆞ미文尙宇氏再請으로問可否可決되다

李豐載氏가言ᄒᆞ되前評議會에서本事件을專任ᄒᆞ기爲ᄒᆞ야選擧혼委員五人을解任ᄒᆞ자動議홈의高元勳氏再請으로問可否可決되다

南宮營氏가言ᄒᆞ되會館及學校建築ᄒᆞᄂᆞᆫ事에對ᄒᆞ야明細書를監督部에繕呈홈이

必要ᄒᆞᆫ즉委員四人만選定ᄒᆞ야該事件을專任ᄒᆞ자動議ᄒᆞ미李承瑾氏再請으로問可否可決되고被選委員은如左ᄒᆞ다

高元勳李得年陳慶錫李豊載諸氏러라　下午四時閉會

第六回定期總會々錄

隆熙三年七月四日上午十時에第六回定期總會를監督部內本會所에開ᄒᆞᆯᄉᆡ會長文尙宇氏가登席ᄒᆞᆫ后書記가未參ᄒᆞᆫ故로臨時書記李得年氏가會員을點名ᄒᆞ니出席員이九十四人이라因ᄒᆞ야開會ᄒᆞ고五月以後定期總會々錄及臨時、定期評議會々錄을朗讀ᄒᆞᆯᄉᆡ　內下錢請求事件에對ᄒᆞ야柳承欽氏가動議ᄒᆞ되會舘建設ᄒᆞᆷ을一萬圓內에셔計入ᄒᆞ야請求치말고各其分立ᄒᆞ야一萬圓은期於依數히請求ᄒᆞ자ᄒᆞ미蔡基斗氏再請에姜麟祐氏改議ᄒᆞ되會舘建設은置止ᄒᆞ고但히苦學生兼學報發刊等諸般에活用ᄒᆞᆷ으로請求ᄒᆞ자ᄒᆞ미問可否可決되다

各任員報告如左ᄒᆞᆷ

會計部長李康賢氏는還國未參ᄒᆞ다

出版部長姜邁氏가商學界七號를日內發刊ᄒᆞᆷ을報告ᄒᆞ다

教育部長陳慶錫氏가報告ᄒᆞ다

其他各部々長은還國未叅ᄒᆞ다

規則改正委員李恩雨氏가一々逐條朗讀ᄒᆞ야錯誤업시通過되다
副會長韓溶總務員崔昌朝朴容喜諸氏가辭任請願ᄒᆞᆷ으로衆論이有ᄒᆞ야否決繳還ᄒᆞ다
高元勳氏의特請에八月總會停會ᄒᆞ기로異議업시承認되다下午一에時閉會ᄒᆞ다

隆熙三年七月六日下午一時臨時評議會々錄

同日下午一時本事務所內에臨時評議會를開ᄒᆯ식評議長崔麟氏가欠席ᄒᆞᆷ으로代理議長高元勳氏가登席后臨時書記姜邁氏가人員點檢ᄒᆞ니出席員이十一人이라仍ᄒᆞ야依規則開會ᄒᆞ다
議長高元勳氏의開會趣旨內開
前總會에決議ᄒᆞᆫ一萬圓事에對ᄒᆞ야盤督丈의게交涉ᄒᆞᆫ라條件이相在ᄒᆞ다고全權委員의報告에依ᄒᆞ야開會ᄒᆞ다
全權委員代表李豐載氏의報告內開
本委員等이監督과交섭ᄒᆞᆫ則監督丈言內에萬圓은元來苦學生을原因ᄒᆞ야下賜ᄒᆞ신것이나苦學生事는이믜學部에서相當히措處ᄒᆞᆫ바요該金에對ᄒᆞ야는學部大臣이更爲上奏ᄒᆞ야一般留學生이
聖恩을均霑ᄒᆯ만ᄒᆞᆫ學生俱樂部或娛樂場設備에充用ᄒᆞ라신
裁可를蒙ᄒᆞ고學部大臣이本監督의게도此條件을指ᄒᆞ야指令ᄒᆞᆫ바인즉本監督은

此에對ᄒᆞ야他條件으로ᄂᆞᆫ請求키不得ᄒᆞ다云々ᄒᆞ고學部指令書과監督質票書를出給ᄒᆞ기持來云々ᄒᆞᆫ故로該質票書와指令을朗讀ᄒᆞ다

此에對ᄒᆞ야長時間討論ᄒᆞᆫ後

金顯洙氏의動議內開

本事件에對ᄒᆞ야ᄂᆞᆫ委員이前總會에仔細히報告치못ᄒᆞᆫ故로一般學員이此에對ᄒᆞ야誤解가多ᄒᆞ얏시ᄂᆞ今에監督의報告와學部의指令이自在ᄒᆞᆫ즉此에對ᄒᆞ야ᄂᆞᆫ不得不服從이고또ᄒᆞᆫ利害를打算ᄒᆞ더라도萬圓中幾千圓은維持로留置ᄒᆞᆯ事情인즉苦學生을養成ᄒᆞᆷ과本會를維持ᄒᆞᆯ餘地가有ᄒᆞ드云々ᄒᆞᆫ此動議에對ᄒᆞ야李承瑾가再請ᄒᆞ다

此에對ᄒᆞ야十分意見을陳述ᄒᆞᆫ后問可否可決ᄒᆞ다

文尙宇氏가此에對ᄒᆞ야總會승認을要ᄒᆞᆯ事로臨時總會를來日曜上午九時에開ᄒᆞ자고提出ᄒᆞ미問可否可決ᄒᆞ다　同四時閉會ᄒᆞ다

隆熙二年七月十一日上午十時에臨時總會를監督部內本會事務所에開ᄒᆞᆯ식會長文尙宇氏가登席后說明ᄒᆞ되今日開會ᄒᆞᆫ趣旨ᄂᆞᆫ非他라全權委員이監督과交涉ᄒᆞᆫ結果에誤解之處가多ᄒᆞᆷ으로不可不更히此에對ᄒᆞ야總會의承認을要ᄒᆞᆯ事로開會의趣旨를說明ᄒᆞᆫ後書記李承漢氏가會員을點名ᄒᆞ니出席員이五十五人이라因ᄒᆞ야臨時評議會々錄을朗讀승認ᄒᆞ다

全權委員李豐載氏가報告ᄒᆞ되本員等이監督과交섭ᄒᆞᆫ바감독丈言內에萬圓은本來고學生救助를起因ᄒᆞ야下賜ᄒᆞ신것인ᄃᆡ幸히고學生事ᄂᆞᆫ既往學部에서相當히措處ᄒᆞᆫ바요該金에對ᄒᆞ야ᄂᆞᆫ學部大臣이更爲上奏ᄒᆞ야全般學生이聖恩을均霑ᄒᆞᆯ만ᄒᆞᆫ學生俱樂部나娛樂塲設備에充用ᄒᆞ라신裁可를蒙ᄒᆞ고學部大臣이本監督의게도此條件을指揮ᄒᆞ야指令ᄒᆞᆫ바인즉本監督은此에對ᄒᆞ야他條件으로ᄂᆞᆫ請求키不得이라云々ᄒᆞ고學部指令과監督質禀書를出給ᄒᆞ기持來ᄒᆞ얏노라ᄒᆞᄃᆡ書記가該指令과質禀書를朗讀ᄒᆞᄃᆡ

會長이再次說明ᄒᆞ되前總會에ᄂᆞᆫ但苦學生으로만因ᄒᆞ야　下賜ᄒᆞ신줄로全般學生이誤解ᄒᆞ얏ᄉᆞ나今에學部指令과監독의質禀書를보온즉全般學生이　승恩을均霑ᄒᆞᆯ만ᄒᆞᆫ學生俱樂部나娛樂塲設備에充用ᄒᆞ라신裁可를蒙ᄒᆞ얏사온즉此에對ᄒᆞ야些毫도誤解ᄒᆞᆯ事이업ᄃᆞᄒᆞᄃᆡ

李昌煥氏言ᄒᆞ되本人이昨年에大韓學會時總代로서還國ᄒᆞ얏슬時에學大씌서말삼ᄒᆞ기를學會維持에對ᄒᆞ야ᄂᆞᆫ他方面으로도極力善圖ᄒᆞ련니와已往苦學生事로下賜ᄒᆞ신萬圓이有ᄒᆞᆫ즉該金를善爲務圖ᄒᆞ야줄터이니一時에消耗치말고銀行에貯蓄潤利ᄒᆞ야永久히維持充用케ᄒᆞ라신말숨이有ᄒᆞᆯ뿐不啻라其他屢々懇親ᄒᆞ신말숨이有ᄒᆞ얏슨즉更以請求ᄒᆞ야서該金을學會維持에만全用ᄒᆞ야도無妨타ᄒᆞᄃᆡ

此에對ᄒᆞ야韓相愚氏言ᄒᆞ되今번臨時評議會를經由ᄒᆞ야總會를開홈은該萬圓에

對ᄒᆞ야苦學生이아니라全般學生의게充用ᄒᆞ라신條件의誤解를詳得케ᄒᆷ이나該諸氏等이補助의年限이尙薄ᄒᆷ으로幸히該萬圓을請求ᄒᆞ야做學에利用ᄒᆯ經營이恒切ᄒᆞᆫ中인ᄃᆡ若此渴望ᄒᆞᄂᆞᆫ苦情을不顧ᄒᆞ고專혀學會維持方針에만注目ᄒᆞ야請求ᄒᆷ이情誼上不爲ᄒᆯ비인즉全般學生이均霑ᄒᆞᄂᆞᆫ양으로ᄒᆞ야無條件으로請求ᄒᆷ이합當ᄒᆞ다ᄒᆞ미問可否可決ᄒᆞ다

高元훈氏提議ᄒᆞ되來回會報를停會ᄒᆯ터인즉今回會錄은次回承認을不待ᄒᆞ고會長、總務、編纂部에委任ᄒᆞ야書記의게會錄文簿를詳細記抄케ᄒᆞ야出版ᄒᆷ이합當타ᄒᆞ미朴海遠氏再請이有ᄒᆞ야可決되다

會長이公佈ᄒᆞ되今十六日上午九時에今我卒業生諸氏를招請ᄒᆞ야祝賀式을擧行ᄒᆞ깃스니伊日은屆期來會ᄒᆞ라ᄒᆞ다

同十一時半에閉會ᄒᆞ다

第一回執行任員會

隆熙三年七月十八日下午一時本事務所에서開會ᄒᆞ다

書記가人員을點檢ᄒᆞ니出席員이十人이라會長文尙宇氏가開會與否를會中에問ᄒᆞ미李漢卿氏가現今은夏期休暇를因ᄒᆞ야還國或地方에旅行ᄒᆞᆫ會員이多ᄒᆞ니多數出席은到底히期치못ᄒᆯ지라ᄒᆞ고開會ᄒᆞ기를特請ᄒᆞ미異議가無ᄒᆷ으로仍ᄒᆞ야開會ᄒᆞ다

高元훈氏가來八月은全般任員이還國或地方에旅行ᄒᆞ야到底히開會ᄒᆞᆯ수無ᄒᆞᆫ즉八月만限ᄒᆞ야停會ᄒᆞ자고特청ᄒᆞ미無異議通過되다
下午三時에폐會ᄒᆞ다

本會々員錄(續)

文一平　安鼎夏　林憲慶　金有善　金敎錫　姜　荃　林得煥　朴寅喜
李德成　梁柱헌　張建鏞　崔鍾大　洪元裕　趙重桓　尹擧鉉　鄭大鉉
鄭庸瑗　金昭漢　朴炳哲　姜東錫　金振聲　張淳翊　趙東熙　洪思學
崔鍾徹　張景洛　李容션　閔在賢　李明稙　朴海遠　姜宇善　姜完善
金션헌　金台煥　金泰헌　李相岳　閔雨植　梁東衡　林哲雨　許　여
趙重獻　崔洛允　張志台　張榮準　崔時俊　趙은鎬　金鼎熙　金宗鉉
朴宗穗　康秉鈺　李昌煥　閔圭植　魚允斌　林炳日　李相鎭　嚴和永
任昶宰　尹相박　吳政善　朴有秉　리哲載　리珍河　金晩圭　金台鎭
玄　檀　丁大燮　崔周煥　張翼遠　玄　구　秦載穆　崔容化　金鉉俊
리恩雨　金亨培　리載演　方鏞柱　吳尙殷　尹雨燮　박海克　康斗鉉
金基敬　金興根　鄭斗鉉　全永植　陳慶錫　玄信運　崔昌林　曹秉浩
鄭鳳鎭　金瀅植　高　喆　박仁植　金基경　金景律　尹泰순　裵東卨

李寶鏡　尹鼎三　白寅洽　李英漢　李용煥　李源奎　金鎭初　高運河
金在선　鄭利泰　曹秉斑　崔允德　韓興敎　玄淳琯　金禎周　朴成九
李庭河　金聖睦　高彦相　鄭奎鉉　宋完植　崔浩善　韓相愚　玄台燮
鄭命龍　金壽哲　白宗浴　吳鎭秀　禹鍾觀　金東元　朱榮泰　崔　鑛
車泳植　李震珪　朴元景　高漢柱　金敎憲　張　憲　韓益燮　玄東翊
金鍾震　崔克潤　金相敦　朴濟元　鄭의龍　趙奎亨　洪鍾敏　李聖彦
白元默　鄭광朝　車南舜　崔增漢　韓文彦　黃錫翹　千璟植　金鉉載
韓昌헌　崔鳴煥　河九鎔　李熙廸　尹豊鉉　蔡基斗　崔　潤　鄭治健
張惠淳　禹昌熙　柳汀秀　邊熙俊　李奎深　金貞杰　金應善　朴우英
高洙演　張潤遠　崔醒學　蔡秉喆　河熙源　李相涉　宋鎭禹　河南植
金　弼　金贊禎　趙鍾觀　崔元基　金昌燮　尹商重　李晧鎔　徐允京
柳公鐸　李相奭　李寅彰　金鴻亮　朴仁喜　洪聖德　金永煥　成禎洙
趙允泳　崔元植　咸俊灝　張豪烈　尹政善　崔榮翊　趙東金　洪彛基
金淵玉　柳源珪　徐元琰　李寅鎔　高箕錫　愼尙翼　張弘植　崔圭섭
趙鼎鎭　金性洙　洪淳亨　朴聖會　崔炳一　趙南稷　尹定夏　李鳳九
柳鍾洙　徐炳柱　李完鍾　金炳億　洪在珪　張德允　崔圭璧　金弘植
趙用顯　洪在鵬　元勛常　金良洙　李奎鍾　金相泰　鄭珉煥　閔麟鎬

李始馥 金聖荃 朴聖漢 張循澤 李豊載 崔 壕 金顯甲 李復源
李鍾大 安炳王 李 赫 申成鎬 吳翊泳 徐學均 康芝洙 金容珪
鄭張允 康應奎 丕元濬 丕任世 姜德淳 우範世 尹永善 박珍薰
閔天植 林英賛 元周琓 黃東훈 李恒烈 金鎭영 申相鎬 韓相琦
李鍾俊 崔漢基 金潤萬 高濟夢 朴泰殷 崔鳳梧 李鍾璇 金達原
吳東準 鄭雲騏 馬鉉義

支會々員錄（續）

永柔支會 金東基 李炳道 朴在善 李致善 金翰奎 朱漢基 徐相輔
安國衡 金憲燾 李基涉 鄭河龍 鄭致烈 金永柱 李致相 李致勳
李濟遠 金延奎 金廼鏞 金公模 金洛豊 金相哲 （完）

成川支會 朴相裕 金鍾觀 朴重熙 韓昌殷 朴珽洪 朴在淑 朴相奎
朴用熙 朴範壽 金舜鏞 朴在恒 朴珽恒 朴冕熙 李承夏 烏應三
金麟祐 金泳句 鄭東根 朴炳日 朴昇熙 鄭元明 金永燁 金用집
連昌洙 金永도 黃鳳淳 李天奎 申養善 金貞聲 車貞俊 石斗翼
李台松 金聖夔 李晩均 金相王 朴相郁 金賢吉 韓相燁 （完）

永興支會 咸龍翊 朴泳洙 羅元鳳 尹英濟 禹時운 文承祚 金澤玟

安一元　孟承元　金承澤　陳相직　金容泰　劉龍振　尹承鍊　朴米鍊
金龍淵　金泰榮　金龍익　梁君翊　金啓龍　金禹鼎　金昌振　韓相哲
김鼎우　鄭軫燮　劉聖文　獨孤烈　리世元　조鳳喆　리　杓　증亨奎
朱昌源　(完)

龍義支會

李致儉　白鎭珪　洪鍾得　鄭宅周　張基煥　崔仁廷　獨孤樞
鄭濟原　白元默　鄭尚默　文精華　朴貞欽　金基一　田酒仲　金載俊
朴承孝　白連昊　金濬禧　韓道郁　車得煥　林英俊　金龍善　白廷珪
白寅善　李重善　文星郁　金益坤　金時健　朴元權　金景河　韓承烈
白杏一　金履權　崔善王　李仁廸　金載鎬　白愼默　金禎植　林昌峻
李基淳　白鏞一　朴世仲　金載裕　尹榮祚　朴亨權　朴世寬　李川和
趙聖燁　金載清　鄭濟崙　金定坤　車日煥　李學璉　鄭成海　李東郁
林炳茂　鄭尚益　獨尚益　獨孤숙　金승學　金載謙　李昇根　金載仓
趙鳳九　張時彦　金載燁　金景弼　文章郁　張致鏞　李世喜　張寅燮
金敬念　張起弦　崔錫관　高就崙　金敬淮　金天元　文致武　金二涉
金載鉉　金載榕　金載璜　洪淳益　朴世영　趙鳳禎　趙鳳雲　朴芝전
林麟峻　白孝益　張春梓　金命昊　白淙哲　崔秉昭　金永憲　金宅泳
李亨權　金載默　金官昊　金丙奎　洪淳學　白永福　朴秉欽　趙鳳琦

鄭仁鐸 李昌집 文錫헌 文鳳陽 洪 駿 李錫龜 高승헌 崔仲賢
崔승宗 朴寬孝 文孝욱 金성得 朴世正 金麟周 張桂潤 金熙祿
金京祿 文得泰 李 涵 朴尙學 金應錫 獨孤栢 張永化 白學龍
金應禧 金仁熙 趙昌瑞 趙鳳鳴 李景雲 金載殷 朴丙吉 金錫乔
李京模 白日鎭 韓昌鎭 高師翼 (完)

義州支會任員錄

會長 李昇根
副會長 白鎭珪
總務 증濟原 金載謙
評議長 리致儉
副議長 車得煥 員 鄭尙默 金敬念 朴貞欽
鄭宅周 張起弦 李仁廸 白孝歪
洪鍾得 빅日鎭 朴승孝 林英峻
鄭濟崙 文精華
教育部長 金승學 員 빅鎭珪 金載謙
討論部長 鄭濟原 員 金景河 李昌집
運動部長 鄭尙默 員 金敬念 빅寅善 韓昌殷

會計部長 리世勳 員朴世寬 鄭濟崙
交際員 늬寅善 金載昌
書記員 金승學 즁尙묵
幹事員 韓승烈 金載謙 白寅善 朴貞欽
車得煥
規則制定委員 金승學 즁상묵

誌告

夏期휴暇를因ᄒᆞ야編纂部任員諸氏가還國或地方旅行中에在ᄒᆞᆷ기本報ᄂᆞᆫ八月、商學界ᄂᆞᆫ七、八兩朔에限ᄒᆞ야臨時停刊되오니讀者僉君은照亮ᄒᆞ시압

大韓興學會出版部

大韓興學會規則 (隆熙三年七月四日改正)

第一章 名稱及目的

第一條 本會는大韓興學會라稱함

第二條 本會는敦誼硏學과國民의智德啓發노目的함

第二章 會員의資格及權利義務

第三條 本會々員은帝國同胞中同志人士로定하되左開二種에分함

一 通常會員은本會의位置附近地에在하야一般義務를履行하기可能한者

一 特別會員은通常會員아닌者

第四條 本會々員은左開의權利를有함

一 任員의被選及選擧하는權

一 提出할事項에對하야發言하는權

一 議決할事項에對하야可否하는權

第五條 本會々員은左開의義務가有함

一 每會에出席하는義務

一 會費金을納付하는義務

一 一切規則에服從하는義務

第三章 位置及會所

第六條 本會의位置는日本國東京으로定함

第七條 本會의會所는駐在東京市大韓留學生監督部內로權定함

第四章 機關組織

第八條 本會機關은左開任員及部로함

但各部에는部長이有하며部員은隨時增減함을得함

一 會長 一人

一 副會長 一人

一 總務員 二人

一 評議員 二十五人

一 總會書記員 二人

一 評議會書記員 一人

一 執行任員會書記員 一人

一 幹事員 五人

一 會計部員 五人

一 編纂部員 十人

一 出版部員 五人

一 敎育部員 五人

一 討論部員 五人

一 査察部員 七人
一 運動部員 七人

第五章 任員의職務

第九條 會長은會中一切事務를總轄함

第十條 副會長은會長을賛助하며會長이有故할時에는會長의職務를代理함

第十一條 總務員은會長의指揮를承하야會中諸般事務를處理함

第十二條 評議員은重要한事案을評議함

第十三條 書記員은會中文簿를掌理함

第十四條 幹事員은總務員을賛助하야凡百事務에從事함

第十五條 會計部員은會中一切財政出納을掌理함

第十六條 編纂部員은本會의機關報及各科學雜誌의編述과其他飜譯著作等에關ᄒᆞᆫ事務를掌理ᄒᆞᆷ

第十七條 出版部員은圖書出版에關ᄒᆞᆫ事務를掌理ᄒᆞᆷ

第十八條 敎育部員은敎育에關ᄒᆞᆫ事務를掌理ᄒᆞᆷ

第十九條 討論部員은討論演說에關ᄒᆞᆫ事務를掌理ᄒᆞᆷ

第二十條 査察部員은一般會員의異動과其他本會에關係가有ᄒᆞᆫ事件을査察ᄒᆞᄂᆞᆫ事務를掌理ᄒᆞᆷ

第二十一條 運動部員은體育上運動에關ᄒᆞᆫ事務를掌理ᄒᆞᆷ

第六章 任員의選擧及任期

第廿二條 任員의總選擧ᄂᆞᆫ每年四月及十月에擧行ᄒᆞ되如左히ᄒᆞᆷ

會長、副會長、總務員、評議員 은定期總會에셔無記名投票로選定ᄒᆞᆷ

但會長은候補選擧式으로再投票를要ᄒᆞ되候補者ᄂᆞᆫ三人에限ᄒᆞᆷ

第廿三條 任員의任期ᄂᆞᆫ總選擧後滿六個月노定ᄒᆞᆷ

第七章 總會

第廿四條 總會ᄂᆞᆫ定期總會及臨時總會에分ᄒᆞᆷ

第八章 評議會

第廿五條 評議會ᄂᆞᆫ評議員으로組織ᄒᆞ되定期、臨時、兩種에分ᄒᆞᆷ

第廿六條 會長、副會長、總務員、各部々長은緊急必要ᄒᆞᆫ事案에關ᄒᆞ야執行任員會를開ᄒᆞ기未及ᄒᆞᆯ時에ᄂᆞᆫ評議會에出席ᄒᆞ야該事案을提出ᄒᆞᆷ을得ᄒᆞᆷ

第廿七條 評議會에서評議ᄒᆞᄂᆞᆫ事案은如左ᄒᆞᆷ

一 規則에關ᄒᆞᆫ事案

二 總會에서委任ᄒᆞᆫ事案

三 執行任員會에서提出ᄒᆞᆫ事案

四 第二十六條에依ᄒᆞ야提出된事案

五 第二十五條特別事故

六 各評議員의提出ᄒᆞᆫ事案

第九章 執行任員會

第廿八條 執行任員會ᄂᆞᆫ會長、副會長、總務員、書記員、幹事員及各部々員으로組織ᄒᆞᆷ

第廿九條 執行任員會ᄂᆞᆫ定期、臨時、兩種에分ᄒᆞᆷ

第三十條 執行任員會에서議決ᄒᆞᄂᆞᆫ事案은如左ᄒᆞᆷ

一、事務執行의方法

二、評議會에提出ᄒᆞᆯ案件

第十章 會費

第卅一條 會費ᄂᆞᆫ每朔金十錢으로定ᄒᆞᆷ

第十一章 入會及退會

第卅二條 入會志願者ᄂᆞᆫ本會員中保證人과聯署提出後總會又ᄂᆞᆫ評議會에서許可ᄒᆞᆷ

第卅三條 不得已ᄒᆞᆫ事故를因ᄒᆞ야退會를志願ᄒᆞᄂᆞᆫ者ᄂᆞᆫ評議會에서其實由를確認ᄒᆞᆫ後에許施ᄒᆞ고總會에報告ᄒᆞᆷ

第十二章 支會

第卅四條 在內外帝國同胞中十五人以上이團合ᄒᆞ야支會設立을申請ᄒᆞᄂᆞᆫ時에ᄂᆞᆫ評議會議決을經ᄒᆞ야總會에서認許ᄒᆞᆷ

第十三章 贊成員

第卅五條 內外國有志人士中本會를贊成ᄒᆞ난人이有ᄒᆞ난時에난評議會의議決에依ᄒᆞ야贊成員으로定함

第十四章 罰則

第卅六條 會員中行爲가悖戾ᄒᆞ야本會의體面을汚損ᄒᆞ난者가有할時에난總會決議로輕重을隨ᄒᆞ야訓戒或退會를命함

第十五章 附則

第卅七條 本則에未悉ᄒᆞᆫ條件은細則에制定함

第卅八條 本則을改正或變更ᄒᆞᆯ必要가有ᄒᆞᆯ時에난總

會決議를要ᄒᆞ되委員三人以上을選定ᄒᆞ야
改正케함

第卅九條 本則은頒布日노부터施行함

大韓興學會細則（隆熙三年七月四日改正）

第一條 原則第一章第二條의目的을達ᄒᆞ기爲ᄒᆞ야左開事項을實行함

一本會員으로重病에罹ᄒᆞ거나橫厄을當ᄒᆞ야本會에通知할時에난總代를派送하야慰問ᄒᆞ며又난相當ᄒᆞᆫ救濟方策을講究ᄒᆞ난事

二本會員으로非常ᄒᆞᆫ喜慶이有ᄒᆞᆫ者又난內外國志士로當地에現在하야本會에서同情을可表할者有ᄒᆞ난時에난總代를派送ᄒᆞ야致賀或慰問ᄒᆞ며又는總會를開催ᄒᆞ고祝賀、歡迎或送別의儀式을擧行ᄒᆞ난事

三本會員으로學業에怠惰ᄒᆞ거나品行이不正ᄒᆞᆫ者가有ᄒᆞ난時에난委員을派送ᄒᆞ거나又는評議會에招請ᄒᆞ야改悔를勸諭ᄒᆞ는事

四討論演說及体育을奬勵ᄒᆞ는事

五機關報、各科學雜誌及圖書等의著作出版ᄒᆞ는事

第二條 原則第四章第八條各部々長은部務를總轄ᄒᆞ며又는部를代表ᄒᆞ난權이有ᄒᆞᆷ

第三條 原則第五章第十五條에依ᄒᆞ야會計部員이財政出納에關ᄒᆞ야난左開規定을遵守홈

一 收入金額이五十圓以上에達할時에난總務員과聯署ᄒᆞ야銀行에任置함

二 支出金額이經常費以外五圓以上에達ᄒᆞᆯ時에난會長의同意를要ᄒᆞ고貳拾圓以上에達ᄒᆞᆯ時에난評議會의同意를要함

三 會內一切財政文簿난每月執行任員會를經由하야總會에報告홈

四 本會에서必要로認定ᄒᆞ야財政을檢査ᄒᆞᆯ時에난檢査上便宜를與함을要함

第四條 原則第五章第十五條에依ᄒᆞ야討論部난當地各區、町、學校、科學及其他必要로認할時에난支部를設置或認許함이有함

前項의規定에依ᄒᆞ야支部가成立되난時에난某(區 町 學校 科學……)支部라稱함

第五條 前條의規定에依ᄒᆞ야討論部支部의認許를得코자할時에난十人以上의聯名或代表로請願書를討論部長에게提呈ᄒᆞ되左開書式에依함

請願書

本人等이(某區、某學校……)討論支部를設立하기爲ᄒᆞ야玆에請願ᄒᆞ오니照亮許可ᄒᆞ심을敬要

年 月 日 請願人 姓 名印

大韓興學會討論部々長某 座下

第六條 原則第五章에規定한各部난事務處理에關ᄒᆞ야左開規定을遵守함

一 原細則範圍內에서部則을制定함이有홈

二 必要한事項이有ᄒᆞ난時에난部會를開홈을得홈

三 每月執行한事務난定期執行任員會를經由하야總會에報告홈

第七條 原則第五章第十三條에依하야書記員은各所掌한會錄을會日後一週日內로正書하야事務所에送交홈을要홈

第八條 原則第六章第二十二條에依하야任員總選擧난每年四月及十月第二日曜日午前九時選擧總會에서擧行하되節次난如左홈

一 會長、副會長은單記式으로總務員評議員은聯記式으로홈但評議員은全數의三分一以下에限하며評議長은最高點當選者로定홈

二 投票紙난本會投票用紙로홈

[illegible]에난會長이計票人五人을定하야投票用紙를計數分給하고收集하야票數를調査한後 合計하야會長이最高點當選者를會中에佈告홈

四投票紙가投票員數에超過할時에난全投票를勿施ᄒᆞ고僞造投票가有할時에난該票만勿施하고票紙에記名이未分明할時에난該名만無效에歸홈

五投票點이同數에在한境遇에난比較投票를行홈

六書記員、幹事員及各部々員은評議會에서選擧總會後三日內로選定하되公薦後圈點或投票로하고各部長은最高點으로定홈

七總會에서被選된任員中缺席員과、評議會에셔被選된任員에게난事務所로서迅速히通知홈을要홈

第九條　新舊任員의事務傳掌會난總選擧後一週日內로會長이招集홈

第十條　任員中不得已한事故를因하야辭任又난解任될時에난總會에서選定한任員은總會에서、

評議會에서選定한任員은評議會에서審査한後許可又난執行홈

第十一條　補缺選擧난總會에서選定한任員은最近定期總會에서、評議會에서選定ᄒᆞᆫ任員은最近定期評議會에서行홈

第十二條　評議長、各部々長이有故한時에난被選點次에依하야代理홈

第十三條　原則第七章第二十四條에依하야定期總會난每月第一日曜日午前八時에開하야同十二時에閉會홈但出席ᄒᆞᆫ通常會員이同全員數의八分一에未滿할時에난開會를不得하며臨時總會난評議會決議로開하며必要로認할時에난會長이時間伸縮홈을得홈

第十四條　原則第八章第二十五條에依ᄒᆞ야定期評議會난每月最終日曜日下午一時에開ᄒᆞ야同五時에閉홈

臨時評議會난緊急한事故가有한時에評議長의招集에依하야開홈評議員三人以上의同意請求가有한時、會長의請求가有한時、總務員이會長을經由하야請求하난時、各部々長

이會長總務를經由하야請求하는時에는議長이招集ᄒᆞᆷ을要ᄒᆞᆷ

第十五條 原則第九章廿八條에依ᄒᆞ야定期執行任員會는每月第三曜日下午一時에開ᄒᆞ야同五時에閉ᄒᆞᆷ

臨時執行任員會는事務執行에關ᄒᆞ야必要로認定ᄒᆞᄂᆞᆫ時에會長이招集ᄒᆞ되執行任員三人以上의同意를要ᄒᆞᆷ

第十六條 總會의開會節次는如左ᄒᆞᆷ

一 人員點檢
二 開會
三 前回會錄朗讀及承認
四 評議會의報告及提出案
五 各任員의報告及承認
六 未決案及新議案
七 討論或演說
八 閉會

第十七條 會員이發言코저하는時에는必起立하야會長의게言權을請ᄒᆞᆷ二人以上의並請이有ᄒᆞᆯ時에는會長이其先後를區別하야言權을許하되各十分間을莫過케하며一事案에對한一人의言權은二度에限하고言論이紛蔓할時에討論終結動議가有하면緊急動議와同一ᄒᆞᆫ效力을付與ᄒᆞ되此境遇에는可否各三人以上의言論이有한後를要ᄒᆞᆷ

第十八條 可否二論이有한事項에對하야會長이其一論에贊成하는意見을陳述코저하는境遇에는代理를當席케ᄒᆞᆷ을要ᄒᆞᆷ

第十九條 動議가有하고再請이有할時에난會長이會中에對하야意見을問한後에可否를取決하되同數될時에는會長이決定ᄒᆞᆷ

第二十條 動議再請이有ᄒᆞᆫ事項에對하야改議再請이有하며再改議再請이有할時에는再改議를先決하되否決될時에는改議를決하며改議가否決될時에는本動議를取決ᄒᆞᆷ

第廿一條 緊急動議는緊急事項에對ᄒᆞ야提出ᄒᆞᆷ이니通常動議及言權을停止ᄒᆞ며會中意見을不問ᄒᆞ고可否를取決ᄒᆞ되出席員四分三의可決을要ᄒᆞᆷ

第廿二條 會場에서規則을不準하거나秩序를紊亂케하는者가有하야會長이曉喩하되不從할時에는退場을命ᄒᆞᆷ이有ᄒᆞᆷ

第廿三條 臨時總會를開할時에는開會日時를三日前期하야事務所로서各會員의게通知ᄒᆞᆷ

第廿四條 評議會는原則第八章第二十五、第廿六、第二十七條의規定에依ᄒᆞ되同三個條에未備

ᄒᆞᆫ件은評議會規則에依ᄒᆞᆷ

第廿五條　評議會議決案은總會承認을經ᄒᆞ기前에ᄂᆞᆫ執行을不得ᄒᆞᆷ但事項이緊急에係하야總會招集을未暇ᄒᆞᆯ境遇에ᄂᆞᆫ此限에不在ᄒᆞᆷ

第廿六條　執行任會員에셔議決ᄒᆞᆫ事案은事務執行方法에關ᄒᆞᆫ外에ᄂᆞᆫ評議會에提出ᄒᆞ야總會의承認이有ᄒᆞᆫ後에效力이生ᄒᆞᆷ

第廿七條　原則第十章第卅一條에規定ᄒᆞᆫ會費金은每月定期總會以內로例納ᄒᆞᆷ을要ᄒᆞᆷ

第廿八條　原則第十一章第三十二條에依ᄒᆞ야入會를志願ᄒᆞᄂᆞᆫ者ᄂᆞᆫ左開書式에依ᄒᆞᆷ

請願書

本人이貴會에入會를志願ᄒᆞ와玆에保證人과聯署請願ᄒᆞ오니　照亮許可ᄒᆞ심을敬要

現籍及現住

年　月　日　請願人　姓　名㊞

保證人　姓　名㊞

大韓興學會々長(姓名)座下

第廿九條　原則第十二章第三十四條에依ᄒᆞ야認許를得ᄒᆞᆫ支會ᄂᆞᆫ左開規定을遵守ᄒᆞᆷ

一名稱은大韓興學會(某地方)支會라稱ᄒᆞᆷ

二會員資格은年齡十七歲以上品行端正ᄒᆞᆫ男子에限ᄒᆞᆷ

三規則은本會目的範圍內에서各自히制定ᄒᆞ되本會의檢正을經ᄒᆞᆫ後에施行ᄒᆞᆷ

四通常事項은自由行動內에서、特別事項은本會의許可를經ᄒᆞᆫ後에行ᄒᆞ되每月一次式本會에報告ᄒᆞᆷ

第三十條　支會々員은每月會費로金五錢式本會에送納ᄒᆞ며本會의機關報를無代로受覽ᄒᆞᆷ을得ᄒᆞᆷ

第卅一條　前二個條에規定ᄒᆞᆫ範圍內의行動에對ᄒᆞ야妨害를橫被ᄒᆞᆯ時에ᄂᆞᆫ本會로서相當ᄒᆞᆫ救濟方策을取ᄒᆞ며此에違背ᄒᆞ야本會의体面을汚損ᄒᆞᄂᆞᆫ境遇에ᄂᆞᆫ支會認許를繳消或은相當ᄒᆞᆫ制裁를加ᄒᆞᆷ이有ᄒᆞᆷ

第卅二條　本則의規定에依ᄒᆞ야總代를派送ᄒᆞᆯ時에ᄂᆞᆫ總會或評議會의議決이有ᄒᆞᆷ을要ᄒᆞᆷ但事項이緊急에係ᄒᆞ야評議會招集을未暇ᄒᆞᆯ境遇에ᄂᆞᆫ會長總務員及評議長의同意로臨時權行ᄒᆞᆷ을得ᄒᆞᆷ

附則

第卌三條 原、細則에明文規定이無ᄒᆞᆫ事項이有ᄒᆞᆯ時에ᄂᆞᆫ通常慣例에依하야處理ᄒᆞᆷ但本會目的에違反치아님을要ᄒᆞᆷ

第卌四條 本則의全部或一部를必要로認定ᄒᆞᆯ時에ᄂᆞᆫ出席會員四分三以上의同意로當日或當事에限ᄒᆞ야効力을停止ᄒᆞᆷ을得ᄒᆞᆷ

大韓興學會評議會々則

(隆熙三年七月四日改正)

第一章 總則

第一條 評議會ᄂᆞᆫ本會原則第八章의規定에依ᄒᆞ며同章의未備ᄒᆞᆫ것은細則第十四條第廿四條第廿五條에依ᄒᆞ며同條에未備ᄒᆞᆫ것은本則에依ᄒᆞᆷ

第二條 評議長은評議會를主管ᄒᆞ야諸般事務를處理ᄒᆞᆷ但有故ᄒᆞᆫ時에ᄂᆞᆫ被選點次에依ᄒᆞ야代理ᄒᆞᆷ

第二章 招集節次

第三條 定期評議會ᄂᆞᆫ每月最終日曜日下午一時에本會事務所에서開ᄒᆞᆷ

第四條 臨時評議會를開ᄒᆞᆯ時에ᄂᆞᆫ評議長이事務員에게指揮ᄒᆞ야三日前期ᄒᆞ야評議員會長副會長總務員及各部々長에게通知ᄒᆞᆷ을要ᄒᆞᆷ但緊急ᄒᆞᆫ境遇의通知ᄂᆞᆫ此限에不在ᄒᆞᆷ

第五條 定期評議會ᄂᆞᆫ評議員二分一以上、臨時評議會ᄂᆞᆫ三分一以上의出席을要ᄒᆞᆷ

第三章 開會順序及方式

第六條 開會順序ᄂᆞᆫ如左ᄒᆞᆷ

一 人員點檢
二 開會
三 前回會錄朗讀
四 留案及總會의委任案
五 執行任員會의提出案
六 新事項
七 閉會

第七條 開會時에ᄂᆞᆫ評議員以外의任員의席은別定ᄒᆞᆷ

第八條 評議員以外의任員의提出ᄒᆞᆫ事項에對ᄒᆞ야ᄂᆞᆫ動議再請을不要ᄒᆞ고評議ᄒᆞᆫ後可否取決ᄒᆞᆷ

第四章 議決案의經過及性質

第九條 評議會議決案을總會에報告、提出ᄒᆞᆯ時에ᄂᆞᆫ會錄朗讀으로行ᄒᆞᆷ

第十條 執行任員會에서提出ᄒᆞᆫ事案中에時間의短促ᄒᆞᆷ을因ᄒᆞ야未決ᄒᆞᆫ事案이有ᄒᆞᆯ時에ᄂᆞᆫ總會에

提出ᄒᆞ야取決홈을要홈

第十一條 評議會議決案에對ᄒᆞ야評議員은同案議決時의出席與否를勿論ᄒᆞ고總會에서反對意見으로發言홈을不得홈但本則第十條에依ᄒᆞᆫ案에對ᄒᆞ야ᄂᆞᆫ此限에不在홈

第五章 任員의制裁

第十二條 本會任員으로原則、細則及本則에規定ᄒᆞᆫ職務를怠惰홀時에ᄂᆞᆫ評議會에서解任又ᄂᆞᆫ不信任案을總會에提出홈을得홈

附 則

第十三條 本則에明文規定이無ᄒᆞᆫ事項은通常慣例에依홈

大韓興學會執行任員會々則

（隆熙三年七月四日）

第一章 總則

第一條 執行任員會ᄂᆞᆫ原則第九章의規定에依ᄒᆞ며同章에未備ᄒᆞᆫ것은細則第十五條及二十六條에依ᄒᆞ며同條에未備ᄒᆞᆫ것은本則에依홈

第二條 會長은執行任員會를主管ᄒᆞ야諸般事務를處理홈

第二章 招集節次

第三條 定期執行任員會ᄂᆞᆫ每月第三日曜日下午一時에本事所에서開홈

第四條 臨時執行任員會를開홀時에ᄂᆞᆫ會長이事務員의게指揮ᄒᆞ야三日前期ᄒᆞ야各執行任員에게通知홈을要홈但緊急ᄒᆞᆫ境遇의通知ᄂᆞᆫ此限에不在홈

第五條 定期執行任員會ᄂᆞᆫ執行任員三分一以上、臨時執行任員會ᄂᆞᆫ四分一以上의出席을要홈

第三章 開會順序

第六條 開會順序ᄂᆞᆫ如左홈

一、人員點檢
二、開會
三、前回會錄朗讀
四、總會々錄朗讀
五、總務員及各部의報告
六、未決事項
七、新事項
八、閉會

第四章 議決案의提出節次

第七條 原則第九章第三十條第二號의事案은委員二人以上을選定ᄒᆞ야評議會에提出홈

附 則

第八條 本則에明文規定이無ᄒᆞᆫ事項은通常慣習에依홈

●學報定價

一部(郵並) 拾五錢
三個月(上仝) 四拾錢
半年分(上仝) 八拾錢
一年分(上仝) 一圜五拾五錢

●廣告料

半頁 金參圜
一頁 金五圜

編輯人 李承瑾
日本東京市麴町區中六番町四十九番地
發行人 高元勳
日本東京市麴町區中六番町四十九番地
印刷人 姜邁
日本東京市麴町區中六番町四十九番地
發行所 大韓興學會出版部
日本東京市麴町區中六番町四十九番地
印刷所 大韓興學會印刷所
日本東京市麴町區中六番町四十九番地

大韓興學報第四號

隆熙三年三月廿八日
明治四十二年三月廿八日 第三種郵便物認可
隆熙三年七月二十日
明治四十二年七月二十日 發行（每月一回）

대한흥학보

인쇄일: 2023년 4월 25일
발행일: 2023년 5월 01일
지은이: 대한흥학회
발행인: 윤영수
발행처: 한국학자료원
서울시 구로구 개봉본동 170-30
전화: 02-3159-8050 팩스: 02-3159-8051
문의: 010-4799-9729
등록번호: 제312-1999-074호
ISBN: 979-11-6887-283-7

전2권 정가 250,000원